# 중세교회사

펭귄 교회사 시리즈 ❷

# 중세교회사

R.W.서던 / 이길상 옮김

크리스챤
다이제스트한

R. W. SOUTHERN

*Western Society and
the Church in the
Middle Ages*

## 차례

| | |
|---|---|
| 약어표 | 8 |
| 서문 | 9 |
| 제1장 교회와 사회 | 11 |
| 제2장 시대구분 | 21 |
| 1. 초기 시대, 700년경-1050년경 | 24 |
| 2. 성장의 시대, 1050년경-1300년경 | 31 |
|     주요 발전 / 32 | |
|     성직자 수위설의 대두와 그 한계 / 34 | |
|     긍정적인 성과 / 39 | |
| 3. 불안의 시대, 1300년경-1550년경 | 42 |
|     변화하는 환경 / 43 | |
|     정치적 변화와 반작용 / 46 | |
| 제3장 기독교 세계의 분열 | 52 |
| 1. 분열의 씨앗 | 52 |
|     관습의 차이 / 55 | |
|     정치적 분리 / 58 | |
|     교리의 차이 / 61 | |
| 2. 두 개의 교회 | 67 |
| 3. 통일을 위한 모색 | 73 |
|     군사적 방법 / 74 | |
|     정치적 일괄 거래 / 75 | |
|     이해의 길 / 80 | |

상호인정 / 81
자기비판 / 85
하나가 다른 하나를 대신할 필요성 / 87
퇴보 / 89

## 제4장 교황제 ·························································· 93
### 1. 초기 시대, 700년경-1050년경 ···························· 93
성 베드로의 대리자 / 96
최고의 세속 군주 / 101
### 2. 성장의 시대, 1050년경-1300년경 ······················· 103
그리스도의 대리자 / 108
사업의 성장 / 109
정부의 도구들 / 110
사업의 압박 / 114
교황 업무의 근원 / 117
일을 만들어 낸 사람들 / 123
다양한 업무 / 128
수위권과 세속 권력 / 132
법률가 교황들 / 139
### 3. 악성 인플레이션 ··············································· 140
면죄부 / 144
국제 정치 / 151
성직록 쟁탈전 / 160
교황 선출 / 162
주교 선출을 관장한 교황 / 166
교황이 소규모 성직록 임명을 관장함 / 169

## 제5장 주교와 대주교 ············································· 181
### 1. 카롤링거 왕조 시대의 교회 질서와 그 붕괴       184
주교제의 형성 / 184
붕괴된 카롤링거 왕조의 이상 / 189

2. 교황의 신하가 된 주교들 ········································ 201
　　　프랑스 북부의 대주교 / 203
　　　영국의 대주교 / 206
　　　독일의 주교 / 212
　　　이탈리아 북부의 어느 주교 가문 / 216

제6장 수도회들 ···················································· 229
　1. 베네딕투스회 ················································ 229
　　　수도회칙 / 223
　　　위대했던 세기들 / 239
　　　변화와 쇠퇴 / 247
　2. 새로운 수도회들 ············································ 258
　　　아우구스티누스 참사수도회 / 259
　　　시토회 / 269
　3. 탁발수도회들 ················································ 293
　　　배경 / 294
　　　목표와 기원 / 301
　　　성장과 업적 / 306

제7장 주변 수도회들과 대립 수도회들 ········· 323
　1. 일반적 배경 ·················································· 323
　　　대중의 행동 / 328
　　　종교계에서 여성들이 끼친 영향 / 332
　2. 방언의 혼잡 ·················································· 342
　　　쾰른의 베긴회 / 343
　　　데벤테르와 그 이웃 지역의 형제회 / 356

후기 ······································································ 387
역대 교황들의 명단 ············································· 389

# 약어표

C.P.R.   Calendar of Entries in that Papal Registers relating to Great Britain and Ireland, ed. W. H. Bliss and others.
E.H.R.   English Historical Review.
Gratian   Decretum Magistri Gratiani (Friedberg, Corpus Iuris Canonici, vol. i).
M.G.H.   Monumenta Germaniae Historica.
P.G.   J. P. Migne, Patrologiae cursus completus: series Latina, 221 vols.
R.S.   Chronicles and Memorials of Great Britain and Ireland during the Middle Age (Rolls Series).
V.C.H.   The Victoria History of the Counties of England.
X.   Decretals Gregorii IX (Friedberg, Corpus Iuris Canonici, ii, 1-928).

## 서문

이 책은 집필을 구상할 때 예상했던 것보다 시간과 노력이 훨씬 더 많이 들었다. 게다가 성격도 바뀌었다. 처음에는 책 한 권에 지나치게 많은 주제를 담아내는 게 어렵다 해도, 중세 교회사에서 중요한 시기만 선별하여 몇 편의 에세이로 엮으면 분량이 넘치는 데 따르는 어려움을 극복할 수 있지 않겠나 생각했다. 하지만 집필 과정에서 교회의 제도적 발전과 사회의 변화가 생각했던 것만큼 간단치 않고, 서로 긴밀한 관계를 갖고 있다는 사실을 확인하고는 계획을 수정하지 않을 수 없었다. 이런 과정을 거쳐 완성된 게 이 책이다. 이런 이유로 원고 분량이 시리즈의 구상보다 많아졌는데도 흔쾌히 받아 주신 편집인과 출판사에게 진심으로 감사를 드린다.

이 책은 단조로운 문체로 문제를 논하기 때문에 독자들께서 혹시 딱딱한 교리 논문이 아닌가 하고 부담을 가지실지도 모르겠다. 하지만 그런 부담은 갖지 않으셔도 될 것 같다. 책의 성격상 교리를 전혀 다루지 않을 수는 없었으나 아주 중요한 것만 선별해서 다루었고, 그것도 평가가 아닌 일차적인 내용을 직접 소개하려고 노력했다.

구상 단계에서 꼭 필요하다고 생각했던 몇 가지 주제를 지면 관계상 삭제하지 않을 수 없었던 것이 못내 아쉽다. 혹시 기회가 허락되면 그렇게 삭제된 주제들을 위주로 제2권을 내놓고 싶다. 그리고 이 책에서 가볍게 다루고 넘어간 주제들은 다른 책에 에세이 몇 편으로 모아 놓았다. 그 에세이들은 대부분 이 책을 집필하는 동안 틈틈이 곁가지로 써놓은 것으로서, 혹시 이 책에 이어질 수도 있는 작업의 방향을 그 에세이들로 다소나마 미리 잡아보았다.

이 책을 펴내기까지 너무 많은 분들에게 신세를 졌다. 그래서 막상 탈고

하려고 하니 그분들을 일일이 다 기억하기가 쉽지 않다. 우선 필자의 개인적인 환경에서는 할 수 없었을 이 작업을 할 수 있도록 장소와 자료를 제공해 주신 영국의 올 소울즈 대학(All Souls College) 당국에 감사를 드린다. 다음으로 틈틈이 원고를 입력해 주신 제여커 부인(Mrs. Jayakar)과 줄리아 헌트 양(Miss Julia Hunt)께 감사를 드린다. 원고를 꼼꼼히 읽고 오류의 소지가 있는 점들을 지적해 주신 오언 채드윅(Owen Chadwick) 교수, 헌트(R. W. Hunt) 박사, 레츠 부인(Mrs. P. E. Letts), 그리고 특히 아내에게 감사를 드린다. 필자가 수년간 강연과 강의를 할 때 곁에서 끊임없는 격려와 자극을 준 분들의 성의를 결코 잊을 수 없다. 먼저 옥스퍼드 대학교 교수님들과 학생들이 생각난다. 아울러 1968년 헤슬링턴 강연의 토론에 참여했던 요크 대학교 교수님들과 학생들, 그리고 1966년에 듀크 대학교 사우스이스턴 중세 및 르네상스 연구소에서 한솥밥을 먹었던 분들이 필자의 기억에 고마운 기억으로 오래오래 남을 것이다. 이 책을 이상의 여러분들께 헌정함으로써 빚을 조금이나마 갚고자 한다.

# 제1장

# 교회와 사회

## 1

　서구의 중세 교회사는 종교 사상과 사회 관습이 일찍이 그 전례를 찾아볼 수 없을 만큼 정교하고 통일된 체계를 이룩했던 역사이다. 아울러 간헐적으로 급속한 변화를 거치면서 현대의 제도들과 생각 습관을 잉태했던 8백 년 세월의 유럽 사회사이기도 하다. 이 방대한 기간의 역사를 책 한 권에 담아내기란 애당초 불가능하며, 따라서 몇 가지 분야로 미리 한계를 정해놓고 쓰는 것이 불가피하다. 이 책을 쓰게 된 가장 큰 목적은 중세 교회의 종교 조직들과 사회 환경의 상호 관계를 파악하는 것이다. 사실 중세 교회사라고 하면 중세 교회의 가장 중요한 발자취인 영적·지적 활동에 가장 관심이 집중되게 마련이지만, 지면의 한계를 안고 집필 목적을 견지하느라 그런 내용을 상당 부분 배제할 수밖에 없었다. 이것은 적지 않은 손실이다.

　이 책이 다룬 교회상은 스콜라 신학이나 수도원적 사색으로 이루어진 교회가 아니라, 보다 현실적으로 냉철하고 지상적인 교회의 상이다. 이렇게 냉철하고 지상적인 교회를 다루는 과정에 그 교회의 영적·지적 열정을 시사하는 대목이 심심치 않게 나타나긴 하지만, 그런 방향의 열정이 이 책의 주된 관심사는 아니다. 그런 열정을 탁월하게 발휘한 개인들에 관한 연구는 혹시 다음 권을 쓰게 된다면 그 때 가서 해야 할 작업으로 남겨둘 수밖에 없다.

 이렇게 범위를 제한하고 객관을 표방할 수밖에 없을지라도, 교회 발전의 방향을 설정하고 발전을 이룩할 수 있게 한 원동력을 올바로 평가하는 것이 중요하다. 교회사를 쓸 때 마치 이런 원동력이 존재하지 않았던 것처럼 여기거나, 혹은 단순히 극복될 대상으로 존재했던 것처럼 여기는 태도가 자주 눈에 띄기 때문이다. 솔직히 말해서, 역사를 이끌고 간 원동력은 당대인의 입장에서는 볼 수 없는 것이었기 때문에 극복할 수 있는 것이 아니었다. 역사의 원동력은 역사가가 과거를 되짚어 볼 때에만 비로소 식별할 수 있다. 역사가는 역사의 원동력이 광범위한 인간 활동 분야에 끼친 영향력을 객관적으로 관찰할 수 있기 때문이다.

 역사가가 교회사를 세속사와 떼어놓고 기록할 수 있다고 주장한다면 그것은 중세 교회의 개혁자들이 저질렀던 과오를 되풀이하는 것과 같다. 중세의 개혁자들은 자기들의 환경에서 해방되어야 한다고 말하면서도 실제로는 그 환경에서 한 치도 벗어나지 못했던 것이다. 그들이 생각할 수 있던 자유란 당시의 제도를 벗어나는 것이 아니었다. 그들이 당시의 세계에서 해방될 것을 외칠 때 사용한 단어들을 살펴보면 인간의 자유를 매우 좁게 생각하고 있었고, 그들이 주장한 조직체로서의 교회가 여전히 많은 한계들을 갖고 있었음이 여실히 드러난다.

 중세라는 시대는 종교적 이상들에 어떤 종류가 있고, 그 이상들을 보호하고 영속화하기 위해 설립된 조직들이 사회 환경에 어떤 방식으로 영향을 받는가를 연구하는 데 각별히 중요하다. 우선 중세에는 종교 조직들이 우후죽순처럼 들어섰고, 이렇게 들어선 조직들은 놀라울 만큼 강한 생존력을 드러냈다. 그 여파가 현대에까지 미쳐서, 현대 세계에도 중세의 사회 환경에서 형성된 제도들이 살아남아 있고, 그런 제도들로 인해 중세적인 사회 환경이 여전히 출몰한다.

 중세의 제도들이 살아남아 있는 이유 중 한 가지는 모체가 된 사회 형태와 훌륭하게 융합하기 때문이다. 교회와 사회는 하나이며, 둘 중 하나가 변화를 겪으면 다른 하나가 반드시 변화를 겪게 마련이다. 이것이 세속사든 교회사든 중세라는 유럽사의 큰 부분을 이해하는 실마리이다.

## 2

중세가 고대와 현대와 구분되는 특징이 무엇일까? 그것은 교회와 사회가 동일했다는 것이다. 중세를 가장 넓게 구분하자면 주후 4세기에서 18세기, 즉 콘스탄티누스(Constantine)부터 볼테르(Voltair)에 이르는 유럽사의 한 부분이라 할 수 있다. 이론적으로는 이 시기에 국교에 순응한 정통 신자들만 충분한 시민권을 누릴 수 있었다. 하지만 서유럽에서 이 이론이 실질적인 성격을 띠기 시작한 것은 7세기 이후의 일이다. 그리고 17세기에 접어들면서 이러한 제도는 그 동안 파생한 무수한 예외와 모순 때문에 더 이상 고수해야 할 이론으로, 즉 이상으로 존립하지 못하게 되었다. 하지만 그 중간에는 예외가 거의 없었다. 오히려 시대가 갈수록 예외가 줄어들 것이고, 어느 시점에 이르면 예외가 완전히 사라질 것이라고 예상하게끔 상황이 전개되었다.

지리적으로 서구 기독교권에 드는 지역에서조차 항상 국외자들이 있었던 것이 사실이다. 하지만 그들은 권리가 극히 제한된 사람들이었고, 최악의 경우에는 생존권마저 보장받지 못한 사람들이었다. 대표적인 경우가 유대인들이다. 유대인들은 교회법과 군주의 이기심에 의해 생존권과 재산권을 보호받았다. 그들을 유대인들이라는 이유만으로 죽일 수 없었고, 강제로 개종시킬 수 없었고, 그들의 자녀에게 강제로 기독교 교육을 시행할 수 없었다. 아울러 유대인들은 포교를 하지 않는다는 조건하에 자체적인 종교 생활을 할 수 있었다. 하지만 군주들은 유대인들에게 그저 생존하도록 허용만 하면 그만이었다. 토마스 아퀴나스(Thomas Aquinas)는 이렇게 썼다.

> 그들은 자기들의 죄(불신앙의 죄) 때문에 영원히 노예 상태를 벗어나지 못하며, 그들의 재산은 군주의 재량에 달려 있다. 다만 군주는 그들에게 생존 수단을

박탈할 만큼 많은 것을 탈취해서는 안 된다.[1]

국외자들 중에서 가장 특권을 누린 계층, 즉 하나님의 노골적인 대적들인 유대인들이 이런 처우를 받았다고 한다면, 정통 기독교에서 이탈하여 자의로 국외자가 된 사람들은 생존권조차 보장받을 수 없었으리라는 것은 쉽게 예상할 수 있는 사실이다. 그들은 대중의 열정과 교회의 검열과 무엇보다 다음과 같은 냉혹한 논리에 의해 유린당했다[이번에도 토마스 아퀴나스의 글을 인용한다]:

> 이단은 파문만이 아니라 사형을 당해도 마땅한 죄이다. 영혼의 생명인 '신앙'을 부패시키는 행위는 세속 생활에 공헌하는 화폐를 위조하는 행위보다 더 악하기 때문이다. 화폐 위조범들이 공동 선(共同善)의 원수들이므로 군주들에게 처형되는 것이 당연하듯이, 이단들도 처형을 당해 마땅하다.[2]

한 마디로 중세 교회는 현대 국가와 하나도 다를 바 없는 강제적인 사회였다. 마치 현대 국가가 우연한 출생에 의해 국민이 된 사람들에게 법률 준수 의무와 국방과 사회 봉사의 의무를 부과하고, 개인의 이익보다 공동의 선을 앞세울 것을 요구하듯이, 중세 교회도 우연한 세례(유아 세례를 그렇게 부를 수도 있다)에 의해서 교인이 된 사람들에게 위와 같은 일들뿐 아니라 그 밖의 많은 일을 요구했다.

정치 공동체의 충실한 구성원이 되는 요건을 무엇으로 규정할 것인가? 이 문제는 근대 초기의 국가 이론가들에게 적지 않은 어려움을 안겨 주었다. 하지만 중세 교회를 국가와 동일시하는 이론가들에게는 그것보다 더 쉬운 문제가 없었다. 그들은 세례에서 쉽게 대답을 찾을 수 있었기 때문이다. 유아 세례 때 대부모(代父母)는 유아를 대신하여 법을 준수하며 살겠

---

1) *De Regimine Judaeorum ad Ducissam Brabantiae (Aquinas: Selected Political Writings*, ed. A. P. d'Entrèves, 1948, p. 84).
2) *Summa Theologiae*, 2, 2, qu. xi, art. 3.

다는 서약을 했다. 사회적인 관점에서 볼 때 유아 세례 시에 한 번 가입하면 탈퇴라는 게 없었던 교회와 유아 사이에 계약 관계가 수립되었다. 대다수 교인들에게는 세례가 출생만큼이나 비자의적인 행위였고, 현대 국가에 태어나는 것만큼이나 구속력 있고 영속적인 의무들이 따랐다. 더욱이 세례에는 어떠한 상황에서도 저버려서는 안 될 의무들이 붙었다.

중세 사람들을 구속한 비자의적(非自意的)인 끈은 세례만이 아니었다. 사람을 너무나 큰 불행 가운데 태어나게 한 농노제(農奴制)가 중세 사람들을 구속한 또 다른 끈이었다. 하지만 농노의 신분은 속량(贖良)이나 도주나 해방으로 취소될 수 있었고, 농노제보다 더 고등한 세속적 의무들도 모두 어느 정도는 자발적인 성격을 띠었다. 다시 말해서, 그 의무를 떠맡더라도 특정한 상황에서는 떠맡지 않을 수도 있었다. 하지만 세례에 붙는 의무들은 종신적인 것이었고, 영적인 의무와 징벌뿐 아니라 세속적 의무와 징벌까지도 따라붙었다.

이렇게 광범위한 의미에서 볼 때 중세 교회는 국가와 다름없었다. 중세 교회는 국가가 갖춰야 할 모든 조직을 두루 구비했다. 법과 법원들, 조세와 조세 징수관들, 거대한 행정 기구, 기독교권 시민들과 기독교권 안팎에 존재하는 기독교의 대적들에 대한 생살여탈권이 교회의 수중에 있었다. 중세 교회는 헤겔처럼 국가의 향방을 예언했던 근대의 선각자들조차 상상하지 못한 지상권(至上權)을 소유한 국가였다. 교회가 그런 권력을 행사했다는 것은 별로 개운치 않은 소리이다. 하지만 두 가지를 기억해야 한다. 첫째, 교권을 지닌 사람들은 독자적인 권한이 크게 제한되었던 대리인들이었다. 그들은 자유로운 대리인들이 아니었다. 물론 그들이 가끔 참혹하고 잔인한 만행을 저지른 것이 사실이다. 이를테면 알비파 정벌(the Albigensian Crusade) 같은 잔인한 만행 말이다. 하지만 대체로 교권을 지닌 사람들은 자기들이 다스리던 민중에 비해서, 심지어 불신자들에까지도 폭력을 자행하는 경향이 적었다. 그들은 땅에서 부여받은 권위를 잘못 행사하면 내세에 영원한 형벌을 받게 된다는 교훈을 항상 기억했다. 그리고 그 교훈으로 자신을 규제하지 않은 경우라도 실질적인 무능력에 의해 규제를 받았다.

멀리 떨어진 지역의 사람들을 다스리기 위해서는 자발적이고도 훈련된 협력자들이 필요한 법이다. 명령이 제대로 통하고, 명령이 떨어지면 일사 분란하게 움직이고, 필요할 때는 강압적인 수단을 사용할 수 있는 그런 협력자들이 필요한 것이다. 서구 기독교 세계에 효율적인 중앙 정부를 제공하기 위한 큰 노력들이 있었는데, 그 일에 앞장선 사람들은 교황들이었다. 교황들은 성 베드로의 군대, 즉 명령에 복종하는 세속 군주들과, 충성을 맹세하는 기사들과, 교회의 대리인들로서 자금을 대는 상인들로 구성된 군대를 일으킬 것을 꿈꾸었다.

교황들은 자기들만이 불신자들과 전쟁을 일으키고 수행할 권한이 있다고 주장했다. 그들은 군대를 일으키고, 원정을 감행하고, 영토를 지키기 위해 평화 조약을 체결했다. 교황으로서 지닌 모든 영적·세속적 권위를 이 노력에 쏟아 부었다. 하지만 그들은 모든 계층의 백성을 국가의 근간이 되는 묵종에 굴복시키는 데는 실패했다. 판세를 결정할 힘이 있는 권력자 집단이 이 정도까지 교황들의 활동을 지원해야 할 의무가 있다는 점을 납득한 적이 없었다.

그밖에도 중세 교회 국가가 경찰 국가가 될 수 없었던 또 다른 근본적인 무력함이 있었다. 중세 교회 국가에는 경찰이 없었다. 신뢰할 만한 군대도 없었다. 교회가 소유했던 가장 효과적인 위협 수단이었던 종교재판소조차 지역 이기주의를 초연히 극복하지 못했다. 유럽 전역에서 평민들에게 가장 큰 공포의 대상은 대부제(archdeacon)들과 농촌 교구의 수석 사제(dean)들이었다. 그들은 좀처럼 개방적이지 않았고, 기복 없이 평온한 삶을 원했으며, 마을의 호색가들과 주정뱅이들을 가차없이 탄압했다.

그러므로 '교회 국가'라는 표현은 지나친 감이 없지 않다. 교회에 이렇다 할 강압 수단이 없었기 때문이다. 막상 강압을 행사하더라도 결정적인 열쇠는 독자적인 권한을 지닌 세속 군주들의 동의와 협조에 있었는데, 세속 군주들은 유산으로 물려받은 개인 재산을 지키는 데 가장 큰 관심이 있었다. 만약 세속 군주가 협조를 거부하면 교회로서는 파문에 의존할 수밖에 별 도리가 없었다. 이것이 중세 교회가 국가로서 지녔던 가장 큰 취약점이다. 중세 교회는 제재 수단이 한 가지밖에 없었다.

그것은 파문에 의한 공권 박탈이었는데, 이것조차 세속 군주가 뒷받침해 주어야 실효가 있었다. 이러한 권력 분할(후대의 표현에 따르자면)이 어떤 결과를 초래했을까? 당시에는 그것을 한눈에 볼 수 없었다. 세속 군주들이 파문 당한 자들을 유린하고 파괴하게 되고, 세속 군주들 자신들이 파문을 당했을 때 결국 그것에 굴복하게 된 데에는 여러 가지 요인이 함께 작용했다. 그들이 순응하려는 태도를 취한 이유는 본인의 신앙과 상관들에 대한 신뢰 때문이기도 했지만, 여론의 압력과 파문에 따르는 생활 기반의 붕괴가 두렵기 때문이기도 했다. 이런 요인들이 충분히 작용하는 동안에는 체제가 제대로 작용을 했지만, 결국 그런 체제는 붕괴될 수밖에 없었다.

무릇 정부 체제란 동의에 의존하게 마련인데, 중세 교회도 점차 효율적이고 대안적인 통치 장치들을 소유해 간 소수 세속 군주들의 동의에 의존하게 되었다. 더욱이 세속 군주들은 오랜 세월 교회 지배 체제에 익숙해지면서 파문의 두려움에 초연할 수 있는 비결을 터득했다. 13세기 초에 영국 왕 존(John)은 거의 4년을 파문 당한 채로 지냈다. 4년이라는 이 기간과 그 전 18개월 동안 그의 왕국에는 성무중지령(interdict)이 내려졌고, 교회의 일반 의식 — 세례와 종부성사를 제외한, 결혼, 미사, 장례 등의 모든 의식 — 이 중지되었다. 하지만 존의 왕국은 그 상황을 뜻밖에도 조용하게 받아들였다. 쥐 한 마리도 소란을 피우지 않았다.

만약 왕에게 정적이 없었거나 왕이 전투에서 패하지 않았더라면 그런 상태가 훨씬 더 오래 갔을 것이다. 당대의 연대기 저자는 왕이 이슬람교로 개종하는 문제까지 검토했다고 전하며, 이 방향으로 나가기 위해 밟았던 조치들을 소상히 소개한다.[3] 이것은 고도로 응집된 체제에서 쉽게 볼 수 있는 조야한 대응 방식의 한 가지 사례에 지나지 않을 것이다. 하지만 존이 미처 생각하지 못한 대응 방식이 있었다.

그것은 로마의 권위를 떨쳐버리고 교회를 자신의 권위에 예속시키고, 교

---

3) Matthew Paris, *Chronica Majora*, ed. H. R. Luard, *R.S.*, 1874, ii, 559-64.

황에게 파문을 당한 것을 항구적인 현실로 받아들이는 방식이었다. 이것은 13세기에는 꿈도 꿀 수 없는 행위였다. 하지만 3백 년 뒤에는 그렇지 않았다. 이것이 현실로 발생했을 때 중세 체제는 프로테스탄트 국가들뿐 아니라 가톨릭 국가들에서도 막을 내렸다.

그러므로 중세 교회는 국가라고 할 만한 수준에 이르지 못했던 셈이다. 자체의 강제력을 소유하지 못했기 때문이다. 하지만 다른 의미에서 볼 때 중세 교회는 국가를 훨씬 능가했다. 우선 여러 국가들 가운데 한 나라가 아니었고, 단순히 그런 정도의 나라가 될 수도 없었다. 모든 국가를 총괄하는 '그 국가'이거나 아무것도 아니거나 둘 중 하나일 수밖에 없었다. 그러다가 교회와 비슷한 통치 자격을 갖춘 국가들이 등장하면서 교회는 종교적 목적으로 모인 자발적인 단체가 되는 길로 들어섰다.

이런 일이 발생하기까지는 교회가 지녔던 독특한 준(準) 국가적 성격을 인식할 수 있는 여러 가지 방식이 있었다. 교회를 기독교 황제나 교황이나 혹은 기독교 황제와 교황이 함께, 혹은 기독교 세계 전체가 통치하는 보편 사회로 생각할 수 있었다. 이런 것들도 중세적인 생각이다. 하지만 실질적인 성공에 가장 근접했고 또 누구나 중세와 연관지어 생각하는 것은 의심할 여지없이 교황 군주설이다.

중세에 교황 군주제의 실질적인 의미가 무엇이었는가 하는 것은 나중에 살펴봐야 할 문제이다. 우선은 중세 사람들이 기독교 세계 전체를 감싸안는 응집력이 교회에 있다는 데에는 모두 견해가 같았다. 비록 그렇게 감싸안는 수단에 관해서는 견해가 달랐을지라도 말이다. 통치권이 교황에게 있든 황제나 왕이나 공동체에 있든 인간 정부의 목적은 사람들을 기독교라는 유일한 길로 인도하는 것이었다. 중세에는 자유주의가 없었다.

소수의 냉소주의자들만 길이 여러 갈래 있을 수 있다고 생각했고, 그 여러 갈래의 길이 사람들이 볼 수 있는 한 저마다 동일하게 선하다고 생각했을 뿐이다. 지나친 강압이 정부의 목적을 그르칠 수 있다고 바라본 지각 있는 사람들도 많았지만, 누구나 강압이 효과가 있다면 그 방법을 사용해야 한다고 생각했고, 정통 기독교의 교리와 권징(勸懲)을 증진하기 위해서 강압을 사용해야 한다고 생각했다. 사람들을 이 길로 인도하는 일에 강제력을 사용할 수 있는 유일하게 적법한 근원은 교회였다.

하지만 물론 교회는 강제력의 근원에 그치지 않았다. 아무리 거창한 기능을 수행하더라도 교회는 일개의 정부가 아니었다. 하나님의 뜻에 복종하는 인간 사회 전체였다. 멸망의 바다에 떠 있는 구원의 방주였다. 교회라는 방주 바깥에 과연 이성적이고 친화적인 질서가 있을 수 있는가 하는 것이 쟁점이긴 했지만, 그런 질서가 있다 할지라도 매우 제한적일 수밖에 없었다. 하나님이 지으신 우주에서 인간이 이지적인 목적과 지위를 얻을 수 있는 길은 교회에 가입하는 것이었다.

따라서 교회는 '일개의 국가'가 아니라 '그 국가'였다. '일개의 사회'가 아니라 '그 사회', 즉 인간의 완전한 사회(societas perfecta)였다. 모든 정치 활동뿐 아니라 모든 지식과 사상까지도 교회의 기능에 속했다. 교회는 로마 제국의 정치 질서를 떠안았을 뿐 아니라, 그리스의 학문과 로마의 문학을 활용했고, 그것들을 현세에서 인간의 복지를 증진하는 도구로 만들었다. 교회는 이 모든 것에다 구원의 선물, 즉 교회에 가입한 자들이 지니는 최종적이고도 배타적인 소유를 덧붙였다. 그리고 총체적인 면에서 교회는 이성적이고 구속받은 인류의 사회였다.

중세의 큰 업적은 현세와 내세에서, 자연과 초자연에서, 현실 정치 세계와 영적 세계에서 보편적인 인간 사회를 신적 질서가 잡힌 우주의 필수적인 부분으로 보는 이런 사상이 구체적으로 발전한 데 있다. 14세기에 이런 사고 체계가 붕괴되기 시작하기 전까지, 중세에 집필된 거의 모든 비중 있는 저작이 이런 우주적 배경을 어느 정도 깔고서 집필되었다.

따라서 자연히 우주적 배경과 실질적이고 세세한 점들이 일곱 내지 여덟 세기를 지나는 과정에서 많은 변화를 겪게 되었다. 전체 우주와 그 안에서 인간이 차지하는 지위를 기술하고, 이런 기술에 비추어 인간 삶의 세세한 면들을 규제하려는 호방한 시도가 중세 교회로 하여금 (당대인들이 의식하지 못하는 가운데) 지적이고 사회적인 변화에 민감한 태도를 가지게 만들었다. 중세 교회는 제한된 목표와 추진력을 지녔던 종교개혁 이후의 교회들보다 훨씬 그런 변화에 민감했다. 그러므로 이제는 이렇게 변화해 간 환경의 큰 윤곽을 살펴보는 데로 눈을 돌려야 한다.

## 제2장

## 시대 구분

　중세는 서유럽의 역사에서 교회가 합리적으로 유일하고 참된 국가라고 주장할 수 있었던 시기이자, 사람들이 (그들이 아무리 교회 권력과 세속 권력의 성격에 관해 의견이 다를지라도) 최우선적인 정치적 권위가 교회에 있다는 생각을 가지고 활동하던 시기로 정의할 수 있다. 물론 이것은 '중세'라는 단어를 처음 고안한 사람들이 그 시기를 정의하던 방식과는 다르다. 그들에게 중세란 고대와 현대라는 두 문명 시대 사이에 놓인 야만과 미신과 무지의 시대를 뜻했다. 오늘날은 아무도 이런 시각을 로마 제국의 멸망에서부터 서방 교회 국가의 멸망에 이르는 시기를 바라보는 유익한 방식으로 생각하지 않는다.
　하지만 역사에 대한 일반적인 정의들에는 설혹 비약이 있을지라도 무시할 수 없는 일말의 진리가 내포되어 있기 마련이다. 로마 제국의 멸망은 정치적인 면에서뿐 아니라 정신적이고 영적인 면에까지 복구하는 데 수세기가 걸릴 정도의 큰 파괴를 남겼다. 로마 제국의 멸망은 오랜 세월 동안 복잡한 과정을 거치며 이루어졌지만, 서방에서 그 일은 7세기가 막을 내리면서 완료되었다. 그리고 나서는 재건 사업이 시작되었다. 재건 사업을 주도한 정신은 제국의 단일 권위가 교황제의 단일 권위로 대체되어야 한다는 것이었다. 홉스(Hobbes)는 교황제가 무덤에서 왕관을 쓰고 앉은 로마 제국의 유령이라고 조소했는데, 그 조소에는 그가 간과한 것보다 더 큰 진리가 담겨 있었다. 황제적 교황제(imperial papacy)야말로 중세적 사회 재건 배후에 깔려 있었던 가장 선명한 원칙이었다. 따라서 종교적 토대에서 로마 제국을 재창출할 가능성을 완전히 말살한 16세기의 세속적·종교적 운동들이 중요한 이유는 바로 거기에 있다.

중세가 상당한 정도의 통일을 구가할 수 있었던 비결은 이렇게 교황의 후원하에 이루어진 제국의 재건 작업 덕분이었다. 그 작업은 고대 세계의 이상들을 포기하는 방식이 아닌, 그 사상들에 새로운 생명을 불어넣는 방식으로 이루어졌다. 만약 로마 법 대신에 교회법을 읽고, 로마의 접경 지대 수비대를 십자군으로 대체하고, 중세의 왕들을 로마 교황의 총괄적 지배하에 조공을 바치는 속국 왕들로 보고, 단테(Dante)를 새 로마의 베르길리우스(Virgil)로 본다면, 로마 제국을 되살리려는 시도가 전혀 터무니없는 것만은 아니었다는 것을 이해하기 시작할 것이다.

이런 관점에서 볼 때 로마 제국이 13세기에, 즉 인노켄티우스 4세(Innocent IV)가 마치 카이사르(Caesar)가 폼페이우스(Pompey)를 대하듯 프리드리히 2세(Frederick II)를 대했던 시기에 절정에 도달했다고 말하는 것이 조금도 불합리하지 않다.

7세기에서 16세기에 이르는 시기의 통일성은 그 원동력을 고대 세계에서 끌어온 통일성을 다소 효과적으로 보존한 데서 기인한 것이다. 현대 세계는 고전 문학과 문화의 재발견에 관해 인문주의자들이 내놓은 모든 발언들에도 불구하고 그 원동력이 썰물처럼 빠져나간 시점에 시작되었다. 물론 16세기에 붕괴된 로마의 통일성은 이미 오래 전부터 위태롭게 흔들렸다. 지적인 세계에서는 이미 두 세기 전에 그 붕괴를 감지할 수 있었다. 하지만 막상 붕괴가 발생하자 오랫동안 억눌렸던 많은 충동들이 풀려났고, 초기의 균열들이 일찍이 아무도 예상할 수 없었던 방식으로 갈수록 넓어져 갔다. 중세의 사회, 정치, 지식의 틀 전체가 완전히 붕괴하리라는 것은 이미 종교개혁으로 인한 종교적 균열이 발생할 때 감지되었다.

중세 내내 로마에는 과거에 로마 황제가 항상 장악했던 것을 능가하는 권력을 결국 휘두르게 된, 단일한 영적·세속적 권위가 있었다. 물론 교황제 자체도 이렇게 세월이 흐르는 동안 크게 변하였다. 구호만 요란했지 실제 행위는 예전만 못했으며, 교황제를 가장 강력하게 지지했던 사람들조차 교황 수위권의 법적 한계에 관해 의견이 엇갈렸다. 게다가 노골적인 원수들도 적지 않았다. 서서히 쇠퇴해 가던 그리스 정교회, 적지 않은 수의 세속 군주들, 중세 내내 교회의 계급 조직에 비판의 목청을 높인 사람들이 교황제의 가장 중요한 주장들에 꾸준히 저항했다.

중세를 만장일치의 시대로 생각하는 것은 망상이다. 교황 군주제의 성격과 중세에 그것에 대해 제기되었던 반론들은 신중하게 고려해볼 필요가 있다. 하지만 처음부터 지나치게 한계선을 많이 그어놓고 시작하는 것은 어리석은 짓이다. 중세 내내, 즉 비드(Bede)의 시대부터 루터의 시대까지, 8세기에 서방에서 교황권이 황제권을 효과적으로 대체한 때부터 16세기에 그 권위가 분쇄될 때까지, 동유럽과 서유럽의 정치적 유대가 단절될 때부터 유럽이 대양을 넘어서 더 광범위한 서방 세계로 확대될 때까지, 교황제는 서유럽을 지배한 제도였다.

교황제의 지배적인 위치가 중세에 통일성을 부여한다. 그 결과 중세사의 형성을 교황 군주제의 등장과 몰락에 비추어 생각하려는 경향이 있다. 이러한 사고의 틀에서 보면 중세의 전성기는 교황 군주제가 이론과 실제를 망라하여 가장 큰 효과를 발휘한 12세기와 13세기가 된다. 그 앞은 준비의 시기이고, 그 뒤는 쇠퇴의 시기이다. 어떤 의미에서 보자면 이 견해에 그다지 크게 잘못된 것이 없다. 중세 교회를 이해하는 데 필요한 거의 모든 것이 중세에서 가운데에 해당하는 이 짧은 시기에서 가장 충만한 발전에 도달했고, 가장 만족스런 설명에 도달했으며, 가장 성공적이고 구체적인 적용에 도달했다.

그러나 좀더 자세히 살펴보면 중세를 단일 사상의 등장과 성숙과 쇠퇴의 시기로 보는 데에는 중대한 왜곡이 있음을 알 수 있다. 첫째, 이 관점은 독립적이고 모순된 이상들이 사건들의 발생 과정을 결정하는 데 이바지한 정도를 드러낸다. 둘째, 이 관점은 중세의 다양한 시기들이 지닌 개별적인 특성을 무시한다. 각 시기는 마치 영국사의 산업혁명 이전 시대와 이후 시대만큼이나 서로 뚜렷이 구분된다. 중세 초기와 중기와 말기의 정치 배경과 사회 편성과 지적 관점이 서로 크게 다르다. 각 시기의 종교적 이상들과 제도들도 그만큼 서로 다르다. 따라서 중세 교회의 성격을 이해하려면 중세 유럽의 전반적인 통일성 안에서 먼저 몇 가지 구분을 하고서 시작할 필요가 있다.

시대 구분이란 인위적이기 마련이지만, 본격적인 논의를 위한 준비 차원에서 세 가지 주요 시대의 성격을 규명하는 것이 유익할 것이다.

## 1. 중세 초기 700년경-1050년경

중세 초기에서 맨 처음 눈에 띄는 것은 서유럽이 그리스와 이슬람에 비해 열등했다는 점이다. 그리스의 정치 및 종교 체제는 기독교 로마 제국의 직접적인 후예였으며, 따라서 동일한 토대를 지닌 서방 라틴 세계의 경쟁자였다. 반면에 이슬람권은 기독교 및 로마 전승에 대한 대안으로 등장했고, 따라서 그리스권과 라틴권의 공적이었다. 그리스권과 이슬람권은 모두 서유럽에 비해 훨씬 부강했고 지적 수준도 훨씬 높았다. 서방권은 비잔틴 제국에게 가난한 친척과도 같았다. 가난한 친척이 하는 식으로 서방권은 자신이 비잔틴 제국보다 우월하다는 허황한 주장, 객관적으로 조사해 보면 금방 거짓으로 탄로날 주장을 했다.

이슬람권에 대해서도 똑같은 주장을 했다. 이 시기에 이슬람 침략자들은 스페인의 거의 전역과 시칠리아를 포함한 지중해 서부의 거의 모든 섬들을 점령했다. 서방 기독교 세계는 사방으로 에워싸인 채 연명이나 하고 있는 성채와 다름없었다. 가장 큰 적인 이슬람이 코앞까지 들이닥쳐 있었고, 비교적 사소한 적들(슬라브족, 헝가리족, 바이킹족)이 침략이라는 한 가지 목표를 위해 포위망을 구축하고 있었기 때문이다.

이런 상황에서 서유럽은 생존을 하고 더 나아가 독립까지 유지할 수 있긴 했으나, 생활은 크게 위축되었다. 생활이 위축된 가장 큰 이유는 가난 때문이었다. 전염병과 기근과 파괴와 교역 위축 때문에 서유럽 전역에 인구가 크게 분산되어 만 명 이상의 인구를 헤아리는 도회지를 찾아볼 수 없었고, 이렇다 할 산업 시설도 없었으며, 농촌 인구도 열악한 환경에서 원시적인 농경 생활을 했다. 따라서 평화가 찾아오면 인구가 급속히 밀집될 징후들이 있었다. 그리고 노동력을 필요로 하고 해외 교역으로만 얻을 수 있는 사치품을 바라던 유력한 귀족들이 인구 밀집의 기반과 동기를 제공했다. 중세 사람들의 잠재적 에너지를 평가할 때 중요하게 떠오르는 사실은, 이 극심한 경제 침체기에 로마 제국 때에는 알려지기만 했지 널리 활용되지는 않았던 물방앗간이 유럽 북서부 곳곳에 들어섰다는 점이다. 영국만 놓고 보더라도, 이를테면 둠즈데이 북(Domesday Book. 1086년에 국왕 윌리엄 1세가 만들도록 한 토지대장—역자주)은 1086년에 6천 개 가량의 물방앗간이 있었다고 기록한다.[1] 이렇게 고대 사회와 달리 선뜻 동력을 활용할 수 있었던 사회를 정체된 사회로 규정하는 것은 옳지 않다. 하지만 사회의 조직력과 팽창력은 제한되어 있었고, 사람들은 자기들의 잠재적인 팽창 에너지보다는 자기들의 무력함을 더 의식했다.

추기경 뉴먼(Newman)은 오래 전에 12세기 이전의 중세를 가리켜 '베네딕투스 시대'(the Benedictine Age)라고 했는데, 종교적 관점에서 볼 때 그 시대에 이보다 더 적합한 이름을 찾을 수가 없다. 12세기 이전 중세 서유럽에서는 베네딕투스회의 수도회칙이 유일한 종교적 이상이었다. 이 수도회칙은 이미 8세기 초에 다른 유사한 수도회칙들을 몰아냈고, 11세기 중반에 들어서면 모든 인구의 정신과 감정을 완벽하게 장악한 듯했다. 그 시기에 배출된 위인들은 모두가 베네딕투스회 수사들이거나 베네딕투스회 수도원의 설립자들과 후원자들이었다. 당시 사람들은 영원한 구원을 받을 수 있는 최상의 기회가 수도회칙을 엄격하게 준수하는 데 있다고 생각했고, 혹은 (차선의 기회로서) 그 수도회칙의 유지와 신장에 이바지하는 데

---

[1] M. T. Hodgen, 'Domesday Water Mills', *Antiquity*, xiii, 1939, pp. 261-79; 참조. R. Lennard, *Rural England 1086-1135*, 1959, p. 278. 이 책에서는 Miss Hodgen의 총계가 "대단히 낮았음에 거의 틀림없다"는 식으로 묘사된다.

있다고 생각했다. 모든 사람이 대형 수도원들의 엄숙한 의식과 정교한 조직 생활을 선망했다. 베네딕투스회 수도원들은 덧없는 세상에서 안정과 불변의 상징이었다. 천국으로 들어가는 문이었다. 땅에 있는 천국이었다. 그 수도원들은 변화의 물결을 저지하기 위해 고안된 기관들이었다. 그림자 같은 덧없는 세상에 영구히 안치된 불변의 사회를 향한 이상이 그 수도회의 부동산 권리증서와 종규(宗規)에 기록되었다:

> 이 덧없고 쉬이 변하는 세상에서 보이는 모든 것들은 바람보다 더 신속히 저마다의 종국을 향해 불려가지만, 보이지 않는 것들은 고정된 채 영원 불변하게 남아 있다. 그러므로 우리가 소유한 가변적이고 일시적인 재산을 영원한 상급과 항구적인 즐거움을 얻는 데 사용하기를 염원하며 …… 본인은 이 토지가 세상 끝날까지 일체의 인간적인 용도에서 자유롭게 풀려나 있기를 바라는 뜻에서 이 토지를 우스터의 주교와 수도원 당국에 드린다.[2]

이 문서에는 당시 수도원 설립자들과 후원자들의 정신이 잘 나타나 있다. 그들은 이런 방식으로 무의미하게 변하는 세상에서 작은 소유를 떼어내 그것을 영원의 복제로 삼았다. 수도원 바깥에는 가시적이고 덧없는 변화가 발생했지만, 안에는 보이지 않는 불변의 표상이 있었다.

이러한 뚜렷한 구분선이 삶 전체를 관통하며 그어졌다. 수도원들은 변화의 한복판에 버티고 서 있는 살아있는 불변의 상징이었고, 수도원 말고도 그러한 상징들이 많이 있었다. 대다수 사람들은 기독교 신앙을 기적과 의식의 형태로 자기들의 삶에 침입해 들어온 초자연의 세계로 인식하고 있었음에 틀림없다. 그들은 평범한 사건들에 대해 신의 판결을 구하는 시죄법(試罪法) 재판을 경외감을 품고 지켜보면서 '종교란 저런 것이구나' 하는 실질적인 인식을 얻었다. 이런 재판에 관한 이야기가 많이 남아 있다. 그중 한 가지 사례를 소개하자면, 어떤 피의자들이 사제와 함께 사흘간 금

---

2) *Hemingi Cartularium Ecclesiae Wigornesis*, ed. T. Hearne, 1723, ii, 345. 이 탁월한 고문서집에는 비슷한 문구들이 많다.

식한 다음 성찬을 받았다. 사제는 성찬을 거행하면서 이렇게 말했다. "우리 주 예수 그리스도의 살과 피를 오늘 증거의 수단으로 여러분에게 줍니다." 그런 다음 사제는 시죄(試罪)를 위해 욕조에 물을 준비하고서 이렇게 말했다.

> 나는 옛적에 물을 갈라 이스라엘 백성에게 맨 땅을 지나게 했던 성삼위의 거룩한 성호로 네게[물에게] 엄히 명하노니, 만약 이 사람들에게 죄가 있다면 이 사람들을 거부할지어다.[3]

그러면 피의자들이 복음서와 십자가에 입을 맞추고, 사제에게 성수 뿌림을 받은 뒤 욕조로 들어간다. 물의 순결한 성분에 의해 배척을 당하는 사람은 유죄 판결을 받았다. 물에 잠긴 채 한동안 그러고 있기를 바라는 사람은 무죄 판결을 받았다.

세상의 무상한 것들을 영원의 법정에 세우는 이런 의식과 그 밖의 모든 유사한 시험과 재판에서, 우리는 수도원 설립자들에게 동기를 부여했던 것과 똑같은 정신을 보게 된다. 수도원 설립자들은 '영원'과의 물리적인 교제를 통해서 안정과 안전을 구했다.

무엇보다도 그들은 성인들의 유물과 접촉하는 방법으로 이러한 교제를 추구했다. 12세기 이전의 중세에는 성유물(relics)이 종교 생활에서 가장 중요한 특징이었다. 다른 어떤 것보다 성유물을 통해서 보이지 않는 세계의 힘을 가장 쉽게 접할 수 있다고 생각했다. 따라서 모든 교회, 모든 제단, 모든 귀족, 모든 왕, 모든 수도원이 저마다 성유물을 보유했고, 대단히 많은 양을 보유한 경우도 적지 않았다. 그 시대 사람들은 판결의 정당성을 입증하려 할 때 성유물을 꺼내왔다. 전쟁에 나갈 때도 성유물을 가지고 나갔으며, 풀이 죽은 사람들을 격려하는 행렬을 벌일 때도 성유물을 가지고

---

3) 시죄법의 전모는 다음 책에 실려 있다: F. Liebermann, *Die Gesetze der Angelsachsen*, 1903, I, 401; 다음 책에는 대륙에서 시행되던 비슷한 의식들이 소개되어 있다: K. Zeumer, *Formulae Merov. et Karol. Aevi, M.G.H. Leges*, V, 601-722.

나갔다. 성유물은 국가와 법과 질서와 개인의 복리의 수단이었다. 성유물에 대한 수요가 급증하여 성인들과 순교자들의 유해를 여러 조각으로 절단하게 된 8세기부터, 성유물은 돈이 잘 벌리는 상품이 되었다.

10세기에 영국이 수입한 품목들의 통계를 낼 수 있다면, 틀림없이 성유물이 높은 서열을 차지할 것이다. 성유물은 모든 중요한 사업에 중요했다. 심지어 교황도 자신의 직위를 옹호하기 위해 어떠한 이론적 주장을 펼지라도 실질적인 면에서 그에게 가장 큰 권위를 부여한 것은 그가 성 베드로의 유해를 지키고 있다는 사실이었다. 바로 이 베드로의 유해가 수많은 사람들을 로마로 끌어들여 사도 베드로가 지상의 대리인을 통해 전하는 음성을 듣게 만들었다.

세속 군주들은 허약한 통치 기반을 성인들의 능력으로 보강했다. 프랑스 아헨에 있는 샤를마뉴(Charlemagne)의 권좌는 솔로몬 권좌의 치수대로 제작한 것으로서, 제작할 때 성유물을 집어넣을 수 있는 구멍을 여러 개 만들었다. 옛적에 구주의 옆구리를 찔렀던 거룩한 창은 10세기 황제들에게 가장 중요한 정치적 소장품이었다. 초대 기독교 황제 콘스탄티누스가 이 창을 소지했었다는 사실 혹은 허구가 이 창의 영험과 의미를 더욱 부풀려 놓았다. 오토가(家) 황제들은 모두 이 창의 보호를 받아 이교도들에게 대승을 거두었다. 하지만 이것이 국가의 가장 큰 성유물이었다. 왕들은 저마다 왕관과 목걸이에 성유물을 소지했다. 왕이 마련한 성유물 소장품들에 왕국의 안전이 걸려 있었다. 성유물들이 사람과 자연 앞에서 왕의 무기력함을 보충해 주었다.[4]

성유물과 그것에 관련된 의식과 상징이 모든 중세인들의 삶에 그처럼 중요했다. 인간은 무력했다. 인간이 살아남을 수 있는 길은 초자연적인 능력에 의지하는 길뿐이었고, 따라서 중세인들은 어떻게 해서든 보이지 않는

---

4) 서방 황제들이 보관한 중요한 성유물함들 중 몇 가지의 모습이 다음 책에 소개되어 있다: H. Fillitz, *Die Insignien u. Kleinodien des heiligen Römischen Reiches*, 1954. 아헨에 있는 샤를마뉴의 권좌와 그것이 제국의 종교적 정치적 구도에서 차지한 중요성에 관해서는 다음 책을 참조하라: *Karl der Grosse, Lebenswerk und Nachleben*, ed. W. Braunfels, 5 vols., 1965-8, 특히 iii, 306-7, 452, 464-79, 501-5.

세계의 능력을 입으려고 했다. 성유물은 초자연적 능력이 일상 생활의 필요한 곳에 와 닿을 수 있는 주요 통로였다. 일반인들도 성유물을 보고 다룰 수 있었지만, 그 유물들은 영원에 속하지 않고 이 무상한 세계에 속했다. 마지막 날에 성인들이 그 유물들 중에서 제것을 찾아갈 것이고, 그로써 그 유물들은 천국에서 요긴한 부분이 될 것이다. 가시적이고 유해하고 이해하기 어려운 세상의 모든 물체들 중에서 오직 성유물만 볼 수 있고 은혜 베푸는 지성으로 충만했다. 나머지 것들에 대해서 보이는 세계는 무의미하거나 악으로 가득 차 있었다.

특히 무의미한 변화라는 저주 아래 놓인 것은 지상의 정부였다. 정부는 현세적인 것들의 가변성을 반영하는 두 가지 대표적인 특징인 폭력과 무능을 겸비했다. 그러므로 군주의 입장에서는 자신을 다른 사람들 위에 우뚝 서게 해주고 그리스도의 대리인으로서 통치할 수 있게 하는 초자연적 재가를 받는 것이 대단히 긴요한 과제였다. 백성은 단순한 정책이나 인간적인 통치 기구를 신뢰하지 않았다. 그도 그럴 것이 정책이란 실패로 끝나기 십상이었고 정부의 통치 장치도 효과를 거두는 경우가 극히 드물었기 때문이다. 재가 받지 않은 인간적 정책에서 나온 것은 무엇이든 죄와 죽음의 왕국에 속했다. 왕이 원정에 오를 때 성유물을 소지한다고 다 된 것은 아니었다. 왕권 자체에 대해서 재가를 얻어야 했다. 그리고 그들은 이러한 재가를 발견했다. 대관식 때 그들은 본질상 성직복에 해당하는 복장을 착용했다. 주교를 축성할 때 쓰는 성유(聖油)가 그들에게 부어졌다. 그들이 받은 칼과 홀(笏)과 반지와 왕관은 성직 임명 때나 어울리는 문구로 축복되었다. 750년경부터 1050년경에 이르는 3세기 동안 이런 대관식을 거쳐 권좌에 오른 왕들은 자기들이 신성한 성격을 부여받았고 기독교 공동체 정부에서 주교들과 사제들 위에 세움을 받았다는 의식을 가지고서 권위를 행사했다. 775년에 샤를마뉴의 고문은 그에게 이렇게 썼다:

전하, 전하께서 전하의 왕이신 하나님의 대리자라는 점을 늘 기억하십시오. 전하께서는 하나님의 모든 백성을 보호하고 통치하도록 세움을 받으셨고, 심판

날에 그들에 대해서 회계하셔야 합니다. 주교는 부차적인 지위에 있습니다[5]

그리고 몇 년 뒤에 앨퀸(Alquin)은 자신의 후원자인 그 왕에게 쓴 편지에서 같은 점을 상기시켰다:

> 우리 주 예수 그리스도께서는 전하를 그리스도인들의 통치자로 세우시면서, 교황이나 콘스탄티노플 황제보다 더 탁월한 권세를 주셨고, 그들보다 더 큰 지혜를 주셨고, 더 숭고한 위엄을 주셨습니다. 오로지 전하의 한 몸에 그리스도의 교회들의 안전이 달려 있습니다.[6]

이런 유의 사고가 11세기에 접어들면서 더욱 평범한 정치관으로 자리잡았다:

> 우리 왕들과 황제들, 이 나그네 세상에서 최고 통치자의 대리자들인 그들에게만 주교를 임명할 권한이 있다. 이것은 옳은 일이다. 그리스도의 모양으로 통치하는 목회자들이, 만약 강복(降福)과 대관식의 영광으로 다른 사람들 위에 우뚝 세워진 사람들이 아닌 다른 사람들의 권위 밑에 놓이게 된다면 그것은 어울리지 않는 일이기 때문이다.[7]

앞에서 내가 중세 초기라고 불렀던 3백 년의 세월 동안 이것보다 더 숭앙된 사상이 없었다. 기름부음 받은 군주에게 신비로운 능력을 부여하는 화려한 의식이 이런 사상을 실질적으로 표현했다. 군주들은 혹시 정부를 효과적으로 이끌지 못할지라도 정부를 초자연 세계의 위엄과 안정성과 결부시키는 일은 빠뜨리지 않았다.

이렇게 초자연에 크게 의존하다가 생긴 한 가지 결과는 개인을 중시하

---

5) *M.G.H. Epistolae Karolini Aevi*, ii, 503.
6) Ep. 174 (*M.G.H. Epistolae Karolini Aevi*, ii, 288).
7) Thietmar of Merseburg, *Chronicon*, I, 26 (ed. R. Holtzmann, *M.G.H. Scriptores in Usum Scholarum*, pp. 34-5).

지 않게 된 것이다. 개인은 자기가 속한 사회나 (혹시 그가 유능한 사람일 경우에는) 자신의 직위에 함몰되었다. 그리고 사회와 직위가 모두 초자연에서 원동력을 얻었다. 수사들의 생활 규칙과 평신도들의 생활 규칙이 한결같이 강조한 것은 인간의 왜소함, 영적 세계의 무인격적 장엄함, 이생에서는 상징적 의식으로만 얻을 수 있는 질서의 위엄, 엄격한 훈련으로만 도달할 수 있는 정신의 평안이었다. 그러므로 인간의 연약함, 인간의 불안정함, 자연법에 대한 인간의 박약한 인식, 인간의 무능한 통치력이 한데 결합하여 중세 초기의 성과들에 힘과 안정으로 충일한 인상을 심어주는 역설적인 일이 발생하게 되었다. 그 시대 사람들은 세속적인 행사를 하든 예배를 드리든 건물을 짓든 매사에 가변적인 세계 속에 영원한 세계의 이미지를 실현하는 데 목표를 두었다.

그렇게 해서 실현된 것들은 영구히 존속하도록 고안되었고, 따라서 그것들을 존재케 했던 사회적·지적 체계가 사라진 뒤에도 상당수가 그대로 살아남았다. 물론 건물 같은 것은 건축가의 취향이 변할 때 쉽게 철거되었지만, 베네딕투스회의 정교한 일과(日課)라든가, 구약 율법을 토대로 한 십일조 제도, 서방에서 이 기간에 발전한 로마에 대한 충성 따위는 어지간한 변화에도 파괴되지 않았다. 이런 것들이 이 중세 초기가 미래에 항구적으로 이바지한 점들이다. 하지만 당시 사람들의 눈에 그 시대의 모든 산물 중 가장 강력한 것으로 비쳤던 종교적 군주는 무엇보다도 가장 취약한 것으로 판명되었다.

## 2. 성장의 시기 1050년경-1300년경

방금 간략히 기술한 사회적 종교적 질서는 1050년에 접어들 당시에는 아무런 붕괴의 조짐도 보이지 않았다. 서유럽의 전반적인 경제 상황을 보든, 그 종교적 이상, 정부 형태, 혹은 종교 의식의 추이를 보든 거대한 변화가 임박했음을 시사하는 징후는 전혀 없었다. 그런데도 60년 내지 70년 뒤에 가면 거의 모든 점에서 사람들의 관점이 확 뒤바뀌었다. 세속 군주는 준(準) 성직자의 지위에서 그 이하로 강등되었고, 교황이 영적 문제뿐 아니라 세속 문제에서도 간섭하고 지도할 새로운 권한을 쥐었고, 베네딕투스회 수도회칙이 신앙 생활에서 차지해온 독점적인 지위를 상실했고, 법과 신학에 아주 새로운 자극이 가해졌으며, 물질 세계를 이해하고 심지어 통제하는 쪽으로 여러 가지 중요한 조치들이 취해졌다. 유럽의 확장이 착실히 시작되고 있었다. 이 모든 일이 그렇게 짧은 기간에 발생했다는 것만큼 중세사에서 괄목할 만한 것도 없다.

## 주요 발전

현재 우리는 이렇게 큰 변화가 급격하게 발생한 원인에 관해 아는 바가 거의 없지만, 11세기 말부터 12세기 초까지 경제 발전에 큰 탄력이 붙었던 것이 가장 중요한 요인이었을 가능성이 있다. 지난 7세기 동안 경제 발전이 간헐적으로 진행되어 왔겠지만, 11세기 말에 접어들면서 붙기 시작한 탄력은 예전과 판이했다. 불확실하고 쉽게 반전되던 경제 발전이 빠른 속도로 도처에서 이루어졌고, 한동안은 끝을 모를 기세였다.

오늘날 경제학자들이 저개발국들에서 근심스럽게 바라보고 있는 자생적 확장의 시점이 서유럽에는 11세기 말에 찾아왔다. 이 확장 운동의 배후에 무슨 현저한 기술 혁신이 있었던 것이 아니고, 다만 여러 가지 상황이 한데 합쳐져 원동력이 되었다. 자본의 축적, 인구 증가, 서유럽이 지중해를 장악한 일, 그리스 제국과 이슬람 제국의 정치적 쇠퇴, 이 모든 요인이 서유럽을 확장의 길에 들어서게 했다.

일단 확장이 시작되자 그것을 가로막을 것이 아무것도 없었다. 갈수록 보상의 규모가 커짐에 따라 광활한 황무지가 개척되고, 하천과 도로와 운하가 개량되고, 새로운 영농법이 도입되고, 시장과 신용 거래가 정착되었다. 북유럽에 가보면 과거에 황무지였다가 개척된 마을을 도처에서 보게 된다. 로마 제국 말기에 두드러졌다가 중세사 초기의 특징으로 남았던 도시 인구의 감소도 이제는 상황이 완전히 뒤바뀌었다. 서유럽의 거의 모든 접경 지대에서 식민지 개척 사업이 시작되었고, 으레 그렇듯이 식민지 개척 사업과 함께 군사적 공격도 시작되었다. 서유럽은 자체의 역사상 처음으로 인구와 생산력이 넘치는 지역이 되었고, 그런 상황에 힘입어 급속히 발전하고 자신감에 찬 사회가 나타내는 모든 독단적이고 공세적인 경향들을 발전시켰다. 과거에 외부 세계에 대해서 지녔던 두려움과 증오가 사라지고 능동적이고 피에 굶주린 우월감이 그 자리를 차지했다.

중세를 평가할 때 머리는 구름 위에 두고 발은 무덤에 둔 사람으로 평가하는 해묵은 낭만적인 견해는 적어도 중세의 이 시기에 대해서만큼은 옳지 않다. 1100년 이후에 두 세기 동안 서방은 끝 모르는 권력욕과 지배욕에 사로잡혔기 때문이다.

중세 초기의 낡은 사회적 종교적 조화를 무너뜨린 것은 다름 아닌 이 새로운 추진력이었다. 문제들이 갈수록 복잡해지면서 기존의 종교 의식이 내놓던 것보다 더 세련된 대답이 요구되었다. 인구가 증가하면서 각종 권리와 의무의 문제들이 더 많아지고 어려워졌다. 전쟁과 교역과 재정의 방식도 보다 정교해졌고, 이런 활동의 전망도 더욱 커졌다. 삶의 모든 영역에서 전문 지식의 필요가 갈수록 절실해졌다. 과거에는 의식(儀式)이 정부의 주요 수단이었다면 이제는 행정과 전문화가 그 자리를 차지했다.

이렇게 되기까지는 시간이 걸렸지만, 12세기의 1분기에 접어들면 그 과정이 시작되었다는 징후들이 완연했으며, 따라서 그 시기의 종교적 변화를 볼 때는 반드시 이러한 배경에 놓고서 봐야 한다. 물론 이런 관계하에 '배경'을 논하면 본질을 오도할 수가 있다. 종교적 변화와 경제적 변화는 동일한 운동의 양면으로서, 둘 다 더 넓은 확장 운동을 자극하기도 하고 그 운동에 자극을 받기도 한다. 이 운동이 교황제와 성직자들과 수도원들과 법과 정부에 끼친 영향은 나중에 구체적으로 논하게 될 것이다. 여기서는 이런 변화들이 끼친 주요 영향들만 거론하는 것으로 충분하다.

우선, 초자연적 힘에 호소하는 방식으로 직접 통제하던 삶의 분야가 서서히 그러나 냉정하게 줄어들었다. 그 당연한 귀결로서, 세계에서 지적으로 인식 가능한 분야를 확대하려는 새로운 방법들과 새로운 노력들이 새 시대의 가장 두드러진 특징이다. 이 두 가지 상호 보완적인 운동에는 많은 양상이 있다. 세속 군주는 기존의 초자연적 속성들을 상실했다. 성직 계급 조직(the clerical hierarchy)이 초자연적 권위의 유일한 통로로 강하게 부각되었다. 세속 정부의 관료제도와 교회의 계급 조직이 서로의 직무가 완연하게 구분되면서 새로운 통치 기법들과 새로운 전문 지식이 등장했다. 성유물은 개인 생활에서는 여전히 중요했으나 정부와 법원에서는 중요성을 상실했다.

얼른 보면 인간의 이성과 지혜의 폭을 넓혔다는 점에서 광의의 의미로 '과학적'이라고 부를 수 있는 이 운동이, 성직자들의 중요성을 감소시키고 그 대신 평신도들의 중요성을 증가시켰을 것처럼 보인다. 하지만 이 운동이 끼친 영향은 정반대였다.

## 성직자 수위설의 대두와 그 한계

평신도 군주에게서 초자연적 위세를 벗겨낸 그 운동은 그 발단이 복잡했다. 한편으로, 그 운동은 교회 계급 조직이 인간 사회를 평화와 구원이라는 목적지를 향해 인도하는 큰 역할을 떠맡으려는 결연한 노력의 일환이었다. 하지만 그것은 사회가 갈수록 복잡해지면서 문제를 해결하려 할 때 의식(儀式)에 의존하기보다 조직적인 정부를 요구하면서 생긴 불가피한 결과이기도 했다. 역사의 중요한 시점에는 오랫동안 도전을 받지 않은 채 통했던 사상들이 불현듯 발견되되 틀렸다는 식으로 발견되는 게 아니라 쓸모 없다는 식으로 발견되는 경우가 종종 일어난다. 그러면 모든 사람들이 그 사상의 불합리성을 알 수 있게 된다. 1100년경의 서유럽이 그러했다. 별로 대단할 것이 없는 사람들까지도 왕들의 종교적 위세가 아무런 근거도 없다는 것을 갑자기 알아버린 것이다. 그들은 큰 어려움 없이 그 사실을 간파할 수 있었다:

> 왕이 사제의 성유로 부음을 받았으니 평신도로 취급해서는 안 된다고 거창하게 떠들어 댈 사람들이 있을 것이다. 하지만 이 우매한 생각을 비웃어도 될 분명한 이유가 있다. 왕은 평신도가 아니라면 성직자여야 한다. 왕이 성직자인가?

그렇다면 왕은 문지기나 독서자나 퇴마사(退魔士)나 시종이나 차부제나 부제나 사제 중 하나여야 한다. 하지만 왕은 그중 아무 것도 아니다. 그러므로 성직자가 아니다. 왕은 평신도일 뿐이다. 혹시 수사가 아니라면 말이다. 하지만 왕이 수사라면 어떻게 아내를 두고 칼을 소지할 수 있는가? 그러므로 수사가 아니다. 왕은 수사도 성직자도 아니다. 다만 평신도일 뿐, 그 이상도 이하도 아니다.[8]

과거에 애지중지해왔던 이론이 더 이상 현실의 필요를 채워주지 못할 때는 자연히 그것을 뭉개버리게 된다. 수백 년 동안 왕실 정부가 통치 기반으로 삼아온 사상이 한갓 쓸데없는 생각으로 휴지통에 던져졌다. 아무도 그 사상을 변호하기 위해 노력하지 않았다. 과거의 신성한 왕권이 새로운 세계에서는 더 이상 차지할 자리가 없었다.

멀리 내다볼 때 이 발견이 세속 정부에 활동 범위를 넓혀 주고 순수한 세속 국가를 지향하게 만들어 주었다. 하지만 그 당시로 눈을 돌릴 때 이 발견으로 거둔 주요 결과는 사회에서 인간의 몫으로 끌어내릴 수 없었던 성직에 우월성을 부각시켜 준 것이었다. 평신도 군주가 영적인 옷을 벗게 되자 성직자의 계급 조직이 훨씬 더 크게 부각된 것이다. 더욱이 평신도 군주가 세속화함에 따라 그가 대표했던 사회 계층, 즉 평신도 계층 전체가 영적인 분야에서 그에 상응하는 강등을 겪었다. 따라서 이제는 교회의 계급 조직 자체를 '교회'라고 부르는 것이 갈수록 자연스럽게 되었다.

물론 누구나 신자들의 몸 전체를 포괄하는 단어에 더 깊은 의미가 있다는 것을 알았으나, '에클레시아'(교회)라는 단어가 이런 넓은 의미로 쓰일 때조차 평신도들의 역할은 대단히 왜소하게 비치기 시작했다. 12세기와 13세기의 이상적인 교회는 좋은 훈련을 받고 조직을 갖춘 성직자들이 순종하고 고분고분하는 평신도들 — 왕들과 대신들과 농민들을 가릴 것 없이 — 의 생각과 행동을 지도하는 사회였다.

그러므로 이론상으로는 평신도들 전체가 11세기 말에서 12세기 초에

---

8) Honorius Augustodunensis, *Summa Gloria de Apostolico et Augusto*, P.L. 172, 1261-2.

발생한 변화에 심한 타격을 입은 셈이다. 하지만 이렇게 평신도의 지위가 강등된 것은 단순히 이론적인 현상이 아니었다. 새로운 통치 기법이 도입되면서 전문 지식이 갈수록 깊어졌고, 이런 '상품'(전문 지식)을 제공하도록 훈련을 받은 사람들이 실질적으로 더욱 중요하게 되었다. 이런 추세가 깊어지면서 평신도들이 초보 교육에 만족하고 학문 교육을 단념하는 오랜 과정이 11세기 말에 들어서면서 사실상 완료되었다. 그 시기는 중세 유럽에서 진보된 학문 교육의 중요성이 최초로 분명하게 대두된 때였다. 이런 상황에 힘입어 성직자들이 사회의 이론적 구조를 결정할 뿐 아니라 통치 수단을 제공하는 모든 학과들을 독점하게 되었다.

하지만 평신도들이 이런 열등한 상황에 상처를 입었다고 생각해서는 안 된다. 그들 중 더러는 이런 상황을 자랑스러워했다. 자기들이 성직자들을 고용하여 지루하고 재미없는 과제를 맡긴다고 생각했다. 그럴지라도 열등한 상황이 바뀐 것은 아니었으며, 대다수 군주들이 문맹인 때가(즉, 학문뿐 아니라 통치의 매체이기도 했던 라틴어를 읽을 줄 모르게 된 때가) 왔을 때 어느 재치 있는 성직자는 대다수 군주들이 틀림없이 싫어했을 경구를 만들어 냈다: "글을 못 읽는 왕은 왕관을 쓴 노새나 다름없다"(rex illiteratus est asinus coronatus).[9]

성직자들의 지적 우월성에 평신도들이 상처를 입지 않았던 이유는 당시의 평신도들에게 단결심(esprit de corps) 같은 것이 없었기 때문이다. 귀족들과 농민들과 장인들과 기사들 사이에는 유대감과 공동의 이익을 보호하기 위한 조직이 있었지만, 평신도들 사이에는 그런 것이 없었다. 보호해야 할 평신도들의 공동 이익이라는 게 없었다. 하지만 성직자들에게는 그것이 완연하게 자리잡고 있었다. 모든 계급 모든 종류의 성직자들은 성직자로서의 '특권'을, 다시 말해서 세속 법정에서 중형을 언도 받지 않을 권

---

9) 이 구절의 유래에 관해서는 다음 책을 참조하라: V. H. Galbraith, 'The Literacy of the Medieval English Kings', *Proceedings of the British Academy*, 1935, xxi, 212-13.

리, 세속 정부에 재산세를 내지 않을 권리, 성직 임명에 세속 정부의 간섭을 받지 않을 권리 등을 보호하는 데 관심이 있었다. 이런 상황이 하위 성직자에서부터 고위 성직자에 이르기까지 모든 성직자들에게 동지 의식과 공동 이익의 수호 의식을 심어 주었다. 이러한 유대감은 결코 완벽하지는 않았지만, 중세라는 광범위한 시기에 서유럽 사회에서 가장 큰 위력을 발휘한 힘이었다.

외부인의 폭력과 강탈로부터 자체의 이익을 지키기 위해 결성된 길드(guild)들이 당시의 현저한 특징이었다면, 교회의 계급 조직은 훨씬 더 규모가 크고 막강한 길드 혹은 직업 조합이었다. 계급 조직은 지역을 초월하여 모든 구성원들에게 규칙을 제정해 주었다. 이 규칙을 집행하고 구성원들이 공동체에 봉사하는 조건들을 명시하기 위해서 광범위한 법원과 처벌 체계를 만들었다. 이런 봉사가 그 공동체에 필수적이었기 때문에, 중세의 교회 계급 조직이란 노동조합주의자들의 낙원이었다고도 할 수 있다.

그러나 이렇게 말하는 것은 한 가지 중요한 진리는 드러내도 다른 진리는 무시하는 것이다. 모든 노동조합주의자들과 마찬가지로 교회의 계급 조직 역시 그것이 자리잡은 사회의 일부를 구성했다. 성직자가 아무리 공동의 훈련과 공동의 이상과 공동의 관심사에 의해 다른 성직자들과 깊이 결속되었을지라도, 대부분의 문제에 대해서는 자신의 사회에 속한 다른 사람들처럼 생각했다. 그러므로 같은 사회 사람들이 관용하는 일에 대해서는 묵인하는 경향을 띠었고, 같은 사회 사람들이 관용할 수 없다고 받아들인 일에 대해서는 엄격한 검열을 시행했다. 이런 방식으로 성직자들의 규율과 이론은 세속 사회에서 진행된 변화와 보조를 맞추었고, 세속 사회의 지속적인 발전에 아무런 장애도 놓지 않았다.

성직자들과 평신도들의 법적 지위와 지적 역량이 서로 아무리 달랐을지라도, 그들 사이에는 동질의 관점이 존재했다. 이 사실은 교회법 가운데 세속 생활을 다룬 부분들이 발전한 데서 뚜렷하게 나타난다. 예를 들어 상업을 놓고 볼 때, 12세기 초의 교회법은 여전히 그것을 기독교와 공존할 수 없는 직업으로 말했다. 하지만 사회의 필요에 따라 보다 정교한 형태의 상업 조직들이 생기면서, 교회법 전문가들의 생각이 바뀌기 시작했다. 그들은 기존의 일부 원칙들을 수정하거나 유권 해석함으로써 상업 활동에 큰 길을 터 주었고, 그래도 남아 있던 걸림돌들은 대부분 무시하거나 우회했다.

전쟁의 경우도 마찬가지였다. 11세기까지도 세속적 목적으로 벌어진 전투에서 사람을 죽이는 것이 중죄였다. 교황의 승인을 받아 성유물 위조자를 토벌하기 위해 벌인 헤스팅스 전투에서 성유물 위조자들을 토벌한 사람들에게조차 전쟁터에서 인명을 살상했다는 이유로 엄한 고행이 부과되었다. 하지만 13세기 중반에 이르면 이른바 '성전'(聖戰) 이론이 대두하여, 교황청의 이익을 훼손하거나 교회에게 보호를 제공하는 사람들을 겨냥한 것이 아니라면, 책임 있는 모든 세속 군주들이 일으킨 전쟁을 그들에게 유리하게 해석해 주었다. 이런 한계를 제외하더라도 합법적인 승인을 받은 전쟁을 가리켜 불의한 전쟁이라고 말하기가 매우 어렵게 되었다. 12세기와 13세기에 교회의 계급 조직이 세속 사회에 대해 보인 포용적인 태도는 중세의 사회 분화가 끝난 뒤에도 오랫동안 남을 결과들을 초래했다.[10]

조세의 경우도 비슷했다. 교회법은 세속 군주들이 성직자의 개별적이고 구체적인 동의가 없는 한 교회 세입에 세금을 부과하지 못하도록 규정했다. 성직자에게 동의를 받는 일은 때로 쉽지는 않았지만, 성직자에게 동의를 받는 것이 평신도에게 동의를 받는 것보다 더 어렵지는 않았다. 성직자들의 동의가 순조로웠기 때문에, 1296년에 교황 보니파키우스 8세(Boniface VIII)는 세속 군주가 성직자들에게 세금을 부과하려면 반드시 교황의 승인을 받아야 한다고 주장함으로써 성직자들에게 저항 의식을 심어 주려고 했다. 교황의 이런 행위에는 서구 사회를 효과적으로 장악하려는 교황청의 마지막 태도가 반영되어 있다. 하지만 그것은 형편없는 실패로 끝났다. 몇 달도 못 가서 교황은 강한 압력에 부닥쳐 그 법령 문구를

---

10) 13세기 중엽에 세속 군주들이 전쟁을 수행할 때 누린 권리들에 관해서는 다음 책을 참조하라: Thomas Aquinas, *Summa Theologiae*, 2, 2, qu. xl, aet. 1.

해명하지 않을 수 없었고, 상황은 곧 원점으로 돌아갔다.[11] 이제는 교황이든 그 누구든 평신도들의 동의 없이 자유롭게 행동할 수가 없었다.

1050-1300년에 정교하게 된 교회 조직은 이론으로나 실제로나 교회가 일찍이 가져보지 못한 가장 뛰어난 체제였다. 이 체제에는 교권 침해자들에 대한 대단히 강력한 제재 조치들이 마련되었지만, 이 조치들은 당시의 세속적 이해를 침해하는 방향으로는 효과적으로 사용할 수 없었다. 이것은 피할 수 없는 딜레마였다. 교회법은 얼마든지 정교하게 제정할 수 있었고, 그것을 성직자 사회에서는 효과적으로 집행할 수 있었다. 하지만 성직자 사회 바깥에서는 세속 사회의 전반적인 이해와 일치할 때에만 효력을 발휘할 수 있었다.

서유럽의 영적·세속적 문제들을 장악하려고 하던 성직자들의 시도는 어느 정도 괄목할 만한 성공을 거둔 게 사실이다. 성직자 우월성 이론과 그 이론을 집행하기 위한 장치가 거의 완벽할 정도로 발달했다. 그러나 동시에 세속 사회의 이론들과 장치들도 발달했다. 성직자 사회의 이상이 실현되었다가, 그 이상이 현실과 맞지 않는다는 것을 점차 거의 모든 사람들이 깨달아 가는 과정에서 세계는 평온하지 않았다.

### 긍정적인 성과

그 깨달음의 시점은 14세기 초로 잡을 수 있다. 그러나 이런 분열의 동인들을 생각하기 전에 중세의 중간에 해당하는 시기의 업적을 약술하고 넘어가는 것이 타당할 것이다. 그 시기는 무엇보다도 합리적이고 응집력 있는 진보의 시기였다. 모든 삶과 사상의 영역에서 놀라우리 만큼 복잡하고 다양한 부분들이 확고하고 권위 있고, 합리적 연구와 폭넓은 동의에 기반을 둔 하나의 큰 체제에서 조화롭게 맞물렸다. 이것을 당시의 신학과 철

---

11) 보니파키우스가 초기의 비타협적인 태도에서, 왕이 교황청에 자문을 구하지 않고도 징세 여부를 결정할 수 있다고 승인하게 된 단계들에 관해서는 다음 책을 참조하라: T. S. R. Boase, *Boniface VIII, 1294-1303*, 1933, pp. 138-53.

학 못지 않게 법과 자연과학과 실질적인 정치 기교에서도 관찰할 수 있다. 그리고 당시의 위대한 예술적 업적들도 동일한 '자신감 넘치는 정신'의 반영이다.

1050년부터 1300년까지 이루어진 발전의 방향은 확고하고 분명하다. 이전에는 그 방향이 흐릿하고 불확실했고, 이후에는 상충하는 경향들에 얽혀 가닥을 잡을 수 없는 경우가 많다. 상대적으로 짧은 이 시기는 시종일관 완벽한 체제를 향해서 한 걸음씩 진보했다. 교황제는 추기경 훔베르트(Humbert)와 그레고리우스 7세(Gregory VII)가 제기한 초기의 공세적인 교황 수위설에서 출발하여 법률가 교황들인 알렉산더 3세(Alexander III)와 인노켄티우스 3세(Innocent III), 인노켄티우스 4세, 보니파키우스 8세(Boniface VIII)를 거쳐 최종적으로 정교한 교황 정부 체제로 진행했다. 이 교황들은 저마다 하나의 큰 계획에 독특한 요소를 보탰고, 그 후임자들에게는 그 체제를 손질하고 유지하는 책임이 맡겨졌다.

교회법의 발전도 비슷한 노선을 취했다. 교회법은 1050년에는 정식 학문으로 취급되지도 않았으나 1300년에 이르면 완성과 종결의 단계에 도달해 있었다. 신학의 경우도 마찬가지였다. 11세기 말이나 12세기 초에는 간결하고 체계적인 진술이 주류를 이루었으나, 성 토마스 아퀴나스가 죽은 해인 1274년에 이르면 체계적 진술가들의 위대한 시대가 이미 끝나 있었다. 1050년에는 베네딕투스회의 독주가 아무런 도전도 받지 않았지만, 1300년에 이르면 생길 수 있는 거의 모든 다양한 종교 조직들이 설립되어 있었다. 카르투지오회(the Carthusians)와 은수자(隱修者)들 위주의 무수한 수도회들, 성전 기사단(the Templars)과 그 아류인 군대 수도회들, 수도참사회(Canons Regular)의 다양한 지부들, 시토회(the Cistercians), 네 개의 대규모 탁발 수도회, 다양한 종류의 자선 시설들, 수감자들의 복지를 위한 조직들이 1300년 무렵에 이미 설립되어 있었다. 이 수도회들과 조직들은 저마다 독자적인 수도회칙을 채택했는데, 그것은 형태와 목표가 서로 크게 달랐지만, 모두 교회의 보호와 지도하에 정교하게 작성되었다.

유럽사에는 몇몇 방향에서 보다 급속한 진보가 이루어진 시기들과, 아주 다양한 천재들이 등장한 시기들이 있었지만, 이 시기만큼 그처럼 다양한 성취가 단 하나의 목표를 위해 사용된 시기는 일찍이 없었다.

이런 업적에 어떤 사회 상황이 필요했을까? 그 본질적인 면들을 간략하게 묘사할 수 있다. 이 시기 내내 서유럽 사회는 분명히 확장일로에 있던 사회였다. 내적으로는 조직과 인구 증가로 확장되었고, 외적으로는 영토 침공과 교역의 증가로 확장되었다. 이런 상황이 과거에는 위축되었던 사회의 지평과 야망을 넓혀 놓았다. 그렇지만 도회지와 교역의 증가에도 불구하고 서유럽 전체가 아직은 농업 사회였다. 농업이 여전히 부와 정치력의 주요 근원이었다. 세도 있는 군주들이 여전히 지방 토지 귀족들의 관점을 가지고 있었다. 그들은 신하들을 친구로 대했고, 성직자들을 지적으로 우월한 자들로 대했으며, 자기들의 재산을 화려한 과시와 선행에 사용할 기금으로 여겼다. 십자군 전쟁에 참가하는 것을 인생의 최종 목표로 생각했으며, 그 목표를 종종 연기했을 뿐 동화 속의 먼 나라 일로 제쳐두는 일은 결코 없었다.

모든 사람이 사회에서 자신의 신분을 갖고 있었고, 자신이 태어난 신분보다 지나치게 낮아지거나 지나치게 높아지는 것이 허용되지 않았다. 그 사회는 변화의 양상이 대단히 과격하고 급속했을지라도 안정된 사회였다고 보는 것이 합리적인 태도이다. 부의 증가가 전반적으로 전통적인 사회의 지배 계층의 복리를 증가시켰기 때문이다. 성직자들의 지적 우월성과 그들이 실제적인 문제들과 이론적인 문제들을 해결하는 데 거둔 학문적 성공이 그 시대의 산물들에 통일성을 부여했다. 모든 형태의 활동이 급속히 다양화하고 발전하면서 창의력이 왕성하게 발생했다. 교황 군주제의 증가, 수도회의 급증, 지식 분야의 체계적 확장, 이 모든 것이 아직 사회의 대격변에 찢기지 않은 채 확장해 가고 있던 사회의 흔적을 지닌 것들이다.

이제는 사회의 균형이 중대한 도전을 받게 되었을 때 어떤 일이 발생했는지 생각해야 한다.

## 3. 불안의 시대 1300년경-1550년경

　14세기 초반에는 사회 구조와 이 구조를 해석하고 발전시키는 데 이바지한 이론 체계에 중대한 변화가 일어났던 징후들이 많이 있다. 2백 년 전만 해도 상상할 수 없었던 일들이 발생하고 회자(膾炙)되었다. 1303년에 아냐니에 있는 교황 궁을 침공한 프랑스 군대가 보니파키우스 8세를 공격한 사건은 거의 두 세기 동안 유럽 정계를 안정시킨 요인인 교황들과 프랑스 왕들간의 협조 체제가 기우뚱거리며 뒤집히고 있음을 보여주는 사건이었다. 1309년에 교황이 아비뇽에 정착한 사건은 과거에 유폐를 경험했던 다른 많은 교황들과 비슷한 또 한 번의 유수(幽囚)로 간주할 수 있는 사건이었다. 비록 과거에 유수 기간이 이번처럼 70년씩이나 지속된 적은 없었지만 말이다.

　1312-14년에 성전 기사단이 해체된 사건은 2백 년 전에 성 베르나르(St. Bernard)가 그처럼 따뜻하게 반겼던 전투적인 기독교의 큰 표현들 가운데 하나가 제거된 사건이었다. 1317-18년에 신령파 프란체스코회와 도시 지역에서 그 수도회와 관련하여 일어나 크게 성행했던 종교 운동들이 단죄를 받은 사건은 한 세기 남짓한 기간에 급속히 대두된 사상들의 점증하는 위세와 그 사상들에 대해서 고조되던 반감을 모두 반영했다. 마지막으로 1320년대에 교황의 단죄 조치들이 성공을 거둔 사건은 교황제가 당시의 지적·영적 흐름과 새로운 관계를 수립했음을 보여주었다. 두 세기 전부터 교황제는 대체로 새로운 사상들과 새로운 조직들을 촉진해 왔었다. 혁신자들은 본능적으로 교황의 보호와 승인을 구했다. 이로써 이제 균형이 급속히 변했다. 1323년에 프란체코스회의 청빈 교리가 단죄를 받은 사건은 중요한 전환점이었다. 이 사건은 교황청이 극단주의를 점차 두려워하게 되었음을 상징했고, 그 뒤에 잘못된 방향으로 비화되어 오컴의 윌리엄(William of Ockham)과 파두아의 마르실리우스(Marsilius), 그리고 에크하르트(Eckhart)가 단죄를 받았다. 교황청은 이런 단죄들을 모두 충분히 정당화할 수 있었겠지만, 이 단죄들은 더 이상 교황의 통제를 받지 않는

유럽, 더 이상 지도를 받을 수 없고 다만 반대만 받을 수 있는 새로운 사상 운동들의 새로운 전망을 열어 놓았다. 이 사건들은 곧 새로운 극단론과 새로운 반대로 이어진 반대의 유형을 정착시키는 데 이바지했다. 이 단죄의 순환을 시작시킨 유능하고 영민한 교황 요한 22세(John XXII)는 자신이 그레고리우스 7세 이후 어느 교황보다 더 신랄한 비판을 받게 된 것을 발견했고, 자신이 애지중지하던 지복직관(the Beatific Vision) 교리가 후임자에 의해 단죄되는 유례없는 모욕을 당했다.

공식적으로 변호되던 교황의 교리가 이렇게 단죄된 사건은 교황의 직위에 전에 없던 불안정성이 생겼다는 주목할 만한 증거였다. 비록 그 교리 자체는 항구적인 중요성을 갖지 않는 개인적 표현이었지만 말이다. 하지만 그 밖의 단죄 사건들은 각기 다른 정도로 유럽 사회의 구조에 발생한 두 가지 큰 변화와 관련되었다. 두 가지 변화란, 첫째는 세속 군주들과 그들의 옹호자들이 점차 자신감과 소견을 갖게 된 것이고, 둘째는 대도시 인구의 기성 조직들과 그 조직들에 자극 받아 일어난 운동들이 점차 위협을 받게 된 것이다.

14세기 초에 접어들면 이 요인들 중 어느 것도 새로운 것이 아니었다. 도시들과 세속 정부들은 2백 년 동안 규모와 범위가 커져왔지만, 14세기 초에 와서야 비로소 그들은 처음으로 자기들의 목소리를 낼 수 있었다. 파두아의 마르실리우스가 세속 군주들을 인상적으로 대변한 최초의 인물이었고 — 그 전에 프리드리히 2세가 있었지만 그의 현란한 수사는 허풍에 지나지 않았다 — 에크하르트가 자기 목소리를 내는 도시 주민들의 신앙을 위해 인상적으로 대변한 최초의 인물이었다.

### 변화하는 환경

새로운 목소리들이 터져 나온 그 순간을 도시 생활이나 세속 정부의 발전에서 새로운 단계와 엄격히 연관지을 수는 없다. 당시 사람들로 하여금 조상들과 다른 미래 예측을 하도록 유도해 간 균형상의 미묘한 변화들은 대부분 우리의 시야를 교묘하게 비껴간다. 하지만 뚜렷이 시야에 들어올

만큼 현저했던 점들이 몇 가지 있었다.

첫째로, 14세기 초에는 도시와 농촌 사이의 인구 증가 비율에 현저한 변화가 있었던 것으로 보인다. 몇몇 도시가 예상치 못한 큰 인구 증가를 경험하고 있던 그 순간에 농촌 인구의 꾸준한 증가율에 제동이 걸렸다. 예를 들어 이탈리아 피렌체 시의 인구는 1300년 이전 한 세기 동안 10,000명에서 30,000명으로 증가했고, 1300년에서 1345년에는 30,000명에서 약 120,000명으로 증가했다. 물론 이것은 극히 예외적인 경우였지만, 농촌 인구의 증가가 모호하게 된 동안에 도시 인구는 괄목할 만큼 증가한 듯하다. 14세기 초 유럽에는 인구가 50,000명이 넘는 도시들이 꽤 여러 곳 있었는데, 그 중에서도 플랑드르, 라인 지방, 이탈리아 북부가 두드러졌다. 서유럽의 도시 공동체들은 경제적으로 정치적으로 4세기 이래로 유지해온 것보다 더 중요한 지위를 얻게 되었다.

이것은 교회사에 중요한 결과를 끼쳤다. 도시 생활에는 교회에 반대를 일으키는 어떤 것이 있게 마련이다. 비교적 안정되고 고립된 농촌 환경은 인가되지 않은 견해를 표현하도록 허락하지 않았다. 농촌에서는 한두 사람이 주위 사람들을 이웃으로 생각하지 않을 때는 입 다물고 지내는 편이 나았다. 하지만 교회에 반발심을 품고 삐딱한 견해를 지닌 사람이 두세 명이 아니라 스무 명 서른 명씩 서로 모이면 서로 자신들의 견해를 표현하도록 조장하게 되고, 심지어 과묵한 사람들조차 자기들의 생각을 말하고 낯선 사상을 생각하기 시작한다. 더욱이 도시 생활에서 겪는 불만이란 농촌 생활에서 겪는 불만보다 큰 법이다. 극단적인 빈부 격차, 언제 실직 당할지 모르는 데서 오는 불안, 소외감, 이런 것들과 함께 분노가 도시 생활에서 겪는 고통을 가중시켰다. 12세기와 13세기의 도시들에도 이런 정서가 있었다는 증거가 많다. 때로는 노골적이고 대개의 경우 파괴력을 지닌 평신도들의 조리 있는 종교관은 도시들에서부터 시작되었다. 이런 견해가 결국 설교자들과 조직가들을 자극하여 그런 견해들에 형태와 응집력을 부여하게 했고, 때로는 그 견해들을 배척하고 비판하게 했다. 14세기에 접어들면 이런 운동들이 워낙 강해져서 더 이상 진압할 수 없는 상황이 되었다. 그 운동들이 중세 말 종교의 새로운 큰 특징이었다.

이 새로운 특징은 두 가지 관점에서 볼 수 있다. 한편으로, 그것은 지난 두 세기의 지배적인 목표였던 성직자 계급 조직의 안정을 뒤흔든 위협이었다. 많은 관찰자들은 그 위협이 점점 커지고 있다고 보았다. 그들은 처음에는 그것을 주로 개인 구원에 대한 위협으로 보았다. 상업이 고리대금을 조장하고, 고리대금이 위선을 조장하고, 생산 활동에서 손을 놓게 하고, 성공하려는 탐욕을 일으키고, 이웃의 불행을 기회로 번영을 꾀하게 만드는 식으로 말이다. 그러다가 위협이 커지자 그것을 단순히 개인 영혼에 대한 위협으로 보지 않고 사회의 안정과 질서를 해칠 우려가 있는 위협으로 보게 되었다. "자치체는 백성을 소란케 하고, 왕국에 두려움을 끼치고, 성직자를 침체에 빠뜨린다"(Communia est tumor plebis, timor regni, tepor sacerdotii)고 12세기 말을 관찰한 어느 영국인은 썼다.[12]

사람들에게 사회 문제들에 관해서 생각하라고 가르친 아리스토텔레스는 이런 노선의 생각을 권장했고, 성 토마스 아퀴나스가 특유의 철저함으로 이 권장을 채택했다. 그의 논지는 명쾌하고 단호했다. 즉, 사회란 자립해갈수록 더 완전하게 되는데, 상업이 사회의 자립도를 낮추므로 사회는 덜 완전해진다. 더욱이 상업은 그 사회로부터 전쟁을 치를 능력을 갈수록 앗아간다. 상인들이란 갈수록 유순해지게 마련이기 때문이다. 역설적으로 이런 상황이 사회를 평화에서 멀어지게 한다. 한정된 지역에 많은 사람들을 끌어 모으기 때문이다. 그 밖에도 (아리스토텔레스가 지적한 바와 같이) 상업은 지나치게 많은 말을 조장하고 사회를 저급한 윤리와 거짓 사상의 감염에 노출시킨다.[13] 하지만 이런 회의와 비판에도 불구하고 상업과 도시들은 꾸준히 성장했고, 13세기에 들어서는 새로운 유형의 종교 조직들과 새로운 개인 신앙 열정을 촉진하기 시작했다. 이 두 가지 운동은 모두 당시

---

12) Richard of Devizes, *De Rebus Gesis Ricardi Primi*, p. 416 (*Chronicles of the reigns of Stephen, Henry II and Richard I*, R.S., 1886, iii).

13) *De Regno*, ii, c. 3 (*S. Thomae Aquinatis Opuscula Ommnia*, ed. P. Mandonnet, 1927, i, pp. 350-51).

의 성직자들과 교회 계급 조직의 이상들에서 벗어나려는 추세를 반영했고, 그만한 정도에서 도시 생활의 비판자들을 정당화했다.

도시 종교를 이끌어간 주된 특징은 정서였다. 이것은 일에 대한 중압감과, 종잡을 수 없는 물가와 임금과 이율, 과로와 실직의 간헐적인 반복으로 인한 비참한 삶, 그리고 계급간 길드간의 갈등에서 사람들을 잠시 벗어나게 하고는, (에크하르트가 가르쳤듯이) "하나님이 자기 아들을 영혼으로 낳으시되 …… 어떤 권위자들의 말대로 영혼이 하나님과 동등하게 되는 방식으로 낳으시는"[14] 영의 세계로 그들을 데리고 들어갔다.

이런 주제들이 이런저런 방식으로 북유럽의 도시들에 두루 퍼졌다. 이 주제들이 반드시 이단설이었던 것은 아니다. 때로는 교회 규율을 엄격히 존중하고 영적 계급 조직을 존경하는 태도와 양립하기도 했다. 하지만 그래도 사회에 대한 위협이었던 것은 종교 제도들을 덜 중요하게 만들고, 비록 틀렸다고 하지는 않더라도 현실과 무관하게 보이게 만들었기 때문이다.

## 정치적 변화와 반작용

기성 제도들을 현실과 무관하게 바라보는 이런 경향은 정치관의 변화와 동시에 발생했기 때문에 훨씬 더 위험했다. 아울러 대단히 힘겨운 노력을 기울여 일으켜 세웠던 계급 조직의 틀이 현실성이 없고 잘못된 것일 수도 있다는 식으로 비치기 시작했다. 이론적 명분이 없는 세속 정부가 갈수록 강한 권력과 독립성을 확보해 가는 것을 누구나 볼 수 있었고, 이것이 교황의 대주권과 보편 통치와 성직자 수위성에 관한 정교한 이론 체계의 적실성(適實性)과 타당성에 의심을 던졌다. 동시에 교황이 내세우는 명분과 실제 행동 사이에 상당한 차이가 있다는 것을 누구나 알 수 있었다. 이것은 얼마든지 미리 예상할 수 있는 일이었다. 하지만 그 차이가 갈수록 더 커지고 있고, 교황의 명분을 뒷받침하는 이론이 불확실하기 때문에 그런

---

14) 필자는 에크하르트가 도시의 종교에 이바지한 내용을 다음 저서에서 보다 자세히 다루었다: *Medieval Humanism and Other Studies*, 1970, pp. 19-26.

차이가 커지는 것이 아니냐고 의심하는 분위기가 확산되기 시작했다. 이런 상황은 다양한 사람들의 눈에 다양한 방식으로 비쳤다. 특히 단테(Dante)는 교황의 세속적 주장들이 실제로는 교황 자기 가문의 야심을 채우기 위한 수단이 되어서 교회의 영적 정부와 이탈리아의 복리에 다 같이 해를 끼치는 현실에 격분했다. 그러나 단테와 같은 통찰력이 없었던 세속 군주들조차 평소 행위를 볼 때 교황이 자기들과 하나도 다를 바 없이 자기들과 비슷한 동기를 가지고 행동하고, 자기들과 똑같이 현실적인 제약에 구속을 당하고, 자기들과 똑같이 이해 관계를 놓고 목청을 높이는 것을 볼 수 있었다.

이런 상황에서 '보편적 주권이 이론적으로 필요한가? 혹시 필요하다면 그 주권을 교황이 차지하는 것이 정당한가? 혹시 교황이 그 주권을 차지하는 게 정당하다면 그 주권은 영적 문제뿐 아니라 세속 문제까지도 포괄하는가?' 하는 질문이 시급한 화두로 떠올랐다. 흔히들 그런 생각이 사실들과 그다지 상관 없이 중세에 발전했다고 생각한다. 하지만 그것을 잘못된 생각이다. 이론과 실제의 상관 관계는 중세나 다른 시대나 별 차이가 없었다. 다시 말해서 이론이 실질적인 성공을 거두게 되면 급속히 발전하게 되고, 그러다가 곧 그 실현 가능성의 한계를 벗어났다. 이렇게 실현 가능성의 한계를 벗어나면 대학교들에서 곧 그에 대한 비판이 제기되었고, 그런 뒤에는 사건들을 새로운 형태로 담아내는 데 유용한 새로운 견해가 대두했다.

이론과 실제의 이러한 교호 작용이 개인의 경험과 세속 생활의 가치들과, 사회가 정치 및 영적 권위의 근원으로서 갖는 역할을 새롭게 강조했다. 14세기 초에 아주 새로운 방식으로 작성된 이런 견해들은 장래를 위해서는 이루 말할 수 없이 중요했으나, 당시 현실에서는 11세기의 성직자관과 성직자 계급 조직관이 유럽 사회의 방향을 재설정했을 때에 비해 훨씬 보잘것 없는 성과를 거두는 데 그쳤다. 우선 유럽은 더 이상 11세기와 같은 원시 사회가 아니었다. 11세기의 혁명은 일소해 버릴 만한 경쟁적인 조직을 발견하지 못했었다. 유럽은 새로운 형태의 정부를 필요로 했고, 누구든 그런 정부를 먼저 제공하는 자가 큰 권력의 지위에 올랐다. 하지만 14세기 초에는 유럽 전역에 소교구들을 두고, 막대한 재산을 관장하고, 세속 군주의 기관들과 긴밀히 연결된 정교한 교회 정부 체제가 있었다. 그 체제의 이론적 타당성에 관해 어떤 의심이 제기되든간에, 질병을 치유하기에는 치유책이 너무 열악해 보였다. 기성 제도들이 너무나 큰 무게로 버티고 있었기 때문에 거대한 격변이 일어나기 전에는 미동도 할 것 같지 않았다. 바로 이러한 현실을 14세기의 모든 군주가 두려워하게 되었다.

마르실리우스(Marsilius), 오컴(Ockham), 위클리프(Wycliffe) 같은 혁명적인 사상가들이 실질적인 성공을 거두지 못한 데에는 또 다른 이유가 있었다. 그들이 아무리 11세기의 성직자 계급 조직 정부의 선지자들 못지 않은 지적 능력을 갖고 있었다 할지라도, 그들이 대변할 범세계적인 강력한 의견 집단이 없었다. 11세기에 기성 사회를 비판하고 나선 사람들은 주로 성직자들의 의견을 대변하고 아울러 부분적으로는 평신도들의 의견을 대변함으로써 아무도 그것을 함부로 배척하기가 쉽지 않았다. 하지만 14세기에 교회의 계급 조직을 비판한 사람들은 평신도 군주들에게 호소했는데, 당시 평신도 군주들은 서로간에 충분한 연합도 갖추지 못했고, 충분한 힘도 없었고, 그들의 조언을 따르려는 충분한 관심도 없었다.

기성 성직자 계급 조직을 가장 강력하게 비판하고 나선 마르실리우스와 오컴은 독일 왕 바바리아의 루이스(Louis)에게 의탁했는데, 그 왕은 유럽 정계에서 변변치 않은 군주로 판명되었다. 유럽에서 가장 효과적인 반 성직 세력은 영국 왕이었지만, 그는 기성 교회를 반대할 명분이 매우 적었다. 우선 다른 나라들에 비해 성직자들에게 좀더 많은 세금을 거둬들이고 있었고, 성직자를 임명하는 문제에 교황의 간섭을 덜 받았고, 왕실 법원들에 대한 관할권을 좀 더 많이 보유하고 있었던 것이다. 이탈리아의 도시들과 국가들의 군주들을 살펴보자면, 그들은 교황을 잠재적인 동맹 세력이나 적대 세력으로 보고서, 그를 이념적으로 대하지 않고 정치적으로 대했다. 어느 나라에서나 세속 군주들은 교회 조직과 대단히 만족스럽게 공존할 수 있다는 것을 발견했다. 그들 대다수는 교회 조직을 좋아하지 않았지만, 전면적인 투쟁을 감행하는 것보다는 협박과 타협을 절충해서 사용하는 것이 자기들의 지위를 향상시키는 데 유리하다는 것을 터득했다. 14세기 교황 정부의 가장 큰 강점은 과거에 지녔던 이빨을 대부분 상실했다는 데 있었다. 당시의 교황 정부는 아무에게도 위협이 되지 않았다. 반면에 성직자 계급 조직에 중대한 공격을 가한다는 것은 곧 사회 질서 전체에 위협을 가하는 것과 마찬가지였다. 보니파키우스 8세(Boniface VIII)는 13세기를 회상하면서, 오랜 경험으로 미루어 보건대 평신도란 누구나 성직자의 적이라고 주장했을 법하다. 14세기가 보여준 것은 그들이 서로에게 최상의 자리를 만들어 주지 않고서는 공존할 수 없는 원수들이라는 것이었다.

이것은 영국에서 발생한 사건들에서 아주 뚜렷한 예를 들 수 있다. 영국은 유럽에서 가장 급진적인 정치적·사회적·종교적 운동들이 발생한 본거지였다. 그런데도 유럽 교회에서 가장 보수적인 지역이기도 했다. 그것이 어떻게 조화를 이루었겠는가 하는 것은 이해하기 어렵지 않다. 왕과 대신들의 세속 계급 제도는 성직자들의 이해 관계를 항상 적대시하면서도 위험하고 조직이 없는 '민중'이라는 집단보다는 교회 계급 제도와 더 많은 것을 공유했다.

1327년에 영국 왕 에드워드 2세(Edward II)가 폐위될 때 캔터베리 대주교가 "민중의 소리는 하나님의 음성이다"라는 주제로 설교해도 하나도 문제가 되지 않았다.[15] 그가 말한 '민중'이란 대신들을 뜻했기 때문이다. 만약 1381년에 왓 타일러(Wat Tyler)가 추종자들을 이끌고 런던으로 갈 때였다면 캔터베리 대주교가 이 주제로 설교하지 않았을 것이다. 진정한 '민중'은 그 때에 도래했고, 그들은 캔터베리 대주교를 살해함으로써 사실상 자신들의 도래를 알렸다. 이것이 14세기에 영국의 고위성직자가 민중에게 살해된 두번째 사건이었고, 이 두 사건이 중요한 이유는 그들이 두 세기 전에 살해된 토머스 베켓(Thomas Becket)과는 달리 성직자로서

---

15) 이 설교 내용에 관해서는 다음 책을 참조하라: *Lanercost Chronicle*, ed. J. Stevenson, 1839, pp. 257-8.

살해되지 않고 왕의 관료로서 살해되었다는 데 있었다.

밑으로부터의 위협이 커지면서 더욱 공고해진 세속 계급 제도와 교회 계급 제도의 결속은 이 나중 두 세기 동안 중세 교회의 대외 역사에서 가장 중요한 요인이다. 대다수 세속 군주들은 성직자들을 희생시키는 대가로, 즉 지난 두 세기였다면 '교회의 자유'라고 불렀을 만한 것을 희생시키는 대가로 어느 정도 이익을 얻었지만, 성직자들을 지나치게 누르면 자신들의 지위마저 위태롭게 된다는 것을 인식했다. 바로 이런 인식이 있었기 때문에 예를 들어 영국 정부는 구체적인 반(反) 교황 입법을 권장하면서도 전면적인 공격, 특히 체제 전복적인 성향을 띤 공격을 자제했던 것이다. 왕과 귀족들은 교회의 보수주의를 가장 앞장서서 뒷받침하는 세력이 되었다.

과거에 교황과 성직자 사이에 형성되었던 이해의 일치가 약해진 반면에, 이제는 세속적이든 영적이든 계급 제도 원칙을 지지하는 모든 사람들 사이에 새로 형성된 이해의 일치가 11세기 개혁자들의 업적을 지키는 임무를 떠맡았다. 이 개혁자들의 노력으로 수립된 교회 체제는 필수불가결한 세속 정부와 사회 질서의 수단으로서 중세의 마지막 두 세기 동안 살아남았다. 이러한 세속 계급 제도와 교회 계급 제도가 지속되는 동안 그 체제는 살아남았다. 하지만 계급 제도가 붕괴될 때 새로운 위기가 닥쳤다.

이런 용어들을 가지고 말하는 것은 중세 유럽을 현대의 방식으로 말하는 것이다. 당대의 관찰자들이 알아들을 수 있는 방식으로 말하려 한다면 사뭇 다른 범주들을 사용해야 할 것이다. 이를테면 중세의 세 시기를 12세기 말에 활동한 신비주의 작가 피오레의 요아힘(Joachim)이 사용한 용어들로 기술할 수 있다. 그는 과감하게도 역사를 성부와 성자와 성령의 세 시대로 구분했다. 그의 관점을 진지하게 받아들인 사람들은 실망스러운 결과를 많이 겪었다. 하지만 그의 시대 구분을 알레고리로 받아들이면 묘하게도 중세사에 잘 들어맞는다. 11세기까지 내려가는 첫 시기는 유럽의 기본적인 제도들이 나타난 창조와 생존의 엄격한 시기이다. 둘째 시기는 이

성과 지성적인 체제의 시기이다. 셋째 시기에는 체제보다 직관이 강조되고, 이성보다 의지와 사랑과 자유로운 영혼이 강조된다. 이 셋째 시기는 요아힘이 셋째 시대로 말한 성령의 시대처럼 재앙의 전조이기도 했다.

# 제3장

# 기독교 세계의 분열

## 1. 분열의 씨앗

　중세는 통일된 교회로 시작해서 분열과 불신에 빠진 일군의 교회들로 마쳤다. 그것이 적어도 서구의 견해였다. 하지만 좀더 시각을 넓혀서 보면 중세는 분열로 시작했다. 700년경에 기독교 세계는 수백 년간 기독교권에 속했던 많은 영토를 이슬람권에 빼앗기고 있었다. 북아프리카, 시리아, 팔레스타인, 스페인이 노도처럼 밀려오는 이슬람의 세력에 함몰되었거나 함몰되어가고 있었다. 이 과정에서 다섯 개의 유서 깊은 총대주교구 중 세 개가 이슬람권에 장악된 채 나머지 교회와 교제를 상실했다. 그 이후로 알렉산드리아, 안디옥, 예루살렘은 교회의 관심 밖으로 밀려났다. 이 시기부터 서방 교회는 고대 세계 초창기의 주교구들에서 그리스도인들이 어떤 상황에 처해 있는지 모른 채 지냈고, 그 주교구들 역시 서방 교회에 관해서 모른 채 지냈다. 11세기에 안디옥에 살던 어떤 그리스도인은 681년에 죽은 교황 아가토(Agatho) 시대 이후로는 로마에 어떤 교황들이 즉위했는지 알려지지 않았다는 언급을 남겼다.[1] 이 시기 이후로 안디옥의 교회는 외부 세계와 접촉이 끊겼다. 더 이상 살아남을 힘을 잃은 것이다.

---

1) *Histoire de Yaha-ibn-Said*, ed. A. Vasiliev (*Patrologia Orientalis*, 1924, xviii).

교회들이 이렇게 무너지면서, 콘스탄티노플과 로마는 기독교 세계에 남겨진 것을 공유하게 되었다. 두 교회는 700년에는 아직 서로를 적으로 생각하지 않았다. 7세기에 접어들면서 장차 통일 기독교 세계의 운명을 걺어진 두 거대한 총대주교구 교회가 연합해야 한다는 것은 의문의 여지가 없는 자연스러운 일이었다. 두 교회는 비록 심하게 타격을 받고 위축되긴 했지만 여전히 건재하던 단일 정치체, 즉 기독교 세계의 부분들이었다. 콘스탄티노플의 황제는 여전히 로마 자체를 포함한 이탈리아의 많은 지역을 다소 효과적으로 지배하던 군주였다. 로마 주교는 로마 공국 안에 있는 그의 세속 대리자였고, 로마 거리에서 비잔틴 관리들을 심심치 않게 볼 수 있었다. 로마에서 출발한 대로(大路)가 비잔틴 정부의 수도 라벤나로 이어졌고, 그곳에서 다시 콘스탄티노플까지 도로가 이어졌다. 지중해도 서쪽으로 저 멀리 마르세유까지가 여전히 비잔틴의 공수로(公水路)였다.

어떤 의미에서 이 전체 지역의 통일이 어느 때보다 가까운 현실로 다가와 있었고, 로마와 콘스탄티노플 사이의 유대는 알렉산드리아, 안디옥, 예루살렘 총대주교구들에 재앙들이 닥친 결과로 한층 더 강해졌다. 어쨌든 팔레스타인과 시리아와 이집트는 로마와 콘스탄티노플과 같은 방식으로 로마 세계의 일부가 된 적이 없었다. 그 지역들은 이질적이고 불안을 조장하는 영향력의 중심지들이었다. 그 지역들이 옛 로마와 함께 사라진 이 시점에서 새로운 로마가 그들의 공동의 적 앞에서 공동의 문화와 종교를 보호하기 위해 결속하리라는 것은 충분히 기대함직한 일이었다.

이러한 기대는 어느 정도는 실현되었다. 이슬람의 위협이 시작된 650년 경부터 이슬람이 서방에서 거의 그 한계 지점에 도달했을 때인 750년까지, 로마는 과거의 어느 시대보다 더 광범위한 통일을 이루었다. 로마에는 그리스와 시리아에서 온 수사들과 이슬람의 침공을 피해 온 난민들로 가득했는데, 이들은 그리스의 언어와 관습이 로마 교회에서 계속 살아남을 수 있도록 이바지했다. 교황들의 출신 지역도 이런 상황을 잘 반영했다. 654년부터 752년까지 열일곱 명의 교황들 중에서 로마 출신은 다섯 명뿐이었고, 시리아 출신이 다섯 명, 그리스 출신이 세 명, 그리스의 성격이 강한 시칠리아 출신이 세 명, 이탈리아의 알려지지 않은 지역 출신이 한 명이었다. 다시 말해서 이 세기에 재위한 열일곱 명의 교황들 중에서 열한 명이 주로 그리스 출신이었고, 라틴 출신은 여섯 명밖에 되지 않았다. 이것은 654년 전 한 세기 동안 열다섯 명의 교황들 중 열세 명이 로마인 혹은 이탈리아인이었던 것과 크게 대조되는 상황이다. 기독교 일치의 관점에서 볼 때 로마 교회 내에 그리스적 요소가 증가한 것은 소망스러운 징후였다. 그것은 기독교 세계의 두 개의 절반이 여전히 친밀한 대화를 나눌 수 있었음을 뜻했다.

이 친밀성은 언어와 문화에 국한된 것이 아니었다. 정치에서도 그것을 느낄 수 있었으며, 어느 모로 보나 항구적인 성격을 갖고 있었다. 663년에 그리스 황제가 로마를 방문했을 때 로마 당국은 그를 합법적인 군주로 영접했다. 710년에 교황이 콘스탄티노플을 방문했을 때 콘스탄티노플 황제는 그를 536년에 교황에게 표했던 것과 똑같은 예우를 갖추어 그를 정중하게 영접했다. 그보다 더 중요한 것은 680년에 교황이 콘스탄티노플에서 열린 교회회의에 자신의 사절들을 파견했고, 그 사절들이 네 명의 콘스탄티노플 총대주교와 한 명의 교황의 가르침을 이단으로 단죄하는 데 가담했던 사실이다.[2] 이것은 대단히 의미심장한 일이었다(혹은 의미심장한 일일 수가 있었다). 총대주교구 교회들 사이에 벌어진 로마의 수위권에 관한 긴 논쟁에서 타협이 이루어질 수 있는 가능성을 예시했기 때문이다.

만약 교황이 다른 총대주교처럼 오류를 범할 수 있다면, 심지어 1/4의 비율로라도 오류를 범할 수 있다면, 로마의 수위권에 다른 어떤 속뜻이 들어있을지라도 그것이 로마의 절대 무류성과 콘스탄티노플의 반복된 오류성 사이를 뜻하지 않는다는 데 두 교회가 합의할 수 있는 기회가 있게 되는 셈이었다. 만약 이 점에서 합의에 도달할 수 없다고 할지라도 두 교회는 여전히 함께 사역할 수 있었다. 예루살렘과 안디옥과는 달리, 콘스탄티

---

2) 이 공의회와 그 법령들에 관해서는 다음 책을 참조하라: E. Casper, *Geschichte des Papsttums*, 1933, ii, 620.

노플은 기독교 교회들 사이에서 수위권을 그다지 진지하게 내세우지 않았다. 황제는 자신의 수도에서 교황 앞에 엎드려 극진한 존경을 표시했으면서도 콘스탄티노플 총대주교에게는 그러지 않음으로써 그 점을 시인했다. 유일하게 쟁점으로 남은 중요한 문제는 로마의 수위성의 본질이었고, 이 질문의 가장 중요한 양상은 교황 무류성이었다. 680년의 공의회 판결은 이 점에서 합의로 나아가는 길에 이정표가 될 수가 있었다. 하지만 사건들은 전혀 딴 방향으로 전개되었다.

통일의 소망스러운 외관 이면에는 파멸로 몰고 가는 세력들이 있었다. 이 세력들은 처음에는 고립되고 하찮은 일화들에서나 볼 수 있는 것이었지만 실은 유럽이라는 무대 전체가 변형될 것을 고지하고 있었다. 예를 들어, 당시에는 680년이 특별히 치명적인 해였다고 생각할 사람이 아무도 없었겠지만, 현재 시점에서 되돌아보면 그 해에는 몇 가지 대단히 불길한 사건들이 발생했다. 황제 콘스탄스 2세(Constans II)가 그 해에 시칠리아에서 측근에 의해 살해되었다. 이것은 애석한 일이었다. 하지만 훨씬 더 애석한 일은 — 비록 그 점을 당시에는 아무도 알 수 없었겠지만 — 그가 북아프리카, 이탈리아, 지중해 동부를 비잔틴의 통치하에 두기 위해서 마지막 진지한 노력을 기울이다가 죽었다는 점이다. 간헐적으로 주전 4세기로 거슬러 올라가는 지중해 동부의 정치적 통일은 이 어이없는 폭행으로 인해 막을 내리게 되었다.

### 관습의 차이

668년의 시점에서 볼 때 그렇다고 해서 소망이 완전히 사라진 것은 아니었다. 바로 그 해에 로마에서는 교황이 대단히 관대하고 소망스러운 임명식을 거행했다. 그리스어를 사용하는 타르수스(다소) 출신 수사 테오도레(Theodore)를 캔터베리 대주교로 임명한 것이다. 그리스-로마 세계의 통일을 테오도레처럼 훌륭하게 예증한 사람이 일찍이 없었다. 비잔틴의 도시에서 태어나 아테네에서 공부하고 이슬람 군대의 침공을 피해 로마로 피난했다가 교황에 의해 기독교 세계에서 가장 새롭고 가장 부유한 관구를 지도할 인물로 선출된 테오도레는 기독교 세계 전체의 통일을 대표했다. 테오도레의 등장은 그러므로 황제 콘스탄스 2세의 죽음으로 드리워진 모든 음울한 전망을 일거에 걷어버리는 듯했다.

하지만 이 통일의 장면에 거슬리는 요소가 있었다. 교황이 테오도레를 영국으로 파견하면서 아프리카 출신으로서 나폴리 근처 수도원의 대수도원장으로 있던 하드리아누스(Hadrian)를 딸려 보냈던 것이다. 그를 딸려 보낸 목적은 테오도레가 "영국의 참 신앙에 위배되는 그리스의 관습을 도입하는지" 감시하려는 것이었다. 그렇게 조심한 것이 터무니없는 행위는 아니었지만, 그것은 불안이 조성되고 있었다는 징후이다. 그리스인들과 로마인들은 이미 서로 다른 관습이라는 단단한 장벽에 의해 갈라져 있었다. 그 관습들 중 대부분은 하찮은 것이었지만 그럼에도 불구하고 통일을 지향하는 사람들에게는 큰 장애가 되었다.

테오도레가 캔터베리에서 직접 가르친 기록을 보면 그런 차이가 자신과 청중에게 얼마나 자주 방해가 되었는가를 엿볼 수 있다. 그는 기독교 학문의 개요에 관해 학생들에게 강의하고 나서 그리스 교회와 라틴 교회 사이에 관습 차이가 많았다고 보고했다. 그가 보고한 차이들을 살펴보자면, 우선 로마인들이 고해자들을 교회의 후진(後陣, 교회당 동쪽 끝의 반원형 부분으로 성가대의 뒤—역자주)에서 화해시켰지만 그리스인들은 그렇지 않았다. 또한 그리스인들이 성찬을 세 주일 연속해서 받지 않은 자들을 파문한 데 반해, 로마인들은 그렇지 않았다. 그리고 그리스인들이 과부들을 수녀로 받아들인 데 반해, 로마인들은 그렇지 않았다. 차이라는 게 대체로 이런 것들이었다.[3] 독특한 환경에서 작성된 이 보고서에서 두 교회 사이에 폭넓게 형성되어 있는 관습의 차이를 엿보게 된다. 도시 풍의 사람들은 그런 차이가 대부분 중요하지 않다는 것을 알았지만, 교회의 관습들이 쟁점으로 부각될 때 그러한 도시 풍은 오래 살아남지 못했다. 관습의 차이만큼 신경에

---

3) *Poenitentiale Theodori*, ed. A. W. Hadden and W. Stubbs, *Councils and Ecclesiastical Documents relating to Great Britain and Ireland*, 1871, iii, 173-203.

거슬리는 게 없다. 만약 관습이 다르다면 (그들은 이렇게 묻는다) 권징이 어떻게 유지되겠는가? 서로 자신의 관습을 완강히 고수하면 그것이 분열이 아니고 무엇인가? 서로 다른 것들을 포기할 의사가 없다면 어떻게 통일이 이루어질 수 있겠는가? 무엇보다도 이 질문들에 기독교 세계의 두 절반 사이의 불화의 씨앗이 뿌려져 있었다.

더 나아가 골이 깊이 패인 부분이 하나 더 있었다. 7세기 말에 로마는 사해동포적이었고, 라틴인보다 그리스인이 교황에 선출되는 경우가 더 많았다. 하지만 서방 세계는 사해동포적이고 반(半) 그리스적인 로마에 아무런 관심이 없었다. 서방 세계가 로마에게 원한 것은 로마 자체였다. 물질적 부와 문화의 규모 면에서 라틴 서방은 그리스 동방에 비해 형편없이 열등했지만, 로마만큼은 잠재적 우월성의 상징이었으며, 따라서 라틴 서방은 로마에 큰 희망을 걸었다. 야만 세계에서 새로 수립된 왕국들에서 왕들과 제후들이 로마를 마치 천국의 문처럼 여겨 그곳으로 몰려갔다. 수사들과 주교들이 권위와 학식과 조언을 찾아 로마로 갔다. 그들은 로마에 갔다가 그리스와 로마가 뒤섞인 궁전에서 자신들이 국외자들인 것을 발견하고는 당혹스러워했다.

그 세기에 교황을 가장 열정적으로 떠받든 성 윌프리드(St. Wilfrid)가 로마에 갔다가 겪은 일이 바로 그것이었다. 그는 704년에 소송 당사자로 로마에 도착하여 교황에게 캔터베리 대주교를 고소했다. 그는 자신이 라틴어로 실컷 이야기를 하고 나니까 그리스계 교황이 자신의 고문들에게 외국어로 한참 뭐라고 하고, "그들이 슬쩍 미소를 지으면서 자기가 알아들을 수 없는 여러 가지 이야기를" 하는 것을 보고서 굴욕감을 느꼈다.[4] 이것은 사소한 사건이었지만 대단히 중요한 의미를 갖고 있었다. 윌프리드 같은 사람들은 교황의 권위를 떠받치는 중견 세력이었기 때문이다. 그들이 온 나라들 — 처음에는 영국, 다음에는 독일과 프랑스 — 은 그곳 사람들이

---

4) Eddius Stephanus, *Life of Bishop Wilfrid*, c. 53, ed. B. Colgrave, 1927, p. 112.

오로지 교황을 크게 사모했기 때문에 교황의 영향력이 강했던 나라들이었다. 이런 정서가 부추긴 이런 유의 충성과 영웅적 행동은 그리스-라틴 세계의 언어적·문화적 통일이 대단히 얇게 비치도록 만들었다. 정치적 통일 면에서는 마지막 실타래가 이미 끊어지고 있었다. 663년에 그리스 황제가 최고의 군주로서 로마를 방문한 바 있었는데, 그 뒤에는 14세기에 탄원자로서 방문하기 전에는 다시는 방문하지 않았다. 교황은 710년에 콘스탄티노플을 방문한 뒤 다시는 그곳을 방문하지 않았다. 680년에 열린 공의회에서 그리스인들과 라틴인들이 합의한 사항은 다음 세기에 점차 긴장이 조성되는 상황에서 곧 잊혀졌다.

### 정치적 분리

앞에서 살펴본 대로 중세 초두에 그리스 교회와 라틴 교회의 관계에 상당한 혼란이 있었다. 한편으로 로마와 콘스탄티노플 사이에 상당한 유대 관계의 표시가 몇 차례 있었지만 수면 밑에는 서로간의 차이와 반감이 무수하게 깔려 있었다. 유감스럽게도 수면 밑에 깔려 있던 이런 경향이 장래의 방향을 결정했는데, 8세기에 들어가면 곧 이것이 완연하게 되었다. 8세기를 유럽사의 결정적인 시기들 중 하나로 만든 것이 바로 이런 성향이다. 정치 상황과 정통신앙을 수호하려는 태도가 한데 맞물려 기독교 세계의 두 절반을 벌어지게 만들었다.

정통신앙을 수호해야 할 목전의 필요는 726년부터 787년까지 이르는 60년 동안 콘스탄티노플 교회를 휩쓴 화상파괴 운동(iconoclast movement)에서 대두했다. 729년에 그리스 황제는 교황 그레고리우스 2세(Gregory II)에게 자신의 관할권에 있는 교회들에서 순교자들과 천사들의 화상(畵像)을 설치하지 말라는 명령을 내려보냈다. 그것은 지혜롭지 못한 조치였다. 교황은 이미 세금 부과 문제로 황제와 사이가 틀어져 있었던지라 그 명령은 화상파괴 논쟁을 단호한 정치적 불복종의 수준(이 점에서는 교황의 법적 지위가 약했다)에서 정통신앙을 수호하는 수준(이 점에서는 교황의 법적 지위가 강했다)으로 끌어올렸다. 교황이 보낸 답변은 그의 권력의 진정한 기반이 무엇이었는지를 잘 들여다 볼 수 있게 해주었다. 그는 답변서에서 간접적으로 서방의 신생 국가들에게 지원을 요청했다:

> 우리는 변변치 못한데도 불구하고 서방 세계 전체가 우리를 주시하고 있습니다. 서방 세계는 우리와 사도들의 군주인 성 베드로를 의지하고 있습니다. 폐하께서 베드로의 화상(畵像)을 멸하고 싶어하시지만, 서방의 모든 왕국들은 베드로를 지상에 계셨던 하나님처럼 존경합니다.

교황은 서방의 이 신생 왕국들을 방문한 적이 없었다. 당시까지 교황이 로마 바깥 세계로 나갈 때 취한 길은 콘스탄티노플로 이어지는 길이었지만, 이제 그는 이렇게 천명했다:

> 우리는 세례 받기를 원하는 사람들을 찾아 서방의 저 구석진 지역들로 가고 있습니다. 비록 우리의 거룩한 교회의 주교들과 성직자들을 이미 그들에게 파송했지만, 그들의 군주들은 아직 세례를 받지 않았습니다. 그들은 우리들에게 직접 세례를 받기를 원하는 것입니다.[5]

이 답변은 즉각적인 결과로 이어지지는 않았지만 전환점 구실을 했다. 이 때를 기점으로 교황은 오랜 세월 그리스-로마 세계를 정박시켜온 닻줄, 이제는 더 이상 두려워할 것도 희망을 걸 것도 없는 그 닻줄을 끊어버리고 장차 자신의 세력 거점이 될 새로운 땅으로 향했다. 독일에 파견된 영국 선교사들인 성 윌리브로드(St. Willibrord)와 성 보니파키우스(St. Boniface)가 이미 교황청을 위해 이 길을 닦아 놓았다. 교황은 이 탐험가들의 발자취를 따라 새로운 서방을 향해 가기만 하면 되었다.

---

5) *P.L.* 89, col. 520, 524. 이 편지들의 신빙성에 관해서는 다음 책을 참조하라: E. Casper, 'Gregor II und der Bildenstreit', *Zeitschrift f. Kirchengeschichte*, 1933, lii, 29-70; 그 신빙성을 반대하는 견해에 관해서는 다음 책을 참조하라: J. Haller, *Das Papsttum*, 1950-3, i. 548. 필자는 Casper의 견해를 지지하지만, 이 책의 큰 논지는 그 문제에 영향을 받지 않는다.

교황이 옛적에 그레고리우스 2세가 약속했던 서쪽 길을 택하기까지는 또 다른 25년이 걸렸고, 그 때 그 길을 택한 목적도 독일인들에게 세례를 주려는 것이 아니라 새로운 정치 동맹을 공고히 하려는 것이었다. 754년까지 교황은 로마 공국(公國)을 명목상 콘스탄티노플 황제의 신하로서 다스렸다. 하지만 그 해에 이르면 이탈리아 내의 제국의 권력은 롬바르드족의 침공을 받아 급속히 붕괴되고 있었다. 교황은 이미 오래 전부터 존경하지도 순종하지도 않은 제국의 권력이 물러나는 것을 보고서 애석해하지 않았다. 하지만 제국의 권력이 사라지면서 그의 지위도 대단히 취약하게 드러나게 되었다. 그러므로 753년 12월에 교황 스테파누스 2세(Stephen II)는 교황의 주권을 뒷받침해 줄 서방의 새로운 정치적 기반을 찾기 위해 알프스 산맥을 넘었다.

그 결과 그는 신설 왕조인 카롤링거 왕조의 페팽(Pepin)과 동맹을 체결했는데, 이 동맹이 중세만큼이나 오래 지속되었다. 이 동맹하에 이탈리아의 정치 권력은 교황과 카롤링거 왕조 사이에 양분되었다. 페팽은 이탈리아에서 그리스 황제의 후임자가 되었다. 하지만 그는 이탈리아에 올 때 교황의 정치적 상관으로 오지 않고 교황의 신하로 왔다. 그는 아직 독자권을 지닌 황제가 아니었지만, 교황의 의중에는 이미 황제가 되어 있었다. 페팽이 교황 궁을 찾아가서 교황 스테파누스 2세를 접견할 때 행한 의식은 과거에 황제들이 교황들을 문안할 때 행한 의식을 토대로 한 것인 듯하다. 이러한 권력 이양과 의식에 중세의 제국과 교황제의 토대가 놓였다.[6]

기독교 세계가 이렇게 통일과 분열을 향해 재편성되는 오랜 과정에서 엄청난 결과들이 초래되었다. 역사상 최초로 교황이 프랑크 왕국에서 권력 이양을 인준하는 최고 정치 권위자로 활동했고, 이탈리아의 제국령을 자신의 뜻대로 처분함으로써 황제들의 후계자로서 자신의 정치적 역할을 부각

---

6) 교황의 여행에 관해 자세한 내용을 알려면 다음 책을 참조하라: L. Duchesne, *Liber Pontificalis*, 1886, i, 446-8, 그리고 457-8. 여기서는 다른 두 권위자의 글이 인용된다. 이 책의 증보판에는 좀더 구체적인 전기적 언급들이 실려 있다(ed. C. Vogel, 1957, pp. 102-3).

시켰다. 이런 조치들은 미래의 관점에서 볼 때 대단히 중요한 의미가 있었다. 게다가 그 조치들은 반역적인 소지가 대단히 강했다. 교황은 그리스 황제에게 정치적으로 복종할 의무를 소홀히 하는 데서 직접 정치 권력을 탈취하는 데로 나아갔다.

800년에 거행된 샤를마뉴의 대관식은 50년 전에 채택한 정책의 실질적인 결과였다. 그것은 서방의 정치적 해방의 상징인 동시에 기독교 세계의 정치적 — 따라서 궁극적으로 종교적 — 분열의 상징이었다.

우리는 기독교 세계를 일체의 정치적 충성 의무에서 벗어난 이상적인 집단으로 생각하는 데 익숙해져 있기 때문에, 콘스탄티누스 때부터 종교적 통일이 먼저 정치적 통일에서 유래했다는 사실을 유념할 필요가 있다. 종교적 통일이라 할지라도 어떤 형태든 궁극적인 강제력에 의존하기 때문에, 정치적 통일과 떼어놓고 생각할 수 없다. 따라서 기독교 세계의 재통일을 위한 향후 중세의 모든 계획은 근본적으로 정치적 재통일을 위한 계획이다.

8세기 말 이후에 기독교 세계는 매우 모호한 방식으로나마 더 이상 정치적 통일을 유지하고 있지 못했다. 앞서 언급한 그리스인들과 라틴인들 간의 여러 가지 불화 요인들에 정치적 분열까지 가세했는데, 이 정치적 분열이 다른 어떠한 불화 요인들보다 중요했다. 이제 남은 일은 교리적 권위와 교회의 권위에 관한 견해 차이를 덧붙여 그리스 교회와 라틴 교회 사이의 분열을 완전한 기정 사실로 만드는 것뿐이었다.

### 교리적 차이

8세기에 여러 가지 긴장이 있긴 했지만 그럴지라도 8세기가 끝날 무렵에는 교리적 차이가 아직 첨예하게 대두되지는 않았다. 화상(畵像)을 둘러싼 분쟁도 이미 아물었고 교회들도 자신들의 정치적 조치들로 인해 넓어진 균열을 더 넓힐 생각이 없었다. 오히려 정반대였다. 정치적 균열이 발생한 다음에도 교황들은 게르만족 동맹자들보다 그리스인들에게 더 지적인 친근감을 갖고 있었다. 동방은 여전히 기독교 세계에서 크고 교육 수준이 높고 부유한 지역이었다. 여전히 학문과 문화의 근원이었다. 여전히 기독교 정통 신앙에 관한 가장 중요한 정의들이 내려진 무대였다. 8세기에 발생한 불화에도 불구하고 교황은 여전히 787년의 니케아 공의회에 자신의 특사들을 파견했다. 이 공의회가 분열되지 않는 교회의 마지막 에큐메니컬 공의회로 널리 공인되었다. 콘스탄티노플 총대주교가 의장직을 맡은 이 공의회는 기독교 예배에서 화상의 지위를 정의했고, 그 문안에 교황 특사들이 승인을 하고 그리스 황제가 서명했다. 옛 시대의 줄을 끊고 있던 이 시기에 일어난 다른 많은 사건들처럼, 그것은 그런 부류의 사건들 중에서 마지막 사건이었다.

한동안은 기독교 세계의 지적·영적 통일이 정치적 분열 뒤에도 계속 살아남을 수 있을 것처럼 보였다. 그런데도 결국에는 그렇게 높이 숭앙되던 정신과 영혼의 통일이 정치적·사회적 결합에서 솟아나는 자연스러운 힘에서 단절되자 더 이상 살아남을 기회가 사라졌다. 교황제에 유일한 버팀목을 대준 서방 사람들은 그리스인들을 경멸하고 미워했으며, 교황들은 그렇게 자기들을 지지하는 사람들을 떼어버릴 수가 없었다. 교황들은 비록 마음은 콘스탄티노플 쪽을 향해 있었지만 몸은 현실적인 이익 때문에 서쪽으로 끌려갔다.

787년 니케아 공의회가 끝난 뒤에 이런 정황을 단적으로 보여준 예가 있다. 이 공의회는 기독교 예배에서 화상의 지위라는 중요한 문제를 해결하기 위해 교황 특사들이 참석한 에큐메니컬 공의회였는데도, 서방 교회의 대표는 한 사람도 참석하지 않았다. 교황도 공의회도 서방 신학자들이 논의에 어떤 기여를 할 수 있다고 생각하지 않았다. 하지만 서방 교회의 수호자로 자임한 샤를마뉴는 그 현실에 모멸을 느꼈다. 그는 공의회 법령의 번역문을 입수하자마자 그 결정을 훼손하는 작업에 착수했다. 그는 학자들을 기용하여 공의회의 진행 경위를 어리석고 거만하다고 기술하고, 그 법령에 대해서는 오류이고 죄악적이고 분열을 획책하고 상식도 감동도 없다고 비판했다.[7] 그들이 사용한 법령 번역본이 조악했다는 사실이 드러난 뒤에도 그들의 비판은 수그러들지 않았다. 그들은 공의회의 만악을 일으킨

원천이 그리스 교회라고 했다: "거만과 허영에서 솟아난 냇물이 합류하여 악취 진동하는 지옥의 연못에 모인다는 것은 하나도 이상한 일이 아니다." 그 프랑크의 군주는 경시 당한 서방 교회들을 위해서 참 신앙의 수호자로 자임하고 나섰다: "동방에서 온 이 나약한 적을 서방에서 격퇴할 수 있다는 희망을 가지고, 우리는 힘을 합쳐 이 오류들에 맞서 싸워야 한다." 이 선전포고에 이어서 나온 장문의 신학 논문은 그리스인들에게 감히 온 교회를 대변하려는 허세를 버리라는 경고였다. 그것은 아울러 교황에게 그의 진정한 힘이 서방에 있음을 상기시키는 경종이기도 했다. 다시 말해서 교황이 적을 적인 줄 모르고 화친하고 있다는 것이었다.[8]

물론 서방의 군주가 취한 이런 태도는 그리스인들과 마찬가지로 교황으로서도 받아들일 수 없는 것이었지만, 그리스인들과 교황이 받아들일 수 없었던 이유는 서로 달랐다. 그리스인들의 입장에서는 샤를마뉴 같은 무식한 사람이 시시한 주교들로 구성된 공의회를 주재하고 까다로운 교리적 쟁점들에 관해 법을 제정한다는 것이 터무니없는 일이었다. 그런 문제들은 학식 있는 황제와 동방의 주교들에게 맡겨야 한다고 그들은 생각했다. 교황들도 샤를마뉴의 태도를 불합리하다고 받아들였다. 교황들은 무식한 서방의 군주를 유식한 그리스 황제 대신 내세워 교리 문제의 중재자로 삼을 생각이 없었다. 문맹 사회였던 서방에서 이런 문제들은 성직자들, 특히 정통 신앙을 고수한 로마 교회 성직자들이 알아서 할 일이라고 생각했다. 이 두 견해간의 차이가 동방 사회와 서방 사회를 갈라놓은 간격을 잴 수 있

---

7) 이 내용과 다음 내용의 출처인 *Libri Carolini*는 *M.G.H. Concilia*, ii에 실려 있다. 이 책의 기원에 관해서는 다음 책을 참조하라: W. v. den Steinen, 'Entstehungsgeschichte der Libri Carolini', *Quellen u. Forschungen aus Ital. Archiven u. Bibliotheken*, 1929-30, xxi, 1-93; xxxii, 663-705. H. Fichtenau는 샤를마뉴가 그 논쟁에 직접 개입했다는 설에 의문을 던졌다(*Mitteilungen des Institut f. Oesterreichischen Geschichte*, 1953, lxi, 208-87).

8) 성 베니녜의 윌리엄은 1024년에 교황 요한 19세가 혹시 콘스탄티노플 총대주교와 권력을 분할하려는 게 아닐까 생각하고서 그 교황에게 쓴 편지에서도 그리스인들과 화친하지 말라고 경고한다(Raoul Glaber, *Historiae*, ed. M. Prou, 1886, p. 93).

는 척도였다.

교황은 자신의 교리적 자유를 위축시키면서까지 물리적으로 서방 세계에 의존할 생각이 없었다. 그럼에도 불구하고 평신도 군주 샤를마뉴의 영향력은 대단히 광범위했다. 그가 니케아 공의회에 가한 맹렬한 비판은 조용히 무시될 수 있었지만, 그것보다 더 중요한 문제에 대해서 그는 동방과 서방의 간격을 넓히는 방향으로 강력한 영향력을 행사했다. 이것은 니케아 신조에 관한 문제였는데, 이 문제가 동방과 서방 사이에 최초의 항구적인 교리 분쟁에 마당을 제공했기 때문에 약간 상술할 필요가 있다.

381년에 콘스탄티노플 공의회는 간명한 신앙 진술을 공포했는데, 이것이 니케아 신조로 알려지게 되었다. 동방과 서방을 망라한 온 교회가 채택한 이 신조에는 성령께서 '성부에게서' 나오신다는 문구가 실려 있었다. 그런데 아마 7세기에 스페인에서 서방의 어떤 알려지지 않은 개인 혹은 공동체가 그 문구에다 필리오케(Filioque, '[성부]와 아들에게서')라는 단어를 비공식적으로 덧붙였다. 이 문구는 만약 샤를마뉴의 고문들이 스페인에서 와 있지 않았더라면 순전히 지역적 특성으로 남았을 것이다. 그런데 그들의 영향하에 샤를마뉴 예배당의 미사 때 쓰이는 니케아 신조 본문에 문제의 그 단어가 덧붙었다. 이 순간부터 그 단어가 덧붙은 사실은 지역적 특성을 훨씬 넘어서는 문제로 비화되었다.

샤를마뉴와 그의 고문들은 일치를 조성하려는 열정이 있었고, 서방 교회 대다수에게 자신들의 견해를 강요할 힘과 의지가 있었다. 샤를마뉴의 법정에서 어떤 신조 본문이 채택되면 그것이 광범위한 영향을 미치게 마련이었다. 그것을 가로막는 한 가지 장애가 교황제였다. 다른 문제들에서도 그랬듯이 이 문제에서도 교황은 여전히 프랑크인들보다는 그리스인들을 더 가깝게 여겼다. 교황 레오 3세(Leo III)는 샤를마뉴에게 첨가된 단어를 삭제하라고 충고했지만 그의 충고는 먹혀들지 않았고, 시간이 갈수록 그 첨가가 로마를 제외한 서방 교회에서 보편화했다. 공교롭게도 로마에서도 교황이 그 첨가에 관해 결단을 내릴 필요가 없었다. 왜냐하면 니케아 신조를 아예 삭제한 고대의 미사문이 쓰이고 있었기 때문이다. 그러므로 서방 교회 전체가 첨가된 형태의 니케아 신조를 미사에 쓰게 된 11세기 초에도 교황은 아직 새로운 용례를 유지하는 데 열성을 보이지 않았다.

교황 예배당은 11세기 초에 처음으로 서방 세계에 널리 퍼진 새로운 형태의 신조를 채택했다. 당대에 기록된 보고서에 따르면, 그것은 황제 하인리히 2세(Henry II)의 요청에 따른 것이었다.[9] 이 무렵에는 로마에서 옛 형태의 신조를 유지하는 것이 오히려 파격적인 행위였음에 틀림없지만, 그렇게 변화가 이루어진 방식은 서방의 압력이 서서히 교황제를 형성해 간 방식을 보여주는 좋은 사례이다. 이렇게 변화한 과정에서는 공식적인 자문도 명백한 결정도 없었다. 심지어 변화의 시점도 불분명하다. 하지만 그렇게 교황의 인준 없이 서방 교회 전역에 서서히 확산된 신조가 1030년경에는 라틴 기독교 세계의 중심에 세워졌다. 이로써 처음으로 로마와 콘스탄티노플 사이의 뚜렷한 교리적 차이점을 지적할 수 있게 되었다. 그것은 8세기에 잠깐 일어났다가 사라진 화상파괴운동처럼 세상에 벼락처럼 터져 나오지 않았다. 미미하게 시작하여 조용히 은밀히 자라난(crevit, occulto velut arbor aevo) 독 있는 열매를 맺은 나무가 되었다.

아마 당시에는 자기들이 중요한 걸음을 내디딘 사실을 인식한 사람은 아무도 없었을 것이다. 다만 교황제가 일단 그리스인들에게서 단절되고 야만족들의 서방과 한편이 되면서 교황들이 점차 서방적인 색깔을 지닌 관점을 피력하는 게 불가피하게 되었다고들 생각했을 따름이다. 관점의 변화는 교황들 자신들의 배경이 변화하면서 속도에 탄력이 붙었다. 앞에서 지적했듯이 654-752년에 재위한 교황들의 배경에는 그리스적인 요소가 강했다. 이들 그리스계 교황들 중 마지막 인물은 자카리아스(Zacharias)로서, 그는 전임 교황 그레고리우스 1세(Gregory I)의 「대화록」(*Dialogue*)을 그리스어로 번역함으로써 분열되지 않은 그리스-라틴 교회에 대한 충성을 과시했다.[10] 그의 후임자 스테파누스 2세(Stephen II)는 순전히 라틴계 교

---

9) Berno of Reichenau, *De Officio Missae*, P.L. 142, 1060-61.
10) 참조. *Liber Pontificalis*(ed. L. Duchesne, 1886, i, 432-5)에 실린, 당대에 집필

황들로 이루어진 계보에서 첫 인물이었다. 그 뒤부터 15세기가 될 때까지는 그리스계 교황이 다시 일어나지 않았다. 752-1054년에 재위한 교황들이 그 사실을 잘 말해준다. 그중 마흔네 명이 로마인이었고, 열한 명이 이탈리아인이었고, 네 명이 독일인이었고, 한 명이 프랑크인이었고, 한 명이 시칠리아인이었다. 이들의 출신 배경만큼 교황제와 서방의 일치 관계를 강하게 보여주는 것도 없다.

이 3백 년 동안 그리스 교회들과 라틴 교회들 간의 관계에는 근본적인 변화가 생기지 않았다. 아무도 양 교회간의 분열이 필요 이상으로 가속화되는 것을 바라지 않았다. 이 시기에 동방은 나름대로 국력을 유지한 데 힘입어 서방에서 잃었던 영토를 수복하여 통일의 유대를 회복할 가능성을 간직하고 있었다. 반면에 서방은 국력이 약했기 때문에 홀로 서려는 노력이 좌절되고, 분열의 속도를 늦췄다. 이 기간 내내 세력과 위신의 균형이 과거 어느 때보다 동방으로 훨씬 심각하게 기울어져 있었다.

사상과 경험의 분야에서 서방의 학자들과 정치가들은 거의 예외 없이 난쟁이들이었고, 자신의 왜소함을 모르는 만큼 더욱 큰소리를 쳤다. 그들은 그리스인들이 천한 사람들이라고 생각할 정도만큼만 그리스인들의 사상에 관해서 알았고, 동시대 이슬람권 사람들의 사상에 관해서는 전혀 무지했다. 이렇게 무지한 상태에서 서방은 자신의 분수를 모른 채 상당한 확신을 키울 수 있었다.

8세기에 끊긴 동방과 서방간의 유대는 다시는 복원되지 않았다. 이것이 기독교 세계의 분열이 안고 있는 궁극적인 신비이다. 사실 동방과 서방 사이에 발생한 어떤 사건도 서로의 관계를 치유하지 못할 정도는 아니었는데도, 8세기부터 정치 및 사회 상황이 서로 유대 관계를 맺은 채 살아남으

---

된 그의 전기. 그 전기작가가 고대로부터 이어온 그리스-로마 세계의 일치를 알린 마지막 메아리들 중 하나로 기록한 것은 (아마 교황이 시칠리아와 칼라브리아에 있는 사유지들을 잃은 것을 벌충해 주기 위해서) 교황에게 로마 근교에 있는 두 개의 중요한 사유지를 선물한 사례이다.

려는 의욕을 허용하지 않았기 때문에 분열로 치닫는 욕구가 지나치게 크게 작용했다. 11세기 중반 무렵에 기독교 세계는 오로지 관성에 의해서만 결속을 유지했다. 서방은 여전히 응집력이 빈약했다. 동방은 매우 폭넓은 범위들 안에서는 강했지만, 이 범위들은 몇 차례에 걸친 무모한 시도로 밝혀졌듯이 이탈리아의 항구들에서 가로막혔다. 필리오케 문제를 제외한다면 동방과 서방 사이에 불일치하는 분야는 지난 몇 세기 동안 크게 변하지 않았다. 이 문제에 대해서 양측은 비교적 냉정을 되찾은 시기에는 양쪽 신조가 정확히 해석하기만 한다면 용납할 수 있다는 데 동의했다.

1050년에 가서도 교황 레오 9세(Leo IX)는 두 신조가 정통 신앙에 부합하다는 점을 예화를 들어 변호했다. 열매가 한 나무의 줄기에서 나올 수도 있고 가지에서 나올 수도 있고 가지를 통해서 줄기에서 나올 수도 있듯이, 성령께서도 성부에게서 나올 수도 있고, 성자에게서 나올 수도 있고, 혹은 성자를 통해서 성부에게서 나올 수도 있다는 것이었다. 이 예화는 당시까지 분열을 필요 이상으로 확대키지 않으려고 한 교황들의 일관된 소망을 반증하는 예이다. 하지만 분열이 확대되고 다른 모든 분야의 쟁점들이 날카롭게 되는 시점이 도래해 있었다.

## 2. 두 개의 교회

1054년이라는 해는 두 교회의 관계에 큰 도전이 던져진 해였다는 것이 오랫동안 주장된 견해이다. 기번(Gibbon)의 말을 들어보자:

> 로마는 갈수록 위세 당당해져서 반역자의 무례를 더 이상 참아주지 않았다. 그 결과 미카엘 케룰라리우스(Michael Cerularius, 콘스탄티노플 총대주교)가 콘스탄티노플의 심장부에서 교황의 특사들에 의해 파문을 당했다.

기번은 이렇게 말해놓고 다음과 같이 부연한다:

물론 교회와 국가의 비상 시국에는 우호적인 관계가 재개되곤 했다. 그럴 때는 관용과 일치의 용어가 서로 통했다. 하지만 그리스인들은 자신들의 오류를 절대로 철회하지 않았다. 따라서 [총대주교가 콘스탄티노플에서 파문을 당한] 이 전격적인 사건이 벌어진 시점을 분열이 완성된 때로 잡을 수 있다.[11]

최근의 사가들은 1054년의 사건들을 이렇게 해석한 데 대해서 의문을 제기했다. 그들은 그 전격적인 사건을 당대인들도 의식하지 못했고 다음 세대 사람들도 기억하지 못했던 점을 들면서, 교황 특사들이 아나테마(저주)를 전달하기 전에 임기 만료로 철수했고, 그 뒤로 마치 아무 일도 없었던 것처럼 상황이 예전처럼 진행되었다고 주장했다. 실제로 어떤 사건의 등급을 평가할 때, 그 사건이 원인을 제공하여 발생한 후속 사건들의 수로 평가한다면 1054년의 대립은 당연히 매우 낮은 등급을 차지할 것이다. 하지만 어느 시대의 특성을 발견하는 데 초점을 두고서 사건들을 바라본다면 기번의 판단이 사실상 옳다는 것을 알게 될 것이다. 수세기의 세월 동안 분출되었던 모든 불화의 요소들이 처음으로 단일 사건에 집약적으로 분출된 때는 1054년이었다.

이 불화의 요소들 하나하나는 전혀 새로울 것이 없었다. 상이한 사회와 교회의 관습, 교회와 정치 권위에 관한 견해차, 교리에 관한 견해차, 관할권 논쟁, 이 모든 것이 다 해묵은 쟁점들이었다. 그러나 1054년에 그 해묵은 쟁점들이 한데 결합되되, 과거의 교황들이 불일치 점들을 확대하는 문제에 대해서 보여주었던 자제력이 생략된 채 한데 결합되었다. 그 해에 발행된 교황 문서들은 두 교회 사이의 차이를 아주 명료하게 부각시켰다. 그 문서들이 발행된 직접적인 취지가 다름 아닌 기독교 세계의 재통일을 이룩하는 것이었는데도 — 어쩌면 바로 그런 이유 때문에 — 실질적으로는

---

11) *Decline and Fall of the Roman Empire*, ch. lx (World's Classics, vi, 401). 그 사건에 대한 최근의 해석에 관해서는 다음 책을 참조하라: S. Runciman, *The Eastern Schism: a Study of the Papacy and the Eastern Churches during the Eleventh and Twelfth Centuries*, 1955.

그런 결과를 초래했던 것이다.

표면상으로는 재화해의 순간이 도래한 듯했다. 교황과 그리스 황제에게는 서로 힘을 합쳐서 맞서 싸울 적이 있었다. 이탈리아 남부에 출몰하던 노르만족이 그 적이었다. 이탈리아 남부는 콘스탄티노플 정부가 서유럽에서 여전히 불안정하게나마 정치적·교회적 통제력을 유지하고 있던 유일한 지역이었다. 정치적으로 이 지역은 언제나 비잔틴 제국의 일부였다. 하지만 교회적으로는 그리스 황제가 교황의 정치적 배신에 대한 응징으로 콘스탄티노플 총대주교에게 그 지역을 이양한 8세기까지 로마에 귀속되었었다.[12] 교황이 어떻게 해서든 그 지역에서 자신의 교권을 재수립하려고 한 반면에, 황제도 어떻게 해서든 그 지역을 정치적으로 장악하려고 했다. 그러므로 노르만족의 출몰은 양측의 이익에 위협이 되었다. 레오 9세는 노르만족에 대해서 이렇게 말했다:

> [노르만족은] 야만족의 잔인성을 넘어서서 가는 곳마다 교회들을 파괴하고, 그리스도인들을 살해하고, 새롭고 끔찍한 방법으로 그들을 고문해서 죽였다. 어린이와 노인이라고 해서 살려주지 않았고, 인정도 거룩함도 존중하지 않았다.[13]

1053년에 교황은 이 말을 해놓고 노르만족 토벌을 위한 군사 원정에 나섰다가 패배한 뒤 그들에게 포로로 잡혔다. 이것이 다음 2백 년 동안 거듭해서 전투를 벌여야 했던 지역에서 교황이 최초로 패배한 사건이었는데, 이 사건은 결코 잊을 수 없는 교훈을 가르쳐 주었다. 그것은 동맹 세력이 없이는 승리할 수 없다는 교훈이었다. 그리스 황제도 나름대로 동맹 세력

---

12) 황제 레오 3세 때(717-41) 시칠리아와 칼라브리아가 교황권에서 벗어나 콘스탄티노플 총대주교의 권위에 복속된 것에 관해서는 다음 책을 참조하라: F. Dölger, *Regesten der Kaiser — Urkunden des Oströmischen Reiches*, 1924, i, no. 301. 연대를 후기로 잡는 주장에 관해서는 다음 책을 참조하라: V. Grumel, 'L'annexion de l'Illyricum oriental, de la Sicile et de la Calabre au patriarchat de Constantinople', *Recherches de sciences religieuses*, 1952, lx, 191-200.
13) 레오 9세가 황제 콘스탄티투스 코모마쿠스에게(*P.L.* 143, 777-81, Ep. 103).

이 필요했다. 이탈리아 남부는 자신의 교역 통신망의 말단에 있었고, 따라서 이탈리아의 도움을 받아야만 방어할 수 있었다. 동방과 서방이라는 두 개의 거대한 세력이 협력하면서 이 때만큼 큰 배당금을 서로 약속한 때가 일찍이 없었다. 그러자니 양측은 자연히 서로 양보할 수밖에 없었다. 교황은 교권 회복을 기대함직한 상황이었고, 황제는 정치권 회복을 기대함직한 상황이었다. 두 가지 목표 모두 가능성의 범위를 벗어난 것처럼 보이지 않았다.

하지만 교회 관습을 둘러싼 분쟁 때문에 상황이 복잡하게 얽혔다. 당시 이탈리아 남부의 교회들은 그리스 교회의 권징과 관습을 채택하고 있었는데, 1052년에 아풀리아의 주교 트라니(Trani)가 불가리아의 수도대주교에게 편지 한 통을 받았다. 그 편지는 미사 때 유교병(누룩을 넣어 만든 빵—역자주)을 사용하고 토요일마다 금식하는 그리스 교회의 관습을 옹호하고, 이 문제들과 그 밖의 문제들에 라틴 교회의 관습을 비판하는 내용이었다. 주교 트라니는 이 편지의 내용을 교황과 서방의 주교들에게 알렸다. 일반적인 신학 논쟁의 수위로 따지자면 이 편지가 그다지 과격한 것은 아니었지만, 기독교 세계의 통일을 깨뜨렸다는 혐의를 받아온 라틴인들로서는 그 편지가 적지 않게 부담스러웠다.[14] 그러나 그 편지가 로마와 콘스탄티노플 사이에 임박한 협상에 끼친 영향은 재앙에 가까운 것이었다. 그 편지는 로마의 권위에 관한 문제를 대단히 예리하게 제기했고, 이미 쉽게 타오를 준비가 되어 있었던 반감을 일으켰다.

이러한 상황에서 교황은 1054년에 자신의 특사들을 콘스탄티노플로 보내 그리스인들과 포괄적인 협상을 벌이도록 했다. 그들이 지니고 간 교황의 서신은 유수(流囚)된 상태에서 쓴 것으로서, 그 내용에 교황의 지위가 유약하다는 증거를 전혀 내비치지 않은 것은 교황청 정책의 힘과 일관성을 보여 주는 뚜렷한 증거였다. 그 서신은 완숙한 기교와 열정이 담긴 문체로써 쟁점들을 두루 개관한 다음, 새로운 비전과 열정적인 어조로 교황의 주장을 제시했다. 동시에 거의 중세 말까지 지속된 한 가지 정책을 시

---

14) *P.G.* 120, 836-44.

작시켰다.[15]

그 정책을 간단히 설명하자면, 황제에게는 정중하게, 총대주교에게는 단호하게 말하고, 황제에게는 친교를 청하고 총대주교에게는 복종을 요구하며, 총대주교는 비행소년처럼, 황제는 아들처럼 대하라는 것이었다. 교황은 황제에게 쓴 편지에서, 황제를 마음만 먹으면 지리하고 파괴적인 불화를 청산하고 평화와 일치를 가져다 줄 수 있는 사랑하는 아들처럼 대했다. 온건한 표현을 써가며 로마 교회와 일치할 필요를 역설했다. 황제의 위대한 조상 콘스탄티누스가 로마에 대해 짊어졌던 의무들을 상술하고, 그의 본을 따르라고 권했다. 공동의 적인 노르만족을 격퇴하기 위해 협력하자고 제의했다. 상대를 달래는 듯한 이 문체에 강직함과 유연함이 섞여 있는 것이 눈에 띈다.

이 중요한 시점에서조차 교황은 '자신의 영역에 있는' 서방의 황제 독일의 하인리히 3세의 권리를 지켜주는 일을 잊지 않았다. 그러고 나서 다음 문장에서 교황은 절대로 무심코 했다고 볼 수 없는 교묘한 어조 변화로써 황제의 경쟁자에 대한 이 단호한 언급을 누그러뜨렸다. 그는 하인리히 3세에 관해 말하면서, 그를 단순히 클라리시무스(clarissimus, 로마 제정시대의 고관대작 〈제3급 고관〉—역자주)라고 부르고는, 과거에 집정관이나 호민관이 지녔던 것보다 더 높은 위엄을 그에게 부여하지 않았다. 그리고 나서는 곧장 그리스 군주에게 화제를 돌린 다음 그에게 황제에게 붙이는 세레니시무스(serenissimus, 폐하)라는 칭호를 붙였다. 이 편지를 쓴 사람은 이 표현을 덧붙이고 나서 틀림없이 회심의 미소를 지었을 것이다. 외교 게임에는 이런 외교적 수사가 꼭 필요한 법이다. 그리고 우리는 양 진영의 재통일이 외교 행위였다는 것을 잊어서는 안 된다.

하지만 총대주교에게 쓴 편지에는 외교적 수사가 전혀 사용되지 않았다.

---

15) 이 정책을 대략 서술한, 아래에서 다뤄질 편지들은 *P.L.*(143, 744-81)에 실려 있다. 이 편지들은 Richard Mayne의 'East and West in 1154'(*Cambridge Historical Journal*, 1954, xi, 133-48) 중 해당 부분에 수록되어 있다. 이 편지들의 저자에 관해서는 다음 책을 참조하라: A. Michel, *Humbert und Kerullarios*, 2 vols., 1924-30.

교황은 총대주교에게 두 통의 편지를 보냈는데, 그중 긴 편지(약 17,000개의 단어가 사용됨)는 호방하고 열정적인 논지로 이루어진 걸작이다. 그 내용을 소개하자면, 우선 로마 교회의 역사를 교황의 눈에 비친 대로 진술한다. 그 교회는 초창기에 사도 베드로와 그 계승자들에게 다스림을 받았고, 콘스탄티누스에게 서방 전역을 통치할 제국의 권위를 부여받았고, 공의회들에 의해서 인간의 모든 법정 위에 군림하는 지위를 인정받았고, 콘스탄티노플과 동방의 잡다한 이단설을 견고한 정통 신앙으로 대적하고, 예루살렘과 안디옥과 알렉산드리아와 콘스탄티노플의 교회들과 어머니의 위치에서 관계를 맺고 있다고 했다. 이 참을성 많고 고생하고 박해받는 어머니에게 콘스탄티노플은 말을 안 듣고 건방지고 타락한 딸이라고 했다.

> [그 딸은] 집에 안온히 앉아서 허구한 날 일은 하지 않고 쾌락에 탐닉하면서, 경건한 어머니가 자기를 위해서 싸우고 있는데도 동참하기를 거부하고, 배은망덕하게도 어머니의 지긋한 나이와 오랜 고생으로 쪼그라든 몸을 조롱하면서, 자기가 어머니보다 더 높다고 주장하고, 경거망동하게 자기의 젖으로 어머니를 먹이겠다고 나선다.[16]

로마는 어머니이고 그 배우자는 하나님이시다. 로마와 불화하는 나라는 '이단이요 분리주의자들의 회요 사단의 회당'이며, 로마의 규율을 비판하는 행위는 세상 앞에 신성모독적인 만용과 더러움과 그리스인들의 어리석고 마니교적인 상스러움을 드러내는 것이다. 필자가 생각하기에는 과거에는 이런 표현이 쓰인 적이 없었다. 교황이라는 직위가 그리스 교회 앞에 이렇게 포괄적으로 제시된 적이 없었고, 이렇게 풍부한 예화와 비유로 표시된 적이 없었으며, 이렇게 절대적인 순종을 요구한 적이 없었다.

교황이 이렇게까지 자기 주장을 한 게 과연 옳았는가 하는 비판이 자주 제기되었으며, 최근에는 대체로 이 편지들의 용어에서 필체가 감지되는 추

---

16) *P.L.*, 143, 761.

기경 훔베르트(Humbert)에게 비판의 화살이 돌려진다. 하지만 훔베르트가 어떤 역할을 맡았든간에 그에게 지나치게 큰 책임을 돌리거나, 이 편지들의 표현이 단순히 평소 그의 과격한 언사의 결과일 뿐이라고 말하는 것은 잘못이다. 이 편지들에는 급하게 집필된 흔적이 없다. 편지의 내용이 서방의 거의 모든 교회가 갈채를 보냈을 그런 수준을 한 치라도 벗어났다는 흔적이 없다. 이 편지들에는 교황의 이름이 실려 있는데, 그 교황은 베네벤토에서 포로로 잡힌 1053년 1월에서부터 그 상황을 타개하기 위해 자신의 특사들을 파견한 1054년 1월 사이에 긴 휴식을 가졌다. 그가 황제에게 쓴 편지와 총대주교에게 쓴 편지 사이에 차이나는 점들은 그가 심혈을 기울여 편지를 썼으며, 이 차이점들 배후에 깔린 정책이 결코 우발적인 것이 아님을 입증하기에 충분하다. 무엇보다도 이 편지들에 절절이 표현된 통일관은 다음 몇 세기에 정책의 굵은 뼈대가 된 견해를 반영한다.

이 때까지 동방과 서방은 단순히 서로 떨어져 있었고, 따라서 그러한 통일은 공동의 행위에서 오지 않고 서로 접촉하지 않은 채 가만히 있는 데서 왔다. 하지만 이제는 이런 상황이 변하고 있었다. 지중해가 다시 한 번 서유럽의 내해로 부각되고 있었다. 콘스탄티노플과의 관계도 여러 방면에서 보다 밀접해질 수밖에 없었다. 관계가 밀접해지면서 차이점들이 보다 극명하게 나타났고, 명목상의 통일이 아닌 실질상의 통일이 보다 시급한 과제로 떠올랐다. 이 때부터는 통일이 (적어도 서방에서는) 권징과 복종과 균일성의 잣대로 비쳐졌다. 이것이 라틴 중세가 기독교 통일 문제에 가장 크게 이바지한 것이다. 하지만 이것은 큰 실수였던 것 같다. 그것은 보다 단단히 결속할 수 없는 것은 무엇이든 떼어냈다. 그러나 그것은 재통일에 관해서 그리고 그것을 성취할 수 있는 방법에 관해서 진지하게 생각하기 시작했다는 뜻이다.

## 3. 재통일을 위한 모색

1054년 이후에 진지하게 주목을 받은 기독교 세계의 통일 방식은 크게 보아 세 가지였다. 우선 무력 통일 방식이 있었고, 요즘의 표현을 빌리자면 일괄 타결이라고 부를 수 있는 정치 협상 방식이 있었으며, 마지막으로 종교적 화해의 방식이 있었다. 첫째 방식은 순전히 서방의 방식이었고, 둘째 방식은 교황청 외교와 그리스의 현실적 필요가 맞물려서 나온 공동의 산물이었다. 셋째 방식에 관해서 말하자면, 결국 동방과 서방은 두 공동체에 독특한 기여를 했다. 현대에 관심을 끄는 것은 셋째 방식뿐이지만, 군사적 정치적 해결 방식이 있었다는 점을 기억하는 것이 중요하다. 중세에 성공의 기회를 많이 제공한 것은 오로지 그 두 가지 방식뿐이었으며, 셋째 방식이 대두한 것도 그 두 가지 방식이 실패로 끝났기 때문이다.

### 군사적 방식

군사적 방식이 가장 훌륭한 성공의 기회를 제공했다는 데에는 의심의 여지가 없다. 당시에 많은 사람들이 그것을 간파하고 있었고, 그것은 옳은 판단이었다. 만약에 1095-1261년에 십자군 전쟁에 쏟아 부은 노력의 일부만 그리스 제국을 몰락시키고 인수하는 작업에 할애했다면, 기독교 세계는 거의 틀림없이 재통일에 성공했을 것이고, 이슬람에 대한 십자군 전쟁까지도 성공할 공산이 훨씬 컸을 것이다. 흔히들 그런 생각에 몸서리친다. 하지만 중세 서구 사상의 전제들을 받아들인다면 이런 유의 문제 해결 방식에 어떤 반대 논리가 있었을지 생각하기 어렵다. 분리주의적이고 이단적인 그리스를 공격하는 것이 이슬람을 공격하는 것보다 훨씬 더 정당화하기가 쉬웠다. 서방은 이슬람에 대한 십자군 전쟁을 정당화하기를 달가워하지 않았다. 이슬람 원정을 옹호한 사람들은 폭력적인 열정으로 자기들의 취약한 논리를 덮었다. 하지만 이단과 분파를 무력으로 제재해야 한다는 주장에는 훨씬 더 강력한 이론적 명분이 있었다. 그렇다면 목표가 흔들리고 교황이 승인하지 않는 바람에 전력의 절반을 잃은 1204년을 제외하고는 왜 이런 방식이 사용되지 않았을까?

나는 서방 세계가 칼로 문제를 해결하기를 주저한 데에 세 가지 큰 이유가 있다고 생각한다. 첫째, 십자군 원정이 철회될 수 없는 방향으로 감행되기까지는 그리스인들이 약하다는 사실이 제대로 평가되지 않았다. 둘째, 사람들이 습관적인 행동에 젖어 자연히 폭력으로 문제를 해결하기를 꺼렸다. 이런 성향이 처음에는 감지할 수 없게 시작되었다가 결국 교회의 정상적인 삶의 일부가 되었던 것이다. 셋째이자 가장 중요한 이유는, 교황청이 콘스탄티노플에 대해 군사 원정을 감행하려고 할 때 너무나 큰 정치적 위험을 감수해야 했기 때문이다. 원정을 감행한다면 호엔슈타우펜가(家)나 앙주가(家) 사람이 군대를 지휘하게 될 텐데, 교황의 입장에서는 이 가문들의 세력 신장을 묵과할 수 없었던 것이다. 이것은 정치적으로 상당히 근거 있는 우려였다. 교황의 정치적 안정을 위협할 만큼 이미 강한 세력을 갖춘 서방의 군주라야 동방을 무력으로 장악할 수 있었기 때문이다. 따라서 교황청은 언제나 군사 작전보다 정치적 타협을 선호했다.

### 정치적 일괄 타결

정치적 해결이란 사실상 교황이 그리스 교회에게 복종을 받는 대가로 그리스 황제를 지원하는 것을 뜻했다. 이것은 그리스 황제와 교회에게 모두 큰 실익을 안겨주는 해결 방식이었기 때문에 두 사람 다 이 방식을 자기들의 계획에서 배제하지 않았다. 앞에서 살펴본 대로 그것은 1054년에 무위로 끝난 협상에서 이미 윤곽이 드러났던 정책이었다. 당시에 협력 정책의 거점은 이탈리아 남부였다. 하지만 이 정책은 비잔틴 제국이 이 지역에 대한 관할권을 상실한 뒤에도 살아남았고, 12세기에는 호엔슈타우펜가와 노르만족의 세력을 견제하기 위한 수단으로 되살아났다. 그리고 이 정책은 호엔슈타우펜가가 몰락한 뒤에도 살아남았고, 앙주가의 야심으로 조성된 위협 때문에도 되살아났다. 이 정책은 1274년에 잠깐 성공을 거두었다. 이 정책은 원대한 사상에 따르는 단순성을 지녔고, 그 덕분에 오래 살아남을 수 있었다.

그것보다 더 단순한 정책은 있을 수 없었다. 이 정책에 합의하면 그리스 황제는 그리스 교회를 교황에게 복종시키는 대가로 서방으로부터의 공격에서 어느 정도 안전을 확보하고, 이슬람과 대치할 때 지원을 받을 수 있는 가능성이 열리는 셈이었다. 교황은 황제를 보유함으로써 이탈리아의 정쟁에 휘말리지 않아도 되는 셈이었다. 심지어 콘스탄티노플에 단일 황제를 세우는 문제도 다시 고려할 수 있게 되고, 십자군 전쟁도 다시 감행할 길이 열리게 되는 셈이었다. 그것은 이상론자와 현실론자를 동시에 만족시킬 수 있는 평화와 통일의 비전이었다.

교황 클레멘트 4세(Clement IV)는 이 두 가지 과제를 한데 결합하여 명쾌한 계획을 수립했다. 그 계획이 1267년에 황제 미카엘 8세(Michael VIII Palaeologus)에게 쓴 편지에 잘 나타난다:

> 십자군이 준비되고 있고, 온 유럽이 우리의 명령에 일어나고 있습니다. 십자군이 한쪽에서 이슬람 군대를 공격하는 동안 폐하께서 다른 쪽에서 그 군대를 공격하시면 우리는 그 저주받을 종교를 다시 보지 않을 수 있게 될 것입니다. 혹시 폐하의 군대가 다른 접경에서 전투를 벌이고 있는 동안 라틴 군대가 폐하를 공격할지 모른다는 우려를 갖고 계시다면 그 대답은 간단합니다. 로마 교회로 돌아오십시오. 그러면 이런 우려를 깨끗이 씻어버릴 수 있습니다.[17]

이 단락은 후대의 교황들이 갈수록 큰 확신과 열정을 가지고 추구했던 계획을 더할 나위 없이 명쾌하게 개략한다. 이것이 1054년 이래로 발생했던 모든 사건들의 절정이다. 만약 이 솔직한 정치적 메시지가 마음에 와 닿지 않는다면 그것이 기독교 세계의 통일을 위한 분명한 약속으로 가득한 정책이었음을 기억해야 한다. 1267년에는 이것이 여전히 타당성 있는 정책이었다. 교황은 아직까지 서방에서 상당한 규모의 군대를 지휘할 수 있는 권력을 상실하지 않았다. 그는 여전히 더 큰 규모의 군대를 일으킬 수 있다고 생각할 수 있었고, 만약 동방 제국에 확고한 정치 기반이 다져진다면 이슬람에 대한 원정이 아직까지는 절망적이지 않다고 생각할 수 있었다. 교황이 선언한 정책은 이상론과 이기주의를 멋지게 조화시키는 모

---

17) A. Potthast, *Regesta Pontificum Romanorum*, 1874-5, no. 20012; Martène and Durand, V*eterum Scriptorum Amplissimo Collectio*, 1724, ii, 469-70.

든 위대한 정치 계획의 특성을 갖춘 것이었다. 이 정책은 중세 정치권에서 마련된 모든 계획들 중에서 가장 원대하고 가장 정교한 정책이었다.

하지만 장애 요인이 하나 있었다. 그 계획은 평신도와 성직자를 망라한 다수의 사람들이 자기 지도자들이 합의한 사항을 받아들인다는 전제에 성패가 달려 있었다. 그리스 황제는 항상 이 점에 자신이 없었던 것 같다. 그럴지라도 협상에 임하려면 그런 내색을 하는 것은 금물이었다. 교황과 그의 고문들의 입장에서는 황제가 안고 있던 이런 어려움을 오랫동안 간파할 수 없었던 그럴 만한 이유가 있었다.

우선 그들은 황제가 그리스 교회의 유력한 수장이라고 할 때 그 정도를 지나치게 과대평가했다. 그들은 모든 것을 교황의 권력에 비추어서 헤아렸다. 마치 바그다드의 칼리프를 이슬람권에서 일종의 교황과 같은 존재로 상상했듯이, 황제도 콘스탄티노플에서 그런 종류의 교황일 것이라고 상상했다. 그가 총대주교들을 폐위하기도 하고 세우기도 하는 줄로 알았다. 총대주교들이 황제를 굴복시킨 사례가 얼마나 많은지 그들은 몰랐거나 망각했다. 이런 오해를 가장 단면적으로 보여주는 사례는 112년에 교황 파스칼리스 2세(Paschal II)가 황제 알렉시우스 1세(Alexius I)에게 보낸 편지에서 볼 수 있다. 교황은 황제가 제안한 협상안에 관해서 이렇게 말한다:

> 우리는 이 일에 대단히 큰 어려움을 겪고 있습니다. 우리 백성들은 너무나 다양해서 한 가지 견해에 동의하기가 쉽지 않습니다. 하지만 하나님의 은혜로 폐하께는 그것이 쉽습니다. 성직자들과 평신도들, 고위 성직자들과 대신들이 모두 폐하의 결정에 순복하니까 말입니다.[18]

이 글은 교황이 자신이 안고 있던 어려운 문제들을 어떻게 바라보았는지 한눈에 엿볼 수 있게 해주고, 오늘날 우리가 그 상황을 바라보는 것과 대조적인 시각을 제시한다. 우리의 시각으로 볼 때는 교황이 정통 신앙에

---

18) P. Jaffé, *Registrum Pontificum Romanorum*, 2nd ed. by W. Wattenbach, 1885-8, no. 6334.

준하여 내리는 선언들을 서방 세계가 쉽게 받아들인 것이 퍽 인상깊지만, 파스칼리스는 자신의 결정에 대해 전체적인 동의를 얻는 데 어려움을 느꼈고, 그런 터에서 그리스 황제가 서방에서의 교황 자신보다 동방에서 여론을 훨씬 더 강력하게 장악하고 있으려니 생각했다.

하지만 실제 상황은 크게 달랐다. 서방에서는 신학과 권징 문제에 대한 여론이 아직 존재하지 않았고, 교회에 관한 견해도 적어도 13세기 말까지는 교황의 권위에 의해 크게 제약을 받았다. 반면에 그리스 황제는 총대주교와 협력 관계에 있을 때조차 훨씬 더 지위가 약했다. 우선 신학적 견해를 적극적으로 표현하는 평신도 집단이 있었고, 훨씬 더 적극적이고 단호하게 견해를 표현하는 수사들이 있었으며, 따라서 황제의 결정이 사회 불안을 일으킬 소지가 농후했다. 이런 잠재적 반대 여론 앞에서 황제에게는 교회적 결정을 내릴 권한이 대단히 제한되어 있었다. 황제 자신도 이러한 제한을 틀림없이 알고 있었겠지만, 그 사실을 표시한다는 것은 자신에게 협상할 권한이 없음을 자인하는 꼴이었다. 따라서 어떤 협상안이 타결되든 그것을 강제로 시행할 수 있는 힘이 자기에 있는 듯이 말했던 것이다.

정치가들은 대안이 없기 때문이든, 유일한 대안이 딱 한 가지 있을지라도 그것이 내키지 않는 것이기 때문이든, 속으로 불가능하다고 판단한 많은 일들을 시도하지 않으면 안 된다. 앞에서 살펴본 대로 무력에 의한 해법은 교황의 관점에서 볼 때 따르는 정치적 위험 때문에 배제해야 했다. 만약 정치적 해법마저 실행 불가능하다는 이유로 배제해야 한다면, 유일한 대안은 다소 동등한 자격을 갖춘 양측이 교회적 쟁점들을 놓고 토론을 벌이는 것밖에 없었다.

하지만 어느 쪽도 이 일을 할 준비가 되어 있지 않았다. 원칙상 그리스인들은 토론을 즐겼지만, 워낙 지적 우월성을 자부한 전통이 깊었기에 라틴인들의 토론 능력을 의심했다. 그들은 라틴인들을 지적 역량이 없는 야만인들로 알았던 것이다. 라틴인들도 그들대로 원칙상 토론에 반대했다. 교황들이 이미 결정해 놓은 문제들을 마치 미결정 문제들인 것처럼 토론을 한다는 것은 온 라틴 교회가 그리스 교회를 낮춰볼 수 있었던 근거인 교황의 권위를 의심하도록 허용하는 것과 같았던 것이다. 파스칼리스 2세가 황제 알렉시우스에게 보낸 편지를 다시 한 번 인용한다:

> 통일로 가는 첫번째 걸음은 우리 형제인 콘스탄티노플 총대주교가 사도적 권좌의 수위성과 위엄을 인정하고 …… 완고했던 과거의 태도를 고치는 것입니다. 그리스인들과 라틴인들이 신앙과 관습에서 다양하게 된 원인들을 제거하려면 먼저 지체들이 머리에 연합되어야 합니다. 한 쪽이 다른 쪽에 복종하거나 동의하지 않는 터에 어떻게 서로 반목하고 대립하는 집단들 사이에 토론이 이루어지겠습니까?[19]

다시 말해서 누가 옳은지 먼저 동의하지 않으면 백날 토론해 봐야 쓸데없다. 그러니 당연히 토론이 필요 없다. 분명히 짚고 넘어가야 할 점은 12세기와 13세기에 그리스인들과 라틴인들 사이에 이루어진 몇 차례의 논쟁이 판결을 내릴 궁극적인 권위가 없는 한 토론이 쓸데없다는 이런 판단을 확증하는 경향을 띠었다는 것이다.[20]

만약에 전쟁과 토론을 배제한다면 오늘날 일괄 타결이라고 부르는 방식의 협상에 의존하는 길밖에 없게 된다. 다시 말해서, 토론을 할 만한 공동의 원칙이 없는 양측이 서로 이익을 맞교환하는 데 목표를 두는 그런 협상밖에 다른 수가 없게 된다. 1274년에 이런 종류의 협상이 상당한 성과를 거두었다. 거의 25년이나 되는 기간 동안 방대한 분량의 집중적인 준비

---

19) ibid. 이 단락은 다음 책에서 인용된다: W. Norden, *Das Papsttum u. Byzanz*, 1903, p. 94n.

20) 이것은 상대 진영과 지적인 접촉을 하려는 양측의 상당한 노력을 과소평가하는 것이 아니다. 다음 책들을 참조하라: (12세기에 대해서) A. Dondaine, 'Hughes Ethorion et Léon Tuscan, *Archives de l'hist. doctrinale et litt. du Moyen Âge*, 1952, xix, 67-134; (13세기에 대해서) 뒤에서 언급할 Humbert de Romanis의 저서(각주 25) 외에도, A. Dondaine, 'Premiers Écrits polémiques des Dominicains en Orient', *Archivum Fratrum Praedictorum, 1931*, xxi; M. Roncaglia, *Les Frères mineurs et l'église grecque orthodoxe au xiii<sup>e</sup> siècle*, 1954. 그러나 어떤 경우였던간에 목표는 반대 입장을 논박하려는 것이었으며, 이 목표는 처음부터 실패할 수밖에 없었다.

끝에 리용 공의회에서 타협이 이루어졌다.[21]

이 타협은 1054년에 레오 9세의 특사들이 성취하지 못했던 목표들을 모두 성취했다. 무엇보다 시기가 절묘했다. 이런 방식의 재통일에 이 때만큼 유리한 상황이 없었다. 하지만 결국에는 물거품으로 끝났다. 그 이유는 간단했다. 황제가 리용에서 받아들인 것을 콘스탄티노플에서 성직자들과 백성이 거부했던 것이다. 이것이 협상 대표들이 내내 잊고 있었던, 너무나 치명적인 요인이었다. 1274년도 1054년과 마찬가지로 아무 성과도 거두지 못했다는 점에서 또 하나의 중대한 해가 되었다. 어떤 의미에서 보면 그 해가 중세에서 가장 희망을 걸 만한 해였다. 그 이후로 그리스인들은 외부의 공격에 맞서 가망 없는 생존 투쟁을 벌여야 했고, 라틴인들은 내부의 해체라는 점증하는 문제들에 둘러싸였다.

서방의 지도자들은 성직자들과 민중을 배제한 채 정치적 이유로 타결된 교회의 통일이 성공을 거둘 수 없다는 그 중대한 교훈을 즉시 혹은 쉽게 이해하지 못했다. 오히려 그들은 결렬의 책임을 그리스인들의 무책임한 배신 행위로 돌렸다. 그럼에도 불구하고 1274년의 대 실패로 이끈 협상 방식에 무언가 결핍이 있었다는 사실이 분명하게 대두되었다. 그 결핍이 무엇인가 하는 것은 분명하지 않았지만, 그것을 찾아낼 만한 시간적 여유가 없었다. 하지만 당시의 상황이 양측에게 어느 정도 실상을 깨닫게 해주었다.

### 이해의 길

1274년까지는 재통일안이 한결같이 서방의 교회적·교리적 견해가 고스란히 채택될 것이고, 그리스인들이 교회 쪽에서 고개를 숙이고 들어오는 값을 지불하고서 정치적 안전을 살 것이라는 가정을 전제로 삼았다. 재통

---

21) 이 협상들에 관해서는 다음을 참조하라: D. J. Geanakoplos, *The Emperor Michael Palaeologus and the West*, 1959; also *Dictionnaire de théologie catholique*, 1409, ix (art. 'Le II$^e$ Concile de Lyon' by F. Vernet and V. Grumel).

일을 최상의 상태로 성취할 수 있었던 이런 안은 그 뒤에 폐기되지 않고 1274년 이후 두 세기가 지나면서 다양한 방식으로 보완되었는데, 이렇게 보완된 과정이 갖는 중요성은 그것이 비록 대단히 미미하고 때늦은 것이긴 했지만 양 진영을 공감과 화해의 정신으로 이끌고 갔다는 데 있다.

이러한 새로운 정신을 감지할 수 있는 세 가지 징후가 있다. 첫째는 상대 진영의 장점을 인정하는 것이고, 둘째는 자기 비판 정신이고, 셋째는 상대 진영이 없으면 왠지 무언가 빈 것 같은 협력 의식이다. 1274년 이전에는 두 진영 다 공감을 가지고 상대를 인정하려는 의식이 희박했었다. 자기 비판 정신에 관해서는, 서방에서는 그런 정신이 널리 퍼져 있었으나 겨우 개인의 악을 문제 삼는 정도였으며, 서방의 제도들과 사고 방식이 완벽하다는 강압적인 낙관론과 관련되어 있었다. 무엇보다도 중요한 것은 서로를 필요로 하는 의식이 그리스 진영에서는 정치적 필요로만 존재했고, 라틴 진영에서는 교황의 권위 체제를 보완할 이론적 필요로만 존재했다는 것이다. 이렇게 재통일의 토대가 변변치 않았다는 사실이 1274년에 역력히 입증되었다. 그러면 이제 더 무슨 일을 할 수 있었을까?

### 상호 인정

우선 상대에 대한 공감과 이해가 커간 점을 살펴보자면 중세 마지막 두 세기에 그리스인들이 라틴인들보다 훨씬 앞서 나갔다는 것은 의심할 여지가 없는 사실이다. 그리스인들의 공감이 커진 데에는 공포감이 한몫 했다. 그리스 제국은 사형 선고를 받은 채 연명하고 있었다. 따라서 조국의 교회와 문화를 사랑하는 사람들로서는 무슨 수를 써서라도 서방과 조약을 체결하는 것이 가장 시급한 공적 의무였다. 이런 절박한 필요 앞에서 중세 라틴의 문학과 삶을 이해하려고 노력하여 그 결실로 14세기 비잔틴 교회의 영예가 되게 한 일군의 신학자들이 일어났다. 이들의 노력은 크게 두 가지 형태를 띠었다. 하나는 중세 라틴 신학의 고전 작품들을 번역하는 것이었고, 다른 하나는 그 작품들을 교회의 총체적 삶의 일부로 평가하는 것이었다.

14세기에 아우구스티누스(Augustine), 보에티우스(Boethius), 안셀무스

(Anselm), 페트루스 롬바르두스(Peter Lombard), 토마스 아퀴나스(Thomas Aquinas)의 저서들이 그리스어로 번역되면서 비잔틴 세계는 기독교 세계의 두 절반이 갈라진 이래로 서방에서 어떤 일이 일어났는지 그 실질을 처음으로 보게 되었다.[22] 그 중에서도 토마스 아퀴나스의 「신학대전」(*Summa Theologiae*)이 특히 중요했는데, 이는 아퀴나스만큼 자기 시대의 지적 내용을 훌륭하게 다른 세계에 전달할 역량을 갖춘 저자가 없었기 때문이다. 그의 폭과 명료함, 질서정연한 합리성과 청명한 정신, 서방 교회에 대한 견고한 충성이 그를 13세기 서방 사상의 보고로 만들었다.

14세기에 그리스에서 그를 인정하고 존경한 사람들에게 그가 끼친 영향은 그가 1870년 이래로 현대 세계에 끼친 영향과 견줄 만하다. 그가 심오한 영향을 끼칠 수 있었던 비결은 두 경우에 다 동일하다. 즉, 그는 과거에 경멸을 당하던 사회가 갈수록 혼돈에 빠지는 현대 세계에 도전을 던질 만한 장점들을 갖고 있다는 것을 갑자기 입증했던 것이다. 불확실성에 포위되고 헤아릴 수 없이 많은 위험에 둘러싸인 세대에게 그는 안전과 확실성을 제공했다. 혼동으로 갈등하던 사람들에게 그는 체계적이고 명석한 신학 진술의 가능성을 입증했다. 그의 저서들은 서방 교회에 전혀 새로운 빛을 비추어 주었다.

그리스의 일부 대표적인 지식인들은 그를 '기이한 박사', '교회 박사들 중 가장 이로운 박사', '성령께 관한 오류만 제외하면 흠잡을 데 없는 신학자'로 평가했다. 어떤 익명의 그리스 독자는 토마스의 「신학대전」 사본의 여백에 다음과 같은 글을 써넣었다:

> 토마스여, 당신이 서방에서 태어나지 않고 동방에서 태어났더라면 얼마나 좋을까요. 그랬더라면 당신이 이 책에서 다른 문제들을 훌륭하게 다룬 것처럼 성령의 발출에 관해서도 올바로 기록했을 것입니다.[23]

---

22) 13세기 말에 이루어진 이 운동의 시작 단계에 관해서는 다음을 참조하라: G. Hoffman, 'Patriarch Johann Bekkos u. die lat. Kultur', *Orientalia Christiana Periodica*, 1945, xi, 141-64.

1330년경부터 지루하게 벌어진 협상 과정에서 교황청을 방문했던 수많은 그리스인들 중 일부 인사들도 성 토마스의 저작들이 제시하는 질서와 규율을 알아보았다. 그들 중 두드러진 사람은 그리스인 부모에게서 태어난 발람(Barlaam)이라고 하는 칼라브리아의 수사였다. 그는 결국 교황 수위설의 확고한 지지자가 되었고, 그리스인들에게는 라틴 교회를 지지하여 조국의 교회를 등진 전형적인 인물로 비치게 되었다. 그가 이 입장에 도달하기까지 거쳤던 단계들은 연구해 볼 만한 흥미로운 주제이다.

발람은 여러 가지 면에서 14세기 정통 신앙의 부활에 뉴먼(Newman)과 같은 역할을 했다(뉴먼〈John Henry Newman, 1801-1890〉은 영국 국교회에서 옥스퍼드 운동을 일으켰다가 로마 가톨릭으로 개종한 뒤 추기경이 되었다-역자주). 그는 뉴먼과는 달리 「내 인생 행로를 위한 변명」(*Apologia pro vita sua*) 같은 저서를 쓰지 않았고, 따라서 그가 어떤 영향을 받아서 비잔틴 교회에 대한 충성에서 벗어났는지 정확하게 규명하기가 불가능하다. 하지만 그는 회심한 뒤 친구들에게 쓴 편지에서 서방 교회가 그에게 준 인상을 생생하게 기록한다. 그는 서방을 둘러볼 때 질서와 통합이 어우러진 놀라운 사회를 보았다(혹은 자신이 보았다고 생각했다). 모든 것이 각자 제 위치에 있었다:

> 모든 사람이 법에 의해 지배를 받는다. 아무리 작은 문제라도 규칙과 질서잡힌 행정에 따라 처리된다. 사회의 모든 계층이 올바른 대인 관계법을 배운다. 죄가 어떻게 처벌되고 선행이 어떻게 보상을 받고 품행이 어떻게 조사를 받는지 그들은 잘 안다. 이 모든 것들과 사회를 평화롭게 유지하는 데 유익한 다른 모든 것들이 법에 의해 규명되고 수호된다.[24]

발람은 서방 사회가 신앙 교육이 잘 되어 있고 교황의 결정 사항을 철

---

23) J. Jugie가 다음 책에서 인용: 'Demetrios Cidones et la théologie latine à Byzance aux xiv$^e$ et xv$^e$ siècles', *Échos d'Orient*, xxvii, 385-402.
24) *P.G.*, 151, 1255-83.

저히 존중하는 훈련이 잘 되어 있으며, 서방 사회가 교황의 결정 사항을 마치 그리스도의 계명처럼 받아들이는 것을 발견했다고 주장했다. 이런 초자연적 미덕이 지배하는 사회와는 대조적으로, 그리스인들 사이에서는 혼란밖에는 아무것도 발견할 게 없다고 주장했다. 교회와 국가는 쇠망의 길에 들어섰고, 법은 힘있는 자들의 잣대에 놀아나고, 학문이 저급한 수준으로 전락하고, 많은 사람들이 이슬람교로 개종하고 있다고 했다. 뉴먼의 음성은 바로 이 문맥에서 들리는 듯한데, 하지만 라틴인들이 질서(발람이 서방에서 보았다고 생각한)를 창출하지 못한 데 대해 회의와 절망으로 기울기 시작한 시점에서 그리스인으로부터 그런 음성을 듣는다는 것은 참 아이러니컬하다.

서방은 그리스인들이 14세기에 라틴 교회를 발견한 식으로 비잔틴 교회를 발견한 적이 없었다. 서방의 사상계에서 오랜 세월 상당한 존경을 받아온 다마스쿠스의 요한(John)과 위(僞) 디오니시우스(the Pseudo-Denys) 같은 그리스 신학자들이 없지는 않았지만, 그들은 두 교회가 갈라지기 훨씬 전 시대 사람들이었다. 그들은 서방 사회에 당시의 비잔틴 교회나 그리스인들에 대해 어떠한 흥미도 일으키지 못했다.

당시 서방 사회가 지적인 열정과 호기심이 왕성했고 또한 그리스 학문에 큰 빚을 졌는데도 불구하고 그리스 세계에 관심이 없었다는 것은 이해하기 힘든 점이다. 그리스 학문에 열정적이던 사람들은 비잔틴 그리스인들의 존재를 의식하지 않은 채 곧장 그들의 내면을 바라보았다. 그리스인들은 서방의 지식인들에게 경쟁심도 두려움도 일으키지 못했다. 따라서 이슬람에 대해서와는 달리, 그리스인들에 대해서는 그들을 이해하려는 동기가 없었다.

서방 사회에 그리스 종교에 대한 인상이 피상적으로 그리고 많은 경우는 잘못 심어진 탓에 그리스 종교를 좀더 자세히 알려는 의욕이 일어나지 않았다. 교황 그레고리우스 10세(Gregory X)의 고문 훔베르트 데 로마니스(Humbert de Romanis)가 재통일에 관해 교황에게 말한 대로, 이 문제에서 라틴인들이 저지른 가장 큰 죄는 관심을 갖지 않았다는 것이었다.[25]

제3장 기독교 세계의 분열  85

이러한 태도가 놀라울 만큼 일관성을 가지고 서방의 역사에 면면히 이어졌다. 1453년에 교황 피우스 2세(Pius II)는 콘스탄티노플 함락 소식을 들었을 때 플라톤과 호메로스가 두번째 상징적인 죽음을 당한 데에 눈물을 흘렸을 뿐, 그리스 교회의 멸망을 자신의 문학과 외교 역량을 발휘할 새로운 기회로밖에 여기지 않았다. 그리고 3백 년이 흐른 뒤에 기번(Gibbon)은 자신의 온갖 기량을 동원하여 '그리스 제국에 보내는 영원한 작별 인사'를 쓰면서, 사라진 자들에 대한 동정의 말은 한 마디도 없이, 다만 정복자 마호메트 2세(Mahomet II)의 '숭고한 천재성'만을 칭송했다. 그 교황과 역사가는 무의식중에 비잔틴의 장점들에 무관심했던 중세 전승을 대표한 셈이다.

### 자기 비판

그렇긴 해도 서방이 그리스 교회를 대하는 태도에 변화가 전혀 없었던 것은 아니다. 비록 그 변화라는 게 그리스인들에 대한 깊은 관찰이나 공감에서 비롯된 것이라기보다는 깊은 자성(自省)과 자기 비판에서 비롯된 것이긴 했지만 말이다. 서방의 제도와 관습에 점차 강도를 높여가며 가해진 비판 — 12세기에 다소 미약하게 시작했다가 중세 후반에 대대적인 고소로 끝난 — 이 중세사에서 가장 큰 주제의 하나이다. 이 비판이 1204년 이후부터 콘스탄티노플이 함락될 때까지 그리스인들에 대한 라틴인들의 태도에 영향을 끼치기 시작했다. 서방의 악들이 분열 자체의 원인은 아니었을지라도 적어도 분열이 지속되게 만든 한 가지 원인임을 최초로 깨달은 사람들은 점령당한 콘스탄티노플에 남아 있던 탁발수사들이었다. 1252년에 콘스탄티노플의 도미니쿠스회 수사들은 그리스인들이 교황 특사들의 허세와 강압을 분열이 지속된 원인 중 하나로 여기고 있다고 보고했다. 상

---

25) 이 발언은 1274년에 리용 공의회를 준비하면서 분열의 원인들을 분석하는 과정에서 나온다. 참조. K. Michel, *Das Opus Tripartitum des Humbertus de Romanis O.P.: ein Beitrag zur Geschichte der Kreuzzugsidee u. der Kirchlichen Unionsbewegungen*, 1926.

황 인식이 빨랐던 매슈 패리스(Matthew Paris)는 이 보고를 자기 방식으로 소화하여, 동방과 서방간의 분열이 최근에 그레고리우스 9세(Gregory IX) 치하에 로마 교회의 탐욕스러운 수탈에서 비롯되었다는 비상한 분석을 내놓았다.[26] 그가 이 주장을 입증하기 위해서 소개한 이야기는 서방인들이 그리스 교회의 실상에 관해 얼마나 무지했었는가를 여실히 보여 준다. 하지만 그 이야기는 아울러 서방의 저자들 사이에 분열의 원인을 자신들의 결핍으로 돌리는 경향이 자라고 있었다는 것도 보여 준다.

하지만 불행하게도 이런 결핍에 대해서 자탄하는 것 외에 달리 취할 수 있는 방도가 없었다. 양 진영에 다 과오가 있었다는 인식이 새롭고 중요한 것이었다. 하지만 이 과오를 강하게 주장한 사람들은 해외에 있는 그리스인들을 돕거나 이해하기보다 국내에 있는 적들을 비판하는 데 더욱 관심이 있었다. 위클리프(Wycliffe)는 영국에서 매슈 패리스가 처음 내놓은 견해를 본격적으로 발전시켰다. 그는 분열이 로마 교황의 교만과 탐욕 때문에 생겼고, 그리스인들만 그리스도께 신실했다고 주장했다.[27] 하지만 그렇게 했어도 그리스인들에게 별다른 유익을 끼치지는 못했다. 그 당시에는 이미 서방의 기성 질서가 내부의 비판을 철저히 배격하는 분위기가 고착되었던 것이다. 그럴지라도 서방의 교만과 야심이 분열에 기여했다는 견해가 많은 수의 온건론자들의 마음 한 구석에 자리잡게 되었고, 그것이 그리스인들을 신랄하게 대하던 초기의 태도를 누그러뜨렸다.[28]

---

26) *Chronica Majora*(A.D. 1237), iii, 448-69; 참조. v, 191; vi, 336-7.

27) *De Christo et Antichristo*, ii, 8 (*John Wiclif's Polemical Works in Latin*, ed. R. Buddensieg, 1883, ii, p. 672).

28) 매슈 패리스와 위클리프 외에도, 1250년 이후에 활동한 서방의 많은 저자들은 교황특사들과 라틴 교회 전체의 교만과 탐욕을 분열의 중요한 원인으로 거론한다. 대표적인 예를 들자면 다음과 같다: 1252년에 콘스탄티노플에서 도미니쿠스회 수사들이 보낸 보고서(*P.G.* 140, 540); 추기경 그라모드의 시몬이 1400년경에 캔터베리 대주교에게 보낸 편지(Marténe and Durand, *Thesaurus Novus Anecdotorum*, 1771, ii, 1235); 1402-10년에 카르투지오회 총장을 지낸 Boniface Ferrier(ibid., ii, 1450);

### 하나가 다른 하나를 대신할 필요성

서방에서 일어난 이런 자기 비판 운동은 두 진영을 약간 결속시켰다. 하지만 결속에 영향을 끼친 두 가지 발전이 있었다. 첫째는 그리스 제국의 명약관화한 쇠망과 임박한 해체였고, 둘째는 공의회 운동이었다. 첫째는 서방의 선량한 사람들에게 동정을 불러일으켰다. 그리스 교회와 문화의 몰락이 한층 절박하게 되면서 그리스인들에 대한 호의가 상승했다. 1400-1403년에 그리스 황제 마뉴엘 팔레올로구스(Manuel Palaeologus)가 파리와 런던을 방문했을 때 이 대도시들의 시민들과 두 왕국의 귀족들에게는 이런 관대한 정신을 표현할 기회가 주어졌다. 파리에서 그리스의 의식이 공개적으로 거행되고 대규모 종교 행사장에 분파인 그리스인들이 참석한 것을 놓고 엄수파는 비판의 목소리를 높였지만, 군주들과 민중들은 서로 앞다투어 동정과 우정의 증표를 내놓았다.[29]

이 행사들에 일관되게 나타난 분위기는 공동의 적 앞에서 기사도 정신을 공유하는 분위기였다. 하지만 그것이 고작이었다. 마뉴엘 팔라엘로구스는 빈손으로 돌아갔고, 그의 제국이 생존한 것도 곧 동원될 수도 있었을 프랑스와 영국의 기사들 덕분이 아니라, 적들 가운데 피에 굶주린 티무르(Timur: 몽골족 투르크 정복자—역자주)의 약탈 덕분이었다.

그럼에도 불구하고 그리스에 대한 호의는 사라지지 않았다. 서방에서 공의회 활동이 급격하게 시작되면서 그런 정서에 실질적이고 지적인 살이 붙었다. 서상의 사상계에 오래 잠복해왔던 이 분위기는 교황제 내에 발생한 분열이 총공의회의 권위를 높임으로써만 풀 수 있다는 확신이 커지면서 갑작스럽게 세력을 얻었다. 이것이 바로 그리스인들이 로마와 콘스탄티노플 사이의 쟁점들을 해결할 수 있는 유일한 방법이라고 일관되게 요구했던 것이었다. 만약 이것이 로마 교회의 통일을 유지하는 유일한 수단임

---

Thomas Gascoigne, *Loci e libro Veritatum*, ed. J. E. Thorold Rogers, 1881, p. 102-3.

29) 참조. G. Schlumberger, 'Un Emperer de Byzanz à Paris et à Londres', *Revue des deux mondes*, 1915, xxx, 786.

이 입증된다면 그리스인들과 라틴인들의 재통일도 가시권 안에 들어오는 셈이었다.

이러한 소망과 계획을 가장 고상하게 표현한 내용은 파리 대학교 총장장 제르송(Jean Gerson)이 1410년에 프랑스 왕 앞에서 행한 설교에서 발견할 수 있다.[30] 제르송의 설교는 서방이 그리스인들과 화해를 도모하려 할 때 관용과 정통 신앙을 어느 선까지 병존시키며 나아갈 수 있는가를 지적한다. 제르송은 실은 교황 수위권의 필요를 역설했으나, 그것 자체로는 그리스인들이 받아들이지 못할 만한 것이 아니었다. 진정한 쟁점은 이 수위권의 근거와 전망을 놓고서 발생했다. 교황의 수위권은 총공의회들의 결정문들에 표현된 교회의 권위에서 유래했는가, 아니면 그리스도께서 사도 베드로에게 하신 명령에서 유래했는가? 그리고 수위권의 범위가 어느 정도까지 확대되는가? 첫째 쟁점에 대해서 제르송은 입을 다물었다. 하지만 그것을 제외한 다른 쟁점들에 대해서는 그리스인들의 요구를 상당한 수준까지 수용했다.

총공의회에서일지라도 교황의 결정은 신앙과 복음 진리에 직접 영향을 주는 문제들을 제외한 다른 문제들에 대해서 구속력이 없다고 그는 주장했다. 많은 논란을 일으킨 지역적 관습에 관한 문제들 — 이를테면 미사 때 유교병을 사용하는 문제, 사제들이 결혼하는 문제, 고해성사의 의식에 차이가 나는 문제 등 — 은 교황의 권위에 저촉되지 않는다고 했다. 총공의회에 관해서, 그리스인들의 요구가 정당하며, 적절한 대표권을 요구하는 그들의 주장이 정당하다고 했다. 한 마디로 하자면, 통일의 순간이 다가와 있었고, 8세기 중반에 재위한 자카리아스(Zacharias) 이래 최초의 그리스계 교황인 알렉산더 5세(Alexander V)와 협력해서 그 과업을 달성하기에 그 프랑스 왕 — 그의 수호성인은 프랑스의 사도이자 그리스 출신의 성인인 드니(Denis)였다 — 만큼 적임자가 없었다. 당시에 재위하고 있던 그리스 출신 교황과 그리스 수호성인을 둔 프랑스 왕은 통일을 위해 섭리로

---

30) J. Gerson, *Opera Omnia*, ed. du Pin, 1706, ii, 141-53.

예비된 도구들인 것처럼 보였다.

잠시 동안은 통일 노력이 새로운 방향, 즉 더 이상 전 시대의 정치적·교회적 전제에 이끌리지 않고 지난 수백 년간 겪은 감상적이고 계몽적인 경험들에 이끌리는 새로운 방향을 취할 수 있는 것처럼 보였다. 장 제르송은 서방의 끝없는 무질서를 관찰하고, 그 상황을 온 세상에 평화를 깃들게 한다는 서방의 주장과 대조하면서, 그리스인들의 관점을 이해하기 시작했다. 그는 공의회에 대표를 파견하지 못한 채 공의회의 결정에 복종할 수 없다는 그들의 주장을 지지했다. 교회 관습 문제에서 지역 교회의 자율성을 폭넓게 인정할 수 있는 가능성과 지혜를 내다보았다. 그는 유교병과 결혼한 성직자, 그리고 서방에서 오랫동안 저주가 선포된 관습들을 두려움 없이 바라보았다. 이것은 희망스러운 징후였다.

하지만 그리스 출신 교황이 곧 죽었고, 프랑스 왕도 영국과 전쟁을 벌여야 하는 다급한 상황에서 자신의 그리스 수호성인을 잊어버렸으며, 공의회 사상도 곧 불화와 무기력으로 가라앉았다. 이로써 제르송의 설교와 그것이 대변한 사상 노선은 과거에 마누엘 팔레올로구스를 기사들의 분위기로 영접했을 때처럼 아무런 효과도 발휘하지 못했다.

### 퇴보

이제는 시간이 없었다. 14세기 중반부터 그리스인들은 멸망 직전의 상황에 내몰렸다. 서둘러 통일이 이루어지지 않으면 통일할 것이 하나도 남지 않으리라는 것이 누가 봐도 분명했다. 기사도 정신을 지닌 사람들은 이런 전망 앞에서 그리스인들에게 어떻게든 힘을 보태주어야겠다는 의욕을 품었다. 하지만 그렇지 않은 대다수 사람들은 그리스인들에게 무엇을 준다는 것이 미련한 짓으로 보였다. 더욱이 시간이 흐를수록 교회 정부의 협력 이론이 극복하기 힘든 난관들에 부닥쳤다. 이 난관들은 공의회들이 교회의 협력을 구현해 놓고도 혼돈스러운 상황을 빚은 데서 생긴 결과이기도 했고, 교황들이 심지어 공의회 원칙들을 지지한 인사들조차 과거부터 주장해 온 권위를 조금도 버리지 않은 데서 생긴 결과이기도 했다. 교황이 관용을 행사하기에는 교황 정부의 체제가 너무나 강했다. 이런 회의적인 분위기와 난관들 속에서 관대한 정신은 질식당했다.

게다가 관대한 정신을 실행할 만한 기회도 급속히 사라지고 있었다. 그리스인들은 아주 당혹스러운 처지에 있었다. 서방에서 원조를 받지 않으면 완전히 멸망할 것이 확실한 상황에서, 지도자들에게 현실과 무관하게 보이는 옛 시대의 차이점들 때문에 지원을 거절당하고, 아무도 헛된 꿈으로 일축해 버릴 수 없었던 약속들에 혼란을 느끼면서, 그들은 사방에서 압박을 당했다.

1422년에 교황 마르티누스 5세(Martin V)가 황제 마뉴엘 팔레올로구스에게 편지를 보냈는데, 이 편지는 거의 2백 년 전에 클레멘트 4세(Clement IV)가 미카엘 팔레올로구스에게 보낸 편지를 생각나게 한다:

> 터키인들은 만약 폐하께서 기독교 세계의 다른 지역들과 연합되어 있는 줄을 알면 함부로 공격하지 못할 것이고, 그리스도인들도 만약 폐하께서 자기들과 의견이 완전히 일치한다는 것을 알면 폐하를 기꺼이 도우러 갈 것입니다.[31]

교황은 황제에게 '복종하겠는가, 아니면 멸망당하겠는가'라는 조건을 제시한 것이었다. 13세기에는 이런 조건이 아직은 교황의 효과적인 행동 가능성에 뒷받침을 받았었다. 하지만 이제는 공수표에 지나지 않았다. 하지만 그 누구도, 심지어 교황조차도 자신의 말이 허황되다는 것을 제대로 알지 못했다. 결국 1439년에 황제를 수행하여 피렌체를 방문한 그리스 사절들은 죽음과 탈출과 극도의 피로감으로 약해진 상태에서 굴복하겠다고 동의했다. 그들은 성령께서 "본체와 실질적 존재가 아버지와 아들로부터 동일하게 유래하셨고", "필리오케라는 단어가 그 신조에 합법적이고 합당하게 덧붙었으며", 교황이 "우리 주 예수 그리스도께서 보편 교회를 양육하고 다스리고 관리하도록 사도 베드로에게 주신 완전한 권세를 지닌 그리스도의 참된 대리자"라는 교리에 서명했다.[32] 이 표현들은 비록 그리스인

---

31) O. Raynaldus, *Annales Ecclesiastici*, 1752, viii, p. 545.

들에게 과거의 입장을 수호했다는 망상을 다소나마 심어주기 위해서 몇 가지 모호한 문구가 덧붙긴 했지만, 명실상부한 라틴 교회의 주장이었고, 그리스인들이 일관되게 주장해온 주요 논지들을 전면 부정한 것이었다.

이 합의와 이 합의가 도출된 방식에 관해서는 항상 견해가 엇갈릴 것이다. 하지만 그리스인들이 제정신으로는 할 수 없었던 굴복을 하는 대가로 서방 그리스도인들이 실제로는 제공할 수 없는 구원을 동방 그리스도인들에게 약속하는 이 광경을 떠올릴 때 분노가 치미는 것을 금할 수가 없다. 이제 받을 수 없는 도움의 대가로 오랫동안 진리로 고수해온 것을 포기하기를 거부하는 일은 콘스탄티노플의 성직자들과 백성의 몫으로 남겨졌다. 그들은 잘못된 이유들과 해묵은 증오와 무지한 확신에 휘둘려서 합의안을 확고하게 거부했고, 그로써 통일은 답보 상태에 머물렀다. 비록 1452년 12월 12일에 성 소피아 성당에서 통일이 선포되긴 했지만, 때가 너무 늦었고 그리스 교회로서 흔쾌히 받아들일 만한 내용도 없었다. 그로부터 여섯 달 뒤에 콘스탄티노플 시와 제국이 함락되었다. 그 순간에 통일론자였던 총대주교는 이미 로마로 피신해 있었고, 최후의 황제는 1453년 5월 29일에 제국이 함락되던 마지막 날에 무너진 성벽 틈에서 최후를 마쳤다. 이로써 로마와 총대주교가 대립하는 문제가 해결되었다. 예루살렘과 안디옥과 알렉산드리아가 이미 8백 년 전에 이슬람에 함락되었으니 말이다.

로마는 이제 경쟁자가 없었다. 교황 피우스 2세는 서둘러 정복자에게 축전을 보내면서, 세례를 받는 조건으로 그를 그리스인들의 황제로 삼겠다고 제의했다:

---

32) 그 통일안은 1439년 7월 6일에 교황 유게니우스 3세의 문서에 공포되어 있다 (*Conciliorum Oecumenicorum Decreta*, ed. J. Alberigo와 그 밖의 사람들, 1962, 499-504). 협상의 마지막 국면에 관해서는 다음을 참조하라: J. Gill, *The Council of Florence*, 1959, 270-304). 그것에 덧붙여야 할 점은, 비록 그리스인들이 주요 쟁점들에 대해서는 어쩔 수없이 승복했지만, 성찬 때 유교병을 쓰는 자기들의 방식도 합법적이라는 선언을 끌어냈다는 것이다. 3세기 전에는 이 점이 그리스의 오류 목록에서 맨 윗자리를 차지했다.

세례를 받으십시오. 그러면 이 세상에서 영화와 권력이 귀하만큼 큰 군주가 없을 것입니다. 우리는 귀하를 그리스인들과 동양의 황제라고 부를 것이고, 귀하는 지금 무력과 불법으로 차지한 것을 정당한 소유로 인정받을 것입니다. 모든 그리스도인들이 귀하를 존경하고, 귀하를 법관으로 삼을 것입니다 …… 로마 교황청은 귀하를 여느 기독교 왕처럼 사랑할 것이고, 귀하의 지위는 기독교 왕들보다 크게 될 것입니다.[33]

이것이 로마를 통치하는 교황의 권위와 교황의 보증을 받아 콘스탄티노플을 통치하는 황제의 권력이라는 이중 토대 위에 정치적으로 교회적으로 통일된 기독교 세계를 세우려는 희망 — 1054년 이래로 교황청의 정책에 간헐적으로 방향을 제시한 — 을 마지막으로 표현한 것이 되었다. 만약 이 시점에서 콘스탄티누스와 클로비스(Clovis)의 개종 같은 기적이 되풀이되었다면, 아직까지는 그 희망이 실현될 수가 있었다. 하지만 그런 기적은 일어나지 않았다. 실제로 일어난 일은 1453년 당시로서는 도무지 실현되지 않을 것 같았던 일이었다. 그것은 그리스 교회와 제국이 멸망함으로써 그 동안 너무나 당연시되어온 교황의 수위권이 내부로부터 무너져 내린 일이었다.

하지만 역사가란 앞을 내다볼 때 지나치게 많은 것을 보기 쉽다. 1453년에는 교황제를 주축으로 한 기독교 세계관이 승리를 거두었다. 교황제는 8세기에는 여느 사회 세력보다 서방 기독교 세계에 독자적 존립을 가져다 주는 데 이바지했고, 11세기부터는 서방의 수위성을 위한 교리적 기반을 제공했다. 혹시 통일에 새로운 길을 열어주었을지도 모를 공의회 교회 정부 운동이 결국 실패로 끝난 원인에는 교황제의 힘이 그만큼 막강했던 이유도 상당 부분 작용했다. 따라서 기독교 세계 전체의 관점에서 볼 때 교황제는 중세 내내 분열을 유지하게 만든 거대한 세력이었다. 하지만 서방의 관점에서 볼 때는 통일의 근원이자 힘의 징후였다. 이제는 교황제가 지녔던 이런 면을 살펴봐야 한다.

---

33) 피우스 2세가 마호메트 2세에게 보낸 편지(ed. G. Toffanin, 1953, pp. 113-14).

# 제4장

# 교황제

중세 교황제를 피상적이지 않으면서도 간략히 기술하려면 논의할 질문들을 엄격히 한정할 필요가 있다. 그렇게 할지라도 작업이 쉽지 않다. 현대에 이르기까지 교황이 차지했던 화려하고 압도적인 권위, 방대한 문헌, 유럽의 모든 지역과 유럽인들의 모든 생활에 어느 한 곳 미치지 않은 구석이 없는 교황의 활동이 질문을 한정하기 어렵게 만든다. '교회라고도 불릴 수 있는 교황'(Papa qui et ecclesia dici potest)이라는 13세기의 문구에는 교황제를 그것이 생기를 부여한 몸체와 동떨어진 제도로 보기 어렵게 만드는 충분한 진실이 담겨 있다. 그럴지라도 다음 몇 가지 질문에 집중함으로써 어느 정도 단순화를 기할 수 있을 것이다. 중세의 다양한 시기에 교황은 실제로 어떠한 권력을 소유했는가? 이 실질적인 권력은 교황들이 이론적으로 주장했거나 다른 사람들이 대신 주장해 준 이론적인 권위와 어떤 관계가 있었는가? 이 권력은 비록 크긴 했지만 왜 더 크지 못했는가?

이런 것들이 앞으로 다루게 될 질문들이다. 이 질문들을 다룰 때에는 앞서 소개한 시대 구분에 맞춰서 다루는 것이 편리할 것이다.

## 1. 초기 시대 700년경-1050년경

이 시기와 사실상 중세 내내 교황제의 주장과 그 권력을 살펴보려고 할 때 「콘스탄티누스의 증여」(*the Donation of Constantine*)라는 앞서 언급한 중요한 문서가 좋은 출발점이 되어 준다.[1] 초기의 많은 부동산 권리증서와 마찬가지로 이것도 위조 문서이다. 이 문서는 비록 황제 콘스탄티누스가 315년 3월 30일자로 교황 실베스터 1세(Silvester I)에게 보낸 편지 형식을 취하고 있지만, 실은 8세기나 그 이후에 작성된 문서라는 것은 오늘날 누구나 인정하는 사실이다. 작성 연대에 관해서 다양한 추정이 제기되었지만, 가장 유력한 추정은 750년 직후에 교황이 비잔틴 황제와의 결별을 정당화할 속셈으로, 또한 교황이 이탈리아 내의 옛 비잔틴 영토를 프랑크족에게 넘겨줄 법적 권한을 가지고 있음을 그들에게 입증할 속셈으로 작성했다고 보는 것이다. 하지만 이 문서를 작성한 진짜 속셈이 무엇이었든 간에, 이 문서가 8세기 말에 교황의 가장 좋은 친구들(프랑크족)의 눈에 비친 대로 교황의 권력을 가장 명쾌하고 완벽하게 비쳐주는 것만큼은 사실이다. 그 내용을 간단히 살펴보면 당시의 이상과 현실을 한눈에 비교할 수 있고, 그것이 후대와 어떻게 다른가를 판단할 수 있는 위치에 서게 될 것이다.

문서를 소개하기 전에 한 가지 난제를 다루고 넘어가는 것이 좋을 듯하다. 교회의 모든 제도를 통틀어 가장 위대한 제도를 논하려는 마당에 위조 문서로 시작하는 것이 이상해 보일 수가 있고, 거부감마저 들 수가 있다. 이 문제를 입체적으로 놓고 보기 위해서는 중세 초기의 위조 문서들이 사상을 전달하는 매체로서 지녔던 중요성을 이해해야 한다. 당시의 위조 문서들은 오늘날 위조 문서들처럼 천박한 의미를 갖고 있지 않았다. 중세 초기에는 기록을 남기는 일이 드물었지만 과거에 대해서는 뚜렷한 관념들을 갖고 있었다. 이 관념들은 전승들과 전설들과 신앙적이고 가공적인 이야기

---

[1] 가장 최근에 나오고 가장 가치 있는 판은 H. Fuhrmann의 다음 책이다: *Das Constitutum Constantini* (*M.G.H. Fontes Iuris Germanici Antiqui*, vol. x), 1968. 14세기까지 거슬러 내려오는 문헌의 역사는 다음 책에 다뤄져 있다: F. Laehr, *Die Konstantinische Schenkung in der abendländischen Lit. des Mittelalters bis zur Mitte des XIV Jhts.*, 1926 (*Hist. Studien*, vol. 166).

들에 근거를 두었고, 무엇보다도 과거란 알 수 없는 것이라는 생각을 믿지 않으려는 태도에 근거를 두었다. 따라서 지식인들과 비판적인 사람들조차 과거가 현재와 같고, 오히려 현재보다 낫다고 쉽게 믿었다. 한 마디로 과거란 이상화한 현재라고 믿었다. 그러므로 문서를 작성할 때는 현재의 이론들을 과거 사실들로 대표하게 하는 식으로 작성했다. 이 문서들에는 기독교 세계의 모든 교회를 지배하는 성인들이 자기들의 것으로 주장할 수 있는 소유를 잃으면 큰일나는 줄 아는 태도가 깔려 있었다. 따라서 소유권을 정당하게 주장할 수 있는 어떤 것을 잃는 것보다, 차라리 사안을 과장하여 진술하고 불확실함으로써 얻는 유익을 교회에게 돌리는 것이 더 안전하다고 느낀 것이 당시 모든 사람들의 태도였다. 모든 교회가 근소한 증거를 가지고서 토지들과 특권들에 대한 소유권을 견지했다.

그러나 교회들을 잠시 거쳐간 성직자들은 열정적인 확신을 가지고 논란의 소지가 있는 교회의 소유권 주장을 양도할 수 없는 권리로 굳히기 위해 투쟁했다. 분명히 시대의 특징인 위조 문서들은 그것들을 작성한 사람들이 입증할 필요를 느끼지 않은 소유권 주장들에 문헌적 증거를 제시했다. 그들의 펜은 자연의 훼손을 바로잡고 세상의 큰 결점들과 불의들을 원시의 탁월함으로 회복시켜 놓았다. 이 문서들에 노골적으로 드러난 거짓이 당시 사람들이 의식하지 못한 윤리적 문제를 일으키는 것이 사실이지만, 그 문서들을 작성한 사람들은 본인들이 스스로의 영혼에 중대한 위험을 끼치지 않고는 도저히 포기할 수 없었던 진리들을 그 문서들로써 강력히 주장했다. 위조 문서들은 예술처럼 현재의 수많은 혼동과 결핍에 질서를 부여한다. 중요성이 덜한 다른 무수한 문서들 중에서 그런 역할을 한 것이 「콘스탄티누스의 증여」였다.

이 문서는 콘스탄티누스가 회심하고 세례를 받고 교황 실베스터의 행렬 때 문둥병을 고쳤다는 긴 이야기와 더불어 시작한다. 그런 다음 황제가 성 베드로의 대리인에게 준 선물들을 기록하는데, 그 선물의 내용을 소개하자면 안디옥, 알렉산드리아, 예루살렘, 콘스탄티노플의 총대주교구들에 대한 관할권을 부여하고, 황제의 휘장과 로마의 라테란 궁을 기증하고, 마지막으로 로마와 이탈리아와 서방의 모든 속주들에 대한 제국의 권력을 교황에게 이양한다는 것이었다. 이 선물들의 불가침성을 보증하기 위해서, 콘스탄티누스가 성 베드로의 시신에 증여 문서를 놓았다고 문서 작성자는 기술한다.

물론 이 내용은 모두 역사가 아니고, 역사처럼 가장한 이론이다. 하지만 바로 그 점 때문에 주목할 가치가 있다. 이 문서의 저자는 최초의 기독교 황제의 입을 빌어 중세 교황제의 모든 기본 사상을 진술했기 때문이다. 그는 교황을 '보편적 주교', 황제의 교사, 보호자, 대부(代父)이자, 성 베드로가 자신의 능력을 발휘할 때 매체로 삼는 대리자로 묘사하고, 마지막으로 그 증여의 결과로 그가 서방에서 최고의 세속 군주가 되었다고 기술한다. 이런 주장들이 어떻게 현실에서 통할 수 있었을까?

## 성 베드로의 대리자

먼저 성 베드로의 대리자인 교황으로부터 시작하는 이유는 서방에서 그 어떤 것을 부정한다 할지라도 교황이 교회에 대해서 성 베드로의 모든 권위를 소유했다는 사실을 부정한 사람은 아무도 없었기 때문이다. 교황의 권위가 어디서 유래했느냐 하는 문제가 당시에는 교회사에서 가장 명료한 사실 중 하나인 것처럼 보였다. 이 권위가 전해져 내려온 과정은 현대의 관찰자를 괴롭히는 모호함이나 무지의 그림자가 조금도 없이 초창기부터 한 단계씩 더듬어 내려올 수 있었다. 구체적으로 말하자면, 성 베드로는 주후 34년에 안디옥의 주교(감독)가 되었고, 40년에 교구를 로마로 옮겼고, 57년에 강림절과 사순절에 금식하는 관습을 제정했으며, 59년에 리누스(Linus)와 클레투스(Cletus)를 후계자들로 축성(祝聖)했다. 메우기 힘든 공백이 없었다. 성 베드로와 그의 후계자들이 교회를 감독하고, 의식들을 제정하고 교리를 정의하고 주교좌들을 설립하는 모습을 처음부터 볼 수 있었다. 이러한 구도는 아담부터 시작하는 인류의 족보와 마찬가지로 모호한 점이 하나도 없었.

이러한 역사적 확실성 말고도 로마에는 성 베드로의 시신이 분명히 안치되어 있었다. 7세기부터 11세기까지 서방 교회로서는 성 베드로의 무덤이 있다는 것이 기독교 세계에서 가장 의미심장한 사실이었다. 지금은 무덤에 있으나 훗날 천국의 문지기로서 나타날 그의 육체가 천국에서의 현존과 지상의 교회 사이에 연결 고리가 되었다. 성 베드로는 주로 끊임없는 육체적 현존을 통해서 끊임없이 복을 베풀고 저주를 내리고, 병을 낫게 하고 보증을 해주었다. 사람들은 그가 그곳 즉 로마에 있다고 생각했다. 영국 재로의 대수도원장 케올프리드(Ceolfrid)는 716년에 로마를 향해 떠날 때 헌사(獻辭)가 적힌 성경을 가지고 갔는데, 그것은 교황에게 주려는 것이 아니라 성 베드로의 시신에 바치려는 것이었다.[2] 마찬가지로 「콘스탄티누스의 증여」도 황제가 성 베드로에게 자신이 그 사도의 시신에 두는 그 선물을 지키겠다고 맹세한 것을 기술했다. 731년에 로마에서 소집된 공의회는 "성 베드로의 지극히 복된 시신이 안치된 지극히 거룩한 묘지 앞에서" 모였는데, 이렇게 공의회와 그 권위의 근원을 물리적으로 접촉케 한 행위는 오늘날도 자주 술회된다. 유럽의 새로 개종한 지역들에서 군주들과 순례자들이 세례를 받기 위해서, 그리고 혹시 가능하다면 그 사도 앞에서 죽을 수 있기 위해서 로마를 방문했는데, 그들을 로마로 끌어들인 것은 교황권에 관한 정교한 이론 체계가 아니라, 천국 열쇠 관리인 앞만큼 안전한 곳을 다른 아무 데서도 찾을 수 없다는 확신이었다.

성 베드로는 여전히 무덤에서 활동했지만, 땅에서 그의 직분(persona)은 교황에게 위임되었다. 그러므로 사람들은 우선 그 사도를 만나기 위해 로마에 갔지만, 그러고 나서는 교황 앞에 꿇어 엎드렸다. 그들에게 내밀어진 손은 그레고리우스나 레오의 손이었을지라도, 그들에게 들린 음성은 성 베드로의 음성이었다. 이 시기의 교황청 문서들은 성 베드로의 이름을 수없이 반복해서 기록하면서도 지루해하지 않았다. 680년에 교황 특사들은 공의회 참석차 콘스탄티노플을 방문할 때 '성 베드로의 일행으로' 갔다. 710

---

[2] 그 비명(碑銘)의 문구는 Bede의 다음 책에 보존되었다: *Opera Historica*, ed. C. Plummer, 1896, i, 402.

년에 라벤나 대주교가 공교롭게 당시에 교황이 되어 있던 로마의 제국 관리를 거역한 벌로 황제에게 눈이 뽑혔을 때, 로마의 저자의 눈에는 그 처벌이 성 베드로가 자신의 대리자에게 불복종한 대가로 선언한 벌로 비쳤다.[3] 세속 문제에 관해서조차 교황에게 불복종하는 것은 성 베드로에게 불복종하는 것과 같았다. 하물며 교회 문제에 관해서는 더 말할 것이 없었다. 영국인들이 아일랜드의 교회력을 포기하고 로마의 교회력을 채택할 때 강한 설득력을 발휘한 논리는 성 베드로가 성 콜룸바(St. Columba)보다 강하다는 단순한 것이었다:

> "당신들의 성 콜룸바에게 그런 능력이 베풀어진 적이 있습니까?" "아니오." "그렇다면 말씀 드리건대, 저는 그 문지기에 반대할 생각이 없습니다. 천국 문에 들어갈 때 열쇠를 가진 이가 내 원수라면 그 문을 열어줄 사람이 없을 테니 말입니다."[4]

그것은 대답이 불가능한 논리였다. 마찬가지로 독일에 가서 선교할 권위를 얻기 위해 로마에 감으로써 서방 교회에서 교황의 지위를 변화시킨 영국 선교사들도 교황의 권위를 생각한 게 아니라 성 베드로의 권위를 생각한 것이었다. 보니파키우스(Boniface)가 독일에서 복종하겠다고 약속한 명령은 성 베드로 자신의 명령이었고, 그가 한 맹세도 "당신 성 베드로와 당신의 대리자에게" 직접 한 것이었다.[5] 그는 다른 대주교들과 함께 교황에게 권위의 표징으로 받은 팔리움(palium, 영대)을 성 베드로의 무덤에 놓았다. 무덤에서 다시 그것을 집어들어 입음으로써 사도 자신을 접촉했다고 생각했다.

---

3) 이것과 이와 유사한 세부 내용에 관해서는 다음을 참조하라: *Liber Pontificalis*, ed. L. Duchesne, 1886, i, pp. 351, 352, 389, 416.

4) Bede, op. cit., i, 188-9.

5) *S. Bonifatii et Lullii Epistolae* (M.G.H. Epistolae Selectae, i), ed. M. Tangl, pp. 28-9.

이런 사례들은 얼마든지 소개할 수 있다. 하지만 이 사례들에서 명료하게 부각되는 사실은 8-11세기가 그 이전과 이후를 통틀어 로마에서 성 베드로의 영향력이 가장 강했던 시기였다는 것이다. 사람들은 그를 보려고 로마에 왔다가 그에게서 명령을 받아 가지고 갔다.[6] 그들이 교황을 무시한 것은 아니고, 다만 교황을 통해서 교황직을 처음 차지했던 사람을 보았을 뿐이다. 당시에는 사람들이 로마에서 '성 베드로의 면전에서' 만났다는 말을 은유가 아닌 아주 실질적인 의미로 할 수 있었다. '성 베드로의 면전'이 이 기간에 서방 세계에 통일을 안겨 준 근원이었다.

그것은 지극히 작은 행정권을 가지고서도 이루어낼 수 있는 통일이었다. 교회들은 자체의 문제에 대해서 로마로부터 이렇다 할 지도를 받지 않았다. 평신도 군주들이 아무런 방해나 간섭도 받지 않은 채 수도원들과 주교구들을 설립하고 주교들과 대수도원장들을 임명했다. 왕들이 공의회를 소집했고, 왕들과 주교들이 관할 지역의 교회들을 위해 십일조법과 시죄법(試罪法)과 주일성수법과 고해법을 제정했다. 성인들의 유해가 제단에 안치되었다. 이 모든 행위가 로마를 의식하지 않은 채 이루어졌다. 주교들은 저마다 독립된 신앙과 권징의 보고(寶庫)로서 행동했다. 학자들과 인근 교구의 주교들에게 자문을 구하기도 했지만, 최종적으로는 자신의 판단에 따라 행동해야 했다. 그들이 지침으로 삼은 법전도 지역 법 편찬가들의 작품이었다. 이 시기에 작성된 대다수의 교황 서신들은 다른 사람들이 해 놓은 것을 단순히 추인하고 승인하는 것들이었다.

서방 기독교 세계의 통일은 로마를 구심점으로 삼고 있었지만, 통일의 원동력은 교황의 활동이 아니라 사람들을 성 베드로에게 인도한 자발적인 의욕이었다. 이 통일이 교황의 활동에서 나온 한에는 비잔틴의 정치적·교회적 권리 주장들을 명확히 배척하는 성격을 띠었다. 하지만 통일이 민중의 의욕에서 나온 한에는 초자연적 권능의 가시적 근원을 지향하는 단순

---

6) 다음 책에는 중세 초반에 로마의 순례지에 관한 흥미로운 연구가 실려 있다: W. J. Moor, *The Saxon Pilgrims to Rome and the Schola Saxonum*, 1937.

한 경향을 띠었다.

 이렇게 이 몇 세기 동안 자발적인 헌신만으로도 교황제가 충분히 유지될 수 있었는데도 불구하고,「콘스탄티누스의 증여」의 저자는 더 큰 목표를 바라보았다. 교황이 그저 자기를 찾아온 사람들의 말이나 들어주고 그들이 신청한 것을 승인이나 해주고 만다면 '보편적 주교'와 서방의 최고 세속 군주가 될 길이 없다고 그 저자는 판단했다. 고전적이고 제국적인 정부 개념을 물려받은 저자는 교황을 단순히 살아있는 성상으로 보지 않고, 현실 세계에서 적극적이고 독립적인 군주로 보았다. 이러한 정열적인 정부의 전승은 죽지 않았다. 9세기와 10세기, 그리고 11세기 초의 교황들 중 여러 명은 정치를 확고히 파악한 사람들이었다. 그들의 권력이 약했던 것은 다만 상황 탓이었다. 그런데도 강력하고 일관성 있는 정부를 수립할 수 없게 만들던 상황은 좀처럼 변화할 조짐을 보이지 않았고,「콘스탄티누스의 증여」에서 교황의 영적·세속적 관할권에 관해 말하는 부분들도 현실과 동떨어진 먼 과거의 이상에 지나지 않았다.

 교황과 지역 교회들을 변함없이 이어주던 유일한 끈은 대주교들이었다. 영국의 경우 대주교가 로마에서 팔리움을 받아오기 전에는 수도대주교의 기능을 수행할 수 없다는 사상이 처음으로 뿌리를 내린 시기는 7세기였던 것 같다.[7] 그러나 그 관행의 기원이 무엇이었든 간에, 그것은 곧 서방 교회 관구들에서 보편적인 관행이 되었다. 신임 대주교가 팔리움을 받으러 올 때, 교황은 그에게 정통 신앙을 서면으로 고백할 것을 요구했고, 이런 관행이 굳어지면서 교황은 교회 계급 제도의 최상위 계급에 앉아 정통 신앙을 판단하는 사람이 되었다. 더욱이 일부 관구들에서는 대주교가 자신의 예하 주교들에게 동일한 신앙 고백을 요구했다. 이렇게 해서 서방 교회 전역에서 하나의 사슬로 이어진 신앙 고백과 복종 체계가 수립되었다.

 이 체계의 현실적인 효과가 아무리 미미했을지라도, 교황 특사가 좀처럼

---

7) 참조. W. Levison, *England and the Continent in the Eighth Century*, 1946, pp. 19-21.

파견되지 않던 시절에, 서방에 총공의회가 열리지 않던 시절에, 교황 서신에 명령이 실리지 않던 시절에, 혹시 명령이 실리더라도 실효는 거의 발휘하지 않던 시절에, 교황이 신앙의 최고 중재자라는 원칙이 이 가느다란 권위의 사슬에 의해 간신히 유지되었다. 교황직이 이렇게 무기력했던 현실은 여전히 정부 사상을 지니고 있던 교황들에는 여간 불만스럽지 않았다. 로마에는 교황제가 어떠해야 한다는 것을 일깨워주는 고문서들과 교회 계급 제도와 교황의 업무일지가 보관되어 있었다. 교황들은 옛 정부 사상이라는 유물들을 곁에 두고서 활동했고, 그들 중 더러는 지금은 비록 흔적만 남았지만 과거에 한때 정부가 있었다는 점을 이해했다. 그 점을 이해한 교황들은 자신들의 무력함에 좌절을 느꼈다.

867년에 교황 니콜라스 1세(Nicholas I)는 서방의 대주교들을 로마로 불러서 그리스 교회가 '라틴어를 사용하는 모든 교회, 특히 우리 교회'를 배척하는 문제에 관해 논의하고 싶었으나, 여러 가지 제약에 부닥쳐 회의를 열지 못했다. 교황은 목표를 낮추어 대주교에게 콘스탄티노플의 일탈 행위에 대항하여 서방 교회의 단결을 호소하는 교황 서신을 돌리도록 요청했다:

> 나는 다른 나라들은 말할 것도 없고 서방의 나라들이 이런 유의 문제들에 대해서 성 베드로의 교구의 뜻을 어긴 적이 있는지 기억할 수 없습니다.[8]

이것은 야만족이 차지하고 있던 서방에게 과거의 방식으로 호소한 것이지만, 효과가 없지 않았다. 그러나 그것은 정부의 역할을 적극 자임한 것은 아니었다.

### 최고의 세속 군주

'보편 주교'와 '성 베드로의 대리자'로서 교황의 지위는 이렇게 서유럽

---

8) *M.G.H. Epp.* vi, no. 100, pp. 603-5.

의 현실 상황에 가로막혀 위축되었다. 「콘스탄티누스의 증여」에 실린 또 한 가지 큰 주장, 즉 교황이 서방의 최고 세속 군주여야 한다는 주장을 놓고 생각할 때, 그 위축된 상태는 훨씬 더 심각했다. 이 문서상으로는 교황이 확신을 가지고 서방의 단결심에 호소할 수 없었기 때문이다. 교황이 샤를마뉴에게 황제 대관식을 치러준 의도는 교황이 콘스탄티누스의 증여 문구에 따라 서방에서 자기 마음대로 황제의 권위를 위임할 수 있음을 보여주려는 데 있었던 것이 거의 틀림없는 듯하다. 하지만 샤를마뉴가 자신의 지위를 이렇게 평가하는 견해를 순순히 받아들였을 리가 없다.

서방 제국을 교황권의 확장으로 보는 견해가 처음부터 끝까지 잘못되었다는 것은 분명한 사실이다. 그것이 잘못된 가장 큰 이유는 교황이 황제를 세울 때 대리자를 세우지 않고 경쟁자나 심지어 지배자를 세웠기 때문이다. 대관식 행위에 함축된 이론적 수장권은 실질적인 복종으로 전환될 수가 없었다. 교황이 황제에 대해 갖는 실질적인 수장권은 대관식이 끝나는 순간에 함께 끝났다. 따라서 중세 말기 교황들이 제국 이외의 다른 통로들을 통해서 자기들의 최고 세속 주권을 행사하려고 했던 것은 이상한 일이 아니다(과거에 교황 레오 3세는 바로 이 목적을 위해서 800년 성탄절에 경솔하게 제국을 설립하게 했다). 이 행위가 중세 교황들이 이론을 실제로 전환하기 위해 노력할 때 범한 가장 큰 실수이다.

교황이 이렇게 주도권을 쥐지 못하게 된 데에는 애당초 교황과 황제 사이에 복종의 관계가 형성될 가능성이 없었던 점 말고도 또 다른 이유가 있었다. 교황은 서방인들이 그리스인들에 대해 품고 있는 반감을 이용하는 방법을 항상 사용할 수 있었지만, 황제들이 권력과 명성에서 자기들보다 몇 단계 위인 군주들에게서 무엇을 배우는 것을 막을 수는 없었다. 다른 무엇보다 서방의 황제들은 스스로를 겨우 교황제의 수호자로 여기지 않고 교황제의 중재자와 감독으로 여기는 방법을 터득했다.

이런 관점은 황제 오토 1세(Otto I)가 교황들에게 '우리 자신의 권력과 우리 후계자들의 권력을 제외한' 이탈리아 안에 있는 그들의 재산에 대해 소유권을 승인한 962년의 대 증여에 매우 명쾌하게 표현되어 있다.[9] 오토는 황제의 권한에, 교황 선출이 정당하고 적법하게 이루어지도록, 즉 교황 선출이 황제의 의사와 상반되게 이루어지는 일이 없도록 감독할 권리가 포함된다고 보았던 것이다. 더욱이 그 황제는 교황이 자기에게 받은 영토를 정의롭게 관할했는지 해마다 보고해야 한다고 명기해 두었다. 학자들에 따라서는 이 구절들이 잠시 뒤에 원 문서에 첨가된 것이라고 주장도 하지만, 그 구절들은 오토와 그의 계승자들 대다수의 의지를 표현한 것임에 틀림없다.

황제들은 자기들이 마치 그리스 황제가 콘스탄티노플 총대주교와 맺고 있는 것과 같은 관계를 교황과 맺고 있다고 보았다. 한 세기가 넘도록 이 견해가 비현실적인 것이 아니었다. 교황의 올바른 집무를 감독할 책임이 황제에게 있다는 견해가 서방에서 교황의 세속 주권이 무의미한 표현이던 시기에 실제적이고도 이론적인 중요성을 띠고 있었다. 1050년 이전에는 이런 현실을 뛰어넘는 것을 암시하는 것이 하나도 없었.

## 2. 성장의 시대 1050년경-1300년경

1050년 이후에 교황의 권리 주장에 일어난 큰 변화를 생각할 때 가장 관심을 두어야 할 사람은 1049-1054년에 재위한 교황 레오 9세(Leo IX)이다. 그는 그레고리우스 7세(Gregory VII)에 비해 과묵하고 언변이 뛰어나지 않았지만, 교황제가 가장 팽창해 나간 시기에 교황제와 관련지을 수 있는 거의 모든 것이 그의 주도로 시작되었다. 노르만족과 맺은 정치 동맹, 그리스인들과의 관계 악화, 교황청 행정 기구 개혁, 교황 특사들과 공의회들과 크게 증가한 서신 왕래를 통한 정부의 일관성 있는 계획 수립 등이 다 그의 주도로 시작된 것들이다. 이런 것들이 교황제가 다시 활기를 띠게

---

9) *M.G.H. Diplomata*, i, no. 235 (13 Feb. 962): 앞서 언급한 보니파키우스의 맹세처럼, 이 문서도 성 베드로에게 'et per te vicario tuo'를 약속하는 형식으로 되어 있다.

만든 토대로서, 모두 레오 9세에 의해 혹은 그가 로마로 끌어들인 인사들에 의해 놓인 것이다. 인재 발탁 능력이 탁월했던 레오는 교황 군주제라는 오래 잠자고 있던 프로그램을 실질적으로 흔들어 깨울 만한 정력과 용기를 지닌 인재들을 기용했다.

이 사람들은 교황청이 진취적인 사업을 벌이던 행복한 시절을 떠올렸다. 그리고 교황제가 먼 과거에 차지했고 앞으로 당연히 차지해야 할 지위로 끌어올리는 작업에 헌신했다. 무엇보다도 그들은 교황제가 과거에 한때 교회에서 차지했던(그들은 그렇게 생각했다) 통솔과 지배의 기능을 회복하도록 만들고 싶었고, 교황의 세속 주권을 유럽 정계에서 누구도 부인할 수 없는 세력으로 만들고 싶었다.

그들은 과거를 회고하면서 수세기 동안 게르만의 전제 군주들에 의해 희미하게 닳아 버린 과거의 위대했던 흔적들을 바라보았는데, 그 중에서 가장 현저한 것이 「콘스탄티누스의 증여」였다.

그 문서가 왜 그들의 마음에 그토록 크게 호소했는지 우리는 쉽게 이해할 수 있다. 우선 그 문서는 대단히 오래된 것이었다. 그 문서에는 초대 기독교 황제가 교황에게 서방에서 황제의 지위를 이양하고, 제국 전역의 교회 문제에 대해 교황의 수장권을 인정하는 내용이 담겨 있었다. 교황의 권력이 실질적인 의미를 갖고 있던 시대의 것이었다. 이것이 레오 9세와 그의 계승자들의 궁정에 포진해 있던 이상론자들이 듣고 싶어하던 과거의 한 부분이었는데, 그 이상론자들 가운데 가장 탁월한 사람이 1073년에 교황 그레고리우스 7세(Gregory VII)가 된 힐데브란트(Hildebrand)라는 수사였다. 그와 추기경 훔베르트(Humbert)의 영향으로 「콘스탄티누스의 증여」의 핵심 부분이 새로 편찬된 교회법에 포함되었고, 교황들의 공식적인 무기가 되었다.

하지만 그 문서는 일반적인 기조가 만족스럽긴 했지만 힐데브란트와 그의 동료들의 견해에는 전혀 부합하지 않았다. 그 문구를 자세히 분석해 보면 이미 4세기에 교황 통치의 순수한 이상이 변질되었다는 것을 알 수 있었다. 그 문서에는 황제가 교황에게 다른 교회들을 지배할 수 있는 권위를 부여하고, 직접 교황의 머리에 황제의 면류관을 씌워주는 것으로 묘사되어 있었다.

그레고리우스 7세는 자신의 지위를 그런 식으로 이해하지 않았다. 그와 그의 모든 계승자들은 수장권이 그리스도께서 친히 부여하신 선물로 이해했고, 교황이 왕들과 황제들을 지배할 수 있는 권위가 황제의 인간적 권위 위임으로 말미암지 않고 오직 하나님께로 말미암는다고 이해했다.

따라서 우리가 비록 교황청 역사의 이 시기를 「콘스탄티누스의 증여」의 복원과 함께 시작하고, 또한 이 문서가 수세기 동안 적절한 경우에 교황청의 부동산 권리 증서로 쓰이긴 했지만, 11세기 말에 그 문서는 이미 시대에 뒤진 것이 되어 있었다. 그뿐 아니라 잠재적인 위험도 안고 있었다. 황제주의자의 입장에서 유리하게 해석할 소지가 있었기 때문이다. 더욱이 그 문서를 사용할 경우, 세속적 기원을 지닌 문서는 권위 있게 인용할 수 없다는 새로운 세대의 교황청 법률가들의 원칙과 부닥치게 되었다. 이런저런 목적을 두루 고려하여, 「콘스탄티누스의 증여」는 교황의 주장들을 보다 깊은 수준에서 다룬 본문들로 대체되었다.

그레고리우스 7세의 서신집에 삽입된 교황의 지위에 관한 예리한 진술만큼 중세 교황제의 정신을 잘 전달한 것도 없다. 그 서신집은 교황 자신의 훈령에 관한 것인 듯한데, 거기에 삽입된 진술들 가운데는 다음과 같은 내용이 실려 있다:

**교황은 아무에게도 판단을 받지 않는다.**

로마 교회는 오류를 범한 적이 없고,
종말까지 오류를 범하지 않을 것이다.
로마 교회는 오직 그리스도에 의해서만 설립되었다.
교황만 주교들을 폐위하고 복권시킬 수 있다.
교황만 새로운 법을 제정하고, 주교구를 신설하고,
기존 주교구를 분할할 수 있다.
교황만 주교들의 임지를 변경할 수 있다.

교황만 총공의회를 소집할 수 있고
교회법을 인준할 수 있다.
교황만 자신의 판단을 철회할 수 있다.
교황만 제국의 휘장을 사용할 수 있다.
교황만 황제들을 폐위할 수 있다.
교황만 백성들에게 충성의 의무를 면제해 줄 수 있다.
모든 제후들은 교황의 발에 입 맞추어야 한다.
교황의 특사들은 아무리 지위가 낮더라도
모든 주교들보다 서열이 앞선다.
교황청에 항소된 사건은
모든 하급 법원에서 다룰 수 없다.
정당한 절차에 의해 선출된 교황은
성 베드로의 공로에 힘입어 성인이 된다.[10]

이 진술들을 한데 취합하면 완벽한 행동 강령이 형성된다. 이 진술들은 기독교 사회의 모든 사건들에 대해서 교황이 완전한 주권을 지닌다는 뜻을 함축하며, 이 진술들을 한데 취합해낸 사람의 탁월한 역량에 힘입어 이 진술들 중 어느 한 가지도(마지막 진술을 제외하면) 무의미한 허풍이 되지 않는다.

이 한 가지 예외를 빼놓고는 진술 하나하나가 놀라울 만큼 짧은 시간 내에 유럽 사회에서 실질적인 구속력을 가지게 되었다. 이 진술들을 다른 위대한 행동 강령들, 이를테면 마그나 카르타, 권리 장전, 미국 헌법, 공산당 선언 같은 강령들과 비교해 보면 그 중 공산당 선언만 여러 나라의 실질적인 문제에 깊고 구체적인 영향을 끼쳤다고 생각할 수 있다.

이런 가공적이면서도 대단히 실질적인 주장들 가운데는 몇 가지 상이한 사고 방식에 대해 기념비처럼 두드러지는 것이 하나 있다. 가끔은 예외적인 것들이 그것들이 갈라져 나온 체제를 이해하는 실마리가 되기 때문에,

---

10) *Gregorii VII Registorum, M.G.H. Epistolae Selectae*, ii, ed. E. Casper, pp. 201-8.

글의 진행을 잠시 멈추고서 "정당한 절차에 의해 선출된 교황은 성 베드로의 공로에 힘입어 성인이 된다"는 진술을 생각해볼 가치가 있다. 이 진술은 그레고리우스 7세의 행동 원칙들 가운데 가장 문헌적 뒷받침을 덜 받는 것으로서, 과연 그가 무슨 의도로 이 진술을 포함시켰는지 질문을 던질 만하다. 우리는 앞에서 초기 시대의 교황들이 어느 정도나 이른바 성 베드로의 인격에 함몰되어 단순히 그 사도의 입으로 간주되었는가를 살펴보았다. 유아 때부터 로마 교회의 자녀였던 그레고리우스 7세도 그 관점을 공유했다. 그는 서방 제국의 계승자인 하인리히 4세(Henry IV)를 과감하게 파문함으로써 공직 생활 중 가장 큰 위험을 만난 때인 1076년에, 파문 조치에 앞서 성 베드로를 향해 다음과 같은 열정적인 연설을 했다:

> 사도들의 왕인 복된 베드로여, 당신의 자비로운 귀를 기울이사 당신의 종이자 당신이 어릴 적부터 키우신 저의 말을 들으소서. 이 날까지 당신은 제가 당신께 지닌 충정을 미워하는 악인들의 손에서 저를 건지셨습니다. 당신의 거룩한 로마 교회가 저를 억지로 끌어다가 치리자로 삼은 사실에 대해서 당신은 하나님의 어머니인 우리 성모와 성인들 중 당신의 형제인 바울과 함께 증인이 되십니다…… 그러므로 제가 믿기로는, 당신께 헌신하며 살아온 그리스도인들이 당신께서 제게 당신의 권위를 부여하셨기 때문에 특히 제게 순종하는 것을 당신은 기뻐하십니다.[11]

이 내용은 성 베드로에게 개인적으로 의존하던 과거의 전승에 해당하는 것이었고, 따라서 후대의 어느 교황도 그레고리우스 7세만큼 그 사도의 인격에 대한 철저한 의존을 표현하지 못했다는 것이 사실일 수가 있다. 앞으로 살펴보게 되겠지만, 그 교황의 강조점은 곧 사도에게서 그리스도께로 이동하게 된다. 이 위기의 순간에 그레고리우스가 한 말은 그가 자신의 전 생애와 무엇보다도 자신의 이 중대한 정치적 도전 행위를 성 베드로의 직무에 철저히 충실한 것으로 간주했음을 보여 준다. 그 순간에 그는 결단을

---

11). ibid., p. 270.

내려야 했다. 8세기에 교황들은 비잔틴 황제에게 등을 돌리고서 서방에 새로 떠오른 카롤링 왕가에게 자기들의 장래를 걸었다. 이 시점에 그레고리우스 7세는 카롤링 왕조의 계승자에게 등을 돌리고서 세상에 대해서 홀로 버티고 섰다. 그는 시성(諡聖)된 백 명에 가까운 교황들의 긴 목록을 되돌아보면서 ― 그 목록이 그의 마음에서 멀어져 있었을 가능성이 희박하다 ― 그들의 개인적 거룩성과 구원이 성 베드로 자신에 의해 보증된다고 결론 내린 듯하다. 이 결론으로 성 베드로의 대리자직은 그 절정에 도달했다. 더 이상 나아갈 곳이 없었고, 그레고리우스의 계승자들도 더 나아가지 못했다. 다만 그들은 다른 길을 취했을 뿐이다.

### 그리스도의 대리자

그레고리우스 7세 이후에는 교황이 성 베드로를 강조하는 경향이 줄어들었다. 그 사도에게 전폭 의존했던 것은 로마가 실질적인 지도력이 없는, 성소들과 순례자들의 도시였던 시절의 일이었다. 이러한 상황이 바뀌면서 '성 베드로의 대리자'라는 칭호도 점차 드물게 사용되었고, 보다 높은 권위와 보다 광범위한 행동 분야를 암시하는 또 다른 칭호로 대체되었다. 12세기 중엽부터 교황들은 처음으로 '그리스도의 대리자'라는 칭호를 사용하기 시작하면서, 그것을 오로지 자기들에게만 적용하기 시작했다.[12] 과거에는 왕들과 사제들이 스스로를 '그리스도의 대리자들'이라고 불렀지만 교황은 그렇지 않았다. 교황에게는 그 칭호가 너무나 막연했기 때문이다. 교황은 두드러지게 '성 베드로의 대리자'였다. 성인들과 성유물들에 의해 지배를 받던 세계에서, 오로지 이 칭호만 교황의 독특한 지위를 표시할 수 있었다. 하지만 이제 투쟁의 대상이 관할권과 주권으로 바뀌자, 교황들은 보편적 권위를 모호하지 않게 뒷받침해 줄 수 있는 칭호가 필요했다.

'그리스도의 대리자'라는 칭호가 그 필요를 채워주었다. 그 칭호는 12세

---

12) 이 주제에 관해서는 다음을 참조하라: M. Maccarrone, *Vicarius Christi: storia del titolo papale* (*Lateranum, nova series*, xviii, 1952).

기의 정부들이 한결같이 느끼던 필요, 즉 권위 주장들의 근원을 확인할 필요를 채워주었다. 그 칭호는 당대의 모든 신학자들과 철학자들이 느끼던 필요, 즉 이론들에 가장 일반적인 형식을 부여할 필요를 채워 주었다. 새로운 스콜라주의의 정신으로 해석된 이 칭호는 정확히 보편 주권을 주장했다. 그 새로운 칭호는 교황들이 이제는 더 이상 과거를 돌아보지 않고, 더 이상 지상에서 성 베드로의 신탁자들로서 고대 전승을 보존하는 데만 관심을 기울이지 않는다는 것을 보여주었다. 이제 교황들은 그리스도의 온전한 권력을 지닌 그분의 대리자들이었다. 12세기 말에 이르면 인노켄티우스 3세(Innocent III)가 옛 칭호에 함축된 제약들을 차분히 제거해 버릴 수 있었다:

> 우리는 사도들의 왕의 계승자이지만, 그의 대리자도 아니고 다른 사람 혹은 사도의 대리자도 아니며, 다만 예수 그리스도 자신의 대리자이다.[13]

교황들이 정교하게 해석된 이 새로운 칭호로 무장하면서, 그들이 "하늘과 땅에 있는 모든 것들이 모두 무릎을 꿇어야 하는 만왕의 왕이요 만주의 주이신" 분의 이름으로 완전한 권력을 행사할 길이 활짝 열리게 되었다. 인노켄티우스 3세의 서신들에는 이와 같은 문장이 도처에 널려 있다. 이제 남은 문제는 그 칭호가 실질상 무엇을 뜻하는가를 묻는 것밖에 없었다.

### 사업의 성장

교황 수위설은 인간 행위를 위해 고안된 체계 중에서 가장 장엄하고 가장 통일되고 가장 발전한 것임에 틀림없다. 하지만 종국에 문제되는 것은 실제적인 적용이다. 만약 그레고리우스 7세가 간결하게 표현하고 그의 계승자들이 정교하게 다듬은 주장이 행동으로 전환될 수 없었다면 그것은

---

13) *P.L.* 214, 292.

역사적 호기심에 지나지 않았을 것이다.

결단력이 없는 사람들을 딱 질색으로 여기는 사람들처럼, 그레고리우스 7세도 결과를 얻기 위해 대단히 조바심을 냈다. 그는 즉각적인 복종을 요구했다. 한 번은 특사들을 독일 북부로 파견하면서 그들에게 질서를 바로잡을 수 있는 대권을 부여했다. 그 특사들은 브레멘의 대주교에게 그의 관구에서 공의회를 여는 일을 도와달라고 요구했다. 대주교가 거부하자 특사들은 그에게 지체 없이 로마로 출두하라고 명령했다. 하지만 그는 로마로 가지 않았다. 그러자 교황은 즉각 그에게 성무를 중지시키고 다음 번 로마에서 열리는 공의회에 참석하라고 요구했다. 대주교가 그 요구가 담긴 편지를 받았을 때는 공의회가 열리기 불과 넉 주 전이었다. 브레멘에서 로마까지 가려면 적어도 여섯 내지 일곱 주가 걸렸기 때문에 대주교는 자연히 공의회에 참석하지 않았다. 그러자 교황은 즉각 그에게 '교만과 불순종의 죄'로 성무 중지령과 파문을 내렸다.[14]

이 단호한 조치들은 단순히 그레고리우스 7세의 기질에 따른 것이 아니었다. 교황이 활동을 재개하면서 초기에 생긴 전형적인 혼돈 사례였다. 하지만 다음 두 세기 동안 서유럽에서 총괄적 교황 권력설이 가장 성공적인 행동 계획이 된 것은 무턱대고 아무 방법이나 사용한 결과가 아니었다. 그것은 정부 장치를 꾸준히 정교하게 다듬고, 교황의 대리인들을 늘리고, 무엇보다도 어떤 대가를 지불하더라도 교황의 법정에 항소하려고 한 소송 당사자들의 압력에 힘입은 결과였다. 그러므로 이런 요인들이 어떤 방식으로 한데 결합하여 교황 정부를 12세기와 13세기에 유럽의 중심 세력으로 만들었는지를 이해해야만 한다.

### 정부의 도구들

---

14) *Gregorii VII Registrum*, pp. 160, 196. 이 사실들은 다음 책에서 자세히 설명된다: M. Tangl, in *Abhandlungen des Preuss. Ak. der Wissenschaften*, 1919(reprinted in his collected papers, *Das Mittelalter in Quellenkunde u. Diplomatik*, 1966, i, 255).

가장 먼저 해결해야 할 과제는 교황 정부의 장치와 대리인들이 증가한 내력을 추적하는 것이다. 여기서 부닥치게 되는 난제는 증거가 모호하거나 부족한 데 있지 않고, 구체적인 사실들이 너무나 다양하고 복잡한 데 있다. 중세의 어떤 문헌을 들춰보더라도 교황의 활동이 1050년 이후에 활발하게 되살아나 1130년경 이후에는 절정에 오르는 것을 금방 확인할 수 있다. 인물들만 살펴봐도 충분한 인상을 받을 수 있다. 교황청 정책의 큰 도구들을 공의회들과 교황 특사들과 서신들로 분류한다면, 교황 권력의 확장 이야기는 다음과 같은 간략한 통계를 가지고도 충분히 할 수 있다.

서방 교회가 전세계적이라고 간주한 공의회들은 다음과 같이 680년부터 1312년에 이르는 연대표에 표기할 수 있다:

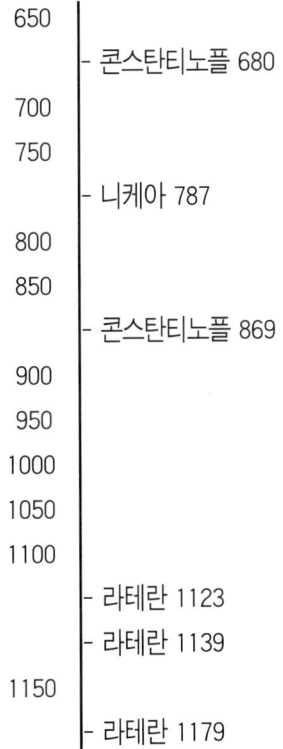

*112* 중세 교회사

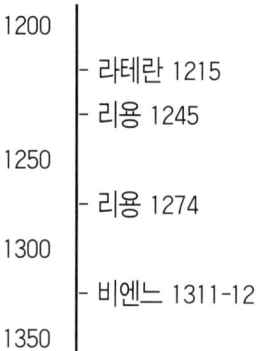

동방과 서방의 공의회들 (680-1312)

이 간략한 도표에서 이끌어낼 수 있는 결론은 매우 분명하다. 7세기부터 12세기 초에 이르는 기간에는 공의회가 거의 열리지 않았고, 몇 번 열린 공의회도 서방의 관점에서는 중요하지 않았다. 그 기간에 열린 공의회는 모두 비잔틴 영토에서 열렸으며, 교황 특사들을 제외하고는 서방 교회의 대표들이 참석하지도 않았다. 교황 특사들도 공의회에서 이렇다 할 역할을 맡지 않았다. 그러므로 그림 전체가 서방의 무기력과 교황의 무능을 보여 준다. 그러다가 1123년 이후 200년 동안 입장이 완전히 뒤바뀐다. 1311-12년에 비엔느(Vienne)(오스트리아의 비엔나가 아닌 프랑스의 도시—역자주)에서 열린 대규모 공의회로 절정에 달할 때까지 무려 일곱 번의 총공의회가 열렸다. 그 공의회들은 모두 교황이 소집했고, 교황이 의장을 맡고 공포된 법령들에 책임을 졌다. 그 시기에 열린 공의회는 전부 서방에서 열렸고, 거의 순전히 라틴 공의회였다. 회의 내용도 교리와 정부와 정치의 여러 분야에서 아주 중요한 것들로 구성되었다. 그리고 모두가 본질상 건설적인 공의회들이었다. 그런 뒤 1312년부터는 한 백여 년쯤 뜸을 들이다가 1414-1445년에 불화와 위기 속에서 몇 차례의 공의회가 새로 열렸다. 따라서 공의회들만의 증거를 놓고 판단하자면, 교황 정부의 건설적인 시기는 정확히 1123-1312년으로 규정할 수 있다.

교황 특사들에 관해서는 단순한 통계를 제시하기가 불가능하다. 교황 특사들이 맡았던 다양한 임무들을 간단하게 살펴본다는 것은 불가능할 것이다. 하지만 시야를 영국이라는 한 나라와 지역 공의회들을 개최했던 교황 특사들의 단일 활동으로 좁힌다면, 사건들의 유형은 방금 우리가 조사한 내용과 너무나 흡사하다. 영국에서는 하드리아누스 1세(Adrian I)의 특사들이 그 나라를 방문했던 786년을 제외하고는 1070년 이전에 교황 특사들이 소집한 공의회가 열린 적이 없었다. 그러다가 1070년부터 1312년까지 적어도 스물한 번, 많게는 서른 번의 공의회가 열렸다. 그리고는 다시 1312년 이후에는 울지(Wolsey)가 1519년부터 1523년 사이에 마지막으로 잠깐 활동을 하기 전까지 교황 특사가 소집한 공의회는 한 번도 열리지 않았다.[15] 그러므로 이 점으로 미루어 보더라도 교황이 주도한 위대한 시대는 중세의 중앙을 형성하는 두 세기와 반세기 내로 아주 분명하게 규명된다.

마지막으로 일상 업무에서 가장 중요한 도구였던 교황 서신들을 살펴보자. 이 분야에서는 새로운 발견이 꾸준히 이루어지고 있지만, 우리의 입장에서는 현재의 목적상 대략 80년 전에 작성된 교황 서신들을 마지막으로 개관하는 데 초점을 맞추는 것이 합당할 것이다. 해마다 교황들이 작성한 현존하는 편지들의 평균 수량이 각 교황이 벌인 사업의 양이 증가했는지 혹은 감소했는지를 어느 정도 말해 줄 것이다. 현존하는 교황 서신의 연평균 수량은 11세기 전반을 놓고 보자면 실베스터 2세(Silvester II, 999-1003) 때 매년 10통이던 것이 베네딕투스 9세(Benedict IX, 1033-1046) 때는 불과 1통으로 줄어든다. 그러다가 레오 9세 때 평균 수량이 35통으로 증가하다가 1130년경까지 그 수준을 유지한다. 그 뒤로 다시 급격하고 장기간에 걸친 증가가 시작되어, 인노켄티우스 2세(Innocent II,

---

15) 다음 책에 실린 목록을 참조하라: *Handbook of British Chronology*, ed. F. M. Powicke and E. B. Fryde (*Royal Historical Society Handbook*, no. 2), 1961, pp. 545-65.

1130-1143) 때 연평균 130통이 되고, 하드리아누스 4세(Adrian IV, 1154-1159) 때 130통, 알렉산더 3세(Alexander III, 1159-81) 때 179통, 인노켄티우스 3세(1198-1215) 때 280통, 인노켄티우스 4세(1243-54) 때 730통이 되었다가, 요한 22세(John XXII, 1316-24) 때에는 무려 3,646통으로 급증한다.

이 통계 자료는 대단히 조야하고 해석의 폭도 다양하지만, 1050년 이후의 수치가 과장되었을 가능성은 희박하다. 비록 조야하고 불완전할지라도, 이 수치들은 레오 9세와 그 계승자들의 재위 때 사업이 착실히 확장되었고, 그 뒤에 교황청의 법과 행정 체계가 완숙의 경지에 접어든 시기인 12세기 중반 이후에 큰 진보가 있었음을 보여주는 구체적인 사례이다.

교황청의 사업 확장을 유럽 모든 분야의 사업 확장과 떼어놓고 생각해서는 안 된다. 이 수치들은 급속히 확장해 가던 사회를 배경으로 놓고 해석하는 것이 마땅하다. 사회 전체가 확장되는 시기에는 아무리 뒤지고 미미한 조직도 그 사회와 함께 확장되게 마련이라는 것은 잘 알려진 사실이다. 현존하는 공식 서신들의 수량만 가지고 판단하자면 프랑스와 영국의 정부들과 심지어 독일의 정부조차 비슷한 추세를 보인다. 하지만 이 시기에는 교황청 조직이 다른 어느 조직보다 가파른 증가율을 보였다는 데에는 의심의 여지가 없다.

### 사업의 압박

하지만 사업이 증가한다고 해서 반드시 그 증가를 촉진하는 정책들이 성공을 거두고 있는 것만은 아니다. 레오 9세 이후에는 교황 정책이 교황청의 사업을 일으키는 데 일조한 것은 분명하다. 하지만 사업이 증가한 이유는 주로 교황들이 그것을 원했기 때문이 아니라, 다른 사람들이 교황청에서 자신들의 목적을 충족시킬 수 있었기 때문이다.

11세기의 교황들은 12세기의 유럽을 휩쓴 소송 열정의 결과들을 예견할 수 없었다. 물론 그레고리우스 7세가 대주교들과 주교들과 소송 당사자들이 로마로 찾아오는 것을 원했던 것은 사실이다. 하지만 이것은 그가 꿈꾸었던 거대한 기독교 사회, 즉 성 베드로에 대한 충성으로 결속되고, 왕들과 제후들과 주교들과 수사들이 하나의 목표를 위해 한 사람의 지도자 곧 교황 밑에서 함께 협력하는 사회에 대한 작은 기대의 표현에 지나지 않았다. 그는 자신이 직접 해방군을 이끌고서 동방으로 진격할 수도 있다고 생각했다.[16] 하지만 그는 아직은 후대의 교황들의 시야를 좁게 만든 막중한 업무의 부담은 느끼지 않았다. 그는 투쟁이 간헐적으로 멎는 동안 자유롭게 꿈을 꾸었다. 1150년경 이후에 교황들은 이러한 자유를 잃어버렸다. 그들은 유럽에서 가장 바쁜 사람들이었다. 사업이 증가하는 것을 지켜본 여러 교황들은 그것을 지긋지긋하게 여겼다. 하지만 그런 추세를 막을 수 없었다.

1119-1124년에 교황으로 재위한 칼릭스투스 2세(Calixtus II)는 교황제가 새로운 상황을 맞이하여 안게 된 부담을 맨 처음 느낀 사람 중 하나였다:

> [그는 교황에 선출된 자신을 축하하는 요크의 참사회원들에게 이렇게 말했다] 나는 로마 교구가 다른 교구보다 영광스럽다는 것을 알지만, 내게는 그 영광이 괴로움이고 시련입니다. 로마에서 나는 추기경들만큼 많은 군주들을 만나고, 시민들만큼 많은 귀족들을 만나는데, 나는 그들이 어떤 사람들인지 잘 압니다![17]

칼릭스투스 2세는 새로 만난 귀족들 중 말이 통하는 사람이 없다는 것을 은연중에 암시했다. 그는 비엔느의 대주교로 있으면서 대 귀족(grand seigneur) 대접을 받던 행복한 시절을 잊을 수 없었다: "그곳에서는 유명인사치고 내 조카나 사촌이나 이웃이나 신하가 아닌 사람이 없었다."

이 말은 1119년에 한 것이다. 백년 전에 교황들은 대 귀족들이었지만,

---

16) 그가 1074년 12월에 작성한 편지들을 참조하라: P. Jaffé, *Regesta Pontificum Romanorum*, ed. W. Wattenbach, 1885, i, nos. 4904 (7 Dec.), 4910 and 4911 (16 Dec.)

17) *Historians of the Church of York*, ed. J. Raine, *Rolls Series*, ii, 163.

이제는 갈수록 체제의 포로들이 되어 갔고, 자기 보존 본능에 의해 체제에 순응하는 새로운 유형의 교황이 생겨났다. 많은 지식인들은 그러한 과정을 지켜보면서 저마다의 기질대로 쾌재를 부르거나 냉소하거나 분노했다. 성 베르나르(St. Bernard)는 그 상황에 대해 놀라움과 분개를 나타냈다. 1150년에 그는 자신의 제자인 교황 유게니우스 3세(Eugenius III)에게 체제에 예속되지 말라고 경고하는 편지를 보냈다:

> 어디서부터 말을 해야 할까요? 과중한 업무 이야기부터 하겠습니다. 그것이 싫다면 나는 당신을 동정합니다. 하지만 과중한 업무가 싫지 않다면 나는 대단히 유감스럽게 생각할 것입니다. 병에 걸린지도 모르고 있는 환자가 더 위험한 법이니까요…… 이 저주받을 업무가 당신을 어디로 이끌고 가고 있는지 한 번 보십시오! 당신은 시간을 낭비하고 있습니다! 나는 이드로가 모세에게 했던 말을 당신에게 해드리겠습니다. "그대가 이 백성에게 행하는 이 일이 어찜이뇨. 어찌하여 그대는 홀로 앉았고 백성은 아침부터 저녁까지 그대의 곁에 섰느뇨." 그렇게 해서 무슨 열매를 거두겠습니까? 그런 일들은 복잡한 덫만 만들뿐입니다.[18]

유게니우스는 아마 교황직이 소송이라는 거대한 바다로 빠져 들어가는 것을 막고 싶었겠지만, 그에게는 그럴 만한 지식도 힘도 없었다. 그의 계승자들 중에서 하드리아누스 4세(Adrian IV)가 특유의 유머와 역량을 가지고 그 상황을 받아들였고, 알렉산더 3세(Alexander III)가 탁월한 역량과 열정을 가지고 복잡한 법률 문제에 뛰어들었다. 그가 죽은 해인 1181년에는 중세 나머지 기간에 자리잡게 될 교황 활동의 틀이 확고하게 잡혀 있었다.

그것은 성 베르나르가 바라던 틀이 아니었다. 베르나르는 이드로가 모세에게 "그대는 백성을 위하여 하나님 앞에 있어서" "그들에게 율례와 법도를 가르쳐서 마땅히 갈 길과 할 일을" 보이라고 충고한 대로 교황들도 그

---

18) *De Consideratione*, I, i-ii (*P.L.* 182, 727-31).

렇게 하기를 바랐지, 시시콜콜한 문제에까지 사람들의 재판관이 되기를 바라지 않았다. 하지만 교황들로서는 그 시대에 통할 수 있는 조건들에 부합해야만 얻을 수 있었다. 지도력은 주권을 뜻했고, 교황들은 주권을 쟁취하기 위해서 원형경기장으로 내려갔다. 그것은 중세의 다른 모든 군주들의 방식으로, 즉 끊임없이 생기는 크고 작은 업무와 소송에 개입함으로써 비로소 얻을 수 있었다.

## 교황 업무의 근원

세속 정부든 교회 정부든 중세 정부의 두 가지 큰 특징은 군주가 시혜를 베푸는 사람인 동시에 정의를 집행하는 사람이었다는 점이다. 군주가 시혜를 베푸는 사람이었던 이유는 그것이 백성으로부터 충성을 얻어낼 수 있었던 가장 큰 방법이었기 때문이다. 보통 사람들이 군주에게 요구하는 것이 관대함이었는데, 군주가 그것을 제공했던 것이다. 이것이 군주가 '반지의 수여자'로 알려지고 사람들이 자기들의 군주에게서 받은 시혜를 생각하고서 감사한 마음으로 죽었던 초창기부터 정부의 큰 규율이었다. 13세기에 영국의 헨리 3세(Henry III)는 이러한 정치적 지혜가 얼마나 중요한가를 깨닫고서 자기 궁전 벽과 체스 판 테두리에 "자기가 가진 것을 주지 않는 사람은 자기가 원하는 것을 얻지 못한다"는 좌우명을 새겼다.[19]

이러한 상호 시혜의 사슬에는 부끄러운 것이 없었다. 그것이 보편적인 삶의 법칙이었다:

> 겸손히 섬기는 사람들에게 꿀술을 주고
> 거류 외국인들과 모든 사람들에게 선물을 주어 존대하는 사람,
> 그런 사람이 영토를 잃지 않는 왕이 된다.
> 꿀술은 사람들이 그를 사랑하게 하고 그의 인품을 칭송하게 만든다.
> 교황과 모든 고위 성직자들은 선물을 베풀라.
> 꿀술은 사람들에게 자기들의 법도를 지키게 만든다.[20]

---

19) H. M. Colvin, *History of the King's Works*, 1963, i, 497, ii, 1011.

베풀 줄 아는 것이 정치 생활의 첫째 법칙이었고, 이것이 중세 정부의 가장 중요한 기능 곧 정의 집행과 밀접한 관계를 갖고 있었다. 만약 시혜를 베푸는 것이 정부의 생존에 필수적이었다면, 정의 집행은 정부의 영향력 확대에 필요했다. 여기에는 여러 가지 이유가 있었다. 우선 정의를 집행할 경우 군주가 시혜를 베풀 수 있는 기회가 크게 늘어났다. 실은 이것이 모든 시혜의 근원이었다. 악행을 행한 사람을 처벌하는 것이 선행을 행한 사람에게 보상이 되었다. 그리고 원수들에게 형벌을 부과하는 사람은 친구들에게는 형벌을 면제해 줄 수도 있었다. 당시 정부들의 기록들에는 이렇게 법적 재량권이라는 깊은 우물에서 면제와 보상을 길어다 친구들에게 베푼 사례들이 수없이 많이 나온다. 이러한 면제와 보상이 정부의 바퀴들을 제대로 굴러가게 했고, 그 바퀴들이 굴러가는 속도를 조절하는 것이 정부의 중요한 활동이었다.

이런 것이 한 가지 이유가 되어서, 당시 모든 나라의 정부에서 법적 권리가 주된 생장점(生長點)이 된 것이며, 정치적 분쟁이 거의 예외 없이 법적 권리를 둘러싼 분쟁으로 비화된 것이다. 그렇게 된 또 다른 이유는 정의가 비용이 드는 정부 활동의 한 가지 형태였다는 점에도 있었다. 일단 사법권에 대한 권리가 수립되면 소송인들이 자발적으로 찾아왔다. 그들은 올 때 빈손으로 오지 않았다. 그들은 즉석에서 자기들이 가진 것을 다 내놓았다. 다른 모든 영역에서 정부들은 복종을 이끌어내기 위해 머리를 싸매야 했고, 그런 노력에는 비용이 들었다. 하지만 법을 집행하는 데서 돈벌이가 될 만한 상황에는 장사 잇속이 끼어 들었다. 소송 당사자들의 사례금이 모든 것을 해결해 주었다.

정부들이 오로지 수입만 챙기기 위해 사법권을 추구했다고 생각하는 것은 잘못일 것이다. 수입의 대부분은 법적 장치를 움직이는 관리들의 수중에 들어갔기 때문이다. 정부들이 사법권을 장악하려고 한 진정한 이유는

---

20) William Langland, *Piers the Plowman*, B. Text, iii, 208-15.

그것이 주권을 강제 집행할 수 있는 유일하게 실질적인 길이었기 때문이다. 하지만 일단 정부가 사법권을 갖는 과정이 시작되자, 그 과정에서 생긴 관리들이 그것을 존속시키는 데 지대한 관심을 가졌다.

그 뒤에는 시혜와 정의가 협조 체계를 이루었으며, 이 두 분야에서 교황이 다른 모든 군주들을 능가했다. 교황이 베풀 수 있었던 시혜는 확실하고 항구적이었으며, 그가 시행할 수 있었던 정의는 여느 군주에 비해 강력하고 훌륭했다. 그것은 영구히 지속되었고, 항소라는 게 없었다. 이 두 가지 행위의 골격을 무수히 많은 자료들에서 몇 가지 사례를 뽑아 검토해 볼 수 있다.

**교황의 시혜.** 1050년부터 1130년에 이어지는 기간 동안 처음 두 세대에는 현존하는 교황 서신들 중 대다수가 수도원들에게 다양한 종류의 시혜를 하사하는 내용이다. 대수도원들은 교황 궁에서 가장 중요한 의뢰인 계층이었다. 그들은 교황에게 자신들의 재산과 관습, 지역 교회의 관할권으로부터의 자유, 그리고 주교관이나 주교의 신발을 사용한 것 같은 영예로운 표지들을 구했다. 대 수도회들의 집단적 긍지는 명예와 위엄과 면제 혜택을 추구하는 데서 출구를 찾았다. 따라서 교황으로서는 그들에게 그런 것을 주는 것이 자신의 관대함을 가장 쉽게 과시할 수 있는 방법이었다. 예를 들어, 영국 세인트 올번스의 수사들은 자기 수도회에 소속된 어느 수사의 아들이 교황으로 선출되었다는 사실을 알고서 서로 주고 받을 시혜를 면밀히 준비했다. 그들은 일년 동안 돈과 선물을 모은 뒤 그것을 대표단을 통해 로마에 전달했는데, 대표단은 로마에서 돌아올 때 교황이 자신의 사법적 수위권에 힘입어 수도원에 수여할 수 있는 모든 종류의 특권 혹은 면제 특권을 가지고 돌아왔다.[21] 유럽 전역에 흩어져 있던 수도원들

---

21) *Gesta Abbatum Monasterii Sancti Albani*, R.S., ii, 125-6; W. Holtzman, *Papsturkunden in Engalnd*, iii, nos. 100-13, 117-19 (*Abh. der Gesellschaft der Wissenschaften zu Göttingen*, 1962). 보다 구체적인 내용은 다음을 참조하라: R. W.

이 한 세기가 넘도록 이런 유의 활동을 해오고 있었다. 비록 세인트 올번스 대수도원 같은 힘있는 지위에서 그렇게 하지는 못했을지라도 말이다.

얼른 봐서는 왜 교황들이 종종 무의미했던 이런 수도원들의 야심에 자신들과 자신들의 직위를 내주었는지 이해하기가 어렵다. 수도원들의 진정한 관심사가 지역 교회의 감독에서 벗어나고 교황이 하사한 그 밖의 여러 가지 특권을 받는 데 있었던 경우가 대부분이었다고 볼 수가 없다. 아마 교황들은 다른 군주들과 마찬가지로 자기들이 베풀 수 있는 범위에서 자기들에게 무엇을 구하는 사람들에게 그것을 베풀고서 그 대가로 충성과 복종을 받았을 가능성이 크다. 그들은 될 수 있는 대로 저항을 적게 받는 노선을 따랐고, 그렇게 하는 과정에서 점증하던 교황의 지시들이 제대로 통할 수 있는 통로들을 열어 놓았다. 그들은 중세 정부의 일반적인 법칙을 따랐을 뿐이다. 그 밖의 다른 법칙들을 몰랐기 때문이다.

영국 베리에 있는 세인트 에드먼즈 대수도원이라는 또 다른 대규모 수도원에서도 이런 예를 뚜렷이 볼 수 있다. 12세기 후반에 대수도원장 샘슨(Samson)은 자기 수도원을 위해 교황에게서 여러 가지 특권을 얻어냈다. 이 특권들을 누리는 대가로 그 대수도원은 교황청에 크게 의존하게 되었고, 따라서 교황 선거 때가 되면 대수도원장이 교황 후보자들에게 성직록(聖職祿)을 선물로 주는 것이 당연한 일처럼 되어 버렸다. 대수도원장 샘슨의 전기 작가에 따르면, 한 번은 교황 후보자가 대수도원장에게 그 대수도원의 성직록들 중 한 곳을 달라고 요구하는 편지를 직접 가져왔다고 한다. 당시는 그런 유의 교황 서신이 작성된 초창기에 해당했지만, 샘슨은 이미 그런 편지들에 관해서 잘 알고 있었다. 그는 서랍을 열고는 그 후보자에게 일곱 통의 다른 편지를 꺼내 보였다. 그리고는 "이 교황 서신들이 보이시지요? 먼저 오신 분들의 요구는 이미 다 들어드렸지만, 당신에게도 몫이 있을 것입니다. 먼저 오신 분에게 먼저 드립니다."[22] 이 정경에 흐르는

---

Southern, *Medieval Humanism and Other Studies*, p. 249.
22) *Chronica Jocelini de Brakelonda*, ed. H. E. Butler, p. 56.

사근사근한 세속성이 중세의 교회 정부에서는 대단히 중요한 요소이다. 중세 교회 정부 체제 전체가 공격을 받기 전까지는 상호 시혜 사슬이 무수히 많은 유력 인사들을 만족시켰기 때문에 그것을 끊는다는 것은 불가능했다. 그것은 여러 면에서 순조롭고 넉넉한 생활을 유지하는 데 기여했음에 틀림없다. 이런 관행은 그다지 고상한 것이 못되었고, 따라서 많은 수도원 운동들은 교황의 특별한 시혜를 포기하는 것으로써 시작했다. 그러나 결국 그 운동들은 모두 교황의 시혜에 굴복하고 말았다. 이런 식의 교황권 행사에는 인간의 보편적인 성향이 너무 크게 자리잡고 있었기 때문에 오래 거부할 수가 없었다.

교황이 가장 포괄적인 특권들을 하사할 수 있었던 곳은 수도원들과, 후대에는 수도회들 전체였지만, 교황의 시혜의 흐름은 이 좁은 통로에만 한정되지 않았다. 앞으로 살펴보겠지만, 교황의 시혜는 다양한 방법으로 사회 모든 계층의 사람들에게 교황 정부를 받아들이게 만들었다. 그러나 이 점을 살펴보기 전에, 중세를 통틀어 교황권에서 이루어진 가장 중요한 발전을 검토해야 한다. 그것은 방대한 소송 분야에서 교황청이 보편적 법원으로 떠오른 것이다.

**교황의 재판.** 교황의 사법권이 유럽의 일상 생활에서 느낄 수 있는 사실로 떠오른 것은 1140-1150년의 십 년간의 일이었다. 이 기간에 먼저 눈에 띄는 것은 교황의 사법권이 최초로 교회 구조의 가장 낮은 계층까지 일상적인 문제로 뚫고 들어간 일이다.

교황 루키우스 2세(Lucius II)가 1144년에 영국 우스터의 주교에게 보낸, 현존하는 서신은 교황의 사법권이 그렇게 낮은 계층까지 뚫고 들어간 초기의 사례를 보여 준다.[23] 이 서신은 주교에게 헤리퍼드의 주교를 동역자로 받아들이고 리치필드 교구에 속한 소교구 교회에 관한 분쟁을 진정시키라고 지시하는 내용이다. 프랑스 에브뢰의 참사회원들은 그 교회가 자

---

23) W. R. Holtzmann, op. cit., 1930, i, no. 29.

기들의 소유라고 주장했다. 우스터의 백작이 자기들의 대리인을 추방하고 체스터의 대부제에게 미래의 선물권을 팔아 넘겼다는 것이었다. 서신의 내용으로는, 당시에 이미 그 건이 노르망디에서 로마로 이관된 뒤 로마에서 다시 영국으로 이관된 상태에서 두 명의 주교가 백작 한 명과 대주교 한 명, 주교좌 성당 참사회원 한 명, 그리고 영국과 프랑스 양측을 대표한 두세 명의 대리인들 혹은 전임 대리인들을 소환하여 교황의 권위로 그 문제를 해결하라는 지시를 받는 것으로 되어 있다. 서신 내용을 놓고 곰곰이 생각해 보면 놀라운 사실이 눈에 띈다. 영국이 첨예한 내전 상태에 있을 때에, 노르망디와의 관계가 단절된 때에, 유럽의 세력이 모든 지역으로 두루 분산되어 있을 때, 교황이 로마에서 2천 마일 떨어진 곳에서 연간 10파운드 가량의 재산을 놓고 벌어진 분쟁에서 자신의 지시가 통할 것으로 자연스럽게 기대했던 것이다.

이 서신에서 적지 않게 놀라운 또 한 가지 사실은 소송 당사자들의 집요함과 그들이 목적 달성을 위해 감수하려고 했던 비용이다. 이 소송에 드는 비용은 틀림없이 그 소교구 교회의 수입보다 몇 배의 가치가 있었을 것이다. 하지만 그 협력 집단들의 소송은 무장한 민족의 특징들을 띠고 있었다. 법적 주장을 포기하기 전까지는 소송을 중단할 수 없었는데, 아무도 그럴 의사를 가진 사람이 없었다. 협력 집단들의 권익은 영구하고, 법률 소송 비용은 오늘의 문제일 뿐이다. 아무도 단지 몇 파운드를 절약하기 위해 미래를 희생하려고 하지 않았다. 따라서 법률 소송이 홍수처럼 증가했다. 1144년에는 다만 시작 단계에 접어들었을 뿐이었으나, 큰 노선은 이미 놓여 있었다.

이로 말미암은 업무의 폭증은 대단히 긍정적인 결과를 초래했다. 그로 인해 일상 생활의 큰 분야들이 말끔히 정리된 것이다. 교황청은 소교구 사제들이 쫓겨나지 않도록 보호해 주었고, 그들에게 쉽게 탈취될 수 없는 최소한의 수입을 제공했다. 평신도들에게는 명쾌하고 그다지 부담이 되지 않는 규율을 주었다. 기독교의 모든 큰 행사들과 분야들 — 이를테면 세례, 견신례, 고해성사, 성체성사(성찬), 고행, 결혼, 신앙 교육과 신앙적 의무, 구제, 이자, 유언과 유서, 종부성사, 장례, 묘지, 죽은 자를 위한 기도와 미사 — 을 위한 규율과 조건을 제시했다. 교황청은 성직자의 삶에서 발생하는 모든 사건들 — 이를테면 복장, 교육, 임명, 의무들, 신분, 범죄와 형벌 — 에 대해서도 명쾌하고 완벽하게 다루었다. 교황청은 복잡하게 얽혀 있으면서도 응집력 있는 하나의 체제에 12세기에 발달한 방대한 수도회들을 끌어들였다. 이 작업에 사용된 자료의 상당 부분은 과거 몇 세기 동안 기록된 저작들이었지만, 이 자료들을 시순으로 분류하고 수많은 공백을 메우고, 사회가 급속히 변화하면서 생기는 문제들을 해결할 책임은 우선은 교황에게 있었다. 교황의 수위권이 확립되지 않고서는 그런 방대한 법 체계를 발전시킨다는 것은 생각할 수도 없는 일이었다.

이 시기의 교황들은 이런 책임을 수행함으로써 로마 교회가 모든 교회, 적어도 서방 세계 모든 교회의 어머니 교회라는 주장을 정당화했다. 하지만 이런 시혜의 결과들은 통제할 수 없을 정도로 쏟아져 나오던 큼직한 법률 소송들의 부산물일 뿐이었다. 본격적인 성장기에 교황들이 시작시킨 일이란 대단히 왜소한 것이었다. 그들은 굳이 일을 시작시킬 필요가 없었다. 일이 그들에게 숨쉴 틈도 없이 밀려들어 왔다. 교황들로서는 규칙을 세우고 판단을 내리기만 하면 되었다.

## 일을 만들어 낸 사람들

12-13세기에 교황청에 일이 쇄도한 현상은 법률적 성취라는 소중한 재산을 남겨 놓았지만, 그러기 위해서 치러야 할 대가가 있었고, 그 대가는 후대에 가서야 제대로 치를 수 있게 되었다. 이 대가의 일부는 성 베르나르가 이드로 역할을 할 때 예견했었다: "그대와 그대와 함께한 이 백성이 필연 기력이 쇠하리니 이 일이 그대에게 너무 중함이라." 교황청에 쇄도한 법률 소송이 종교 생활에 큰 지장을 주게 되었고, 모든 중요한 종교 공동체의 기록들도 죄다 그런 문제로 덮이게 되었다.

예를 들어, 영국 캔터베리의 수사들은 1185-1201년에 자기들이 교황청을 상대로 활동한 내력을 기록하여 고이 간직했다. 그들은 다른 수사들처럼 필사적으로 소송에 달라붙지는 않았지만, 다른 수사들과 마찬가지로 자기들의 권리를 지키겠다고 결심했다. 따라서 자기들의 명의(名義) 대수도원장인 대주교가 참사회원들을 위해 캔터베리 근교에 대학을 기증하겠다고 제의했을 때, 그들은 즉각 자기들의 이익과 품위가 손상될 위험이 있음을 감지했다. 그들은 사력을 다해 그 계획에 반대했고, 그러느라 15년 동안이나 교황청을 드나들면서 끊임없이 소송을 벌였다. 이 기간에 그들은 수백 통의 편지를 교황들과 추기경들과 왕들, 그리고 그 소송에 조금이라도 영향을 줄 수 있는 모든 사람들에게 보냈다. 몇 대에 걸쳐 재위한 교황들이 그 건에 대해 칠십 통 가량의 편지를 썼는데, 그 건에 연루된 여섯 번째 교황 인노켄티우스 3세(Innocent III)는 그 건에 대해서 좀 짜증이 났다: "이 캔터베리 교회 건에 대해 명령서와 서신을 너무 자주 철하다 보니 이제는 이 지긋지긋한 건에 관해 듣기만 해도 얼굴이 달아오른다."[24] 하지만 수사들은 요지부동이었고, 결국 그들은 자기들이 원하던 것을 얻었다. 그들은 그 동안 했던 고생을 자랑했고, 그 건에 관한 기록들을 토머스 베켓(Thomas Becket)의 순교를 뒤이을 만한 공적으로 소중히 보관했다.

로마로 가는 길은 죽음과 재앙으로 덮였고, 서로 자기들에게 유리한 인사들이 판사들로 임명되게 하려고 돈을 물쓰듯했다:

> 우리는 선물 공세 면에서는 대주교 측의 적수가 되지 못했다. 하지만 선물을 바치지 않고서는 소송에서 이길 재주가 없었기 때문에 우리는 비용을 절감하고 끊임없는 예속을 당하느니 차라리 아직 우리가 갖지 못한 것을 제공하겠다고 약속하는 쪽을 택했다. 교회를 지키느라 목숨까지 내놓을 각오가 되어 있는 판국에 쉬이 사라질 재물에 연연하는 것은 넋 나간 짓일 것이다.[25]

---

24) *Epistolae Cantuarienses* (*Chronicles and Memorials of the Reign of Richard I*, ii, *R.S.*, ed. W. Stubbs), p. 509; 그 건은 일년을 더 끌었으며, 교황은 그 건이 완료되기까지 편지를 여러 통 더 쓸 수밖에 없었다.

25) ibid., p. 197.

그리고 판사들이 도착했을 때도 여전히 재판의 추이를 면밀히 주시해야 했다:

> 신임 교황 특사는 매우 경건하고 치밀하고 과묵하고 겸손한 사람이다. 따라서 여러분도 말할 때 신중하고 분명하고 겸손하게 해야 한다. 그에게 절대로 선물을 주어서는 안 된다. 전에 내가 그에게 성유물함을 선물한 적이 있는데……그는 거기에 은과 보석이 박혀 있는 것을 보더니 받지 않았다. 하지만 나는 아주 어렵사리 그에게 부수도원장의 말을 빌려주었다.[26]

아무리 작은 톱니바퀴에라도 기름칠을 해야 했다:

> 교황 특사 비서에게 상냥한 표정을 짓고 그에게 약속을 얻어 주라. 현재 우리의 가난한 실정이 전부인 것처럼 보이게 해서는 안 된다. "누구나 가능성으로는 부자가 될 수 있다."[27]

따라서 교황에게서 교황 특사에게로, 교황 특사에게서 그의 비서에게로 내려오면서 융통성이 넓어졌다. 과연 그 시대는 소송 당사자들의 시대였다. 그들은 자기들의 권리를 지키려고 맹수처럼 싸웠다. 아무것도 그들을 막지 못했다. 지갑이 비더라도 돈을 빌릴 수만 있다면 그들은 싸웠다. 교황들로서는 로마로 활짝 열린 대로가 자기들의 수위권을 말해주는 증거가 되었다. 그 흐름을 막으려는 세속적인 시도는 교황의 수위권 자체에 대한 은밀한 공격으로 간주되었다. 주교들과 대주교들이 자기들의 사법권을 지키기 위해 제기한 항변도 교황청의 법적 논리에 의해 분쇄되었다. 심지어 법적 논리의 지원을 받지 않더라도, 소송 당사자들의 압력을 못 견뎌 변변히 항변을 못했을 것이다. 소송 당사자들이 급증하면서 그들이 원하는 편의를 제공해 줄 필요가 생겼다. 1180년대에 작성된 편지들에 나타난, 지원

---

26) ibid., p. 272.
27) ibid., p. 303.

을 얻기 위한 즉흥적이고 파격적인 행동과 열띤 청탁이 서서히 교황청 규율이 정한 보다 질서 잡힌 절차에게 자리를 내주었다. 1225년이나 그 무렵에 이르면 교황청 기구의 체계가 매우 잘 잡혀 있었다.

12세기의 혼잡한 소송이 적어도 표면적으로는 교황청의 주도로 이루어진 질서정연한 법 절차에 자리를 내준 과정은 마음만 먹으면 얼마든지 그 사례들을 발견할 수 있다. 지금까지 우리가 살펴본 모든 사례들에는 기본적으로 일치하는 점이 있는데, 캔터베리에서 살펴본 마지막 두 가지 사례가 그 중에서 가장 현저할 것이다. 이 두 가지 사례는 1184년과 1228년에 해당하며, 따라서 모두 틀이 잡혀간 시기의 말기에 해당한다.

그 두 해에는 캔터베리 대주교의 자리가 공석이었고, 두 경우에 다 대주교 선출권을 지닌 참사회원들이었던 캔터베리의 수사들과, 영국의 왕 및 주교들 사이에 이해 관계상 충돌이 있었다. 1184년에 두 진영간의 투쟁은 이전투구의 양상을 보였고 좀처럼 끝날 것 같지 않았다.[28] 훗날 수정되거나 아예 철회되어야 할 성격의 주장들이 마구 제기되었다. 왕은 수사들과 주교들에게 서로 모순된 약속들을 함으로써 상황을 혼란스럽게 만들었다. 아무도 그 상황을 타개할 방법을 몰랐다. 막후에서 벌어진 음모와 타개책으로 제시된 주장들 때문에 상황은 한 치도 진전되지 않은 채 시간만 질질 끌었다. (예를 들면) 만약 부수도원장이 "영국의 주교들과 나 부수도원장과 캔터베리의 수사들은 국왕의 동의를 받아……를 선출한다"는 말로 대주교의 선출을 공고한다면 그 휘하의 수사들이 자기들의 주장을 접겠는가? 이런 유의 질문들은 대답하기가 어려웠다. 양 진영은 서로 상대 진영이 제안한 동의안에 혹시 함정이 있지 않은가 의심했다. 감정이 첨예하게 달아올라 있었다. 그런 상황에서 국왕의 격앙된 연설을 들은 뒤 부수도원장이 졸도하는 사건이 벌어졌다. 국왕은 농담으로 한 말을 가지고 뭘 그러느냐고 항변했다. 그것은 대단히 면목없는 사건이었다. 여러 달 동안 무익

---

28) 보다 자세한 내용은 다음을 참조하라: Gervase of Canterbury, *Historical Works*, ed. W. Stubbs, *R.S.*, i, 310-25.

한 논쟁이 오간 뒤 수사들이 자기들에게 자유 투표권을 부여하고 대주교 선출 때 가장 먼저 의견을 개진할 수 있는 권한을 부여하는 문서들을 제출했다(사람들은 그들이 그 문서들을 어디서 입수했는지 궁금해 했다). 그러나 결국 왕과 주교들이 자기들이 원하는 사람을 대주교로 선출했으며, 수사들은 부수도원장을 통해서 그의 선출 사실을 고지하는 것으로 만족할 수밖에 없었다.

적어도 겉으로는 대주교직이 공석이던 1228년에 벌어진 사건들처럼 완전히 대조되는 사건들도 없었다.[29] 처음부터 끝까지 겉으로는 로마의 권위에 즐거이 동의하는 것처럼 보였다. 모든 것이 질서 정연하게 발생했다. 수사들은 자신들과 자신들의 재산과 자유권을 교황의 보호에 맡김으로써 소송을 시작했다. 왕은 그들에게 자유 투표권을 주겠다고 흔쾌히 약속했다. 수사들은 주의 깊게 교회법을 준수하고 필요한 문서들로써 자신들의 행위를 뒷받침해가면서 대주교를 선출했다. 그런 뒤 그들은 자기들이 선출한 후보를 로마로 보내 교황의 승인을 받게 했다. 하지만 그들은 여기서 예기치 않던 난관을 만났다. 왕과 주교들이 보낸 사신들이 그들보다 한 발 앞서 로마에 도착하여 교황의 귀에 무언가 속닥거려 놓았던 것이다. 교황은 근엄하고 진지하게 그 사건을 심사한 뒤 수사들의 선거 결과를 무효로 만든 다음 왕이 천거한 사람을 대주교로 임명했다. 그러고 나서는 더 이상의 항의도, 더 이상의 감정 격앙도 없었다. 1184년이었다면 대단히 첨예하고 많은 노력이 필요했을 결과를 기름이 잘 쳐진 효율적인 장치가 아무런 노력 없이 이루어낸 것이다. 하지만 원칙상 그것은 똑같은 결과였다.

이것이 비효율적인 정책들과 지나치게 정교화한 체제로 인해 정부 체제가 질식당하기 전까지, 정부, 특히 교황 정부가 도달한 황금 시대였다. 발생한 많은 일들이 실질적인 효과가 없었다. 그렇게 발생한 많은 일들은 어떻게 해서든 결국 발생하게 될 일들이었다. 하지만 모든 정황을 참작할지

---

29) 자세한 내용은 Gervase의 글에 계속된다(op. cit., ii, 115-24).

라도, 교황 정부가 19세기 말 이전의 어떠한 정부 못지 않은 효율적인 정부였다고 여전히 말할 수 있다. 13세기의 교황청은 현대의 기계적 지원과 유급 관료들이 등장하기 전에 적용할 수 있었던 어떤 표준에 비추어 볼지라도 크고 효율적인 조직이었다. 다른 여느 정부와 마찬가지로 교황청은 항상 전쟁이나 전쟁 전비에 가담했고, 외교와 영지 관리와 조세 평가와 징수에 열을 올렸다. 하지만 교황청 조직 가운데 어느 분야와도 비교할 수 없을 정도로 크게 발달한 분야는 각종 법률 소송을 다루던 분야였다. 교황청에는 각종 청원과 불평을 들어주고, 판결을 기록하고, 판결을 집행하는 데 필요한 문서를 작성하고, 발송된 서신들의 사본을 보관하는 복잡한 조직이 있었다.[30] 이런 업무들을 체계적으로 해내기 위한 공식 절차가 전문화된 문학의 주제였다. 거의 어느 때나 교황청에는 법률 부서에 종사하는 전문가들이 백 명이 넘게 근무했다. 유럽 사회에서 교회와 국가에서 중요한 개인이나 집단은 교황청의 법절차를 훤히 알고 있어야 했고, 유력 인사들은 교황 정부의 미로와 같은 체제 속에서 자기들의 이익을 지켜 줄 대소인(代訴人)들을 상주시켰다.

### 다양한 업무

교황청이 가장 높은 효율성을 지녔던 시기를 넘어가기 전에, 앞서 언급한 대로 우스터의 주교가 교황 서신을 받기 백 년 전인 1244년의 몇 달 동안 일어났던 사건을 개관해 보는 것이 좋을 듯하다. 교황 정부의 일상 업무가 큰 사건들이나 막중한 과제에 장해를 받지 않던 1244년 1월부터 6월까지의 평온한 시기를 살펴보자. 그 때쯤에는 1243년 6월에 있었던 신임 교황 인노켄티우스 4세(Innocent IV)의 선출에 따른 바쁜 업무가 끝나

---

30) 이 조직을 최초로 본격적으로 다룬 것은 다음 책이다: L. Delisle, 'Mémoire sur les actes d'Innocent III', *Bibliothéque de l' école des chartes*, 1858, 4th ser., vol. iv. 1-73. 충분한 참고 문헌을 소개하는 보다 최근의 연구에 관해서는 다음을 참조하라: B. Rusch, *Die Behörden u. Hofbeamten der päpstl. Kurie des xiii Jts.*, 1936.

있었다. 황제 프리드리히 2세(Frederck II)와의 투쟁도 소강 국면에 접어들어 있었다. 황제는 신임 교황이 전임 교황에 비해 덜 비타협적일 것이라는 기대를 아직 갖고 있던 때였다. 한편 로마에서 교황은 그가 다음 해에 소집하기로 제의한 공의회에 관해 생각하고 있었다. 우리는 우연히 그가 프리드리히 2세를 제재할 방법을 이미 모색하고 있었다는 것을 알고 있지만, 당시에는 표면상으로는 모든 것이 평온했고, 교황청의 기록도 평범한 활동들만을 싣고 있다.

이 여섯 달 동안 교황청 직원들은 4백 통 가량 되는 서신의 사본들을 보관했다.[31] 서신이 그보다 더 많았겠지만, 이 4백 통의 서신들에는 가장 중요한 업무들이 다뤄져 있었다. 이 서신들은 유럽의 거의 모든 나라들에서 이루어지는 교회 행정의 모든 분야를 다루었다. 클뤼니회, 시토회, 도미니쿠스회에게 부여된 특권들이 추인되었다. 카르투지오회에 속한 모든 수도원들에 암소를 6백 마리까지 소유할 수 있는 권리가 부여되었다. 왕 루이 9세(Louis IX)에게 탈무드 사본들과 그 밖의 유대교 관련 서적들을 소각하라는 지시가 내려졌다. 신학자 크레모나의 롤랜드(Roland)에게 반란자 에젤리누스 데 로마니스(Ezelinus de Romanis)의 이단설을 조사하라는 지시가 하달되었다. 파문령이 내려졌던 툴루즈 교구에는 그 형벌이 경시되었다는 이유로 5년간 금령이 내려졌다. 술 취한 상태에서 도미니쿠스회에 가입 권유를 받고 수도 서약을 한 아스티의 교사에게는 서약이 무효라고 선언되었다. 파문에서 해방되고, 성무중지령에서 면제되고, 고리대금업자들에게 진 부채를 경감 받고, 장래에 교회로부터 받을 형벌로부터 크게 경감을 받는 등의 시혜들이 프랑스 왕과 안디옥의 제후, 프로방스와 비엔느와 토스카나의 백작들, 부르봉의 영주, 튀링겐의 영주, 마인츠의 대주교 같은 사람들에게 부여되었다. 더 이상의 평화를 기대할 수 없는 것처럼

---

31) E. Berger, *Les Registres d'Innocent IV*, 4 vols., 1884-1919: 1244년 1월 1일부터 6월 30일까지 작성된 편지들은 357-747통으로 추산되지만, 이 편지들에는 과거에 작성한 편지들도 어느 정도 포함되어 있다.

보였다.

그럼에도 불구하고 이 편지들의 행간을 읽어보면 교황의 마음을 사로잡고 있던 큰 사건들의 그림자를 볼 수 있다. 이 당시에 유럽은 교황과 황제를 축으로 한두 개의 느슨한 집단으로 양분되어 있었다. 교황의 영향권은 프랑스와 영국의 왕들이 결혼에 의해 느슨한 가문의 끈으로 결속되어 있던 프로방스 백작령을 중심으로 삼고 있었다. 역시 영국 왕과 결혼 동맹을 맺은 황제의 영향권에는 시칠리아와 이탈리아의 여러 도시들, 독일의 상당 부분, 그리고 툴루즈 백작령이 포함되었다. 양 진영에는 서로의 결속을 위해 노력하던 인사들이 있어서 그들의 노력으로 3월 31일에 로마에서 교황과 황제 사이에 총괄적인 평화 조약이 체결되었다. 만약 이 조약이 제대로 준수되었다면 중세 교회사 말기는 눈에 띄게 달라졌을 것이다. 하지만 한 달도 못 되어 조약이 깨지고 말았다.

이 시기에 교황이 베푼 많은 시혜들은 이런 상황을 염두에 두고서 읽어야 한다. 교황은 시혜를 베풀면서 속에 품었던 아주 실질적인 목적을 구태여 감추지 않았다. 그가 시혜를 베푼 것은 자신의 친구들을 격려하고, 툴루즈 백작과 튀링겐 영주 같이 교황과 황제 사이에서 흔들리는 사람들을 포섭하고, 교황의 적들을 궁지에 몰아 넣기 위한 것이었다. 교황은 사소하고 산발적인 위협과 호의를 베풀 때에도 이런 목적을 한시도 잊은 적이 없는데, 프랑스 왕에게 다음과 같이 자신의 정책을 솔직하게 설명했다:

> 교황청을 위해 성의와 열정을 가지고 봉사하는 유력 인사들에게 명예로운 특권을 주어 답례하는 것이 교황청의 관습입니다.[32]

교황청이 베푼 특권들은 공동의 이해에 기초를 둔 동맹을 공고히 다지는 데 도움이 되었고, 조용히 지나간 몇 달간 이탈리아와 독일에서 황제를 견제하기 위한 정책을 추진하는 데 조용하게 쓰였다.

---

32) ibid., no. 718.

교황청의 대 영국 관계에서는 이런 정치적 고려가 그다지 눈에 띄지 않았으며, 1244년의 처음 여섯 달간 이 먼 왕국에 발송된 일흔일곱 통의 서신들은 교황 정부의 일상 업무를 들여다 볼 수 있는 좋은 사례들을 제공한다.[33] 이 서신들은 거의 전부가 교황청이 최고 법원으로 수행한 역할을 예증한다. 그 중 3분의 1 가량은 교회의 법률 소송에 대한 교황의 지침들이었다. 또 다른 3분의 1은 교황이 최고의 입법 기관이기도 한 최고 법원의 권한을 행사한 내용이었다. 교황의 판결은 주로 일상적인 문제들에 관한 것이었다. 열 명의 사생아들이 서출이라는 한계에도 불구하고 성직에 오르도록 허락되었고, 서른한 명의 성직자들이 한 개 이상의 교구를 맡도록 허용되었다. 보다 높은 수준에서는 클라라회의 고위 성직자가 연간 200파운드의 수입을 올릴 수 있는 여러 개의 성직록을 보유하도록 허용되었고, 교황의 전속 신부 베르첼리의 요한(John of Vercelli)이 그와 비슷한 특권을 받았다. 마지막으로 인준과 면허와 다양한 종류의 권면이 포함된 스물두 통의 편지 모음이 있다. 이 편지들에서는 세속 권력자들과 교회 권력자들의 일상적인 협조 관계를 가장 잘 들여다 볼 수 있다. 그 중 한 통에서 교황은 왕이 그의 장인에게 대부를 받는 조건들을 승인했고, 또 다른 편지에서는 왕이 유언으로 자기 왕국의 재산을 할당한 내용과 왕비의 지참금 액수를 추인했고, 또 다른 편지에서는 왕의 신하들이 성직자를 폭행함으로써 왕이 자동적으로 파문을 당할 때 그 파문을 사면해 줄 권한을 대주교에게 부여했으며, 또 다른 편지에서는 노리치 주교가 윈체스터 교구로 전임하는 것을 허락하도록 왕에게 권고했다.

여기서 우리는 비교적 평온했던 13세기 중반의 몇 달 동안 교황 정부의 단면을 보게 된다. 물론 이 몇 달 동안의 기록이 교황이 할 수 있었던 모든 일을 다 보여주는 것은 아니지만, 교황이 모든 교회 문제들을 세세히 통제하는 게 공허한 꿈이 아니었음을 아주 분명하게 보여주는 것은 사실이다. 서유럽 전역에서 교황의 지침들은 매우 효과적으로 통했고, 놀라우

---

33) *C.P.R.*, i, pp. 204-10.

리 만큼 이견 없이 받아들여졌다. 적어도 이 분야에서만큼은 그레고리우스 7세가 꿈꾸었던 교황권이 실현된 듯이 보였다.

## 수위권과 세속 권력

교황이 세속 군주들에게 어떤 권력을 행사했는가 하는 문제로 돌아와서 생각할 때, 앞에서 소개한 1244년의 여섯 달 동안의 증거에서는 명확한 답을 얻을 수 없다. 이 시기에 교황이 11세기에 비해 훨씬 더 폭넓은 정치적 영향력을 행사했던 것만큼은 틀림없는 사실이다. 황제를 폐위할 수 있는 그의 권한이 이 무렵에는 철저한 성공을 거두지는 못했을지라도 적어도 정적의 가문을 멸하고 사실상 그로써 제국을 멸하는 최종 시험 단계에 도달해 있었다. 하지만 근본적인 취약점을 드러내는 징후들이 있었다. 교황이 제후들 위에 군림하려면 그의 통치가 그만큼 극도의 효율성이 있어야 했다. 총체적인 정치적 혹은 때로는 교회적 붕괴를 초래하지 않은 채 개인을 솎아내 제거하기란 불가능했다.

1244년이 되어서도 교황은 툴루즈 지역에 더 이상의 파문을 내리지 말라고 금함으로써, 삼십 년 전에 교황에 반기를 든 툴루즈 백작을 솎아내기로 한 결정에 의해 초래된 혼란을 그 때까지도 여전히 봉합하려고 노력하고 있었다. 그리고 삼십 년 뒤에도 그는 여전히 호엔슈타우펜가(家)의 몰락으로 초래된 혼란을 수습하느라 애를 먹었다.

이렇게 목표했던 결과들과 실제로 거둔 결과들이 차이가 나는 이유는 아주 간단했다. 교황이 직접 사용할 수 있었던 무기란 성무중지령(interdict)과 파문(excommunication)이 전부였기 때문이었다. 이 무기들은 이의 없이 존경과 복종을 끌어낼 수 있을 때는 효과적이었지만, 실제로는 그런 반응을 끌어내지 못했다. 사소한 분규가 일어날 때는 이 무기들이 통했다. 하지만 큰 분쟁이 일어날 때 이 무기들은 전혀 통하지 않거나, 아니면 이기적인 폭력에 물꼬를 터주었고, 일단 물꼬가 터지면 종국에는 그 폭력을 정당화해준 검열 당국의 권위를 포함한 모든 것이 그것으로 인해 파괴되었다.

이렇게 수단과 목적이 불균형을 이룬 법이 시행됨으로써 유럽사에서 비극으로 손꼽히는 장면들이 연출되었다. 교황은 세속사에 대해 권위를 내세웠으나 그것을 집행할 만한 적절한 무기가 없었기 때문에 절대로 성공을 거둘 수 없었다. 하지만 세속사에 대한 교황의 수위설에 효과적으로 도전할 만한 이론이 제기되기까지 교황은 그런 부적절한 무기를 가지고라도 성공해 보려는 시도를 멈출 수가 없었다. 12-13세기에는 "세속 권력을 수립하고 그것을 재판하는 일이 영적 권세에 속한다"는 전제에 대응할 만한 만족스러운 대답이 없었다.[34] 과거의 대답, 즉 세속 군주는 하나님께로부터 직접 독립적인 영적 권위를 받는다는 대답은 더 이상 통하지 않았다. 후대의 대답, 즉 14세기에 영적 권위의 본질을 상세히 분석한 데서 생긴 대답은 아직 나타나지 않았다.

한편 세속 주권설을 실천에 옮기려고 한 교황청의 본격적인 시도는 큰 재앙을 초래했다. 이론상으로 보자면, 무자격한 군주에게서 왕국을 빼앗아 교황이 유자격하다고 판단한 군주에게 주는 행위는 당연히 교황의 사법권과 시혜 체제의 절정이어야 한다. 하지만 실질상으로 보자면, 교황의 피보호민 자격으로 영국에 온 노르만족 왕들은 그들이 갈아치운 앵글로색슨족 왕들보다 더 큰 위협 세력이었고, 교황이 황제로 인정한 하인리히 5세(Henry V)가 황제의 권위를 박탈한 하인리히 4세보다 더 위험했으며, 인노켄티우스 3세(Innocent III)가 정치적 통찰력을 죄다 동원했어도 마음에 드는 하인리히 6세의 후계자를 얻지 못했다. 교황들은 "뿌리를 뽑고 무너뜨리는" 일은 할 수 있었지만, "세우고 심는" 일은 할 수 없었다.[35]

교황의 세속 주권이 뿌리를 내리지 못한 것은 교회에서 수위권을 얻는 데 성공한 것과 완연히 대조된다. 하지만 이 대조를 지나치게 과장해서는

---

34) Hugh of St Victor, *De Sacramentis*, ii, 2 (*P.L.* 176, 418).

35) 인노켄티우스 3세에게는 이 두 구절이 교황의 총체적인 세속 권력을 뜻했다. 예를 들어 다음을 참조하라: C. R. Cheney and W. H. Semple, *Selected Letters of Innocent III concerning England*, pp. 24, 151, 216, 그리고 거기에 실린 참고문헌들.

안 된다. 교회의 수위권을 얻는 데 성공할 때도 세속 주권에서 실패할 때와 똑같은 법칙을 따랐기 때문이다. 교회의 수위권은 그것이 많은 수의 유력 인사들에게 받아들여질 만한 것인 한에서만 성공을 거두었던 것이다. 하지만 성공과 실패는 세속적 고려에 의해서 결정되었다. 두말할 필요도 없이, 많은 사람들은 교황이 이 두 영역에서 다 권위를 갖는 것이 옳으며, 그것이 성공을 거두어야 한다고 믿었다. 이런 믿음이 없었다면 조금도 성공을 거둘 수 없었을 것이다. 하지만 이런 믿음만으로는 성공을 보장하기에는 충분하지 않았다. 교회 영역에서든 정치 영역에서든 교황 권력의 한계점들을 이해하기 위해서는 이론적 확신 이외의 다른 요인들을 살펴봐야 한다.

11-12세기에 교황제가 성공을 거둘 수 있었던 가장 중요한 요인은 교황의 권위를 기성 교회의 권징과 세속 권력의 약탈로부터 자신들을 지켜줄 최고의 보루로 여긴 수도회들의 지원이었다. 다음으로 보다 폭넓은 요인은 도처의 성직자들에게 실질적인 시혜를 안겨 준 교황의 수위권이었다. 이것은 성직자들에게 안전한 재산권과, 세속 권력에게 처벌받지 않을 수 있는 자유와, 폭력으로부터의 피난처와, 복잡한 분쟁을 가라앉힐 수 있는 수단을 제공했다. 교황 수위권은 모든 성직자들에게 로마의 위대성을 입혀 줌으로서 성직자들의 위상을 높여주었다. 나는 중세에 성직자들의 이권이 모든 직업 조합들 가운데 가장 큰 이권이라고 말했던 바, 만약에 성직자들 전체의 이권을 유지함으로써 교회 계급 제도의 지원을 받지 않았더라면 교황 수위권이 절대로 효력을 발휘하지 못했을 것이다. 하지만 똑같은 논리로, 만약 평신도 군주들이 교황 수위권에서 얻을 게 없을지라도 자기들에게서 앗아가는 것도 없다는 것을 깨닫지 못했다면 그것은 절대로 효력을 발휘하지 못했을 것이다.

평신도 군주들이 초기에 우려했던 것과는 달리 교황권의 증가로부터 거의 아무런 실익도 잃지 않았다는 것은 앞서 잠깐 언급했던 1244년의 교황 서신들 가운데 한 통에 잘 나타나 있다. 그 서신은 영국 왕에게 노리치 주교가 윈체스터 교구로 전임하는 것을 허용하라고 강력히 경고하는 내용이다.[36] 이 서신을 보면 교황권이 쉽게 행사되었다는 느낌을 받게 된다. 하지만 그 배후에는 중세 교황 정부의 강점과 약점을 보여주는 이야기가 있다.

교황이 편을 들어준 주교는 윌리엄 롤리(William Raleigh)로서, 그는 왕의 대신들 중 한 사람이었다. 그는 '왕실 법원에서 최고의 법관'이자 '기독교 세계의 법과 교회법과 여론에 맞서서' 영국의 세속 관습법을 지킨 인물로 묘사된다.[37] 왕은 이런 공로에 대한 보상으로 그에게 큰 성직록들을 하사했고, 이런 내력에 비추어 볼 때 그에게 마지막으로 하사한 주교구도 그리 대단한 것이 아니었다. 왕은 틀림없이 자기 생전에 그가 이 보상을 얻게끔 의도했으나, 롤리에게는 불행하게도 윈체스터 주교구가 1238년에 비게 되었을 때 수사들이 몰려와 왕의 동의를 받지 않은 채 그를 주교로 선출했다. 이것은 실수였다. 윈체스터는 그 왕국에서 누구나 가고 싶어하던 주교구였다. 그곳에는 편리한 위치에 근사한 주교의 궁전이 있었고, 세입도 많았고, 정치적 지위도 막강했다. 모든 게 다 마음을 사로잡을 만한 것이었다. 하지만 왕은 자신의 늙은 신하가 아무리 공로가 많더라도 이렇게까지 후한 보상을 해 줄 의도가 없었다.

왕의 의도는 그것을 자기 아내 가문 사람인 사보이의 윌리엄(William)에게 주려는 것이었다. 따라서 그는 롤리를 보다 지위가 낮은 노리치 주교로 선출되게 하고, 사보이의 윌리엄에게 윈체스터를 갖게 하도록 일을 주선했다. 하지만 사보이의 윌리엄이 죽는 바람에 이런 평화적인 조치는 효과를 얻지 못했고, 지난 번 사건에서 교훈을 제대로 깨닫지 못한 수사들이 다시 한 번 몰려들어 롤리를 주교로 선출했다. 왕은 화가 머리끝까지 치밀었겠으나, 이번에는 새로운 대책이 있었다. 롤리가 이미 노리치의 주교였기 때문에 그가 타지로 전임하려면 교황에게 승인을 받아야 했다. 왕은 교

---

36). *C.P.R.*, i, p. 206, 1244년 2월 28일자로 되어 있음.

37) F. Pollock and F. W. Maitland, *History of English Law*, 2nd ed., 1898, i, 189, 196. 물의를 빚은 선출 과정이 F. M. Powicke의 *Henry III and Lord Edward*(i, 270-74)에 자세히 소개된다.

황청에서 주교 선출 문제로 소송을 벌일 당대 최고의 법률가를 고용했다. 그리고서 조금도 서두르지 않았다. 그 건이 교황청에서 보류되어 있는 동안 왕이 윈체스터 교구의 세입을 모두 받아갔고, 주교의 성직 임명권을 남김없이 행사했다. 훗날 추기경이자 대단히 저명한 교회법 학자가 된 그의 법률가 헨리(Henry of Susa)도 서두르지 않았다. 그가 훗날에 남긴 저서들에서 알게 되듯이 그는 그 건을 통해서 경험을 쌓았고, 꾸준히 명성과 부를 얻었다.[38] 윈체스터의 수사들은 주교를 얻기 위해 오래 기다려야 했지만, 그들도 아마 서두르지 않았을 것이다.

윈체스터 교구는 1243년에 교황의 판결이 수사들에게 유리하게 나기 전까지 5년이나 공석으로 남아 있었다. 수사의 헨리는 마지막으로 그 판결이 왕의 권리에 위배된다는 근거로 마지막 항소를 제시했다. 그가 항소하는 바람에 그 건은 여섯 달 동안 더 보류되었지만, 결국 그 유능한 법률가도 마침내 손을 들 수밖에 없었다. 1244년 1월에 교황은 다소 심한 어조로 영국 왕에게 편지를 썼고, 2월에 왕은 보다 엄격한 조치가 취해지기 전에 교황에게 마지막으로 호소했다. 왕은 자신이 소송에서 패했다고 판단하고는 판결에 승복했다. 양측이 갈수록 적개심이 커지는 상황에서 왕이 그 건을 몇 년 동안 더 연장할 수도 있었겠지만, 그는 중단해야 할 때를 알았다. 왕은 윈체스터 교구가 비어 있는 동안 그럭저럭 20,000파운드 가량을 챙겼다. 그의 많은 신하들이 만약 상황이 달랐더라면 얻지 못했을 성직록을 얻었다. 수사의 헨리는 윈체스터 근교의 노른자위 땅을 차지하고 있던 세인트 크로스 자선 수도회의 원장이 되었다. 왕도 자신의 늙은 신하 롤리에 대해서 아무런 불만이 없었다. 그는 육년 동안 주교직을 차지했고, 그 무렵에는 왕실의 또 다른 인사가 그의 교구를 물려받을 만한 나이가 되었으니 말이다. 교황도 법이 준수되는 것을 지켜보고서 만족스러워했다. 판결이 난 뒤에 모두가 다 우호적인 관계로 돌아섰다. 아무도 이익을 독차지

---

38) 참조. N. Didier, 'Henri de Suse en Angleterre(1236?-1244)', *Studi in onore V. Arangio-Ruiz*, 1952, ii, 333-51.

하지 않았고, 아무도 비탄에 잠기지 않았으며, 아무도 파문을 당하지 않았다. 모두가 다 흐뭇해했다.

한 가지 교회적인 중요한 문제에서 교황의 수위권이 입증되었다. 아무도 교황의 법정에서 교황이 제정한 법률에 의해 교황이 정한 절차에 따라 교황이 그 문제를 판결하는 것을 부인하지 않았다. 게다가 교황이 세속의 문제든 교회의 문제든 지역의 모든 권리와 주장을 번복할 수 있다는 것을 부인하지 않았다. 이 정도만큼은 그 소송 건이 교황권을 훌륭히 입증했다. 그리고 그 소송 건은 아무에게도 손해를 끼치지 않았기 때문에 상처도 남기지 않았다. 그러나 이것이 우리가 살펴본 평탄한 사건들 중에서 아마 가장 불길한 사건이었을 것이다. 이것은 그 소송 건에 연루된 사람들이 저마다 방대한 교황 정부 체계의 복잡한 상황에서 나름대로 실속을 챙긴 사례이기 때문이다.

앞장에서 우리는 이런 질문을 제기했었다: 당시의 평신도들은 왜 당시의 성직자 중심적이고 사회적이고 정치적인 이론들로써 자기들에게 할당된 낮은 지위에 순수히 남아 있었는가? 이 질문에 가장 근접한 대답은, 그 이론들이 어떤 총론들로 펼쳐졌든 간에 일단 각론으로 들어가면 세속적 이익 — 이를테면 재정과 전쟁의 분야에서 — 을 수용하는 식으로 적용되었다는 데서 찾을 수 있을 것이다. 오늘날 우리의 관점에서 보면 성직자 계급 제도설이 가장 성공을 거둔 분야, 즉 순전히 교회적인 문제들을 다루는 분야에도 똑같은 설명을 적용할 수 있다는 것을 알 수 있다. 이 분야에서는 세속적 이익이 노골적인, 심지어는 엄청난 손해를 입었다. 왕들과 평신도들이 대부분의 성직 임명에 직접 관여할 기회를 상실했다. 그들은 성직자들과 교회의 주장들에 대한 사법권을 상실했고, 교황을 끝까지 무시할 수가 없었다. 이 모든 것이 후 세대들의 상상력을 사로잡는 일련의 사건들에서 극적으로 드러났다. 독일의 하인리히 4세가 카놋사에서 겪은 수모, 영국의 헨리 2세가 캔터베리에서 속옷 차림으로 당한 수모, 왕 요한(John)이 교황의 봉신(封臣)이 된 일, 프리드리히 2세의 가문이 몰락한 일, 교황이 시칠리아의 왕을 지명한 일 등이 그것이다. 하지만 이런 사건들은 세속 군주들이 교회 재산과 인재를 마음대로 주무르기 위해서는 복잡한 게임 규칙을 배우기만 하면 되었다는 핵심적인 사실을 말해주지 않는다.

12세기 이전의 유럽 군주들은 여러 가지 이익을 확보하기 위해서 성직자들을 거의 직접 임명했다. 이렇게 성직자 사회를 장악함으로써 그들은 평시에는 신뢰할 수 있는 대리인들을, 전시에는 군대와 자금을, 성직이 공석이 된 경우에는 규칙적인 수입을, 필요할 때는 예비금을, 여행할 때에는 다양한 숙박 장소들을 확보했다. 따라서 이런 특권들을 잃게 되는 것이 그들의 눈에는 결코 작은 일로 비치지 않았다. 하지만 더딘 조정 과정을 거치면서, 그들은 자기들이 쓸데없이 크게 경각심을 가졌다는 것을 발견했다. 물론 그들은 이제 더 이상 주교들을 임명하거나 성직 취임 세를 거둘 수 없었고, 교회 재산을 차지하거나 교회 법에 간섭할 수 없었다. 하지만 갈수록 증가하던 세속 정부의 활동을 위한 재정을 충당하기 위해서 과거 어느 때보다 교회 재산을 많이 사용할 수 있었다.

성직자들은 비록 개인적으로는 교회의 사법권에만 종속되었지만, 12-13세기에는 더할 나위 없이 훌륭한 세속 정부의 대리인들이었다. 그들은 세속 정부를 위해 봉사한 대가로 성직 사회에서 승진을 기대했고, 왕들은 마음만 먹으면 그들을 얼마든지 승진시킬 수 있었다. 성직은 세속 군주들이 신하들에게 지불할 급여를 확보할 때 주로 이용한 재원이었다. 교황을 비롯하여 말단 성직자들까지 이런 상황을 순순히 감내했다. 그러므로 자연히 왕의 신하들은 급속도로 증가했다. 교황이 베푼 시혜는 그들 중 크게 성공한 사람들에게 막대한 수입을 올릴 수 있게 해주었고, 종국에는 그들도 주교에 임명될 것을 기대할 수 있었다.

그럼에도 불구하고 이제는 왕명이면 다 통하는 시대는 지났다. 지켜야 할 규율이 있었다. 그리고 규율이 있으면 전문가들도 있어야 하게 마련이다. 성직자들 자신이 왕에게 교회 규율에 따라 교회의 재산을 사용할 수 있는 방법을 가르쳐 주는 전문가 역할을 제공했다. 수사의 헨리 같은 이런 전문가들은 아울러 세속 군주로부터 교회적인 보상을 기대했지만, 업무를 면밀하게 수행하는 한에는 좌절을 맛볼 필요가 없었다. 분쟁은 서툰 업무나 무지나 지나친 자만심이나 개인적 혐오 때문에 생겼다. 규율을 지키고 극단을 피함으로써 불유쾌한 상황을 피할 수 있었다.

1238-1244년에 윈체스터 주교구를 놓고 벌어진 소송은 왕이 극단으로 치닫지 않은 모습을 보여준다. 아울러 그 소송은 권리를 상실했다 해도 별로 잃을 게 없었던 점과, 교황이 자신의 규칙대로 승리를 거두었을지라도 얻은 게 별로 없었던 점을 잘 보여준다. 이 기간에 발생한 사건들에는 그다지 타락한 것이 없었음에 틀림없지만, 어느 곳에서든 세속적 동기가 맨 위의 자리를 차지했고, 모든 곳에서 우세했다. 당시의 많은 사람들의 뇌리에 교회가 교회 재산을 수탈하기 위한 세속 권력자들과 교회 권력자들의 음모 집단이며, 이 음모 집단의 수장인 교황이 사실상 적그리스도라는 생각이 자리잡기 시작했던 것을 우리는 이해할 수 있다. 이런 생각은 아직 그다지 큰 탄력을 받지 못했지만, 당시 사회 질서를 어지럽히고 있었다. 그리고 갈수록 그런 면에서 탄력을 받게 될 것이었다.

### 법률가 교황들

어떤 사실보다 교황청 역사의 이 기간을 잘 요약해 주는 사실이 있다. 그것은 1159-1303년에 재위한 유력한 교황들이 모두 법률가였다는 사실이다. 이 사실은 교황청이 주로 법을 제정하고 집행하는 데 총력을 기울였던 현실을 반영한다. 교황의 지위가 가장 강력했던 곳이 바로 이 분야였다. 고대의 법률과 정부 전승이 유럽 사회에서 거의 잊혀진 시기에, 교황들은 그들이 건설할 수 있었던 법 체계의 요소들을 간직하고 있었다. 이것 말고도 그들은 서방의 다른 어떤 군주도 야심을 품을 수 없었던 입법권을 주장할 수 있었다. 12세기 사회의 모든 상황은 교황청 법률의 급속한 성장에 유리하게 돌아갔고, 이 성장은 알렉산더 3세(Alexander III), 인노켄티우스 3세(Innocent III), 그레고리우스 9세(Gregory IX), 인노켄티우스 4세(Innocent IV), 보니파키우스 8세(Boniface VIII) 같은 걸출한 법률가 교황들이 연속해서 재위함으로써 꾸준한 탄력을 받았다. 현대도 상당 부분 그렇지만, 근본 질서 면에서 중세 사회는 이 교황들에게 적지 않은 빚을

졌다. 이 교황들은 명쾌한 정신과 확고한 원칙과 역량 있고 실제적인 지혜를 가지고 업무에 임했다. 하지만 국정 수반으로서는 약점을 드러냈다. 그들은 갈수록 지도력을 발휘하려는 야심을 덜 품었다. 그런 지위가 자기들의 권한 밖에 있는 것으로 보았고, 따라서 갈수록 정부가 잘 굴러가도록 만드는 데 열정을 쏟았다. 큰 사건들의 경우에는 명분상의 승리를 얻으면 그것으로 만족하는 경향이 갈수록 커졌다. 그들은 갈수록 교황 국가를 건설하고 방어하고 통치하는 사소한 업무에만 열중했다. 그들이 이 목적을 위해 사용한 방법들은 다른 나라 세속 군주들이 사용한 방법들과 구분할 수 없었다.

과거의 교황들이 꿈꾸었던 고분고분한 왕들 곧 성 베드로의 기사들의 방대한 친목 단체 대신에, 13세기 교황들은 시야를 좁혀 이탈리아 남부의 종속 왕을 관리하고 자기들의 친척들의 힘을 빌어 이탈리아 중부를 통치하는 일에만 매달렸다. 교황들마다 불확실한 정치 동맹에 불안감을 느낀 나머지 자신의 이익을 지켜줄 수 있고 자신의 호의에 의존하는 조카들과 사촌들과 친족들의 집단을 구성했고, 이로 말미암아 이탈리아의 정치 지도에는 이런 평범한 집단들의 명단이 기록되었다가 지워지는 과정이 수없이 반복되었다. 이런 방법들에 매달렸던 당시의 경향은 보니파키우스 8세가 교황의 지위에 관해 장엄한 진술을 하면서 인용한 예레미야의 말을 어떠한 이론적 비판보다도 무색하게 만들었다: "보라 내가 오늘날 너를 열방 만국 위에 세우고 너로 뽑으며 파괴하며 파멸하며 넘어뜨리며 건설하며 심게 하였느니라."[39]

## 3. 악성 인플레이션 1300년경-1520년경

---

39) *Extravagantes Communes*, I, viii, I (Friedberg, *Corpus Iuris Canonici*, ii, 1246). 이 말은 보니파키우스가 직접 구상하고 작성한(그랬다고 전해진다) 대칙서 *Unam Sanctam*에 나온다. 참조. H. Finke, *Aus den Tagen Bonifaz VIII*, 1902, p. 147n.

1309년에 클레멘트 5세(Clement V)는 아비뇽으로 교황청을 옮겼다. 거의 모든 점에서 이것은 대단히 유리한 조치였다. 이로써 교황청은 살얼음판 같은 이탈리아 정계에서 벗어나 긴장이 덜한 정치 영역에 자리를 잡았다. 지리적으로도 새 교황청이 들어선 장소가 예전 장소보다 훨씬 더 편리했다. 서방 기독교 세계에 거주하는 사람들 중 5분의 4가 교황청을 방문하는 데 걸리는 시간이 다섯 주나 줄어들었기 때문이다. 아비뇽이 원대한 사상을 촉진하지 못한 것이 사실이고 열정적인 사람들이 교황청을 로마로 도로 옮기기를 열망했던 것이 사실이다. 하지만 당시에 원대한 사상이 교황청에 끼친 유익이라곤 찾아볼 수 없었고, 혹시 교황청의 사업이 주로 일상적인 법률 업무에 있다고 한다면 — 실제로 당시에는 그런 현실에서 벗어날 수가 없었다 — 아비뇽이 중심지로서 로마보다 훨씬 더 적격이었다. 아비뇽에는 현실감 있는 정부 청사의 분위기가 있었다.

교황들이 로마와 아무런 접촉도 없이 칠십 년을 활동할 수 있었다는 단순한 사실은 교황청이 아비뇽으로 이전하기 전 두 세기 동안 본연의 모습에서 얼마나 멀리 떨어져 지냈는지를 보여주는 역력한 증거였다. 13세기 중반 이전이었다면 로마와 동떨어진 교황권은 생각조차 할 수 없었을 것이다. 그러나 14세기에는 아마 유감스러운 태도로, 하지만 별 어려움 없이 그것을 받아들일 수 있었다. 교황청은 이제 주로 관공서였다. 아무도 그 업무가 사라질 것을 예상할 수 없었고, 어떤 것도 그 성격을 바꾸어 놓을 수 없었다. 상황이 그랬기에 교황청 이전을 받아들여야 했고, 일하기에 더 편한 곳일수록 더 좋았다.

지난 두 세기 동안 세속 정부와 교회 정부를 막론하고 모든 형태의 정부가 급속도로 발달했으며, 정부의 많은 분야가 효율적인 업무 수행에 지장을 받을 정도로 복잡하게 되었다. 이렇게 된 데에는 다양한 원인이 있었다. 우선 관리들에게 성직록을 하사하는 대신 사실상 봉급을 주지 않고서 그들을 유지할 수 있었던 상황이 정부로 하여금 효율적인 활동의 한계를 넘어서까지 확대되게 만들었다. 이것이 세속 정부 못지 않게 교황 정부의 발달에도 원인으로 작용했다. 이런 상황에서 한 가지 경향이 생겼는데, 그것은 법적 업무가 갈수록 복잡해지면서 보다 많은 관리들이 필요하게 되었고, 다시 그들이 더 많은 업무를 만들어 내게 된 경향이었다. 교황 정부는 이러한 과도한 업무 분화의 모든 징후들을 겪었다. 사업이 물량 면에서는 꾸준히 증가했으나, 사업의 증가에 따라 유럽 사회에서 교황의 영향력이 증가하는 일은 발생하지 않았다.

1244년의 조용했던 몇 달로 돌아가 생각해 보면, 교황 정부 체제가 이미 효율적인 발전 분야를 제한하는 자체의 반체제 집단을 생산해 내기 시작했다는 징후들을 발견할 수 있다. 그 가운데 두드러진 징후는 교황 체제 안에 머물러 있으면서 자신의 목적을 위해 활동하던 세속 군주였다. 예를 들어 영국의 헨리 3세는 교황 법원이 유아기에 머물러 있던 시기에 교황의 판결이 지연되던 상태에서 윌리엄 루푸스(William Rufus)가 부러워할 정도로 매우 우호적인 방법으로 이익을 챙겼다. 하지만 루푸스가 모든 면에서 교회 당국으로부터 견제를 받은 반면에, 헨리 3세는 저명한 교회법 학자의 노련한 지원을 받아 유리한 여론을 업고서 활동했다. 이러한 활동 방식은 교황의 지위를 훼손하는 점에서 루푸스의 거친 방식보다 훨씬 더 간교하고 위험했다.

1244년의 문서들이 지닌 또 다른 간교한 점은 파문이 남발되어 그 효력을 잃어간다는 것을 암시하는 징후들이었다. 툴루즈 교구에 5년간 더 이상의 파문과 성무중지령을 내리지 말라는 교황의 서신은 그런 조치들이 실질상 무익했음을 시인한 것이었다. 이런 조치를 취하지 않으면 교황의 지위가 크게 약해질 것이었다. 이탈리아 도시들은 교황의 가장 강력한 무기가 갈수록 위력이 반감되어 갔음을 암시하는 더 많은 징후들을 내놓았다. 이 경우에는 위험을 알리는 징후들이 너무나 분명했다. 13세기에 이탈리아의 거의 모든 대도시들이 교황에게 파문을 당했는데, 때로는 그 기간이 여러 해를 끌기도 했다. 대도시들은 그 상황을 마치 식량이나 원자재가 부족한 상황을 대하듯이 상업적 계산의 태도로 다루었다. 파문을 당한다는 것은 너무나 불편한 것이었지만, 견딜 수 없는 재앙은 아니었다. 이렇게 해서 교황의 궁극적인 무기는 다른 어떤 조치와 차원이 다른 제재 수단으로서의 효력을 상실했다.

아울러 1244년을 중심으로 몇 년 동안 교황의 행위에 대한 성직자들의 반대가 시작되는 것을 보게 된다. 1253년에 주교 로버트 그로스테스테(Robert Grosseteste)가 교황으로부터 교황의 조카를 자기 주교좌 성당의 참사회원으로 받아들이라는 청탁을 받고서 그것을 거부한 사건에 대해서 오늘날의 시각에서는 교황이 고도의 교황권 교리에 입각하여 그렇게 했다는 것을 누구나 동의할 것이다.[40] 그럼에도 불구하고 교황의 행동은 더 이상 교황권이 교회 당국의 권리를 보호하기 위한 적절한 수단이 되지 못했다는 징후였다. 교황권이 발달하게 되었던 비결은 주로 교회 계급 제도에 속한 거대한 집단의 필요와 열망을 만족시켜 주었기 때문이었다. 만약 교황권이 그 일을 더 이상 해주지 못하거나 교황이 아닌 다른 권력, 이를테면 왕권이 그들의 필요와 열망을 더 훌륭히 만족시켜 줄 수 있다면, 교황권의 수명은 이제 얼마 남지 않게 된 셈이었다. 교황권은 그 뒤로도 오랫동안 유지되긴 했지만, 그런 의심이 이미 자리잡고 있었다.

이런 요인들은 향후 교황권이 발달하는 데 제약을 놓았지만, 당시에 즉각 업무의 증가에 영향을 미치지는 못했다. 만약 1244년부터 백 년만 더 앞으로 진행하여 1344년의 처음 여섯 달 동안 작성된 교황청 기록들을 비슷한 방식으로 검토한다면, 세 가지 형태의 활동에서 괄목할 만한 증가가 있었다는 것을 보게 될 것이다. 첫째는 면죄부 발행이었고, 둘째는 국제 문제에서 교황의 중재 역할이었고, 셋째는 교황의 성직록 수임자 임명 체계의 복잡화였다. 이 세 가지 활동 분야를 검토해 보면 중세의 마지막 몇 세기 동안 교황제와 유럽 사회 사회의 관계에서 어떤 조정들이 이루어졌는지 파악할 수 있을 것이다.

---

40) 그로스테스테의 입장에 관한 가장 뛰어난 저서는 다음의 책이다: W. A. Pantic, 'Grosseteste's relations with the Papacy and the Crown', in *Robert Grosseteste, Scholar and Bishop*, ed. D. A. Callus, 1955, 178-215.

## 면죄부

교황이 대규모로 면죄부를 부여한 관행은 우르바누스 2세(Urban II)가 십자군에 가담하는 것을 다른 모든 고행을 대신하는 방법으로 인정한다고, 혹은 일반 대중의 언어로 옮기자면, 회개와 자백의 상태에서 죽은 십자군은 천국에 즉각 들어갈 수 있다고 선포한 1095년으로 거슬러 올라간다.[41] 1095년 이후 오랫동안 교황만이 베풀 수 있는 이 정식 면죄부는 아주 특별한 경우에만 한해 사용되었다. 주로 교황이 내건 조건대로 십자군에 참여한 데 대한 보상으로 발급되었고, 그 밖의 공로에 대해 발급되는 경우는 사실상 없었다. 그럼에도 불구하고 면죄부는 처음부터 교황의 충만한 권력을 과시하는 개인적 표현이었고, 교황이 자신의 특권으로 그것을 사용하는 데에는 아무런 제한이 없었다.

교황이 이 권한을 행사한 초창기의 감동적인 사례가 있다. 영국 솔즈베리의 존(John)이 그 정황을 묘사했다. 1150년 어느 날 교황 유게니우스 3세(Eugenius III)가 법정에 앉아 이혼 소송을 다루고 있었다. 몰리세의 백작이 친족 사이라는 이유로 아내와 이혼하겠다고 청구한 소송이었다. 백작의 진술을 한동안 듣고 있던 교황은 감정이 복받쳐 더 이상 참을 수 없었다. 왈칵 눈물이 솟구친 그는 권좌에서 벌떡 일어나 백작 앞에 몸을 던졌다. 순식간에 벌어진 상황이라 교황관이 땅바닥으로 굴러 떨어졌다. 깜짝 놀란 주교들과 추기경들이 교황을 부축하여 일으켜 세우고 교황관을 다시 씌워주었을 때, 교황은 같은 말로써 백작에게 아내를 도로 받아들이라고 간곡히 당부했다:

> 당신이 이 일을 더 기꺼운 심정으로 할 수 있도록, 천국 열쇠를 받은 베드로의 계승자이자 그리스도의 대리인인 나는 당신의 아내에게 많은 지참금을 주겠소.

---

41) 이 제도의 기원과 발전에 관해서는 다음을 참조하라: N. Paulus, *Geschichte des Ablasses im Mittelalter*, 3 vols., 1922-3, and H. Delehaye, 'Les letters d'indulgence collectives', *Analecta Bollandiana*, 1026-8, xliv, 342-79, xlv, 97-123, 323-44; xlvi, 149-57, 287-343.

만약 이제라도 당신의 아내를 충실하게 대한다면, 당신의 아내는 당신이 오랫동안 저질러온 모든 죄에 대해 면제(형벌로부터의)를 가져다 줄 것이고, 나도 심판 날에 그 죄들에 대해 책임을 지겠소.[42]

후대에 중세 교황들이 면죄부에 관해 해놓은 진술이 이것처럼 감동적인 것은 없지만, 유게니우스의 이 말에서 우리는 후대의 우수한 교황들과 크게 다르지 않게 개인의 책임감을 깊이 느끼는 모습을 보게 된다. 후대의 면죄부 역사는 결국에 가서는 재앙을 몰고 오긴 했지만, 이 사건에서 작은 규모로 살펴본 것이 발전한 것에 지나지 않았다. 즉, 교황들은 유게니우스 3세가 몰리세 백작에게 받으라고 간곡히 당부한 면제를 갈수록 더 폭넓게 확대하려고 꾀했던 것이다.

이 폭넓은 면제가 기독교 세계에 어떤 단계로 제시되었는가 하는 것은 아주 간단한 윤곽만 그려도 쉽게 알 수 있다. 12세기 말경에 인노켄티우스 3세는 십자군 병사들에게 부여된 완전한 면죄부를 몸으로 전투에 참여한 사람들뿐 아니라 자금이나 조언으로 이바지한 사람들에게까지 확대해서 부여했다. 그리고 형벌로부터의 완전한 면제에다 천국에서 선행에 대한 보상이 증가할 것이라는 약속을 덧붙였다.[43] 13세기 중반에 인노켄티우스 4세는 한 걸음 더 나아가 어떤 형식으로든 복무를 하지 않더라도 특별한 상황에 대해서 완전한 면죄부를 부여했다. 처음에는 그 빈도수가 대단히 적었다. 백 년 전에 유게니우스 3세가 몰리세 백작에게 부여했던 면제처럼, 이 면죄부들도 교황이 성 클라라(St. Clare)나 프란체스코회 연대기 저자 살림베네(Salimbene) 같은 훌륭한 신앙인들의 공로에 감동을 받아 즉흥적으로 취한 행동이었다. 하지만 13세기 말에 접어들면 정치적 이유로 세속 군주들에게 면죄부가 부여되고 있었다.

그로부터 얼마 지나지 않아 교황청의 관용이 더 확대되면서, 개인들이

---

42) *Historia Pontificalis*, ed. R. L. Poole, 1927, p. 84.
43) Paulus, op. cit., i, 207; 완전한 본문을 보려면 *P.L.*(214, 828-32)을 참조하라.

죽음을 앞두고서 고해신부들로부터 완전한 면제를 받는 특권을 돈으로 살 수 있게 되기 시작했다. 1344년에 이르면 이 교황권의 사용이 엄청난 비율로 증가해 있었다. 그 해의 처음 여섯 달 동안 클레멘트 6세는 영국에서만 2백 명 이상에게 이 특권을 부여했다.[44] 당연히 그들은 면죄부 값을 지불할 능력이 있는 상당히 유력한 사람들이었지만, 그 값은 그다지 비싸지 않았다. 교황 법원의 수수료 정도인 은화 10실링을 넘지 않았다. 면죄부 값이 비쌌던 예외적인 경우들이 있었음을 인정하더라도, 임종을 앞두고서 사는 완전 면죄부는 사회의 많은 계층이 구입할 만한 범위 안에 있었다.

1344년에 기사들과 소교구 사제들과 도시 주민들은 영국의 여왕과 그 밖의 왕실 사람들과 동등한 특권을 누렸다. 그들은 평신도일지라도 최후의 수단으로 "당신이 교황에게 받았다고 말하는 그 특권에 따라 주께서 당신의 죄책과 형벌을 면제해 주시기를 기원합니다" 하고 선언하기만 하면 면죄부의 효험을 완전하게 입을 수 있다고 확신했다. "교황은 자기 백성을 행복하게 해주어야 한다"는 것이 1344년의 교황 클레멘트 6세(Clement VI)가 남긴 말이다.[45] 그는 이러한 정부의 기본적인 금언을 이보다 더 효과적으로 실천할 수 없었을 것이다.

개인적인 면죄부에는 당연히 비용이 들었지만, 클레멘트는 돈이 없어도 튼튼한 두 다리가 있는 사람들에게도 교황권 내에 있는 이 마지막 선물을 확대하고 싶어했다. 그는 보니파키우스 8세의 예를 자기 눈으로 직접 보았다. 1300년에 보니파키우스는 그 해와 백 년째 되는 해마다 거룩한 사도들의 교회가 있는 로마를 방문하는 모든 참회자들에게 완전 면죄부를 준 적이 있었다. 1343년에 클레멘트 6세는 "제 오십년을 거룩하게 하여 전국 거민에게 자유를 공포하라"는 레위기 구절을 근거로 그 간격을 오십 년으로 줄였다. 그는 이 결정에 곁들여 교황의 면죄설을 본격적으로 진술했다:

---

44) C.P.R. iii, pp. 4-8, 95-181: 이 달력 편찬자들은 그 항목들을 시순으로 배열하지 않았고, 따라서 1344년 1-6월의 편지들은 과거와 후대의 자료들과 뒤섞여 있다.

45) G. Mollat, *The Popes at Avignon* (English translation), 1963, 9th ed., p. 39.

그리스도의 보혈 한 방울로도 온 인류를 구원하는 데 넉넉했을 것이다. 그리스도의 희생은 넘치도록 풍성했기 때문에 수건에 싸두거나 밭에 감추지 않고 사용해야 할 보화가 생겼다. 이 보화는 하나님께서 지상에 있는 당신의 대리인들, 즉 성 베드로와 그의 계승자들에게 위임하시어, 자기 죄를 회개하고 자백한 신자들의 죄에 현세에서 임할 형벌을 전부 혹은 일부 면제하는 데 쓰도록 하셨다.[46]

1389년에 우르바누스 6세(Urban VI)는 사람의 평균 수명이 오십 년이 안 된다는 합리적인 근거로 그 간격을 오십 년에서 삼십삼 년으로 줄였고, 1470년에 파울루스 2세(Paul II)는 인간 목숨의 취약성을 좀더 깊이 감안하여 그 간격을 이십오 년으로 줄였다.[47] 따라서 누구든 로마에 갈 능력이 있는 사람은 연옥에서 받을 형벌을 완전히 면제받을 수 있었다.

하지만 아예 로마로 갈 필요가 없게 만드는 발전이 이루어지고 있었다. 14세기 말부터 특별한 경우에 지역 교회들에게 면죄부와 비슷한 완전한 특권들이 확대되는 것이 매우 보편적인 현상이 되어 있었다. 더욱이 임종 때 고해신부로부터 완전한 사면을 받는 특권이 1344년에는 일종의 혁신으로 유행하기 시작했으나 그 뒤 백오십 년이 지나는 과정에서 크게 확대되었다. 이 과정에서 모든 혁신을 끝까지 관철하고 상상할 수 있는 모든 세세한 사항을 자세히 진술하려는 성향이 남김없이 충족되었다. 그 결과 생긴 것이 임종 때 주는 면제, 한 번의 죽을 위험을 위한 면제, 여러 번의 죽을 위험을 위한 면제, 교황청 대법원이 주는 면제, 이 목적으로 교황이 권한을 위임한 사람들이 주는 면제, 로마나 다른 교회를 찾아간 순례자들

---

46) *Extravagantes Communes*, v, ix, 2 (Friedberg, *Corpus Iuris Canonici*, ii, 1304-6).

47) 14세기에 희년 제도와 그 제도를 뒷받침한 교리가 발전한 내력에 관해서는 다음을 참조하라: Ranulph Higden, *Polychronicon*, ed. J. R. Lumby, *R.S.* ix, 206-10(이 책에는 우르바누스 6세의 대칙서 본문이 실려 있다). 파울루스 2세의 대칙서를 보려면 다음을 참조하라: C. Cocquelines, *Bullarium Pont. Romanorum*, 1743, iii, part 3, p. 128.

에게 주는 면제, 회개와 자백 같은 보편적인 조건을 제외한 여타의 조건 없이 주는 면제였다. 이렇게 일단 바닥 없는 보고가 활짝 열리자 그것의 배분을 가로막을 수 있는 것이 없었다. 15세기 말에 이르면 그 제도가 이루 헤아릴 수 없을 정도로 많은 가지를 치고 있었다. 많은 요인들이 한데 합하여 방대한 제도를 이루어냈다. 그 요인들에는 세력을 확대하고 재정을 확충하려는 대립 교황들의 욕구도 있었고, 그 보화에 동참하겠다는 지역 교회들과 군주들과 도시들의 주장도 있었고, 확실한 구원을 보장받고 싶어 하던 온 인류의 보편적인 요구도 있었다. 그 이야기를 더 길게 할 필요가 없다. 교황들이 면죄부 확대를 바라는 본능적인 욕구를 충족시키는 데 사용한 모든 수단들을 추적하여 발견하는 것보다, 그들이 처해 있던 상황과 그들이 궁지에 처하게 된 이유를 이해하려고 노력하는 것이 더 중요하다.

여기서 우리가 주로 관심을 갖는 것은 정부의 측면에서 면죄부 제도를 연구하는 것이지만, 이 관점에서 면죄부의 의미에 관해 어떤 결론을 내리기 전에 다시 출발점으로 돌아가 그 제도 자체의 인격적이고 감정적인 근원을 되짚어 보는 것이 좋을 것이다. 우리는 앞에서 유게니우스 3세가 1150년에 강렬한 정서에 영향을 받아 중요한 조치를 취한 것을 살펴보았는데, 그와 비슷한 정서적 충동이 15세기에는 없었다고 생각한다면 그것은 아주 비현실적인 생각일 것이다. 교황의 면죄부를 얻기 위해 행해진 순례들에 관한 산발적인 기록들을 보면 마치 채찍질 고행자들과 일루미나티(illuminati, 예지를 얻었다고 주장한 신비주의자들—역자주)가 일으킨 운동 기록과 유사하게 보인다. 교황들 자신들도 그런 상황에 마음이 뭉클하지 않았을 리가 없다.

1476년에 발행한 작은 사건이 지금 우리가 논하는 면죄부 제도의 발전 이면에 정서적 배경이 깔려 있었음을 잘 예시해 준다. 그 해에 식스투스 4세는 추기경 몇 명을 데리고 폴리뇨에 사는 프란체스코회 수녀들을 방문했다. 그 수녀들의 고해신부는 교황에게 면죄부를 요구했고, 교황은 그들에게 임박한 성모 축일을 위해 완전한 면죄권을 주었다. 그리고 난 뒤에 무엇을 좀더 주고 싶은 심정이 들자, 그는 "이것 말고 여러분은 언제든 죄를 자백할 때마다 형벌과 죄과(poena et culpa)로부터 완전한 면제를 받게 될 것입니다" 하고 덧붙여 말했다. 그러자 추기경들이 깜짝 놀라면서 "뭐라고 하셨나요? 정말로 '언제든'이라고 하신 겁니까?" 하고 묻자, 교황은 가슴에 손을 얹으면서 "그렇습니다. 나는 저분들에게 내가 가진 모든 것을 주는 것입니다" 하고 말했다. 그러자 추기경들은 무릎을 꿇고는 "저희에게도 주십시오!" 하고 외치자, 교황은 "좋습니다. 여러분에게도 드리겠습니다" 하고 대답했다.[48]

만약 곁에서 구경하던 어떤 사람이 이 정황을 기록해 두지 않았다면, 우리는 교황이 폴리뇨의 수녀들에게 베푼 그 엄청난 특권의 배후에 무슨 특별한 선례도 없고 무슨 복잡한 계산도 없었고, 다만 한 노인이 가슴에 손을 얹고서 자기가 줄 수 있는 것을 주었다는 사실을 알 길이 없었을 것이다.

이와 같은 사건들은 그 자체로는 아름답지만, 지금 우리가 살펴보고 있는 교황 정부의 관점에서 볼 때는 명백히 인플레이션의 경우에 해당한다. 물론 그것은 특별한 종류의 인플레이션이다. 교황의 행위를 뒷받침해준 보고(寶庫)가, 다시 말해서 영적인 화폐가 무궁무진했기 때문이다. 그럼에도 불구하고 이 증서가 무제한하게 발행됨으로써 생긴 결과는 교황청이 정식 화폐를 발행할 때 만나는 문제와 비슷했다. 즉, 화폐의 양이 늘어나면 화폐 가치가 하락하는 것이다. 이 하락의 징후는 인플레이션의 초기 단계부터, 즉 교황이 마음대로 사용하는 보고(寶庫)의 진실성에 관한 의심이 생기기 훨씬 전부터 감지할 수 있다. 우리는 그 징후를 1300년 이후에 희년(禧年)의 혜택을 받은 사람들의 수가 감소한 데서 발견할 수 있다. 희년의 첫해에 로마로 순례한 사람은 2백만 명으로 추산되었다. 그것이 당대의 문학에서 가장 중요하게 다뤄진 사건이었다.[49] 하지만 다음 번 희년인 1350년에는 당대의 연대기 저자가 그 문제를 거론하지 않으며, 순례자의 수도 크게

---

48) Paulus, op. cit., ii, 305.

줄어들었음에 틀림없다. 당시에 전염병이 돌았기 때문에 사람들이 다른 일을 생각할 겨를이 없었으며, 다급하게 구원을 받아야 했던 사람들은 로마로 여행하는 것보다 훨씬 더 극단적인 조치를 모색해야 했다. 그리고 성격이 비교적 조용한 사람들을 위해서는 당시에 쉬운 조건으로 얻을 수 있었던 개인적인 면죄부가 있었다. 따라서 1350년의 희년은 이 사람들을 로마로 끌어들이기보다 제후들과 그들의 가족과 수도회들에게 여러 가지 사적인 특권을 발행할 기회를 제공했다. 화폐의 유추를 계속 사용해도 된다면, 이렇게 쉽게 얻을 수 있는 화폐를 마구 발행하다 보니 자연히 무거운 주화는 유통되지 않을 것이고, 한결 더 사용하기 쉬운 화폐가 더 필요해졌다.

15세기에 로마의 희년은 동일한 특권을 제시하는 무수한 지역의 희년들과 경쟁을 벌여야 했다. 그중 몇 경우는 열광적인 인기를 끌었던 것으로 보이나, 뜻밖에도 많은 수의 도시들에서는 지역 연대기 저자들이 대규모 종교 행사를 언급하지 않은 채 시의회에서 다툼이 일어난 이야기로 일관했다. 교황은 나름대로 자신의 특혜에 공공성을 부여하기 위해 많은 노력을 기울였고, 이런 유세는 많은 경우 성공을 거두었다. 하지만 모든 광고 유세가 그렇듯이 교황의 유세도 완고한 반대와 저항을 일으켰다.

한 번 규제를 풀어주면 더 많은 규제를 풀어주게 되고, 그러면 이미 풀어주었던 것의 가치도 하락하게 마련인데, 당시의 상황이 그러했다. 여기서 생기는 기대와 현실의 차이를 메우기 위해서 교황 칙서 위조자들이 개입했고, 그로써 가치 하락 과정을 더욱 가속화시켰다. 15세기 말에 이르면 굳이 먼 앞날을 내다보는 선지자나 심오한 경제학자가 아니더라도 조만간 다음과 같은 질문이 제기될 날이 올 것이라는 것을 누구나 예상할 수 있게 되었다: "교황이 면죄부를 유포하는 근거는 무엇이며, 마침내 그것을

---

49) 당대인들이 집단 순례자들에 관해 기록한 글을 보려면 다음을 참조하라: T. S. R. Boase, *Boniface VIII*, 233-6. 단테와 빌라니가 받은 인상에 관해서는 다음을 참조하라: Paget Toynbee, *Dictionary of Proper Names and Notable Matters in the Works of Dante*, 2nd ed., 1968, 325-6.

매매하게 될 때 어떤 일이 발생할 것인가?" 매일 힘겨운 문제들을 가지고 씨름하면서 자신의 위엄 가운데 밝은 면이 일시적인 위안만 제공하던 당시의 교황들보다는 우리가 이러한 흐름을 파악하기가 한결 더 쉽다.

1095-1500년의 교황 면죄부 역사는 이 기간 동안 교황청 역사의 축소판이다. 13세기 말로 내려가면서 면죄부 제도는 큰 유익을 끼치면서 성공을 거두었다고 볼 만한 증거들이 많이 있었다. 과거의 엄격한 고해 제도가 서방 기독교 세계를 전복했다는 부담을 더는 데 이바지했고, 하나님께서 교회에 위임하신 권세가 영원까지 뻗어나갔다는 확신을 주었다. 그 제도를 정당화하는 이론이 갈수록 정교해졌고, 교황청에서 이루어진 다른 세분화 과정과 마찬가지로 이것도 교황의 최종적인 완전한 권력을 지향했다. 따라서 교황의 활동은 소망과 확신과 통제와 결부되었다. 하지만 1300년부터 지나친 정교화와 혼란의 과정이 시작되었는데, 그 원인은 교황들의 도덕적 타락과 지적 하락에 있지 않고, 면죄부 제도를 끝까지 밀고 가려는 압력이 사방에서 거세게 가해진 데에 있었다. 그 과정에서 이전 시대의 소망이 희미해졌고, 확신은 혼란과 마침내 의심으로 흔들렸으며, 교황들은 아무런 통제력도 행사할 수 없는 실태만 쥔 처지로 전락했다.

이와 비슷한 과정을 우리가 앞으로 검토하게 될 교황청 활동의 두번째 분야에서 관찰할 수 있다.

### 국제 정치

"베드로의 손에 세속의 칼이 쥐어져 있음을 부인하는 자는 주님의 말씀을 이해하지 못한 자이다." 1302년에 보니파키우스 8세는 13세기 교황들의 지위를 그렇게 단순하게 요약했다. 13세기 교황들은 지상에서 그리스도의 대리자들로서 권력의 절정을 누린 덕분에 교회에서 못지 않게 정치에서도 지상권(至上權)을 행사했다. 이 두 권력을 사용하는 데는 실로 차이가 있었다. 영적인 칼은 직접 휘둘렀고, 세속적인 칼은 왕들과 제후들의 중개를 통해서 휘둘렀다. 하지만 이 간접적인 통제는 그것을 휘두른 대리인들에게 독립된 권력이 있음을 뜻하지 않았고, 따라서 교황의 통제권이 그로써 약화되는 일이 없었다. 그것은 단순히 편의에 따른 것으로서, 세속 권력이 영적 권력에 비해 열등하다는 표현이었다. 마치 사도들이 하나님의 말씀에 전념하기 위해서 집사들에게 구제 사역을 위임했듯이, 교황들도 왕들에게 권한을 위임했다는 것이었다. 권한을 위임함으로써 교황권은 약화되지 않고 오히려 강화되었다. 위임할 수 있는 권한이란 통치자가 지닌 최고의 특권이기 때문이다.

그럼에도 불구하고 권력 위임은 중대한 실질적인 문제들을 일으켰다. 이를테면 대리인들을 선정하는 문제나, 시원찮은 대리인들을 제거하고, 그들의 활동과 결정을 감독하고, 그들의 실수를 바로잡고, 그들이 적과 대치할 때 그들을 지원하는 문제가 자연히 생겼다. 중세의 어떤 교황도 인노켄티우스 3세만큼 이런 문제들을 제대로 이해하거나 깊이 생각하지 못했다. 우리가 중세 말에 교황청이 곤경에 처했던 일을 살펴보려고 할 때는 반드시 그가 겪었던 경험을 유념해야 한다.

인노켄티우스 3세는 가장 높은 정치 영역에서 자신의 생각과 활동을 독특한 기록으로 남겼다. 그는 교황이 된 그 해부터 제국의 업무에 관련된 서신들을 보관했다.[50] 당시는 위기의 순간이었다. 왜냐하면 황제가 없고 대신에 저마다 황제라고 주장하는 사람이 셋이 있었기 때문이다. 늘 그랬듯이 이번에도 교황이 세속 분야에서 자신의 수석 대리인을 선정하는 권한을 행사할 때였다. 그 교황이 1199년에 보관하기 시작한 문서들은 정규적인 공식 업무의 결실이 아니었다. 그것은 교황에게 가장 다급한 세속 문제를 해결하기 위한 응집된 노력이 기록되어 있는 문서들이었다. 그는 이 문서들을 후임자들이 지침을 삼도록 남겼는데, 이것이 아마 교황이 세속 세계를 지배한 일을 기록한 방대한 자료들 중에서 최초의 것이었을 것이다.

그럼에도 불구하고 그 뒤로 다시는 그러한 방대한 자료가 나타나지 않

---

50) 이 서신들은 F. Kempf의 편집본에 양호하게 보존되어 있다: *Registrum Innocentii III Papae super Negotio Romani Imperii* (*Miscellanea Historiae Pontificiae*, xii, 1947).

았다. 얼른 생각하면 이상해 보인다. 왜냐하면 인노켄티우스가 제국 업무에 대해 남긴 자료는 교황의 통제 작업의 첫 단계가 성공적으로 완수된 데 힘입어 승리의 어조로 매듭지어졌기 때문이다. 교황은 자기가 원하는 사람을, 자기가 내내 지원했던 사람을 황제로 세웠다. 인노켄티우스가 남긴 자료집 가운데 마지막 문서들에는 황제가 교황에게 철저히 복종했고, 교황의 뜻에 위배되는 모든 관습을 포기했다고 기록되어 있다. 이것은 교황의 이론이 오래 추구해온 유토피아였다. 인노켄티우스는 그 유토피아의 도래를 다음과 같은 환호의 말로써 맞이했다:

> 하나님의 은혜로 이제 진정한 평화와 확고한 일치가 교회와 제국 사이에 존재하게 되었다 …… 파멸에 떨어진 세계 국가는 우리의 근면과 관심에 의해 회복될 것이다 …… 만약 우리 둘이 함께 선다면 "골짜기마다 돋우어지며…… 험한 곳이 평지가" 될 것이다. 교황권과 왕권(그 두 가지가 다 최고의 수준으로 우리에게 부여되었다)이 만약 서로를 돕는다면 이 목적을 충분히 이루고도 남을 것이기 때문이다.[51]

인노켄티우스는 열정가가 아니었다. 그의 확고하고 질서정연한 정신은 당대의 많은 사람들을 현혹시켰던 무모한 기대에 넘어가지 않았다. 하지만 그는 자신의 생애 중 이 시점에서 묵시적 이상의 옷자락에 손을 댔다.

그의 정치 개입에 관한 기록은 바로 이러한 어조로 끝을 맺는다. 그의 후계자들이 이 기록을 연구했다는 충분한 증거가 있지만, 이 기록은 (현존하는 내용대로는 1209년에 끝나므로) 후계자들을 호도할 소지가 컸다. 이 기록이 끝난 시점에서 불과 몇 달 뒤에 교황이 세운 황제 오토 4세(Otto IV)가 그의 신임을 저버렸다. 2년도 못 가서 교황은 자신이 가장 내키지 않았던 후보자인 프리드리히 2세를 울며 겨자 먹기로 지명하지 않을 수 없었다. 이로써 호엔슈타우펜가와 제국과, 교황청이 장차 효과적으로 세속 권력을 행사할 전망까지도 공동의 정치적 혼돈 속으로 몰아넣은 기나긴

---

51) ibid., pp. 385-7 (*Ep.* 179 of 16 January 1209).

파멸의 과정에 문이 열렸다.

　인노켄티우스 3세의 실패는 당대인들에게 가려져 있었고, 그가 평생 여러 면에서 거둔 성공 때문에 후대의 관찰자들의 눈에도 가려지는 경우가 종종 있었다. 그것은 참담한 실패를 성경적 은유와 독선적인 결론으로 모호하게 만드는 교황 서신 집필자들의 기교에 의해서도 가려졌다. 교황의 수사 실력이 황제의 수사 실력을 훨씬 능가했다. 교황의 수사에는 사람의 마음을 사로잡는 힘이 있다. 그러나 여기서 중요한 것은 인노켄티우스 3세의 실패가 어느 정도였는지, 그리고 그 이유가 무엇이었는지를 이해하는 것이다. 바로 여기에 중세 교황권 이론 전체의 붕괴를 초래한 씨앗이 심겨 있었기 때문이다.

　교황이 그리스도께 정치적 수장권을 위임받았다는 이론이 적어도 13세기 교황들의 눈에는 완전한 교황권의 핵심 부분이었다. 만약 이 이론이 무너지면 다른 모든 것이 흔들리게 되어 있었다. 하지만 정치적 수장권은 교황 혼자서 행사할 수 없었다. 이 일을 위해서 교황은 대리인들을 두어야 했고, 이 대리인들 가운데 가장 중요한 사람이 황제였다. 황제는 교황의 정치적 대리인들 중에서 가장 중요한 사람이었을 뿐 아니라, 이론적으로 교황의 감독에 복종할 의무가 있었다. 황제의 직위는 세습되지 않고 교황의 대관식에 의존했기 때문이다. 만약 교황이 황제를 감독 못하면 다른 세속 군주들도 감독할 수도 없었다. 따라서 13세기 교황들은 황제에 대한 감독권을 확립하기 위해서 집요한 노력을 기울였던 것이다. 가령 교황이 프리드리히 2세와 투쟁을 벌인 데에는 보다 협소한 영토상의 이유도 있긴 했지만, 진짜 이유는 교황이 반드시 승리한다는 확신에 있었고, 이런 확신이 별로 대수롭지 못한 일 처리에도 위엄을 입혀 주었다.

　하지만 교황은 프리드리히 2세와 투쟁을 벌이는 과정에서 치명적인 교훈을 깨달았다. 그것은 총력을 기울여 정치 투쟁에 임해야만 승리를 얻을 수 있다는 교훈이었다. 승리하려면 영적·세속적 무기를 총동원하여 동맹 세력을 확대하고 전쟁을 선동하고 완강히 저항하는 자를 굴복시켜야 했다. 교황들은 정치 참여를 통해 효과를 거두려면 전폭적으로 참여해야 한다는 사실을 발견했다. 직접적인 세속적 행동으로 뒷받침되지 않는 간접적인 권력이란 무의미했다. 하지만 교황은 정치적 목적을 달성하기 위해 자신의 영적 권위를 동원하지 않는 한 세속 군주로서는 무의미했다. 이것이 교황의 딜레마였다. 정치적 목적에 총력을 기울이면 승리를 거둘 수 있었다. 하지만 그렇게 되면 자신의 승리를 가능케 해준 영적 수장으로서의 독특한 지위를 잃게 되었다. 그렇게 되면 정치 공작이 난무하는 세상에 함몰되지 않을 수 없었다.

이 모든 일이 높은 차원의 정치 세계에서 고스란히 발생했다. 낮은 차원에서는 교황들이 유럽 전역에 있는 정치적 대리인들이나 관찰자들을 시켜 정보를 얻고 명령을 전달하고 그들의 순종 여부를 감시할 수 있다면 간접적인 정치 권력이 여전히 통할 수 있었을 것이다. 하지만 이것이 불가능했다. 13세기에는 자원 면에서나 정치 환경 면에서 정치적 거류자 체계를 그대로 유지할 수가 없었다. 교황이 세속 문제에 대해서만 직접적인 사법권을 갖는다면 교황권은 세속 사회의 가장 낮은 수준으로 전락할 수가 있었다. 12세기 중반에 교황의 사법권이 강화될 당시에는 뿌리를 튼튼히 내린 교회의 항소 체계와 유사한 세속 사회의 항소 체계도 뿌리를 내리는 것이 가능해 보였다. 세속 군주들은 이런 일이 발생하는 것을 두려워했는데, 그들이 두려워한 것은 일리가 있었다.

1156년에 스코틀랜드 트위드 강 계곡 지대에 사는 어떤 소지주는 자신의 소유권을 확증하고, 혹시 자신의 소유권이 침해를 당할 때는 교황청에 항소할 권리를 주는 교황의 특권을 구입할 가치가 있다고 생각했다.[52] 거의 같은 시기에 영국 왕 스티픈(Stephen)의 상속자인 서리의 백작이 교황청에 헨리 2세(Henry II)에 대한 유산 반환 청구 소송을 낼 수 있도록 허락해 달라고 하면서 막대한 금액을 갖다 바친 듯하다.[53] 만약 이런 행동들

---

52) W. Holtzmann, *Papsturkunden in England*, 1952, iii, nos. 115, 153, 321. 그 특권의 수령자는 리들의 Askitill이었다. 그 하사는 처음에 하드리아누스 4세가 내렸고, 그 뒤에 알렉산더 3세가 두 경우에 추인했다.

이 보편의 관행이 되었더라면 교황은 실로 세속 세계에서 수장이 되었을 것이다. 하지만 그 과정은 세속 법의 급속한 발달과 세속 군주들의 반발로 가로막혔다.

그럼에도 불구하고 교황의 정치적 영향력이 준(準) 사법적 형태로 신장될 여지가 있는 한 가지 분야가 남아 있었다. 그것은 국제 외교 분야로서, 중세의 전쟁이 지녔던 성격에서 비롯되었다.

중세의 전쟁은 여러 면에서 현대의 전쟁과 비슷했다. 우선 끝을 내기가 매우 어려웠다. 확실한 결과 없이 4년씩이나 질질 끌기 일쑤였고, 전쟁에 참여한 집단들이 양 진영을 오락가락하는 경우가 비일비재했다. 평화로 가는 첫 걸음은 휴전 협상이었다. 휴전 협상에서 미묘한 줄다리기가 벌어지면 집행력이 아무리 약할지라도 중재자로서 보증인으로서 혹은 단순히 대변인으로서 다양한 중재 능력을 발휘할 국제적 권위자가 필요하게 되었다. 해묵은 반목 관계가 폭발하고 전쟁과 평화의 복잡한 관계가 갈수록 구분하기 어렵게 되면 이런 국제적 권위자의 중재가 더욱 절실해졌다. 이런 임무에 교황만한 적임자가 없었다. 대개 한쪽 진영에서 교황에게 호소함으로써 시작된 그 절차는 교황청의 정부 개념에 쉽게 맞아떨어졌다. 그 절차는 법적 권위를 지나치게 강조하지 않은 채 교황의 주권을 암시했다. 따라서 그것은 세속 군주의 감정을 자극하지 않은 채 교황의 야심을 충족시켜 주었다. 더욱이 그 일은 교황청 법원이 탁월함을 드러낸 그런 종류의 직업적 역량을 요구했다. 교황청에는 유럽의 어느 집단보다 많은 법률과 협상의 전문가들이 포진해 있었고, 교황은 이들을 활용하여 협상이 매끄럽게 진행되고 평화 조약이 완벽하게 체결될 수 있도록 조치했다.

이런 과정을 빠짐없이 볼 수 있는 사례는 1345년에 교황 클레멘트 6세가 영국 왕과 프랑스 왕의 평화 조약이 체결되도록 돕기 위해 교황 대사들을 보낸 사건이다. 교황 대사들은 쌍방을 지원할 수 있는 실권을 잔뜩

---

53) *Letters of John of Salisbury*, ed. W. J. Millor, H. E. Butler and C. N. L. Brooke, 1955, i, p. 82.

받아 가지고 파견되었다. 교황의 선물로 빈 성직록들을 수여할 권한, 스물 다섯 명의 성직자들에게 공증인 지위를 수여할 권한, 사촌끼리의 결혼을 구제하기 위한 열 가지 면제 사유를 부여할 권한, 사생자 출산에 따른 처벌을 면할 수 있는 백 가지 면제 사유를 부여할 권한, 그리고 파문 당한 자들과 친교를 나누고 그들을 사면할 수 있는 권한, 맹세를 대체해 줄 권한, 완전 면죄부와 부분 면죄부를 부여할 권한, 교회의 검열을 시행할 권한, 자유 통행권을 부여할 권한, 방해가 되는 성직자들에게 연설을 제한할 권한 등을 그들은 교황에게 위임받았다.[54] 이 권한들은 전쟁의 욕구가 있을 때에는 평화를 가져다 주지 못했지만, 한 쪽만이라도 평화를 원할 경우에는 사태를 완화시킬 수 있었다. 그들은 중재자에게 필요한 자유 재량을 갖고 있었다.

　교황을 정규 외교 업무에 끌어들일 가치가 있다고 처음으로 파악한 사람은 아마 영국의 왕들이었을 것이다. 그들은 그렇게 할 만한 특별한 이유가 있었다. 영국 왕 존이 인노켄티우스 3세에게 굴복한 뒤 한 세기 반 동안 영국은 교황의 영지였다. 존과 그의 아들 헨리 3세는 이런 상황을 십분 활용하였다. 그들은 교황의 지원을 의지하여 내부의 적들을 제재하고 외교 문제에서 유리한 여론을 조성할 수 있었다. 따라서 그들의 외교 서신들을 들춰보면 자기들의 외교 문제에 교황의 지원을 호소하는 사례들이 눈에 많이 띈다. 그 절정은 보니파키우스가 4년간 전쟁을 치러온 프랑스 왕과 영국 왕 사이에 중재를 요청 받은 1298년에 찾아왔다. 보니파키우스는 적극 개입할 의지가 있었다. 두 왕은 교황의 판단에 따르겠다고 밝혔다. 교황은 대리인들을 임명하고, 그 일을 처리하는 데 필요한 모든 법적 권한을 그들에게 부여했다. 1298년 6월에 교황은 몇 편에 걸친 길고 복잡한 대칙서들을 통해 자신의 판결을 공포했다. 그 부분만 보면 교황이 자신에게 복종하는 왕들의 분쟁을 판결함으로써 세속 주권의 절정에 서 있는 것처럼 보인다. 하지만 그는 바로 다음 순간에 (아마 프랑스 왕의 강요에 못 이

---

54) *C.P.R.*, iii, 195-8.

겨) 뜻밖의 승인을 하고 말았다. 그는 (자신의 말대로) 그 동안 단지 '베네딕트 가이타니 경(Lord Benedict Gaetani)이라는 개인으로서, 왕들간의 평화와 일치를 회복하기 위한 중재자와 따뜻한 심판의 자격으로 행동한 것이었다. 지상에 평화를 전달할 독특한 책임을 지닌 그리스도의 대리자로서 행동한 것이 결코 아니었던 것이다.[55]

그것은 오히려 거꾸로의 절정이었다. 일찍이 보니파키우스 8세만큼 세속 주권의 중요성을 강조한 사람이 없었다. 그럼에도 불구하고 그는 종국에 가서는 차라리 가만히 있지 않고, 오히려 평범한 베네딕트 가이타니 경으로 행동하는 쪽을 택했다. 앞 시대의 교황들이었으면 자기들이 직위를 이런 식으로 구분하도록 방치해 두지 않았을 것이다. 그러므로 세속 주권에 기대지 않은 채 발전시킬 수 있었던 교황의 외교적 역할에 문을 여는 일은 교황의 세속 수장권을 가장 탁월하게 정의한 사람의 몫으로 남겨졌다.

그 발전은 대단히 선량하게 이루어졌다. 교황은 행동 반경이 좁아질수록 소리가 커지는 요란한 경쟁은 포기하고, 그 대신 총체적인 무질서를 온건하면서도 실행 가능하게 완화시키는 일에 집중했다. 13세기에는 교황이 세속사를 좌우할 대권을 지니면 아무것도 성취하지 못하거나, 아니면 정반대로 모든 것을 파괴하는 양극단을 오갔었다. 이와는 판판으로 1298년의 '개인'은 중세의 가장 야만적인 전쟁이 벌어지고 있던 상황에서 교양있는 접촉이 이루어지게 만들었다. 그것은 13세기의 교황들이 꿈조차 꾸지 않은 것이었지만, 인노켄티우스 3세나 인노켄티우스 4세가 성취한 것보다 훨씬 더 많은 것을 성취했다.

다음 두 세기 동안에는 교황들이 중재자 역할을 하기 위해서 자기들이 "우리들의 권위를 내세우지 않고 양 진영이 우리에게 부여한 권한을 내세워서" 활동한다고, 혹은 (1344년의 영국 연대기 저자가 쓴 대로) "교황이나 판사로서가 아닌 개인이자 평범한 친구로서" 활동한다고 주장해야 했던 상황이 여러 번 있었다.[56] 하지만 이런 주장은 대체로 쓸데없는 것이었

---

55) T. Rymer, *Foedera*, ed. of 1816, I, ii, 894, 896.

다. 왜냐하면 굳이 그렇게 할 필요가 없었기 때문이었다. 쌍방이 인정할 수 있는 중재자가 있다는 사실은 군주들의 입장에서는 대단히 이로워서 덕분에 불필요한 난제들을 만들지 않아도 되었다. 교황이 교전 중인 제후들 사이에서 휴전을 이끌어 내기 위해 특사들을 임명할 때, 그 특사들의 권한은 두 휴전 당사자들에 의해 제한되었다는 것이 일반적인 견해이다. 특사들은 교황에게 임명을 받을 때 들은 장엄한 수식어들이 무색하게도, 양 진영을 다독여 휴전 협상 테이블에 앉게 하는 것 이상의 일을 할 수 없었고, 검열권을 행사하더라도 양 진영이 합의한 조건을 강화하는 수준을 벗어날 수 없었다.

지금까지 우리는 중세 교황들이 조용히 정치적 수장권을 포기하고 현실적으로 유용한 중재자의 역할을 발견한 과정을 개관했는데, 이제 그것을 마치기 전에 두 가지 점을 언급하는 게 좋겠다.

첫째로, 교황들이 영국과 프랑스가 전쟁을 벌일 때 사심 없는 중재자로서 활동할 수 있었던 것은 주로 자기들에게 영토상의 이해가 걸려 있지 않았기 때문이었다. 이탈리아에서는 상황이 사뭇 달랐다. 이탈리아에서는 15세기 말부터 16세기 초에 전쟁이 벌어졌을 때 교황이 군주들 위에 군림하는 군주였기 때문에 개인적으로 재산상의 이해가 걸려 있었다. 따라서 백년 전쟁이 끝나고 이탈리아가 13세기와 마찬가지로 다시 한 번 유럽의 군사 및 외교 중심지가 되었을 때, 교황은 점차 중재자 역할을 버리고 군사적으로 적극 개입했다. 하지만 이 무렵에 교황은 더 이상 보편적인 세속 군주로서의 명분을 진지하게 내세우려고 하지 않았다. 다만 이탈리아 군주들 가운데 하나로 남는 것으로 만족했다.

그럼에도 불구하고 오랜 세월을 꺼지지 않고 내려온 불이 여전히 타오르고 있었다. 그 불은 교황 율리우스 2세(Julius II)에게서 가장 뜨겁게 타올랐다. 그는 이탈리아가 복잡한 전쟁에 휘말려 있을 때 여전히 기독교 세

---

56) Adam of Murimuth, *Continuatio chronicorum*, ed. E. M. Thompson, *R.S.*, p. 136. J. G. Dickinson이 *The Peace of Arras* (1955, p. 79n.)에서 인용.

계 전역에서 교황이 군주들을 끌어내릴 수도 있고 일으킬 수도 있다는 주장을 견지했다. 그는 교회의 보편적 권력을 내세워서 자신의 대 이탈리아 정책에 대한 지지를 요청했고, 죽을 때 프랑스 왕 루이 12세(Louis XII)를 '거룩한 로마 교회의 적이자 보편 교회의 울타리를 허문 자'로 규정하고서 그에게서 왕국을 박탈하는 내용과, 영국 왕 헨리 8세(Henry VIII)에게 그가 교황의 전쟁을 지원한 대가로 루이 12세의 왕국과 기독교 세계 최고의 왕이라는 칭호를 수여한다는 내용의 대칙서 초안을 남겼다.[57] 이 대칙서는 발행되지 않았지만, 13세기의 거대한 구도가 효과를 발휘할 기회를 잃은 뒤에도 오랫동안 집요하게 살아 남아 있었음을 말해주는 기념비로서 있다.

### 성직록 쟁탈전

마지막으로 성직 임명권(서임권)을 놓고 벌어진 지루하고 복잡한 투쟁을 살펴볼 차례가 되었다. 이것은 중세의 많은 지역을 뜨겁게 달구었던 투쟁으로서, 교황과 대주교 선출뿐 아니라 주교좌 성당 교회들과 소교구들의 하급 성직자 임명까지도 포괄할 정도로 교회 계급 제도의 꼭대기에서부터 바닥까지 점차 확산되었다. 그것은 중세 교회 체제를 장악하려고 한 교황의 성공담이자 실패담이며, 유럽의 모든 이해 관계와 권력이 한 번쯤은 다 그 이야기가 전개되는 과정에서 실려 나온다.

따라서 우리가 주로 말해야 할 내용은 힘 겨루기를 하던 진영들간의 투쟁이지만, 그 투쟁의 배후에 어느 정도만큼은 야만적인 힘 겨루기를 넘어서는 원칙이 있다는 사실을 기억해야 한다. 그 원칙은 초기부터 기독교 교회를 통치하는 데 필수적이었던 것으로서, 계급의 고하를 막론하고 모든 성직자들이 자기가 속한 사회, 자기가 설교하고 사역하는 그 사회의 대표자라는 것이다. 이 기본 원칙의 필연적인 결과로서, 성직자를 선출할 때는

---

57) 참조. D. S. Chambers, *Cardinal Bainbridge in the Court of Rome 1509-1514*, 1965, 38-9.

그가 사역할 사회의 의지가 다소 반영되어야 한다는 생각이 항구적으로 남게 되었다. 자신의 의지를 표시하려는 사회의 이 같은 다소 본능적인 충동을 만족시킨다는 것은 대단히 어려운 과제였다. 그럼에도 불구하고 이 과제가 포기된 적은 없었다. 비록 이런 시도의 역사가 피상적으로는 긴 실패의 역사였지만 말이다.

중세의 처음 몇 세기에는 큰 일반 원칙들에 실효를 부과하는 입법 활동이 왕성하지는 않았지만, 성직자 선출에 관한 기록들에는 성직 임명이 유효하려면 반드시 충족시켜야 할 세 가지 동의 요소 — 성직자, 교구민, 주교 — 를 구분하는 본문이 드문드문 나온다. 이 요소들 자체나 이 요소들이 수행한 역할이나 그들의 참여 형태를 본격적으로 논의한 기록은 발견되지 않는다. 심지어 1059년 이전에는 교황 선출의 절차와 규칙을 기록으로 남겨두지 않았고, 그 뒤에도 대단히 불확실하고 모호하게 남겨두었다는 것은 중세 초의 사회가 전승과 관습에 크게 의존했음을 보여주는 현저한 사례이다. 중세 초기의 포부는 어록들을 반복해서 기록하는 수준을 넘지 못했다. 이를테면 교황 켈레스티누스 1세(Celestine I)의 다음과 같은 어록이 기록으로 남았다:

> 교구민이 원치 않는 인사를 억지로 그들의 주교로 임명해서는 안 되며, 주교를 임명하려면 성직자들과 교구민들의 공감과 바람을 확인해야 한다.

교황 레오의 어록도 기록에 남았다:

> 성직자들이 선출하고, 교구민들이 지지하고, 관구의 주교들이 수도대주교의 권위로 축성한 인사가 아니면 그 누구도 주교로 세워서는 안 된다.

6세기의 오를레앙 공의회의 어록도 기록에 남았다:

> 교구의 성직자들과 교구민들이 한 마음으로 청빙하여 동의를 표시한 인사가 아니면 그 누구도 주교로 축성해서는 안 된다.[58]

이런 표현들은 모두 생각할 거리를 많이 남겨 놓는다. 당시 현실에서는 그들의 말을 어떻게 해석해야 했을까? 중세 말기에 각각 발전 단계에 있던 이 세 가지 사회 세력을 제재하는 입법이 이루어질 때까지는 그 세력들이 어떤 방식으로 상호 작용을 하느냐에 따라서 그들의 말에 대한 해석이 결정되었다. 이것이 교회 계급 제도의 발전을 다룰 때 구체적으로 살펴봐야 할 세 가지 수준이다. 그 첫째가 교황제이고, 둘째가 주교제이며, 셋째가 주교좌 성당의 참사회원들에게 돌아간 성직록들이다.

### 교황 선출

교황 선출은 다른 주교 선출과 마찬가지로 일반적인 규율에 따라 이루어졌다. 그럼에도 불구하고 교황이 보편적 권위를 주장했기 때문에 교황 선출에 필요했던 '성직자들과 교구민들의 동의'에는 폭넓은 문맥이 붙게 되었다. 11세기까지는 서방 세계에서 교황 선거 기간에 서방 기독교 세계의 성직자들과 교구민들에 대한 대표권을 정당하게 주장할 수 있는 사람은 오로지 황제 한 사람뿐이었다. 그는 대관식 때 부여받은 세속 권력과 영적 권력에 힘입어 라틴 교회 전체를 향해 권위 있는 발언권을 주장할 수 있었다. 10-11세기에는 황제가 그런 일을 대단히 성공적으로 수행한 경우가 여러 번 있었다. 그중 마지막 경우는 황제 하인리히 3세(Henry III)가 1046년에 두 명의 대립 교황을 폐위하고 세번째 인사를 교황으로 임명한 회의를 주재한 경우였다.

이 무렵 황제는 겉으로는 막강한 세력을 보유한 듯이 보였으나 실제는 판이했다. 전에는 특이하게 맞물려 조성된 유리한 상황들로부터 득을 보았다가 일단 그런 상황이 사라지자, 황제로서 평범하게 행사하던 권력마저 행사할 수 없을 만큼 세력권에서 멀리 밀려나 버렸다. 성직록에 공석이 생겨도 다른 사람이 그 자리를 채운 뒤에나 그 사실을 보고받을 수 있었고,

---

58) 이 단락들은 모두 다음 책에서 인용한 것이다: Ivo of Chartres, *Decretum*, v, 61, 65, 66 (*P.L.* 84, 347-9).

분열을 치유하거나 분쟁을 조정해달라는 부탁도 다시는 받지 못했다. 그동안 황제가 서방 기독교 세계의 대표자로서 누려온 역할은 절정에 도달하자마자 끝이 났고, 교황 선출권도 황제를 견제할 만한 세력 — 로마의 성직자들과 교구민들 — 의 손에 넘어갔다.

실질상 성직자들이란 추기경들을 뜻했고, 교구민들이란 지역 귀족들을 뜻했다. 귀족들은 평판이 좋지 못했다. 중세 교황제가 맨 밑바닥으로 추락한 것이 1012-1046년에 세 번이나 연속해서 교황을 배출한 투스쿨룸 백작 가문의 지배 시기에 발생한 결과이자, 많은 사람들의 주장대로 그 가문의 지배로 말미암은 결과라는 것은 모두가 동의하는 바이다. 베네딕투스 8세, 요한 19세, 베네딕투스 9세가 이들인데, 이 교황들은 뛰어난 교회 지도자들이 못 되었고, 마지막 인물은 오히려 큰 악인이었던 것 같다. 하지만 그들의 행동 반경이 크게 위축된 것은 그들의 잘못이 아니었다. 게다가 교황권은 보편적 권위로 대두하는 동안에도 지역 왕가의 정책으로부터 받은 압력을 피하지 못했다.

아비뇽 교황청 시대를 제외한 중세 내내 로마의 귀족들이 교황 선출을 좌우하는 유일한 실세였으며, 그들의 세력은 교황의 권력이 중세에서 전성기에 올라섰던 13세기만큼 중요한 때가 없었다. 13세기 교황들이 출신 가문과 왕조의 관점에서 정책을 결정하던 관행은 겉으로는 10세기나 11세기의 교황들에 비해 더 노골적이지는 않았지만 실제는 그와 달랐다. 그것은 어른들의 호전성이 아이들의 호전성에 비해 겉으로 덜 표출되는 것과 같은 이치였다. 타격이 훨씬 교묘해졌고, 공모(共謀)가 훨씬 세련되게 이루어졌으며, 한 번에 입히는 피해도 훨씬 더 컸다. 족벌주의, 뇌물 수수, 가문의 치부(致富)를 위한 공금 횡령이 중세의 군주들에게는 범법 행위가 아니었다. 이런 행위들은 통치술의 일부분이었고, 이런 통치술을 가장 절실히 필요로 했던 사람들은 다름 아닌 교황들이었다. 따라서 11세기 초의 교황들처럼 한 왕가에서 연속해서 교황이 배출되는 일이 다시는 일어나지 않았을지라도, 콘티 가 출신인 인노켄티우스 3세와 그레고리우스 10세와 알렉산더 4세, 오르시니 가 출신인 켈레스티누스 3세와 니콜라스 3세, 사벨리 가 출신인 호노리우스 3세와 4세, 카에타니 가 출신인 보니파키우스 8세가 교황청으로 가지고 들어온 가문의 이익을 고려한 계산은 11세기 못지 않게 정치 현실에 확고히 뿌리를 내렸다.[59]

더욱이 10-11세기의 로마 귀족들에게 독일의 황제 지명자들이 눈엣가시 같은 경쟁자들이었듯이, 13세기의 로마 귀족들에게도 프랑스의 우르바누스 4세, 클레멘트 4세, 마르티누스 4세, 켈레스티누스 5세 같은 경쟁자들이 있었다. 그 결과 11세기와 유사한 긴장이 재발했고, 그러한 긴장은 11세기보다 훨씬 더 과격한 사건들로 비화되었다. 켈레스티누스 5세는 불과 넉 달을 교황으로 재위하면서 여덟 명의 프랑스인을 추기경으로 임명한 뒤에 압력을 못 이겨 은퇴했고, 그의 계승자이자 적인 보니파키우스 8세는 프랑스 귀족들과 지역 귀족들의 공모에 의해 공격을 받아 죽는 수모를 겪었다. 교황청이 아비뇽으로 이전한 사건과 그로 인한 대분열 자체도 지역 로마 귀족들과 추기경들 가운데 친 프랑스파 사이의 격렬한 증오의 연장이었다. 중세의 교황청이 지역 왕가의 경쟁자들에게서 자유로워진다는 것은 중세 사회의 속성상 맞지 않는 일이었다. 이 사실은 교황제의 제도적 발전을 결정해 준 보다 넓은 사회적 집단들의 세력을 한층 더 강하게 부각시켜 줄뿐이다.

중세 초와 말의 큰 차이는 왕가들 사이에 투쟁이 있었다는 사실 자체에 있지 않고, 그 투쟁이 벌어진 방법에 있다. 중세 초에는 교황들이 소란스러운 투쟁이 벌어지는 상황에서 선출되었지만, 말에는 저마다 투쟁을 가슴에 품은 추기경들의 교황 비밀 선거회에서 선출되었다. 추기경들이 교황을 선출할 수 있는 독점권은 1059년에 교황 니콜라스 2세(Nicholas II)의 교령에 의해 확립되었다. 이 교령의 의도는 교황청을 세상으로부터, 특히 황제와 지역 귀족들로부터 단절함으로써 정화하려는 데 있었음에 의심의 여지가 없다. 이 교령은 향후 교황들의 선출을 주로 주교 추기경들에게 위임함

---

[59] 이 교황들의 지역적 연줄과 정책에 관해서는 다음을 참조하라: Daniel Waley, *The Papal State in the Thirteenth Century*, 1961.

으로써 그 작업을 수행하려고 했다. 하지만 이 교령은 대의에서 뿐 아니라 구체적인 의도에서도 실패로 끝났다. 세상이 그렇게 호락호락 단절되지 않았다. 세속적 이해 관계의 충돌이 추기경들의 교황 비밀 선거회로 고스란히 이전되었다. 황제조차도 쉽게 배제되지 않았다. 황제는 마음만 먹으면 추기경들 가운데서 지지자들을 얻을 수 있었던 것이다.

더욱이 교황 선거 때 가장 큰 발언권을 가지도록 되어 있던 주교 추기경들과 자문 역할을 맡도록 되어 있던 사제 추기경들과 부제 추기경들 사이의 관계도 명쾌하게 한계가 정해지지 않았다. 만약 사제들과 부제들이 주교들과 동등한 투표권을 갖지 못한다면 그들의 비중을 어떻게 매겨야 할까? 주교 다섯 명과 사제 일곱 명, 부제 한 명이 주교 두 명과 사제 스무 명과 부제 여섯 명보다 더 비중이 있을까? 그것은 아무도 몰랐다. 이렇게 불확실한 규정 때문에 1059년 이후 120년 동안에 중세의 거의 모든 대립 교황들이 등장했다. 이 기간 동안 단일 교황이 재위한 기간은 45년밖에 되지 않았다. 나머지 75년 동안에는 두 명의 교황권 주장자들이 추기경들 사이에서 지지자들을 얻어서 서방 세계의 충성을 분할했다.

이런 상황은 모든 추기경들이 동등한 투표권을 가지며, 투표수의 2/3 이상을 획득해야 교황이 된다고 공포한 1179년의 라테란 공의회에 의해 매듭지어졌다.[60] 현재까지 이어져 내려온 규칙은 이렇게 해서 확립되었고, (비록 그렇게 해서 세상으로부터 단절되지는 않았지만) 교회에 적지 않은 유익을 끼쳤다. 이 규율에 힘입어 교황권은 200년 동안 아무런 자격 시비 없이 계승되었다. 1328-1330년 사이의 몇 달을 제외하면 1179-1378년에는 단 한 명의 대립 교황도 나타나지 않았다. 13세기 말부터 14세기 초까지 긴장이 고조되는 상황에서도 — 과거 같았으면 틀림없이 분열이 발생할 만한 상황이었다 — 교황이 결정되지 않은 상태가 좀더 길어지는 것으로 끝났다. 1179년에 수립된 선거 제도가 서방 교회를 하나로 결속시키는

---

60) X, i, vi, 6. 1179년에 결정된 규칙에 훗날 가해진 변경 사항들은 절차에 관한 것들이다가, 1945년에 이르러서는 의결 정족수가 2/3에 한 명이 추가되었다.

데 부적합하다는 사실이 드러난 것은 14세기에 추기경들 사이에 민족 감정이 증가하면서 비로소 생긴 결과였다. 1378-1417년에 분열이 재개된 것은 종교개혁으로 말미암은 민족적 분할을 예고했다. 하지만 이런 붕괴를 제외하면 중세에는 추기경들에 의한 선거 제도가 제대로 통했다. 그것은 그 제도에 의해 세상이 배제되었기 때문이 아니라, 추기경들이 세속 사회의 큰 세력 집단을 대표함으로써 모두가 납득하는 결정을 내릴 수 있었기 때문이었다.

### 주교 선출을 관장한 교황

주교 선출을 관장하는 일은 입후보자들이 보다 동등한 자격을 갖추었을 뿐 아니라, 모든 상황에 적합한 제도를 고안할 수 없었기 때문에 한층 해결하기 힘든 문제를 일으켰다. 주교들이 교구의 성직자들과 교구민들에 의해 선출되어야 한다는 이론은 사실상 무엇을 뜻했느냐 하면, 8-11세기에 주교들이 대부분 평신도 군주들에 의해 선출되었음을 뜻했다. 이 제도에는 공정한 일면이 있었다. 왜냐하면 황제와 마찬가지로 왕들도 준(準) 성직자적인 특성을 지녔기 때문이다. 왕들은 하나님 앞에서 자기 영토의 종교 질서를 유지해야 할 책임이 있었고, 자기들이 성직자들과 교구민들을 모두 대표한다고 주장할 수 있었다.

그러나 11세기 중반에도 그랬듯이 성직자들은 교황 선거 때 공식적인 독점권을 주장했고, 따라서 주교 선거 때도 똑같은 주장을 내세웠다. 이 주장이 승인되기까지는 오랜 시간이 걸렸지만, 12세기 중반 무렵에는 모든 곳에서 법적인 지위가 확립됨으로써 주교좌 성당의 참사회원들이 자기들의 주교를 선출할 권한을 갖게 되었다. 이 결과는 주로 교황청이 제공한 지도력에 힘입은 것이었다. 교황 법원은 규율을 어긴 행위를 조사할 수 있었고, 교황들은 규율이 제대로 준수되는지 감독할 임무를 부여받은 감독관을 자임했다.

그러나 다른 선거 기구들과 마찬가지로 주교좌 성당 참사회도 선거 때 분열의 양상을 띠었고, 어느 정도 예외 규정을 받아들이지 않았던 선거는 거의 없었다. 중세의 주교 선거 자료들은 후보자들이 연령이나 적법성이나 교육 수준이나 참사회원들 가운데 다수의 지지를 얻지 못한 점이나, 법 절차를 철저히 지키지 않은 점을 들어 반대가 제기된 사례들로 가득하다. 이것은 교황 법원에 의해서만 해결될 수 있었던 문제들이었다. 따라서 주교좌 성당 참사회가 주교 선출을 맡게 되면서 맨 처음으로 생긴 결과는 로마로 보내는 항소가 줄을 이었다는 것이었다.

교황은 이런 결과를 얻기 위해 굳이 나설 필요가 없었다. 저절로 그런 결과가 초래되었다. 동시에 보다 적극적인 교황의 개입에 길을 열어 놓게 만든 이론이 발달했다. 공식적으로 그 이론은 아주 오래된 문서에 그 기원을 두었다. 5세기에 교황 레오 1세는 몇 가지 점에서 다른 주교들보다 월등한 세력을 보유하고 있던 데살로니가 주교에게 쓴 서신에서, "그가 완전한 권세를 부여받은 게 아니라, (교황의) 책임을 분담하도록 부름을 받았다"고 지적했다.[61] 원문에 기록된 이 문장의 정확한 의미를 가지고 시간을 끌 필요가 없다. 교황과 주교들의 관계를 규명하고 싶었던 12세기 법률가들에게, 그 서신은 그들이 구하고 있던 공식을 제공해 주었다. 그것은 교황에게는 '완전한 권세'를, 주교들에게는 '교황의 책임을 분담할 권세'를 부여하는 것이었다. 이 문장에 암시된 관계는 절대 군주와 그를 지원하는 자들의 관계였다. 그것은 사실상 주교가 교황의 지역 대리자라는 것을 뜻했다. 해당 지역에 거주하는 왕의 신하처럼, 그의 사법권은 그의 상급자에게서 나왔다.

교황의 지위를 표시하기 위해 사용된 '완전한 권세'(plenitudo potestatis)라는 구절과 주교의 역할을 표시하기 위해 사용된 '부분적인 의

---

61) *P.L.* 54, 666 (*Ep.*14). Gratian이 인용(C. 3. q.6. c.8). 1150년에 이르면 그 두 구절은 성 베르나르가 교황에게 다음과 같이 쓸 수 있을 정도로 보편화되었다: "Juxta canones tutos, alii in partem sollicitudiness, tu in plentitudinem potestatis vocatus es' (*De Consideratione*, ii, 8). 'plena potestas'라는 구절이 보다 폭넓게 적용된 몇몇 사례들에 관한 논의는 다음을 참조하라: Gaines Post, 'Plena potestas and consent in medieval assemblies', *Traditio*, 1943, i, 355-408.

무'(partem sollicitudinis)라는 구절은 오늘날의 의미로 자연스럽게 굳어지게 되었다. 이렇게 일단 의미가 굳어진 뒤에는 중세 교황제의 본질적인 교리를 표현하게 되었다. 하지만 그 구절들이 당시에 실질적으로 무엇을 뜻했는가 하는 것은 여전히 답을 구해야 할 문제로 남아 있었다.

얼른 보면 이 구절들은 교황이 선거 과정을 감독하기 위한 궁극적인 안전 장치를 제공해 주었을 가능성이 있다. 이 구절들을 매우 자유롭게 사용한 인노켄티우스 3세조차 지역 선거권자들의 권리를 함부로 무시하지 않으려고 노력했다. 주교좌 성당 참사회가 양분될 경우 그들을 설득하여 한 명의 후보자를 선출하도록 하는 데 많은 시간을 할애하곤 했으며, 어지간해서는 '지름길'을 택하여 직접 후보자를 지명하지 않았다. 그러나 교황이 지역의 분쟁을 해결하는 데 할애할 수 있는 시간에는 한계가 있었다. 교황의 입장에서는 자신이 선거 과정에 개입하지도 않았고 또 자신의 마음에 들지도 않는 대주교나 주교에게 서신을 보내 "완전한 권세를 지닌 로마 교황청이 그로 하여금 교황의 책임을 분담하도록 불렀다"는 점을 상기시켜봐야 아무 소용도 없었을 것이다. 교황으로서는 주교를 임명할 직접적이고도 보편적인 권한이 자신에게 있음을 내세움으로써 위 문장에 실질적인 의미를 부여하고 싶은 욕구가 대단히 강했다. 그런데 놀라운 점은 교황들이 결국에 가서는 이 권한을 주장했다는 것이 아니라, 그들이 아주 오랫동안 그 권한을 거부하다가 마지막에 가서야 비로소 그 최종 단계를 밟았다는 것이다. 요한 22세와 베네딕투스 12세가 모든 주교 임명을 교황에게 일임하고 지역 선거권자들의 권한을 교황의 재량에 맡기는 내용의 법령들을 공포한 것은 14세기 이후의 일이었다. 1335년에 베네딕투스 12세가 한 발언은 이러한 입장을 가장 확실하게 표현한 예다:

> 우리는 모든 총대주교구와 대주교구와 주교구 교회들, 모든 대수도원들, 모든 소수도원들, 모든 고위성직과 사제직과 하위성직, 모든 참사회원직, 성직록들, 교회들, 그 밖의 교회 성직록들에 대해서, 그것들이 관할 성직자가 있든 없든, 재속(在俗)이든 정규든, 궐석이든 앞으로 궐석이 될 것이든, 심지어 선거에 의해서든 혹은 그 밖의 방법에 의해서든 그 자리가 채워졌거나 채워져야 할 것

이든 상관없이, 우리는 그것들을 우리 자신의 임명과 면직과 수급하에 둔다.[62]

그 이후로 보통 주교 선거권자들의 권한은 소멸되었고, 교황이 그들의 보편적 대표자로서 개입했다. 하지만 이것은 세속 군주들의 권한도 아울러 소멸되었다는 뜻이 아니다. 오히려 정반대였다. 세속 군주들은 오히려 권한이 되살아났다. 그들은 주교좌 성당 참사회가 대표하는 지역적 이해들이 거미줄처럼 복잡하게 얽힌 상황을 대하기보다 교황 한 사람을 대하기가 한결 수월하다는 것을 발견했다. 이러한 새로운 상황은 교황이 성직 임명권을 세속 군주와 공유하게 되었음을 뜻했다. 이런 방식으로 교황 군주제는 세속 군주를 위한 길을 예비했다. 이런 상황 전개 과정에서 가장 이상한 점은 매 단계마다 자체의 몰락을 위한 장치를 제공했다는 것이다. 교황의 지도력이 없었다면 지역 선거권자들은 세속 군주의 권력을 제재할 세력을 얻지 못했을 것이다. 그런 뒤 지역 선거권자들이 권한을 행사하려 할 때 부닥친 어려운 점들이 교황의 감독 범위를 넓혀 주었고, 마지막에는 교황이 모든 권한을 인수하게끔 상황을 전개시켰다. 하지만 교황은 세속 군주의 동의(그리고 결국에는 지시)를 받아야만 자신의 권한을 효과적으로 행사할 수 있었다. 이것은 거꾸로 세속 군주들이 (교황의 동의를 받든 받지 못하든 상관없이) 주교 임명 업무를 인수할 수 있게 해주었다. 그런 다음에는 다른 분야에서와 마찬가지로 주교 선출이라는 분야에서도 중세 말에 이르면 상황이 중세 초와 근접하게 되는 경향을 띠었다. 비록 상황이 훨씬 더 복잡하게 되었고, 정치 의식도 한층 높아지긴 했지만 말이다. 이제는 세속 군주가 교회 권력의 잔여 재산 수유자(受遺者)가 되었다.

### 교황이 소규모 성직록 보유자 임명을 관장함

앞에서 주교 임명 방식에서 살펴본 과정이 주교좌 성당 참사회원과 그

---

62) *Extravagantes Communes*, III, ii, 13 (Friedberg, *Corpus Iuris Canonici*, ii, 1266).

밖의 성직록 보유자를 임명하는 낮은 단계에서도 거의 똑같이 이루어졌다. 주교 선출 때와 똑같이 대립 세력이 있었고, 서로 권리를 내세우는 후보자들이 있었으며, 광범위한 임명의 분야에서 비슷한 이유들 때문에 비슷한 결과가 초래되었다.[63]

방금 인용한 베네딕투스 12세의 1335년 교령은 교황제라는 그물에 총대주교들과 대주교들과 주교들이라는 큰 고기들과 함께 헤아릴 수 없이 많은 작은 고기들을 끌어 모았다. 그들 모두의 임명권이 교황에게 있었다. 이러한 대대적인 단순화는 교황제 본래의 목표도 아니었고, 역대 교황들의 각별한 노력의 결과도 아니었다. 12세기 교황들은 이렇게 큰 성직록들뿐 아니라 하급 성직록들에 대해서도 임명권을 행사하게 되면서 주로 평신도들에 대해 교회의 권리를 주장하는 데 관심을 기울였다. 교구 성직자들의 임명권이 주교들의 손에 있었던 초기 교회의 관습이 잊혀진 것은 아니었고, 교황들도 될 수 있는 대로 그 관습을 회복시키기를 바랐다.

하지만 그 관습을 전면적으로 회복하기 어렵게 만드는 거대한 장벽이 있었다. 수세기 동안 평신도 귀족들은 교구 교회들에 십일조를 바치는 것을 당연하게 여겼고, 평신도 후원자들은 자기들의 영토에 있는 교회들에 성직자를 임명할 권리 혹은 의무가 있다고 여겼다. 오랜 시대를 내려오면서 복잡하게 뒤얽힌 이런 과정을 하루아침에 뒤엎기란 불가능했다. 교회 입법으로 할 수 있었던 것은 주교들에게 성직 후보자들을 조사하고 승인할 권한을 강화하는 것이 전부였다.

하지만 보다 큰 수입을 보장하는 성직록들에 지원하는 사람들이 워낙 많은 데 비해 공석으로 남아 있는 성직록들은 터무니없이 적었다. 지원자들에는 다양한 부류가 있었다. 가장 중요한 부류는 학식이 높고, 고분고분

---

[63] 이 주제에 관한 매우 방대한 문헌의 서론으로는 다음을 참조하라: G. Barraclough, *Papal Provisions*, 1935; G. Mollat, *La Collation des bénéces ecclésiastique à l'époque des papes d'Avignon*, 1921; B. Guillemain, *La Politique béneficiale du Pape Benoît XII (1334-1342)*, 1952.

하고, 물려받은 유산이 없고, 교황 법정에서 활동할 자격이 있는 성직자들로서, 이런 부류의 성직자들은 12세기부터 꾸준히 증가했다. 그들은 거액을 지참한 채 중요한 인물의 대표 자격으로 파견되어서 공식 업무에 드는 막대한 비용을 지불하고, 추기경들과 관리들의 호의를 얻기 위해 자금을 사용했다. 그들의 업무는 여러 달 걸릴 수 있었으며, 그들이 자기들 개인의 이익을 위해 재능과 기회를 사용하는 것은 자연스러운 일이었다. 이를테면 1169-70년에 교황 법원에 자신의 주교를 대신하여 활동한 런던 주교 길버트 폴리오트(Gilbert Foliot)의 서기인 런던의 교사 데이비드(David)가 그런 사람이었다. 그가 파견된 임무는 토머스 베켓(Thomas Becket)을 반대했다가 교황으로부터 파문을 당한 주교 폴리오트를 사면해 달라고 교황을 설득하는 일이었다. 하지만 그는 이 임무 외에 자신의 이익도 도모했다. 그는 교황청에서 교황에게 큰 환심을 산 덕분에 교황과 추기경들로부터 추천장들을 한 뭉치 받아 가지고 영국으로 돌아갔다. 그 추천장들 중에서 가장 중요한 것은 다음과 같은 내용이 실린 교황 서신이었다:

> 학식 있는 성직자들을 지원하는 것이 우리의 의무이기 때문에, 그리고 링컨 주교구에 현재 주교가 없기 때문에, 하나님께로부터 책임을 분담하라는 지시를 받았을 뿐 아니라 완전한 권세도 부여받은 우리는 우리 스스로의 권위와 성 베드로의 권위를 가지고 그대를 링컨 교회의 참사회원으로 임명하며, 우리가 지닌 권세에 힘입어 그대에게 이 교회에 공석으로 남아 있는 제1성직록을 부여하노라.[64]

이 서신의 표현들은 면밀히 연구해 볼 가치가 있다. 교황은 해당 교구의 영역 안에서 주교의 권위를 무시할 권한을 주장하지 않는다. 다만 현재 그 교구에 주교가 없기 때문에 그런 권한을 행사할 뿐이다. 하지만 그런 다음

---

64) F. Liverani, *Spicilegium Liberianum*, 1863, p. 547. 교사 데이비드의 경력에 관해서는 다음을 참조하라: Z. N. Brooke in *Essays in History presented to R. L. Poole*, 1927, 227-45.

*172* 중세 교회사

에 그가 자신의 완전한 권세를 주장한 것은 만약 자기가 마음만 먹는다면 공석으로 비어 있는 교구에서 제일 유명한 성직록을 한 성직자에게 부여할 수 있다고 생각했음을 암시한다.

이 단계에서는 교황이 이론적으로 무제한한 자신의 권한을 끌어다 쓸 생각을 하지 않았다. 1/4세기가 지난 뒤 인노켄티우스 3세는 주교들에게 자신의 지명자들에게 성직록을 수여하도록 지시하기 시작함으로써 한 걸음을 더 내디뎠다. 인노켄티우스 4세는 이 관행을 더 이상 예외적인 것으로 만들지 않고 정상적인 것으로 만듦으로써 거기서 한 걸음을 더 나갔다. 클레멘트 5세는 주교들이 갖고 있던 모든 성직 임명권을 장악함으로써 거기서 한 걸음을 더 내디뎠다. 요한 22세는 거기서 한 걸음을 더 나아가 다양한 이유에서 공석으로 남아 있는 모든 성직들을 자신의 권한에 두었다. 베네딕투스 12세는 교황의 성직 임명권 유보의 범위를 크게 확대했다. 클레멘트 6세는 자신의 재위 초에 교황 법원을 찾아온 모든 가난한 성직자들에게 성직록을 기대하게 만듦으로써 그 과정을 환상의 영역으로 이끌고 들어갔다. 수십만 명이 이 관대한 조치에 참여했다고 하며, 열두 권으로 된 교황 서신집은 그렇게 약속된 선물들 중 극히 일부분만 기록한다.

14세기 교회는 교황이 유럽의 모든 나라들에서 성직록을 신청한 사람들에게 부여한 각종 인가들과 작은 성직록들에 대한 약속으로 넘쳐나는 모습을 보인다. 다음은 당시의 교황들이 재위 첫해에 콘스탄스 교구에 하사한 성직록의 수를 그래프로 표시한 것이다:[65]

물론 그 수치는 유럽의 교구마다 달랐겠지만, 전반적인 방향에서는 어느 지역이나 같았을 가능성이 크다.

교황의 행위가 이런 양태로 나타난 것은 아주 어려운 문제들을 제기한다. 우선 동기 문제가 생긴다. 교황은 성직록들을 수여할 때 과연 수여하기에 적합한 성직록인지 제대로 알고서 수여한 경우는 극소수에 불과했음에

---

65) 이 도표는 다음 저서에 근거했다: G. Mollat, *Lettres communes de Jean XXII, Introdoction*, 1921, p. 133.

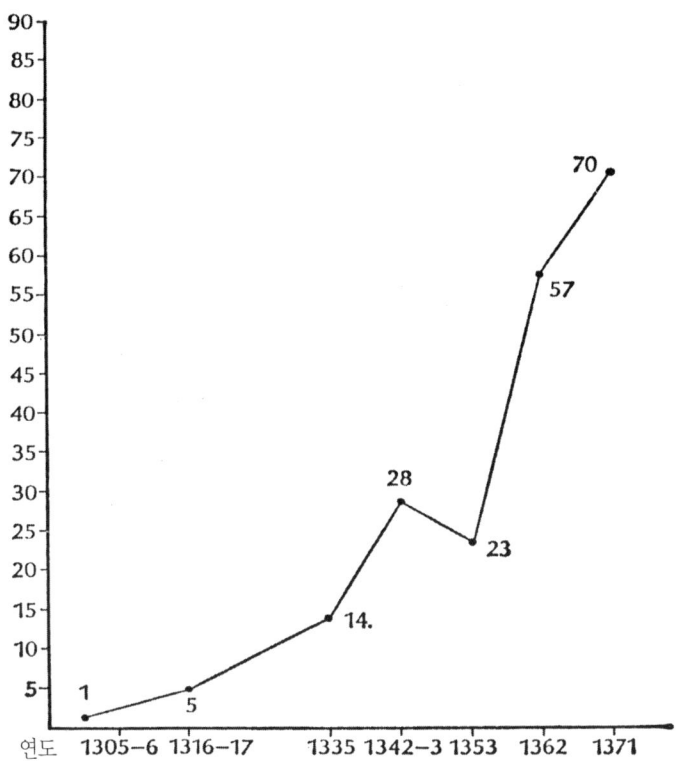

교황이 콘스탄스 교구에 하사한 성직록들(1305-71)

틀림없다. 게다가 교황이 작은 성직록을 수여하는 제도가 교황이 성직자들의 역량을 보다 효과적으로 감독할 수 있게 해주었다고 생각할 수도 없다. 사실상 교황의 권위를 내세워 성직록 보유권을 주장하는 성직자들의 수가 급증함으로써 나타난 최종적인 결과는 지역 세속 군주의 영향력에 더 많은 여지를 마련해 준 것이었다. 바로 그것을 저지하는 것이 교황청의 큰 목표였는데 말이다. 교황의 성직록 남발은 해묵은 문제를 새로운 형태로 되살려 놓았다. 만약 많은 사람들이 성직록 보유권을 주장하는데 그들의 주장을 다 들어줄 수 없다면 지역적 영향력을 갖고 있거나 세속 군주의 지원을 받는 사람이 보유권을 차지할 가능성이 가장 컸다. 우리는 이미 1190년에 베리의 대수도원장 성 에드먼즈가 교황의 성직록 임명권 문서들을 잔뜩 받아놓고서 순번을 엄격히 지켜 그들의 주장을 만족시킬 것을 제안한 일을 살펴본 바 있다. 보유권 주장자들이 많으면 많을수록 선택의 폭은 더욱 커졌다. 그럴 때는 귀족들의 친척이나 왕 혹은 귀족들의 지원을 받는 사람들이 먼저 임명되는 것은 불가피한 일이었다.

그러므로 주교 임명 문제에서도 그랬듯이 이 문제에서도 교황의 절대권이 충분히 발달했을 때 그것이 애당초 억제하려고 했던 모든 영향력을 고스란히 되살려 놓았다. 이렇게 세속적 영향력이 되살아나면서 교황권에 대한 성직자들의 충성도도 쇠퇴했다. 심지어 교황이 자신의 지시가 제대로 통하게 만들기 위해서 평신도 군주들의 보호와 호의를 구하지 않으면 안 될 처지가 되었다. 교황권의 증가는 묘하게도 자체의 와해의 기반을 제공했다.

13-14세기 교황들은 이런 결과를 예견할 수 없었지만, 혹시 예견했다 할지라도 그것을 미연에 방지하기 위한 무슨 조치를 취할 수 있었을지 의심스럽다. 그들은 지나친 확장에 의해서만 죽을 수 있는 세 가지 세력의 희생자들이었다. 첫째는 교황의 절대권이라는 세력으로서, 그 시대 교황들은 이 세력에 떠밀려 이론을 실제로 전환하는 데 필요한 조치들을 취했다. 그들이 혹시 한 가지 방향에서 실패했다면 보다 쉬운 길을 찾아 추진하려는 압력이 그만큼 더 강해졌을 것이고, 그 결과 저항이 가장 적은 분야들에서 명령만 잔뜩 늘려놓는 방향으로 행정이 비대해졌을 것이다. 둘째는 교황청의 권한 행사로서 힘을 얻은 교황청 기구라는 세력이었다. 교황이 특별 관리한 일부 성직록들은 교황청 기구를 움직이는 관직들이었다. 그 관직 보유자들은 어떻게 해서든지 자기들의 직위를 내놓지 않으려고 했다. 중세 정부가 처했던 상황에서는 그것 이외의 다른 결과를 기대할 수 없었지만, 그럴지라도 그들의 주장과 기대가 컸다는 데에 종종 놀라게 된다. 셋째 세력은 가장 근본적인 것으로서, 나머지 두 가지에 방향을 부과한 것이

다. 그것은 모든 권위를 사법권으로 전환하려는 경향이었다. 우리는 앞에서 왜 이런 일이 생겼는지 살펴보았지만, 이제는 그 결과들을 살펴볼 차례이다.

권위가 사법권의 형식을 띠게 되면 사법권의 영역에 들어오는 모든 사람들에게 법 절차를 제공하는 식으로 자체를 표현하게 마련이다. 절대 권력(plenitudo potestatis)은 이 분야가 대단히 클 것이고, 원칙상 무제한할 것이라는 보증이었다. 교황 법원의 기교는 그것의 효과적인 발전을 보증했다. 교황 법원의 판사는 정당한 사유를 갖추어 소송을 신청하는 사람들을 돌려보낼 수 없었고, 교황의 호의를 구하는 사람들은 모두 넓은 의미에서 소송 신청자들이었다. 그들은 다른 권리 주장자들에 대항하여 권리를 주장하고 있었다. 교황 법원에서 성직록을 하사 받거나 약속 받은 성직자들은 부당하게 빼앗긴 땅을 원주인에게 돌려주라고 보안관에게 지시하는 영국 왕의 서신을 받은 평신도와 그 위치가 다르지 않았다.

그는 자기가 바라던 것을 얻는 길에 첫 걸음을 내디뎠으나, 그것을 실제로 소유하기까지는 앞으로 갈 길이 멀었다. 아직 등장하지 않은 대적들과 반대들에 맞서서 자신의 입장을 변호해야 하는 법적 투쟁에 이제 발을 들여놓은 것에 지나지 않았다. 거꾸로 말하면 교황이 무엇을 많이 베풀어 준 것 같은데, 실제로는 아무것도 준 게 없다고 할 수 있다. 실제로는 얻을 수 없는 것에 대해 소유권과 기대를 나눠 준 것이다. 교황이 나눠준 것은 힘을 소유한 상태에서 투쟁에 들어갈 수 있는 권리에 지나지 않았다. 그 뒤로는 연줄과 재력과 본인 자신의 지구력에 따라 성패가 좌우되었다. 교황은 단지 투쟁 원칙을 제시한 다음 티켓을 나누어주었을 뿐이었다. 하지만 이것을 중세 말 교황청 사업의 주요 부분으로 만드는 데 있어서 교황청 기구는 교황제 역사 전체에 깊은 영향을 끼쳤다.

교황의 서임권 간섭이라는 주제를 매듭짓기 전에 마지막으로 한 가지 문제가 남는다. 이 개입이 어느 정도나 효과를 발휘했는가? 이 문제는 다양한 각도에서 검토할 수 있다. 교황이 나눠준 권리들은 어느 정도나 효과를 발휘했는가? 혹은 좀더 실제적으로, 주어진 시기의 주어진 교구의 성직록들이 어느 정도나 교황에게 권리를 부여받은 사람들에 의해 채워졌는가? 첫번째 질문은 대답하기가 불가능하다. 혹시 대답할 수 있을지라도 그다지 이해에 도움이 되지 못한다. 효과를 발휘한 권리는 소수에 지나지 않았을 것이라고 확신할 수 있지만, 그렇다고 해서 교황 문서가 별로 가치가 없었다는 뜻은 아니다. 한 사람을 제외한 모든 지원자들이 권리를 얻지 못했을지라도 그 지원의 정식 절차가 실패였다고는 말할 수 없다. 실패의 비율이 이 제도의 효율성을 평가하는 척도가 되지 못한다.

보다 유용한 질문은 실제로 임명된 사람들 가운데 어느 정도의 비율이 교황의 임명 제도를 사용한 사람들로 채워졌느냐고 묻는 것이다. 이것은 어느 한도만큼만 대답할 수 있는 질문이지만, 여기서도 대답하려면 여러 가지 조건을 고려해야 한다. 중세 말 서임권 제도는 워낙 복잡했기 때문에 어느 한 가지 요인을 다른 요인들과 분리해내면 틀 전체가 망가지게 된다. 고도로 정교한 사회에서는 서로 떠받쳐 주는 요소들의 상호 작용이 — 그 요소들의 기원이 아무리 다양하고 심지어 서로 모순된다 할지라도 — 그 사회를 움직이는 데 없어서는 안 될 특징이다. 단순한 계산으로는 그 복잡한 요소들을 제대로 다 평가할 수가 없다. 그럼에도 불구하고 앞에서 던진 질문에 대략적인 대답이라도 얻으려면 단순한 계산이라도 시도하지 않으면 안 된다.

중세사의 세번째 국면에서 교황청 업무의 다양성을 검토하면서 기초로 삼은 바 있는 1344년으로 돌아가서 링컨 주교좌 성당 참사회의 예순여덟 명의 참사회원들을 살펴보면 다음과 같은 특징들이 떠오른다.[66]

수석사제(dean)와 여덟 명의 대부제들 가운데 네 명이 교황의 배려에

---

66) 링컨의 주교좌 성당 참사회에 관한 이 기록은 다음 책의 개정판에서 참고했다: J. le Neve, *Fasti Ecclesiae Anglicanae 1300-1541*, i, 1962, ed. H. P. F. King. 다음 책들에서도 부수적인 자료를 참고했다: U. Bèrerlie, *Suppliques de Clement VI* (1342-52), 1906, and T. F. Tout, *Chapters in the Administrative History of Medieval England*, 1920-33, vols. iii-v.

의해 교직과 성직록을 차지했고, 차부제(sub-deacon)와 성가대 선창자(precentor)와 상서관(chancellor)은 그렇지 못했다. 나머지 쉰다섯 명의 수급(受給) 성직자들(prebends) 가운데 스무 명이 교황의 배려에 의해 성직록을 차지한 듯하며, 여섯 명이 동일한 권리를 주장했으나 성공을 거두지 못했다. 반면에 거의 똑같은 수의 참사회원들 — 상서관, 대부제 한 명, 스물한 명의 수급 성직자들 — 이 왕의 배려에 의해 성직록을 차지했으며, 세 명의 수급 성직자가 동일한 권리를 주장했으나 성공을 거두지 못했다. 그러므로 서임권의 비교적 낮은 수준에서도 영예는 왕과 교황에게 돌아갔으며, 그들이 유효한 성직록들 가운데 4/5 가량을 마음대로 처리했다. 하지만 왕은 입법에 의해 자신의 지위를 강화하기 시작하고 있었으며, 교황의 배려로 성직록을 차지한 사람들과 비교할 때 왕의 배려로 성직록을 차지한 사람들이 법적 투쟁에서 이기는 비율이 높았다.

영국은 여러 가지 면에서 예외였다. 1318년에 교황 요한 22세는 "성직자들의 신분과 자유가 세계 다른 어떤 나라들보다 그 나라에서 가장 무시되고 짓밟혔다"고 주장했다.[67] 교황이 이렇게 개탄하게 된 데에는 왕이 성직자 임명에 깊숙이 개입한 점도 원인으로 작용했으리라는 데에 의심할 여지가 없다. 이탈리아와 스페인에서 교황의 배려로 성직록을 보유한 주교좌 성당 참사회원들의 비율은 아마 더 높았을 것이다. 하지만 어느 지역에서든 교황의 효과적인 통제가 14세기 중반에 들어서면서 한계에 부닥쳤을 가능성이 있다. 틀림없이 링컨에서는 백 년 뒤에 주목할 만한 변화가 발생했다. 1444년에 주교좌 성당 참사회원들 가운데 교황의 배려로 성직록을 차지한 사람은 한 명도 없었고, 덧붙여 말하자면 두 명만 왕의 배려에 힘입어 성직록을 차지했을 따름이다.

이러한 변화를 설명하기는 쉽지 않지만, 아마 교황과 왕의 행정 체제에 일어난 변화와 맞물려서 발생했을 가능성이 크다. 1344년에 교황의 배려

---

67) 편지 본문은 다음 책에서 인용했다: *Histoire littéraire de France* (Académie des inscriptions et belles-lettres), 1914, xxxiv, 402n.

로 링컨의 참사회원직을 얻은 사람들 중 매우 높은 비율이 교황청의 요원들과 그들의 친척들이었다. 버킹엄과 레스터와 노샘프턴과 옥스퍼드의 대부제들은 모두 프랑스나 이탈리아 출신 추기경들이었다. 코링엄, 크로프레디, 레스터 세인트 마가렛, 루스, 밀턴 에클레시아, 밀턴 매너의 수급 성직자들과 성직록 보유에 실패한 내싱턴과 테임의 사람들도 마찬가지였다. 추기경들의 조카들이 판던과 레이턴 버자드를 차지했고, 훗날 추기경이 된 니콜라스 카푸치(Nicholas Capucci)는 칼턴 페이넬에 대한 소유권을 주장했다.

밴버리, 비글스웨이드, 브램턴, 카이스터, 그레턴, 레이턴 에클레시아의 수급 성직들은 모두 교황청과 연줄이 있는 프랑스와 이탈리아 가문 사람들이 차지했거나 권리를 주장했다. 이 사람들은 거의 다 국제적인 교황청 행정가들과 교황청 절대권주의자들(curialists)의 무리에 속했다. 그 대표적인 사람이 교황청 공증인이자 교황들과 추기경들로 구성된 긴 족보를 물려받고 태어난 프란체스코 오르시니(Francis Orsini)였다. 그는 얼마 전에 왕의 지명자에 떠밀려 판던의 수급 성직을 잃었으나 여전히 요크의 재무관이자 캉브레의 대부제, 투르네와 세빌야와 아미엥의 참사회원이었다. 그는 오늘날 성직자 사회가 아닌 다국적 기업가들에게서 가장 근사한 예를 발견할 수 있는, 거대한 동맹에서 비교적 작은 사람이었다.[68]

교황의 성직 배분으로 이런 사람들에게 세입이 돌아간 반면에, 국왕도 국정 수행을 위해서 성직자들을 임명했다. 1344년에 왕의 임명을 받은 링컨의 수급 성직자들의 명단을 보면 마치 정부 관리들의 명단을 읽는 듯한 인상을 받게 된다. 래퍼드에는 재무대신 기욤 드 퀴산(William de Cusane)이 있었고, 레이든 장원(莊園)에는 왕실 의상 담당관 윌리엄 에딘턴(Willam Edinton)이 있었고, 칼턴 페이넬에는 국새관(國璽官) 토머스 해트필드(Thomas Hatfield)가 있었으며, 스토우 롱가에는 왕실 수석 집사

---

[68] 그가 당시 사회에서 그리 대단치 않은 사람이었는데도 교황청 등록부와 영국의 *Calendar of Patent Rolls*에 그에 관한 정보가 여기 저기 상당량 흩어져 있다.

필립 웨스턴(Philip Weston)이 있었고, 톤게이트에는 공문서 관리인 존 토스비(John Thosrseby)가 있었고, 사우스 스칼에는 왕실 의상 총책임자의 간수인 토머스 크로스(Thomas Crosse), 판던에는 왕실 총의전관(總儀典官)의 회계 관리인 윌리엄 달턴(William Dalton)이 있었고, 칼턴에는 왕실 의전관의 비서 윌리엄 유게이트(Wiliam Hugate)가 있었고, 밀턴 장원에는 비밀 국새관의 비서 토머스 브렘버(Thomas Brembre)가 있었으며, 테임에는 한때 고관이었다가 좌천된 대신 윌리엄 킬데스비(William Kildesby)가 있었는데, 그는 1344년에 보다 나은 장래를 바라고서 예루살렘으로 순례의 길을 떠나 있었다.

이것은 한 개의 교구 안에서 교회 체제의 말단까지 교황의 통제권을 확대하려던 계획이 빚어낸 마지막 결과였다. 이것은 조직의 위업(偉業)으로서 그리고 위대한 이론의 실질적인 발전으로서 깊은 인상을 주는 것이 사실이다. 하지만 지금까지 개관하는 데서 뚜렷하게 부각된 특징은 세속적 발전과 교회의 발전이 비슷했다는 것과, 모든 지역에서 교황권이 처음에는 좌절시키려고 했던 세속적 영향력이 오히려 교황의 활동으로 촉진하게 된 경향이 모든 지역에서 완연해졌다는 것이다.

지금까지 면죄부, 국제 정치, 서임권 행사 등 교황이 다양한 분야에서 벌인 활동을 개관했으니, 이제 전반적인 결론을 내릴 때가 되었다. 14세기가 진행되는 과정에서 교황청 행정은 2백 년 전이었으면 상상조차 할 수 없었을 정도의 수준에 도달해 있었다. 교황청 행정은 모든 분야에서 중세적 효과의 한계점에 도달해 있었다. 경쟁 상대가 없었기 때문에 거의 무한정 타락할 수 있었던 면죄부 한 분야를 제외하고는, 실권을 향해 움직여간 거의 모든 단계들이 보다 강력한 반대쪽의 진행을 자극했고, 제도 안에 복잡성을 가중시켜 결국 그것이 교황의 행위를 아무런 교화도 없게 만들었다. 결과적으로 교황청 행정의 증가와 교황의 지도력의 효율성 사이에는 갈수록 격차가 벌어지게 되었다.

1550년에 성 베르나르가 예견했던 상황이 2백 년 뒤에 실현되었다. 교황제는 전성기 때에 서양사에서 가장 복잡한 법률과 행정 제도가 되었다. 그러나 교황제가 아직은 모든 경쟁 세력들보다 우월하긴 했지만, 다른 경쟁 세력들과 똑같은 수준에서 똑같은 변화의 법칙에 종속된 채 작동했다.

그 결과로 생긴 교황의 지도력 감퇴는 여러 수준에서 바라볼 수 있다. 관념의 영역에서는 그런 모습이 완연하게 드러난다. 12-13세기에는 거의 모든 새로운 사상이 교황권의 증가에 이바지했다. 십자군, 법률과 신학의 정교화, 신설 수도회들, 경건과 학문 분야에서의 새로운 경험들, 이 모든 것들이 교황제를 강화하는 데 이바지했고, 교황제에 의해 뒷받침을 받았다. 그러나 14-15세기에는 정치적·교회적·신학적 사색에서 경건 생활 혹은 종교 조직에서 가장 왕성하게 작용한 거의 모든 것이 어느 정도는 교황권과 격절되어 있거나 아무런 상관 관계도 없었다. 교황제의 행정적 발전은 계속되었지만, 지적 발견의 자극이 없이 계속되었다.

그렇다고 해서 중세 말의 교황제가 폭넓은 재앙을 끼치지 않은 채 소멸할 수 있었던 것은 아니다. 교황청 행정의 복잡한 그물은 그것이 아무리 사소한 문제들에 장애를 받았다 할지라도 아직까지는 유럽 사회를 안정되게 붙들어주는 영향력이었다. 교황제를 건드리면 유럽 사회의 대 격변을 면할 수가 없었다. 그리고 개인의 차원에서도 교황제의 존재는 그 제도의 폐해를 알지 못하는 무수한 사람들에게 여전히 구원의 확신을 주었다. 교황제는 계절과 낮과 밤의 순환처럼 삶의 큰 부분이었다.

## 제5장

## 주교와 대주교

　교황청 도서관을 뒤져가며 중세의 주교제를 연구해 보면 특히 11세기 중반부터 세속적이고 막된 사람들의 집단이 역대 교황들의 노력에 힘입어 질서 잡히고 세련되게 되었다는 인상을 받게 된다. 그 문헌들에서는 주교들이 과거에 자기들의 운명을 좌우했던 세속 군주들의 손아귀에서 벗어나 교황의 감독과 인도하에 새로운 책임과 유용성을 얻는 모습이 나타난다. 어떤 면에서는 그들의 직위가 도중에 감소되었다. 주교들은 전례(典禮) 개혁과 성인들의 시성과 수도원 생활 감독과 법률과 교리의 정의라는 분야에서는 과거에 지녔던 독립적인 권위를 상실했다. 그러나 그들은 최고의 영적 권위를 보호하는 면에서와 거대한 공동의 의무에 동참하는 면에서 확고한 목적을 얻었다.

　형식적인 면에서 이러한 그림은 높이 평가할 만한 요소를 많이 갖고 있었다. 교황 레오 10세 이후로 교황이 교구 문제에 간섭하는 일이 증가하게 된 것은 중세 주교제의 역사에 큰 획을 그은 분기점이었다. 11세기 이전에는 확정되지 않고 재량에 맡겨졌던 교황에 대한 복종이 12세기 이후에는 엄격하게 정의되고 의무 사항이 되었다. 교황에 대한 복종이 중세 말의 주교들의 활동에 구석구석 영향을 미쳤다. 주교를 임명하고 권징하고 임지를 이동시키고 직위를 박탈하는 등의 모든 문제들에서 교황의 발언은 곧 법이었다. 주교들이 지역에서 제정하는 법은 교황들의 총괄적인 법을 다시 제정하는 것에 지나지 않았다. 주교들의 법정은 위에서 내려오는 교황의 지침들과 밑에서 올라오는 교황에 대한 항소에 활짝 열려 있었다. 주교는 교황과 지역 교회간의 의사 소통의 통로였다.

기저에서 발생하는 이런 변화들의 실질적인 결과를 조사하기 전에, 우선 총괄적으로 해둘 말이 있다. 중세 말기 라틴 교회에는 수많은 주교들과 대주교들이 있었다. 그 수를 합치면 거의 5백 명이나 되었다. 그들은 재산 정도가 크게 달랐으나, 많은 사람들이 큰 부자였다. 그들은 한 집단으로서 유럽의 대 토지 귀족들 틈에 한 자리를 차지했다. 그들 대다수가 자기들 나라의 유력한 가문들과 연줄을 맺고 있었다. 주교직은 일반적으로 가문이 좋거나, 행정 경험이 많거나, 세속 정부에서 탁월한 역량을 발휘한 보상으로 주어졌다. 이런 자격을 갖춘 사람들 중 상당수가 주교직을 갈망했다. 한 번 주교가 되면 심지어 교황조차도 폐위하기가 쉽지 않았다. 게다가 세속 정부에서 높은 자리에 있다가 주교가 된 사람들은 만만한 사람들이 아니었다. 이론적으로는 아무리 교황에게 복종해야 한다는 주장이 무성해도, 그들은 먼 거리와 더딘 통신 수단에 의해서 교황권의 근원과 분리되어 있었다. 대부분의 현안들에 대해 주교들은 자신들의 최선의 판단대로 행동해야 했으며, 이것은 일반적으로 그들이 자신들의 이익을 도모하는 방식으로 행동했음을 뜻했다.

거의 모든 지역에서 주교구는 가장 오래된 제도였다. 주교구는 대체로 가장 오래된 수도원들보다 더 오래되었고, 여느 세속 왕가와 왕국보다 훨씬 더 오래되었다. 주교구는 주교에게 위엄 있는 사회적 지위를 주었을 뿐 아니라, 존경받는 문서들로 보증되고 교회의 성인들에 의해 보살핌을 받는 유서 깊은 권리들과 의무들의 유산도 주었다. 이 유산의 수호자로서, 주교들은 사회의 덧없는 유행이나 입법에 부화뇌동하지 않았다. 지역 관습의 무게가 그들을 무겁게 내리눌렀다.

더욱이 주교직 자체가 기독교의 근본적인 문서들, 신구약 성경, 그리고 초기 교회사에 정의되어 있었다. 비록 교황이 절대권을 가지고서 다른 주교들을 조력자들이라고 부르긴 했지만, 본질상 교황도 단순히 한 사람의 주교였다. 보편적인 주교이긴 했으나, 여전히 나머지와 똑같은 주교였다.

부와 가문과 지역 전승과 불변하는 권위라는 이 요소들이 비록 교황과 왕이라는 윗쪽과 아랫쪽 맷돌 사이에 끼인 그 지위에도 불구하고, 주교제를 중세 교회에서 가장 다양하고 복잡한 체제로 만드는 데 이바지했다. 어떠한 단일 체제도 주교제 만큼 모든 다양한 관심사들과 이상들, 고대의 권리들과 현대의 기회들을 수용할 수가 없었다. 주교제의 성격이 변화해 간 형태를 간략하게 묘사할 수 있겠지만, 저마다 자신의 주교구라는 참호에 틀어박혀 있는 주교들은 자기들을 이런 형태로 한정하려는 모든 시도를 비웃는다.

그럴지라도 형태가 완전히 무시된 적은 없었으므로, 이제 중세의 주교제를 한 번도 의문시된 적이 없는 이상(理想)으로 연구하기 시작할 수 있을 것이다. 대 그레고리우스(Gregory the Great)는「목회적 돌봄」(*Pastoral Care*)이라는 책에서 진정한 주교가 어떤 사람인가를 단번에 정의했다.[1] 진정한 주교란 영혼의 모든 교사와 감독보다 높이 올라서야 한다. 그러기 위해서는 묵상과 자기 성찰과 겸손에 힘쓰는 사람이 되어야 한다: "어떠한 기술도 먼저 집중적인 명상에 의해 터득하기 전에는 진정으로 배울 수 없다. 하지만 영혼을 돌보는 것은 어떠한 기술보다 위대한 기술이다. 따라서 여러분은 준비 없이 그 직분을 맡은 사람들의 만용을 판단할 수 있다." 그러므로 주교는 다른 직업을 포기해야 한다. 설교하고 가르치고 훈계하는 데 힘써야 한다. 자신의 인격을 갈고 다듬어 남들을 바로잡을 수 있어야 한다. "형제들을 굴복시키기 전에 우선 자신을 굴복시켜야 한다." "군림하는 자가 되지 말고 섬기는 자가 되어야 한다." 한 마디로, 주교의 인격은 단순히 그리스도인의 인격을 확대해 놓은 것과 같다.

다음에 이어질 내용에서는 이러한 인격 배양이 서방 교회 주교들의 큰 관심사였던 징후를 찾아볼 수 없을 것이다. 현존하는 문서들이 주교들을 묘사하는 모습은 주로 조직가들과 행정가들과 귀족들과 정치가들로서의

---

1) *P.L.* 77, 13-128.

주교들이다. 많은 주교들, 아마 거의 대부분의 주교들이 자신들의 역할을 오로지 이런 면에서만 보았으리라 상상할 수 있다. 하지만 그렇지 않았다. 전혀 예견치 못한 부분에서 우리는 도매금으로 평가할 수 없는 억눌린 혹은 좌절된 열망의 흔적들을 발견하게 되는 것이다. 이 열망들은 교회 공식 문건들이 표면적으로 사용하는 경건하고 선한 의도를 표방한 표현들과 혼동해서는 안 된다. 오히려 그 열망들은 소소한 동정의 행위들, 주저하는 모습들, 그리고 늦으막에 나오는 회개 사례들에서 봐야 한다. 그런 모습들은 우리의 시야에서 작은 위치를 차지하고 있지만, 중세 교회의 내면의 역사에서는 더 큰 지위를 차지하고 있다.

## 1. 카롤링거 왕조 시대의 교회 질서와 그 붕괴

### 주교의 형성

그레고리우스의 「목회적 돌봄」이 주는 인상은 후대의 주교제보다 8세기의 수도원적 주교들에게서 보다 분명하게 볼 수 있다. 윌리브로드(Willivrord)와 보니파키우스(Boniface)는 끝없는 여정 속에서, 왕궁에서 느낀 불행 속에서, 열정적인 선교 여행을 벌이며 끊임없이 지원을 요청하는 과정에서 후대의 어느 주교들도 흉내낼 수 없을 정도로 그레고리우스의 이상에 부합한 주교들이었다. 그들은 그런 열정으로 거둬낸 성공으로써 후대의 주교들이 그들을 닮기가 더 어렵게 만들었다. 그들은 주교들이 정부의 관리들이 되고, 카롤링거 왕조 치하의 유럽 기독교 사회를 통치하는 데 참여하는 것을 당연한 일로 만들어 놓았다. 주교들은 기름부음을 받고 신으로부터 권위를 위임받은 군주들의 주요 조력자들로서, 주로 공직자가 되었고, 자기들의 이상을 대 그레고리우스에게서보다는 구약성경에서 발견했다. 구약성경에서 사무엘을 기독교 주교의 전형으로 보았다. 백성을 다스리도록 그들 위에 세워지고, 백성을 위해 발언을 하고, 그들의 죄를 위해 제사를 드리고, 자문을 하고 군대를 끌고 전장으로 나가며, 왕을 세우는 그런 사람으로 말이다.

그렇지만 이런 임무들이 아무리 기독교 공동체의 안전을 도모하는 데 필요할지라도, 주교들은 아무런 망설임도 없이 세속 업무에 뛰어들지는 않았다. 사도 바울은 하나님을 섬기는 사람이 세상일에 참여해서는 안 된다고 썼다(한글개역성경, "감독은 하나님의 청지기로서……더러운 이를 탐하지 아니하며"〈딛 1:7〉에 근거한 말인 듯함—역자주). 어떤 사람들은 이것이 특별히 주교들을 가리켜 한 말이라고 생각했고, 샤를마뉴(Charlemagne)는 신학적 쟁점에 대한 특유의 민첩성을 발휘하여 그 문제를 공의회에 회부했다.[2] 공의회가 어떤 판단을 했는지 우리는 알 수 없지만, 후대의 저자들은 다음과 같은 뚜렷한 대답을 남겼다:

> 만약 어떤 사람이 신의 경륜을 모른 채 주교가 백성을 다스리고 전쟁의 위험을 무릅쓰는 데 반대하고서, 주교가 오로지 자기들의 영혼만 돌볼 책임이 있다고 주장한다면, 그 대답은 분명하다: 신자들의 후견인이자 스승은 바로 그와 같은 일들을 함으로써 그들에게 고귀한 평화의 선물을 갖다 주고, 그들을 한 줄기 빛도 없는 어둠에서 건져내는 것이다.[3]

주교는 과연 세속적 업무들을 '선택에 의해서가 아닌 백성의 필요를 고려하여' 맡아야 한다.[4] 신적인 직분, 수도원들과 교회들의 권징, 자신의 대성당 건물에 대한 단장, 기독교 학문 증진, 이런 것들이 그의 고유 업무였다. 군주의 세속적 업무를 지원하는 것이 주교의 의무였던 것과 똑같이, 주교들에게 그런 본연의 목표로 인도하는 것이 군주의 책임이었다. 따라서 주교가 자기 교구에서 수행해야 할 영적 의무들에 관해 서방 세계에서 최초로 정의해 놓은 법률들은 카롤링거 왕조와 앵글로색슨 왕들의 법전에서 발견할 수 있다.

---

2) *M.G.H. Capitularia Regum Francorum*, i, 161.
3) *Ruotgeri Vita Brunonis Archiepiscoph Coloniensis*, c. 23 (ed. I. Ott, *M.G.H.*, pp. 23-4); 참조. Widukind, *Rerum Gestarum Saxonicarum Lib.* i, c. 31 (*M.G.H. Scriptores in Usum Scholarum*, p. 44).
4) Ruotger, op. cit., c. 29.

샤를마뉴가 초기에 제정한 법률들 중 많은 부분은 주교들의 의무를 규명하고 그들의 권위를 강화하는 데 할애되었다. 기독교가 깊게 뿌리를 내린 왕국이 잘 되기 위해서는 이교적 관습들 — '우매한 자들이 거룩한 순교자들의 이름으로 교회 근처에서 이교의 제례대로 행할 소지가 있는 시체를 이용한 제사, 점술, 마술, 동물 제사' — 을 뿌리뽑는 것이 필수적인 과제였다.[5] 왕은 주교들에게 이 일에 만전을 기할 것을 요구했다. 이 관행들은 그들이 환심을 사려고 하는 성인들을 진노케 했다. 이것은 그저 막연한 혹은 경건한 견해가 아니었다. 이것은 세상에서 둘도 없는 확실한 사실이었다. 앨퀸(Alcuin)이 샤를마뉴의 궁정에서 캔터베리 대주교에게 보낸 편지의 문구와 같다:

> 우리는 브리튼족 가운데 가장 지혜로운 길다스(Gildas)의 책들에서 제후들의 탐욕과 판사들의 죄악과 주교들의 방종과 설교 의무에 대한 태만과 교구민의 욕정과 사악이 브리튼족으로 하여금 왕국을 잃어버리게 만들었다는 글을 읽는다. 우리 시대에도 똑같은 일이 발생할 수 있음을 잊지 말라.[6]

그러므로 초기 왕들이 제정한 법들이 주교들에게 바라는 권고들로 가득한 것은 조금도 이상하지 않다. 주교들에게 자신들의 의무를 수행하도록 만드는 것이 왕국의 시급한 현안이었다. 주교들은 각자 자기들의 교구에 상주해야 한다. 주교들은 교회법을 알아야 한다. 각자 자신의 교구에서 교구민들을 재판해야 한다. 자신에게 속한 성직자들의 신앙과 학식을 점검해야 한다. 교구민들이 주기도문을 외우고 있는지 확인해야 한다. 십일조 세 납부 현황과 교회당 건축을 감독해야 한다. 궁정을 지원해야 한다. 교구를 구석구석 시찰해야 한다. 교구 정부를 위한 이 모든 기본적 지침들은 샤

---

5) *Capitularia*, i, 45.
6) Haddan and Stubbs, *Councils and Ecclesiastical Documents*, iii, 1871, 474-8: 대 그레고리우스의 가르침을 요약한 이 편지는 그레고리우스와 카롤링거 왕조의 이상적 주교관을 흥미롭게 연결시킨다.

마뉴 시대에 해당하는 것으로서, 왕권의 뒷받침을 받아 공포되었다.[7]

9세기가 지나는 과정에서 이 지침들은 보다 구체성을 띠게 되었고, 주교들을 위한 지침서로 집필된 논문들로 대체되었다. 그중 한 편은 845-882년에 랭스의 대주교를 지낸 힝크마르(Hincmar)가 집필한 것이다. 그가 기술한 막중한 일상 업무를 그대로 수행했다면 주교는 대단히 바쁘게 살았을 것이다. 주교는 교구 전체의 교회 재산을 살펴야 했고, 교구 안에 있는 교회 건물들과 시설의 상태를 조사해야 했고, 성직 후보자들을 시험하고 임명하고 감독해야 했고, 교회당들을 축성해야 했고, 고행을 부과하고 화해 의식을 집례해야 했고, 교회회의를 소집하고 복종을 강요해야 했고, 세례를 주고 견신례를 베풀고 환대를 베풀어야 했으며, 제후들이 하나님의 율법에 순종하는지 살펴야 했다.[8] 이것이 카롤링거 왕조가 사회를 재건하면서 떠오른 주교의 상이었다. 주교는 세속의 일과 신앙의 일에 끊임없이 관심을 기울이는 사람이며, 왕국 왕실의 수석 관리였다. 9세기의 실제와 이론은 여러 면에서 서방 세계의 주교제에 독특한 특징을 부과했다.

주교들이 충분한 세력을 갖게 된 것이 바로 이 시기의 일이었다. 다른 사람들로부터 충성과 복종을 얻는 데 어려움을 겪던 군주들은 주교들의 지원을 필요로 했다. 동시에 주교들이 보유한 막강한 영적·세속적 자원들, 그들이 내건 뚜렷한 목표와 잘 정의된 법률 앞에서, 군주들은 갈수록 협력자들로서 그들의 힘을 실감했다. 카롤링거 왕조의 권력이 쇠퇴하면서 주교들이 세속 군주에 대한 수위권을 강조하기 시작한 것은 이상한 일이 아니다. 이미 9세기 중반에 랭스의 힝크마르는 이렇게 쓸 수 있었다:

> 이 세상은 주로 주교들의 신성한 권위와 왕들의 권력으로 통치된다…… 하지만 주교의 권위가 왕의 권위보다 크다. 주교들이 왕들을 축성하되, 왕들이 주교들을 축성하는 일은 없기 때문이다.[9]

---

7) *Capitularia*, 74-6, 78, 103, 119, 158, 178, 182, 195.
8) *De Officiis Episcoporum*, *P.L.* 125, 1087-1094. 이 지침들의 실제 적용 사례에 관해서는 Hincmar의 *Capitula Synodica* (ibid., 73-804)를 참조하라.

이 글에서는 먼 장래에 본격적으로 발생할 대 논쟁의 전운을 처음으로 감지하게 된다. 8세기 중반부터 11세기 중반까지는 주교들이 아무리 화려한 수식어로 영적 수위권을 주장할지라도, 강한 왕들 밑에 있어야만 강한 권력을 지닐 수 있다는 것을 의심하는 사람이 아무도 없었다.

이것이 카롤링거 왕조의 유산이었고, 이것이 895년에 샤를마뉴의 후손에 의해 소집된 대규모 회의들 중 마지막 회의에서 잘 요약되었다. 그 해에 샤를마뉴의 증손자인 독일 왕 아르눌프(Arnulf)가 마인츠 근처의 트레부르에 있던 왕궁에서 주교들을 소집하여 회의를 열었다. 스물여섯 명의 대주교들과 주교들의 명의로 공포된 이 회의의 법령들이 이 시기를 통틀어 가장 정교한 교회법을 구성한다. 이 법령들은 종교 생활 분야를 폭넓게 다루며, 기존에 있던 교황들과 공의회들과 왕들의 법령들을 독일 교회의 용도를 위해 한데 수합(收合)한다. 이 법령들의 한복판에는 왕, 즉 "예수의 인자하심과 고위 성직자들의 겸손한 헌신에 감화를 받아 교회회의의 소집 여부를 결정한 지극히 영광스러운 아르눌프"가 서 있었다. 역사가들은 대체로 아르눌프를 그다지 인상적인 군주로 평가하지 않지만, 이 회의에서는 그가 주교들에게 지침을 하달하는 모습에서 잘 나타나듯이, 조상들의 위엄을 갖추었고, 축성된 왕의 권위로 발언했다:

> 그리스도의 교회들의 목자들이자 세상의 빛들이여! 당신들에게 주어진 목회적 짐을 짊어지라 …… 그대들은 나를 의지하여 그리스도의 교회의 모든 적들과 싸울 수 있다. 틀림없이 "사망이나 생명이나 …… 현재 일이나 장래 일이나 …… 다른 아무 피조물이라도 우리를 …… 하나님의 사랑에서" 끊거나 우리의 신성한 만장일치에서 우리를 끊을 수 없다.[10]

종이 울리고 '테데움'(Te Deum) 성가와 왕의 '라우데스'(Laudes) 성가가 울려 퍼지면, 주교들은 토론에 들어갔다. 회의가 끝날 때는 왕들과 주

---

9) *P.L.* 125, 1071.
10) *Capitularia*, ii, 213.

교들의 신성한 만장일치로 그리스도인들의 장래를 보장한다는 선언을 채택했음에 틀림없다. 카롤링거 왕조의 권력이 상당히 침식당했을 무렵에도 이 만장일치는 오래 지속될 것처럼 보였다.

### 붕괴된 카롤링거 왕조의 이상

물론 우리는 장래가 이 선언에 달려 있지 않았다는 것을 안다. 그 이유는 왕들이 권력을 유지하는 데 실패하는 바람에 '신성한 만장일치'가 깨졌기 때문이었다. 주교들은 왕들이 자기들에게 필요한 지원을 제공해 주지 못하게 되자, 다른 데서 지원을 모색하지 않을 수 없었다.

왕권 붕괴는 프랑스에서는 11세기 초에 이미 마무리 단계에 있었고 독일과 이탈리아에서는 11세기에 뚜렷하게 나타나는 등 이미 오래 전부터 진행되었기 때문에 그 역사를 이 시점에서 말할 수 없지만, 그 결과들은 중요하므로 짚고 넘어갈 필요가 있다. 왕권 붕괴가 초래한 주요 결과들은 왕들이 자기 왕국의 관리들을 통제할 수 없게 되었다는 것과, 세습 권력의 지위를 확보할 수 없게 되었다는 것이었다. 결과적으로 그들은 교회의 평화와 재산을 보장할 수 없었다. 많은 지역에서 왕들은 주교 임명권을 상실했고, 충직한 관리들에게 상을 베풀거나 종교 재단들에 기부를 할 재원이 없었다. 설상가상으로 세속 군주들은 재정이 궁해지면 교회 재정에 손을 대지 않을 수 없었고, 평신도들에게 토지를 제공하기 위해 교회로부터 토지를 빼앗지 않을 수 없었다. 교회 재산은 언제나 왕이 궁할 때 손을 내미는 곳이었다. 메로빙거 왕조의 마지막 왕이 이렇게 교회 재산에 손을 댔고, 앵글로색슨족 왕들도 금고가 빌 때 교회 재산에 손을 댔다. 하지만 왕들에게 특히 절망적이었던 때는 카롤링거 왕조 이후였다. 그 때는 주교들의 지위가 워낙 상승해 있었기 때문에 자기들이 힘을 합치면 그 세력이 얼마나 강한지 잘 알고 있었던 것이다. 자기들이 권력을 얻은 것이 왕 덕분이었을지라도 이제 왕이 자기들의 도움을 필요로 하므로 개의할 필요가 없었다. 기부자들에게 감사하는 것은 큰 기관들의 특징이 아니었다. 특히 기부자들이 죽고 그들의 후계자들이 보호자들이 아닌 약탈자로 비칠 때에는 더욱 그랬다. 그러므로 주교들은 다른 데서 지원을 모색하기 시작했다.

사태가 이렇게 된 데에는 왕들 자신들에게는 책임이 없었다. 그들은 물론 부자가 되고 싶었고 후하게 베풀고 싶었지만, 가난한 형편이 그들을 탐욕스럽게 만들었다. 왕들의 권력이 약해진 이유는 봉사에 답례할 수 없었기 때문이다. 우리는 왕권이 어떤 단계들을 거쳐 쇠퇴했는가 하는 것을 초기 왕권이 지닌 작지만 필수적인 특징에서 찾아볼 수 있다. 왕들은 항상 이곳 저곳을 이동해 다님으로써만 통치할 수 있었다. 이런 방식으로만 그들은 자기들의 모습을 친구들에게 보이고, 적들에게 공포감을 심어주고, 내키지 않는 사람들에게 복종을 이끌어 낼 수 있었다.[11] 숙박 시설이 왕들의 삶에서 큰 문제였다. 그들은 가능하다면 자기들의 왕궁에 머물러 있고 싶었다. 하지만 상황이 그렇지 못하면 시설이 좋은 대수도원과 대주교의 저택을 물색했다. 번성할 때 그들은 환영을 받았다. 어떤 곳에 머물다가 그곳을 떠날 때는 큰 선물과 값진 특권들을 남겨놓고 떠났다.

하지만 10세기 중반에는 그렇게 환영을 받은 사람이 종려주일을 지내기 위해 마그데부르크의 대주교 궁에서 머물거나 부활 주일을 지내기 위해 퀘들린부르크의 수녀원에서 머문 오토 1세(Otto I) 외에는 없었다. 그리고 그가 왕국의 유익을 위한다는 명분으로 마스트릭트 교회당을 왕의 저택으로 개조하고 싶어할 때 반대한 사람이 아무도 없었다. 그 이유는 간단했다. 그는 마그데부르크 대주교구를 설립했고, 퀘들린부르크를 기부했고, 자기 딸을 그 수녀원에 들여보내 수녀가 되게 했으며, 마스트리히트 교회를 위해 넉넉한 보상금을 지불했던 것이다.[12] 그밖에도 그의 행차가 모든 지역에서 후원과 평화의 보증이었다.

하지만 이것은 동전의 한 쪽 면에 불과했다. 당대의 프랑스에서는 동전

---

11) 독일 왕들이 919-1056년에 벌인 순회의 실태와 그것이 정부에서 가졌던 중요성에 관해서는 다음을 참조하라: J. H. Rieckenberg, 'Könèigsstrasse u. Königsgut', Ar*chiv für Urkundenforschung*, 1942, xvii, pp. 32-154.

12) 오토가 사람들은 될 수 있는 대로 종려주일에는 마그데부르크에, 부활절에는

의 다른 쪽 면이 나타났다. 이곳에서는 왕들이 봉신(封臣)들에게 보상하느라 거의 모든 사유지를 상실했다. 사유지를 상실하자 아주 기본적인 환대를 하려고 해도 주교들에게 의존할 수밖에 없었다. 재산이 줄어들면서 갈수록 왕궁보다 대주교 저택에서 업무를 수행했다. 하지만 그 대가로 지불해 줄 수 있는 것이 없었다.[13] 이것이 숙소를 내준 사람들에 충성심을 잃는 지름길이었다. 독일에서는 왕권이 이 정도까지 추락한 적이 없었지만, 독일조차 11세기 초에는 유서 깊은 호혜(互惠)의 균형에 변화가 생기고 있다는 불길한 징조들이 나타났다. 과거의 왕들이 한 번도 부담을 준 적이 없는 대주교의 저택과 수도원들에 왕이 방문하여 기거했다는 이야기가 나온 것은 그 무렵이며, 왕이 대수도원들과 주교들의 저택을 방문지에 포함시킨 비율이 급증한 것도 그 무렵의 일이다. 우리에게는 이것이 사소한 일로 비치지만, 당대인들에게는 왕이 대가를 지불할 힘을 상실했다는 부인할 수 없는 징후로 비쳤다. 왕은 어쩔 수 없이 받을 것은 갈수록 더 많아졌는데도 줄 것은 갈수록 줄어들었다.

줄 능력이 없으면 통치할 수도 없는 법이다. 이 근본적인 통치 원리를 중세 역사에서는 대단히 자주 입증할 수 있으며, 11세기의 왕들과 교회들의 역사에서도 적지 않게 입증할 수 있다. 과거에는 왕들이 교회의 대 후원자였다. 아마 유일한 대 후원자였을 것이다. 하지만 이제는 후원 액수 면에서 지역 귀족들만도 못했다. 하지만 그들은 줄 것이 없었다는 바로 그 이유 때문에 옛 권리, 즉 주교들을 임명하고 그 대가로 선물과 환대와 충성과 군사 지원을 받을 권리에 갈수록 크게 의존하게 되었다. 상호간에 만족스럽게 교환되었던 의무와 이익의 조화가 일방적이고 강제적인 것이 되

---

그곳에서 64km 떨어진 퀘들린부르크의 왕실 수도원에 머물려고 노력했던 것 같다. 오토 1세가 왕국의 필요상 마스트리히트 교회를 인수할 때 취한 조치와 보상은 *M.G..H. Diplomata*(i, 322)에 기술되어 있다.

13) 10세기 프랑스 왕들이 겪었던 어려움에 관해 가장 최근에 소개된 기사는 다음을 참조하라: J. F. Lemarignier, *Le Gouvernement royal aux premiers temps capétiens (987-1108)*, 1965.

었다. 고전적인 취향을 가진 사람들이 즐겨 말하는 대로, "네가 때리는 만큼 나는 맞는다"(tu pulsas, ego vapulo tantum)는 식이 되었다. 이런 관계를 바꾸어 보려는 욕구가 더디지만 강렬하게 자라났다. 11세기 말에는 유럽 대다수 지역의 주교들이 이런 욕구를 품고 있었다.

결국에 가서는 교황들이 이런 변화에 큰 원동력을 제공했지만, 이런 변화를 시작시킨 것은 그들이 아니었고, 초기에 그들이 이런 변화를 달가워한 것도 아니었다. 교황들은 다른 사람들과 마찬가지로 대체로 왕들이 신적 질서의 일환으로 지역 교회들을 통제할 권한을 갖고 있다고 인정했다. 그들은 잘 확립된 기독교적 의무들을 희생시키면서까지 지역 귀족들을 노골적으로 약탈할 생각이 없었다. 교황 요한 10세(John X)는 921년의 서신에서 이 관점을 분명하게 피력했다. 쾰른의 대주교는 [그 교황은 이렇게 썼다] "왕을 제외한 그 누구도 성직자에게 주교직을 수여할 권위를 하나님께 받지 않았다고 여기는 유서 깊은 관습을 무시하고서" 리에주의 공작에게 임명을 받은 그 지방의 주교를 축성했다. 교황은 그 대주교가 "왕명에 의하지 않고는 어느 교구에서도 주교를 축성할 수 없다는 사실을 기억하면서도 왕명이 없었는데도 그토록 불합리하게 행동할 수 있다"고 생각한 것에 크게 놀랐다. 교황은 왕에게서 그의 권위를 박탈할 의사가 없었다. 오히려 "그는 왕이 자기 영토를 잃지 않고 지키는 것을 기뻐했고", 왕이 조상들과 마찬가지로 자기 영토에 있는 모든 교구들에서 계속해서 주교들을 세우라고 명령했다.[14]

교황제가 주교 임명에 협력하는 자애로운 왕권 교리에서 이탈하는 데는 거의 150년의 세월이 걸렸다. 환멸이 찾아왔을 때 그것은 복잡하게 뒤얽힌 현상이었지만, 그 현상이 도달한 지점은 왕들의 근본적인 세속성이었다. 왕들이 주교들을 '서임'(敍任)하고 '임명'할 권리를 노골적으로 주장

---

14) 그 편지는 다음 책에 실려 있다: L. Santifaller, *Zur Geschichte des Ottonischsalischen Reichskirchensystems* (Sitzungsberichte der Österreich, Akademie der Wissenschaften, vol. 229), 1954, pp. 73-4.

하고 나섰을 때, 그것은 세속 세계가 교회를 파괴하려고 하는 항시적인 위협의 사례들로 비치게 되었다. 이런 것들이 그레고리우스 7세의 서신들에 면면히 묻어나는 주제들이었다: "황제들과 왕들과 남녀를 막론한 그 밖의 평신도들(오늘날의 관점에서는 이렇게 각종 직위와 성별의 오만한 결합이 어떤 위력을 발휘했는지 충분히 이해한다는 게 불가능하다)이 거룩한 교부들의 법률과 상반되게" 성직자들에게 주교직과 대수도원장직을 수여하는 과람된 행위를 해왔다. 이것은 중단되어야 한다. 누구든 앞으로 이런 행위를 하면 그 행위는 교황권에 의해 무효로 선언될 것이고 그 당사자는 파문에 처해질 것이다.[15]

이 글은 앞에서 인용한 요한 10세의 서신이 작성되고 나서 거의 정확히 150년 뒤에 기록되었다. 이 무렵에 이르면 교황 요한이 승인했던 체제가 내부의 약점들로 인해 흔들리고 있었다. 교황의 비판이 이런 약점들이 생기게 한 것이 아니라, 그의 비판으로 인해 기존의 약점들에 지적 불확실성이라는 또 다른 약점이 붙은 것이며, 교황의 비판은 그런 약점들에 대해 대안을 제시했다. 상황이 이렇게 되자 이미 흔들리고 있던 체제가 얼마든지 뒤엎어질 수 있게 되었다.

이러한 붕괴 과정은 그레고리우스 7세와 동시대에 살았던 두 사람의 이력이 적나라하게 보여준다. 한 사람은 독일에서 다른 한 사람은 영국에서 살았는데, 두 사람 다 상당한 존경을 받던 사람들로서, 몽상가가 괴팍한 사람이 아니라 주교로서 자신들의 의무를 수행하려고 노력한 유능한 사람들이었다.

**오스나브뤼크의 베노 2세(Benno II).**[16] 독일에서 1068-1088년에 오스나브뤼크의 주교를 지낸 베노 2세는 보수파로 분류되는 주교였다. 그의 초기 경력은 당시에 독일에서 가장 우수한 학교들에서 학자 겸 교사로서 활

---

15) *Registrum Gregorii VII*, p. 403.
16) 당대인이 쓴 탁월한 전기에 관해서는 다음을 참조하라: *Vita Bennonis II*,

동하는 것으로 시작되었다. 그러다가 그 시대의 여러 학자들이 그랬듯이 행정가로 변신했다. 1051년에 왕이 훈족과 전쟁을 벌일 때 황폐화한 시골에서 군수 물자를 주도면밀하게 보급하는 탁월한 역량을 과시함으로써 왕의 눈에 띄게 되었다. 이 일을 계기로 힐데스하임의 수석 사제 겸 고슬라에 있던 왕궁의 청지기가 되었다. 이 두 직위에 있을 때 힐데스하임에서 대형 교회당 건축을 감독했고, 전략상 대단히 중요했던 작센 공국에 왕의 요새들을 건축하고 수비하는 일을 감독했다. 아울러 가축 사육과 농작물 재배, 지대(地帶) 징수, 식량 저장, 건축 계획, 지역 경제 체제 정비 같은 사업들도 돌아봐야 했다.

최상급 학자가 토지 관리자, 공사 감독관, 병참 담당관으로 변신한 것이 주교가 되기에 이상적인 경력은 아니었다고 생각할 수도 있겠지만, 그런 업무들 자체는 결코 무시할 만한 것이 아니었다. 교회 정부와 세속 정부에게 똑같이 필요한 업무들이었고, 베노는 자신의 재능과 어느 한 쪽으로 치우치지 않은 열정으로 교회 정부와 세속 정부를 똑같이 섬겼다.

1068년에는 그가 주교가 되어 있었던 것이 분명하며, 1068년에 오스나브뤼크의 참사회원들이 고슬라에 와서 자기들의 주교가 죽었다는 소식을 전했을 때, 왕은 그 주교의 반지와 지팡이를 베노에게 주는 훌륭한 결정을 내렸다. 베노는 변함없이 충성스럽고 근면한 태도로 왕을 섬김으로써 그 선택이 훌륭한 것이었음을 입증했다. 하지만 이제 전혀 새로운 요소가 그의 인생에 끼어들었다. 주교가 되고 나서 처음으로 자신이 이제는 교구의 영광을 증진할 책임을 진 독립적인 대리자라는 사실을 자각했다.

자신의 주교좌 성당이 소재한 도시를 요새화하고 교구의 소택지들에 도로를 건설했다. 주교좌 성당 옆에 수도원을 건축했다. 이 새로운 수도원의 건물들과 기부 재산과 비품들과 종규(宗規)가 그의 생애에서 가장 중요한 관심사가 되었다. 이 수도원에서 살던 어떤 수사는 그의 덕분에 교회의 부

---

*Episcopi Osnabrugensis*, by Norbert Abbot of Iburg, ed. H. Bresslau (*M.G.H. Scriptores in Usum Scholarum*), 1902.

와 위엄을 향유했던 사람들을 대신하여 그의 공로를 기리기 위해 전기를 썼다:

> 그는 아주 꼼꼼하게 지대를 받아냈다. 소작인들에게 종종 폭력을 써서라도 정해진 액수를 받아낼 정도였다. 하지만 이 지방의 사람들이 어떤 사람들인지, 얼마나 신뢰성이 없고 약삭빠른 사람들인지 아는 사람들은 그를 쉽게 용서하고, 재정난을 해결하기 위해서 어쩔 수 없이 그랬을 것이라고 인정할 것이다. 우리가 혹시 손가락질을 당할 소지가 있는 그의 몇 가지 행동을 언급하는 것은 꼬투리를 잡기 위해서가 아니라, 사실을 우리가 아는 그대로 진술하여 이 글을 읽는 이들이 그를 위해 보다 근실히 기도하도록 하기 위해서이다.[17]

그는 자기 교구에서 이런 노력을 기울이는 동안 내내 왕의 사람으로 남았다. 정부가 하는 일에서 하나님의 기름부음을 받은 사람과 협력하는 것이 주교로서 그의 임무였고, 그런 정신을 가지고 작센의 대 반란이 일어날 때 교구에서 추방되는 수모를 겪으면서까지 왕을 지원했다. 하지만 궁극적으로는 자기 교구의 이익이 최우선 과제였다. 이런 관점 때문에 왕이 1080년에 교황 그레고리우스 7세를 폐위하기 위해 브릭슨의 주교좌 성당에서 회의를 소집했을 때 곤란한 입장에 처하기도 했다. 그의 전기 작가는 그 때의 곤란함을 이렇게 적는다:

> 상황이 심상치 않게 변할 조짐이 보이자, 그는 도피할 방법을 모색했다. 사방을 둘러보니 제단 뒤에 제단보로 가려진 곳에 움푹 들어간 작은 공간이 있었다. 그리로 들어가 숨을 수 있다는 판단이 서자 재빨리 그리로 들어간 뒤 제단보로 그 공간을 감쪽같이 가렸다…… 그가 사라진 것을 눈치챈 왕은 그가 기거할 만한 곳들로 사람들을 보냈으나 그는 발견되지 않았다. 그레고리우스가 폐위되고 클레멘트가 교황으로 선출되자, 베노는 숨어있던 곳에서 나와서 제단 곁에 있는 자신의 주교석에 앉았다. 모두가 그를 보고는 깜짝 놀랐다. 그는 자신이 교회를 떠난 적이 없었다고 말하고는 왕에게 자신은 불충의 죄를 범하지 않았노라

---

17) ibid., pp. 9-10.

고 둘러댔다. 그 뒤에 교황으로부터 "너의 거짓말에 한에서는 모든 사람에게 거리낄 것이 없다"는 전갈을 받고는 왕과 교황 두 사람에게 동시에 우호적인 관계를 유지했다. 그것은 당시로서는 비류없는 기지였다.[18]

베노는 탁월한 직감을 발휘하여, 어느 정도 굴욕을 감수하고서라도 참화가 예상되는 선택을 가까스로 피할 수 있었다. 그 뒤로 그는 자신의 교구와 자신이 건립한 수도원에 보다 많은 노력을 쏟아 부었다. 말년에는 주일에 주교좌 성당에 가서 설교할 때를 제외하고는 어지간해서는 수도원 경내를 떠나지 않았다. 그 수도원의 재산을 추인하는 왕의 특허장을 받은 뒤로는 교황한테서도 동일한 효력을 지닌 특허장을 받아내는 데도 주력했다. 이로써 세속 정부와 교회 정부 사이에서 평생 견지해온 균형은 상실했지만, 충성을 요구하는 두 대상이 보는 앞에서 어느 한 쪽을 선택해야 하는 처지는 면했다.

브릭슨의 은신처는 그에게 구원의 상징이 되었다. 그는 감사의 표시로 오스나브뤼크에 자신이 새로 지은 수도원의 제단에 그 은신처를 똑같이 만들었다. 그것은 그 시대에 주교가 처했던 곤란한 처지를 적절하게 대변해 주는 기념물이지만, 베노 시대의 영국인들이 느꼈던 것처럼 그런 처지를 피하기란 반드시 그렇게 쉽지만은 않았다.

더럼의 주교 세인트 칼라이스의 윌리엄(William of St. Calais).[19] 1080-1096년에 영국 더럼의 주교를 지낸 세인트 칼라이스의 윌리엄도 베노와 마찬가지로 왕의 사람이었다. 그 역시 왕의 신하로 지내다가 주교직을 얻었다. 그의 초기 생애에 관해서는 알려진 바가 없지만, 왕이 자기 왕국에서

---

18) ibid., pp. 23-4.
19) 그의 생애에 관한 주요 자료들은 Symeon of Durham의 *Opera Omnia, R.S.*(i, 119-39, 170-95)에 있다. H. S. Offler는 필자가 인정한 증거의 일부분의 신빙성을 논박했다: 참조. *E.H.R.*, 1951, lxvi, 321-41, and R. W. Southurn, *St Anselm and his Biographer*, 1963, 147-50.

어렵고 위험한 곳으로 손꼽히는 지역을 그에게 맡긴 것으로 봐서 능력이 그 만큼 출중했음에 틀림없다. 그의 전임 주교는 살해를 당했고, 그 지방 전체가 혼돈에 빠져 있었다. 베노와 마찬가지로 세인트 칼라이스의 윌리엄도 자신의 교구에 질서를 부과하기 위해서 그곳에 상주하면서, 주교좌 성당이 있는 도시에 수도원 공동체를 설립하고 재산을 기부하는 데 주력했다. 윌리엄에게도 왕의 이익이 자기 교회의 이익과 상충되는 순간이 찾아왔다. 그는 왕의 정부에서 상당한 유력한 지위를 유지하고 있었으나, 1088년에 대 반란이 일어났을 때 왕이 요구하는 지원을 제대로 해주지 못했다. 그 주교구에서 왕이 기대하는 수준의 군사적 지원만 해준다면 전세를 역전시킬 수 있는 것처럼 보이는 상황이었다. 따라서 왕이 극히 예민한 시선으로 윌리엄의 반응을 주시했던 것은 자연스러운 일이었다. 하지만 윌리엄은 지원을 해주지 않았고, 그에 대한 보복으로 왕은 그의 주교구를 점령한 뒤 그를 왕실 법정에 소환했다.

이것은 베노가 처했던 것보다 훨씬 더 심각한 상황이었다. 세인트 칼라이스의 윌리엄은 그 궁지에서 벗어나기 위해서 자신이 소유한 모든 무기를 다 사용했다. 그의 가장 효과적인 무기는 더럼에 있던 그의 도서관에 소장된 위(僞) 이시도루스 모음집(the Pseudo-Isidorean Collection)으로 알려진 교회법전이었다. 그는 자신이 백작들이나 왕궁의 평신도들에게 재판을 받아서는 안 되고, 오로지 동료 주교들에게만 재판을 받을 수 있음을 입증하기 위해서 이 모음집을 인용했다. 그러나 왕실 법정이 끝내 그의 말을 받아주지 않자, 그는 결국 "사도들과 그 계승자들의 유서 깊은 권위에 의해 교회의 큰 소송 건들과 주교에 대한 재판에 대해 판결권을 유지해 온" 교황에게 항소하지 않을 수 없었다.[20]

이것은 성 윌프리드(St. Wilfrid) 시대 이래로 영국에서 아무도 취해본 적이 없는 조치였다. 하지만 윌프리드와는 달리, 세인트 칼라이스의 윌리엄은 결코 교황주의자가 아니었다. 그는 단순히 곤경에 처한, 왕에게 충직

---

20) Symeon of Durham, i, 184.

한 주교였다. 이런 점 때문에 그가 곤경에 처했을 때 교황을 유일한 희망으로 바라봤다는 것은 더욱 의미심장한 일이었다. 그는 이념상 교황 정부를 선호하지 않았지만, 자기가 어려울 때에 교황 정부가 자기에게 도움을 주게 되었다. 왕은 자신을 쫓아내고 자신의 주교구를 몰수했다. 그 주교가 교황 궁까지 찾아가서 항소를 했다고 생각할 만한 이유가 없다. 그는 노르망디에 머물면서 왕의 분노가 가라앉기를 기다렸고, 3년을 그렇게 유배 생활을 한 뒤 다시 왕의 신임을 얻게 되었다. 왕은 그를 즐거운 낯으로 도로 맞아들였다. 자신의 연로한 신하의 교구에 각종 특권들을 한꺼번에 부여했다. 그가 몰수했던 영토를 그냥 돌려주는 데 그치지 않고, 그 영토에 대한 소유 조건들을 유리하게 개정해 주었고, 교구의 범위를 컴벌랜드와 스코틀랜드 남부까지 확장해 주었다. 그 대가로 왕은 주교로부터 5년간 더 충직하게 봉사하며, 철저한 교황주의자인 대주교 안셀무스(Anselm) 때문에 위험이 가중된 상황에서 확고한 지원을 해주겠다는 약속을 받았다. 세인트 칼라이스의 윌리엄에 한해서는 모든 게 잘 되었다. 그는 자신의 주교좌 성당을 착공할 수 있었고, 더럼의 수사들 사이에 복된 기억을 남길 수 있었다. 그는 교황권이라는 새로운 무기를 휘두르되 왕을 해치지 않을 정도만큼만 휘두름으로써 자신의 의무를 수행했다.

베노와 세인트 칼라이스의 윌리엄의 경력은 카롤링거 왕조 시대의 교회 질서가 붕괴되던 시점에 주교직이 지닌 여러 가지 측면들을 들여다 볼 수 있는 좋은 사례이다.

우선 그들은 왕이 교구의 이익을 보호해 줄 수 있느냐 하는 의심이 싹트던 현실을 예증한다. 이런 의심이 왕의 입장에서 교회를 제대로 후원하지 못한 데서 생겼든, 아니면 불법적으로 후원해서 생겼든 상관없이 그 결과는 같았다. 즉, 주교들은 일단 그런 의심이 들자 지원을 얻기 위해 더 먼 곳을 바라보게 되었고, 먼 곳을 바라보았을 때 눈에 띄는 곳은 로마밖에 없었다. 로마 말고는 지원을 기대할 만한 곳이 없었다. 11세기 말에 상당수의 주교들이 주교직을 얻기 위해 평신도 군주에게 돈을 바쳤다고 고백하고서, 그 직위를 교황에게 넘겨준 뒤 그것을 교황에게 선물로 다시 받았을 때, 그들의 동기는 물론 매우 다양했다. 하지만 그 동기들의 맨 밑바닥에는 왕이 과연 자기들을 제대로 보호해 줄 수 있느냐 하는 의심이 깔려 있었다. 따라서 로마 교황청을 향해 밖으로 나가는 움직임이 호혜적으로 밖에서 안으로 들어오는 움직임과 만났다. 후자가 없었다면 전자도 그다지 효과가 없었을 것이다.

조금만 더 깊이 들여다보면 그 두 운동은 하나였고 똑같은 것이었다. 둘 다 불변하는 세계 질서의 일부라고 여겨지던 주교구의 권리와 특권을 보존하고 굳히기 위한 노력의 결과였다. 주교의 인격은 주교구에 의해 둘러싸여졌다. 주교구의 권리를 보존하는 것이 주교의 가장 신성한 의무였다. "내 교구의 권리가 감소한다면 나는 하나님의 심판대 앞에 감히 나서지 못할 것이다"라고 성 안셀무스는 말했다. 다른 사람들은 그것 말고 나름대로의 동기를 갖고 있었을 것이다. 이를테면 자부심이라든가, 의무, 이익, 혹은 역사에서 이름을 남기고 싶은 소원 같은 것 말이다. 하지만 그 동기들의 맨 꼭대기에는 땅에서 자기들의 권리가 감소하는 것을 참지 못하는 성인들이 내려다보고 있었다. 부당한 방법을 동원해서라도 성인들의 권리를 끝까지 지킨 주교는 그들의 중보 기도에 힘입어 사죄를 기대할 수 있었다.

지위 고하를 막론한 모든 성직자들의 가슴에는 이런 동기가 자리잡고 있었으며, 이런 동기 때문에 그들은 체면 불구하고 속인들과 다를 바 없이 맹렬하게 권리와 특권을 추구했던 것이다. 가장 취약하고 가장 부자연스러운 주장을 열정적으로 추구한 것이, 그래서 가장 일반적인 인간의 동기들과 숭고한 종교적 이상이 결합하게 된 것이 중세 교회가 제도적으로 발전할 수 있게 해준 가장 강력한 원동력이었다. 성직을 지닌 사람, 특히 보다 유서 깊은 성직을 지닌 사람은 자기 직위에 따른 권리와 특권과 재산을 보호하고 그것을 극대화할 신성한 의무가 있었다. 물론 지나치게 욕심을 낸다든지 부당한 방법을 사용해서는 안 되었지만, 불확실성의 세계에서는 원대한 주장을 하는 것이 유리했다.

재건의 시대에 원대한 주장을 고수하기 위해 투쟁한 11세기 말과 12세기의 주교들은 휘하의 주교좌 성당 참사회를 적극 지원했다. 그리고 참사회에 만족을 준 주교들은 종종 찬사 일색의 전기로 보답을 받았다. 이렇게 당대의 인물을 찬사한 전기들은 현대의 독자들에게 이렇다 할 인상을 주지 못한다. 열정적으로 확장된 특권과 재산과 건물들은 오늘날의 시각에서 바라보면 영원한 질서와 멀리 떨어진 것처럼 보이지만, 카롤링거 왕조 시대의 주교들에게 무거운 부담이 부과되었다는 사실을 제대로 헤아리는 사람은 드물다. 우리는 주교들이 휘하의 성직자들을 조사했다거나, 교구를 시찰했다거나, 교회회의를 소집했다는 이야기는 별로 들을 수 없고, 귀족들로서 수행한 역할에 관해서는 많은 이야기를 듣는다. 더욱이 이런 세속적 의무들은 더 이상 기독교 공동체를 보살피는 일과 밀접한 관계도 없었다. 그것은 왕들, 즉 이제는 과거에 지녔던 세속적 특성을 상실한 왕들에게 돌아가야 할 의무들이었다.

이 전환기의 주교들에게는 카롤링거 왕조 시대의 주교들이 지녔던 강점은 사라진 채 약점만 남아 있었다. 카롤링거 왕조 시대의 주교직은 그것이 교구민들과 격리되어 있다는 데 큰 약점이 있었던 반면에, 주교 정부라는 원대한 사상에 강점이 있었다. 그런데 세월이 흐르면서 격리는 그대로 남고 원대한 사상은 사라졌다. 11세기 말의 주교가 자기 교구의 교회들을 방문했을 때 그의 전기 작가는 이 기행(奇行)을 특이하게 표출된 신앙적 호기심으로 표현할 수 있었다. 그리고 12세기의 어느 탁월한 주교의 전기 작가는 주교가 "아무리 바쁘거나 피곤해도, 아무리 길이 험하거나 날이 궂어도" 어린이들에게 견신례를 베풀기 위해 한사코 말에서 내리려고 한 것을 그의 뛰어난 덕행으로 평가할 수 있었다.[21] 덕행이란 여러 가지 형태를 띠게 마련이지만, 주교의 수행원들의 행렬이 군중을 난폭하게 대하고, 주교의 신하들이 몰려드는 군중에게 주먹을 휘둘러 그들을 흩어버리는 동안, 주교가 한사코 말에서 내려 어린이들에게 안수하려고 한 것이 덕행으로 받아들여진 그런 상황이란 상상하기가 쉽지 않다.

---

21) *The Life of St Hugh of Lincoln*, ed. D. L. Douie and H. Farmer, i, 127-8.

그럴지라도 당대 사람들의 견해는 귀 기울일 가치가 있다. 그들의 견해는 적어도 당시에 무엇이 가능하다고 생각했는지 가리켜 주기 때문이다. 최악의 경우에 이 바쁘고 악착같은 사람들은 아무리 심각한 한계 상황들에 부닥쳐도 주교직을 그대로 유지했고, 사회적·정치적 변화의 세력에 송두리째 노출되는 때조차 주교직의 위상을 높여 놓았다.

주교들과 대주교들에 관한 한, 이 변화의 시기에 가장 중요한 결과는 교황 정부의 출현이었으며, 따라서 이제는 그들이 이 새로운 세력에 어떻게 적응했는지 살펴봐야 한다.

## 2. 교황의 신하가 된 주교들

처음에는 교황의 사법권이 교구의 일상사에 침범해 들어옴으로써 주교의 독립성이 막을 내리게 된 것처럼 보였을 것이다. 주교들은 수도원들이 자기들의 관할권에서 벗어나고, 곧 이어 모든 수도회들이 그렇게 벗어나는 현실을 그냥 지켜볼 수밖에 없었다. 권위를 상실한 것도 좋지 못했지만, 그것을 초래한 원인은 훨씬 더 좋지 못했다. 모든 신설 수도회들은 주교의 관할권에서 벗어나기를 원하다가 결국 그런 자유를 얻었다. 왜냐하면 주교의 관할권이란 조직적인 종교 생활을 제한하고 억압하는 세력으로만 비쳤기 때문이다. 그밖에도 주교들은 모든 계층의 소송 당사자들이 자기들의 판결을 무시하고 교황의 판결에만 매달리는 것을 지켜봐야 했다. 그리고 교회에서 자기들의 역할이 교황의 대권 행사를 지원하는 것임을 천명하는 교황의 서신을 받아 읽어야 했다. 교황은 이런 메시지를 주교들의 뇌리에 분명히 심어주기 위해서 갈수록 빈번히 교황의 지시를 이행하도록 요구했고, 교구에 파견된 교황청 판사들과 협력하도록 요구했다. 주교들은 전례(典禮)를 개선할 권한과 교회법의 입안자와 해석자로서의 중요성을 상실했다. 이런 상황에서는 주교의 독립 같은 사상이 더 이상 발붙일 곳이 없었다.

물론 그런 과정에는 나름대로 보상이 없지 않았다. 유럽의 많은 지역에서 교황의 지원에 힘입어 과거에 잃었던 주교의 재산, 특히 십일조 수입을 되찾는 큰 이득을 보았다. 군주의 가장 분명한 공식적 권위였던 평신도 서임권으로부터 주교들이 소외되어 가는 과정에서도, 주교들은 재산을 조금도 잃지 않았다. 그 소외의 과정에서 위험한 순간이 한 번 있었다. 1111년에 교황 파스칼리스 2세(Paschal II)가 막대한 토지 재산권 상실을 수반했을 성직자들의 자유를 위한 문안에 합의한 것이다. 그 합의는 이탈리아 북부와 독일의 주교들이 앞장서서 반대하는 바람에 성사되지 못했다. 그들은 아무 것도 잃을 것이 없는 데서 나오는 자유를 좋아하지 않았던 것이다. 그들은 교황이 자기들을 도와서 고대로부터 물려받은 권리들을 보호하기를 원했지, 브로커처럼 행동하여 그 권리들을 포기하게 만드는 것을 원하지 않았다. 그리고 이 문제에서 그들은 자기들의 뜻을 관철시켰다.

더욱이 교황의 통제는 비록 독립의 상실을 초래했을지라도 중대한 이익을 끼쳤다. 교황 정부의 발전은 비록 주교들에게서 이권과 후원이 떨어져 나가는 결과를 끼치긴 했지만, 그것 자체는 주교들도 참여하는 전반적인 정부의 확대의 징후일 뿐이었다. 행정과 법률 면에서, 주교들은 초기보다 12세기 말에 훨씬 더 바빴으며, 백년 뒤에는 훨씬 더 바빴다. 유럽의 다른 모든 귀족들처럼, 주교들은 정교한 사법 및 행정 기구의 전문가들이 되었다. 이런 발달이 가져온 최초의 결과는 주교들과 대주교들이 복잡한 법적 문제를 처리하기 위해 성직자들과 법률가들로 구성된 막료들을 모으기 시작한, 12세기 초에 작성된 주교의 특허장들에서 볼 수 있다.

이 사람들의 도움으로 주교는 9-10세기에 도달했던 수준의 활동을 금방 회복하고 곧 그것을 능가했다. 13세기 초에는 충분히 발달한 중세 주교의 윤곽이 나타났다. 이 무렵의 주교는 대 토지 귀족이자 정치인일 뿐 아니라, 판사와 입법자였고, 지역 성직자단의 수장이었으며, 왕의 정부와 교황의 정부 양쪽에 없어서는 안 될 대리자였다. 주교들은 세속 군주들과 마찬가지로 교황권의 파도가 자기들을 완전히 엄몰했을 때도 기존의 기능들이 거의 고스란히 자기들의 수중에 남아 있는 것을 발견했다. 물론 이제는 이런 기능들을 새롭고 보다 복잡한 방식으로, 그리고 교황청의 절차를 세심하게 의식하면서 행사해야 했지만 말이다.

교황청의 틀은 유럽 전역의 주교직의 발전에 총괄적인 통일성을 부여했지만, 주교들은 저마다 사회적·정치적 지위가 크게 달랐다. 크게 구분되었던 것은 주로 로마 제국의 옛 도시 형태를 유지한 이탈리아의 주교구들과, 이들보다 훨씬 더 규모가 컸던 유럽 북부의 주교구들이었다. 이 구분은 상업 활동이 왕성한 지역의 주교구들과 주로 농업 지역의 주교구들을 위주로 다시 한 번 세분되었다. 이 두 가지 구분을 다시 양분하면 정치적 갈등이 첨예한 지역들과 다소 평화로운 지역이 나뉘었다. 주교직을 어떤 방식으로 행사하는가 하는 것은 이런 사회적·정치적 활동의 형태에서 주교가 어떤 지위를 차지하는가에 달려 있었다. 결과적으로 주교들의 다양한 종류와 교회법의 큰 틀 안에서 주교들이 보인 다양한 활동을 이해하려면 유럽의 여러 지역에서 몇 가지 사례를 직접 살펴봐야 한다.

### 프랑스 북부의 대주교

먼저 서유럽에서 가장 평화롭고 가장 안정된 사회에서 모델이 될 만한 대주교구를 살펴보자. 1247-1276년에 루앙의 대주교를 지낸 오도 리고(Odo Rigaud)는 일드프랑스(파리를 중심으로 하는 옛 주—역자주)의 하급 귀족 가문에서 태어났다.[22] 1230년대에 파리 대학교에서 강사로 활동했고, 그 시대의 여러 교수들과 마찬가지로 프란체스코회 수사가 되었다. 그리고는 곧 그 수도회를 대표할 만한 신학자가 되었다. 그는 대주교로 선출되기 전에 프란체스코회의 루앙 관구장이었다. 그가 대주교로 선출된 것은 어느 모로 보나 공정한 결과였다. 주교좌 성당 참사회는 가문의 배경도, 세속 권력의 뒷받침도 없는 학자 겸 탁발수사이자 대수도회의 지도자인 그를 왕

---

22) 오도 리고와 유난히 풍성한 그의 전기 자료를 맨 처음 주목한 사람은 L. Delisle이다: 'Le clergé normand au xiii$^e$ siècle', *Bibliothèque de l'école des chartes*, 1846-7, 2nd er., vol. iii, 479-99. 이 글과 이것이 근거로 삼은 오도의 *Registrum Visitationum 1248-1269* (ed. T. Bounin, 1952)은 여전히 그 대주교의 활동을 다룬 최고의 자료로 남아 있다.

이나 교황의 간섭을 받지 않은 채 오로지 그의 경력만 보고서 대주교로 선출하였다. 이것이 바로 개혁자들이 확보하기 위해 투쟁했다가 거의 성공을 거두지 못했던 선거 형태였다.

오도가 대주교가 되어 남긴 경력은 매 단계에서 규칙성이 두드러졌다. 그는 이미 대주교로 선출되었을 때부터 유력 인사였으며, 자신감을 가지고 그 중대한 직위에 임했다. 그는 이제 영국 해협 양안(兩岸)으로 방대한 사유지들을 지닌 세 개의 궁전과, 방대한 식솔들과, 폭넓은 권위를 지닌 영주였다. 한 번은 그가 로마를 방문할 때 어느 마음씨 좋은 이탈리아 주교가 그의 경비를 대겠다고 제의하자, 그는 수입의 절반만 가지고도 화려한 생활을 할 수 있고 나머지 절반은 쓸 곳이 없다고 말했다. 당시에 여든 명의 마부를 동반한 일행과 함께 말을 타고 가고 있었기 때문에, 그 광경은 절대로 프란체스코회의 겸손의 표시가 아니었다. 그는 고관이었다.

그가 대주교로서 자신의 교구를 시찰한 일지가 현존하는데, 그 내용을 보면 그는 해마다 자신의 교구와 관구를 두루 시찰했음을 알 수 있다. 무엇보다도 그는 교구의 농촌 수석 사제관들을 방문하고서 지방 성직자들의 윤리를 조사했다. 그리고는 자신의 권위에서 면제되지 않은 관구 전역을 다니면서 수도원들을 시찰했다. 높은 지위에 있던 많은 프란체스코회 수사들이 그랬듯이, 그도 수도원 사유지의 관리 실태, 회계 체제, 그리고 도서관을 특별한 관심을 가지고 살펴보았다. 이런 분야들에서 그가 조언한 내용을 보면 토지 관리자로서 뿐 아니라 사서(司書)로서도 탁월한 문제 파악 능력을 갖고 있었음을 알게 된다. 마지막으로 그는 오랜 세월에 걸쳐 자기 관구에 속한 모든 교구들을 시찰했다. 그의 일지에 적힌 20년 동안 한 교구를 두세 번 시찰했다.

자연히 이런 활동은 평화롭게만 진행되지 않았다. 오도는 갈수록 권위주의적인 태도를 가지고 자신의 합법적 권위의 한계를 넘어섰다. 시찰 활동을 하려면 비용이 들었고, 중세 정부의 다른 사업이 그랬듯이 이 사업에도 직접 관련된 사람들, 즉 시찰을 받는 당사자들이 비용을 대야 했다. 1251년에는 노르망디의 모든 주교들이 대주교 시찰 비용 문제와 대주교가 자기들의 관할권을 침해하는 문제와 자기들이 파문한 자들을 대주교가 사면해 주는 문제 등에 대해서 로마에 항소했다. 이 항의는 여러 해를 끌었다. 이것은 정부가 확고부동하고 때로는 까다로울 때 생기는 불가피한 결과였다. 하지만 이런 불평 불만에도 불구하고 평화와 규칙성에 대한 큰 인상은 변하지 않았다.

무엇보다도 대주교와 왕의 관계에 큰 평화가 있었다. 루이 9세(Louis IX)는 자신의 첫 십자군 원정을 마치고 돌아온 뒤에 종종 대주교와 함께 지냈으며, 2차 십자군 원정의 준비가 한창일 때도 두 사람이 떨어져 지낸 적이 거의 없었다. 오도 자신이 루이의 2차 십자군 원정에 참여했고, 왕이 전사할 때 왕 곁에 있었으며, 왕의 시신을 프랑스로 가지고 왔다. 프랑스에서 이런 조화롭고 따뜻한 협조보다 세속 정부와 교회 정부 사이의 평화롭고 화목한 관계를 예시하는 것은 없었다. 어느 쪽도 다른 쪽이 줄 수 없는 것을 요구하지 않았다. 그들의 관계에는 모든 것이 각자 자신의 의무를 알고 서로에 대해 만족해하는 사람들의 편안함이 있었다.

이와 같은 편안함과 상호 신뢰를 교회 계급 제도에서 대주교와 하급 성직자들의 관계에서도 발견할 수 있다고 기대해서는 안 된다. 프란체스코회 수사들은 주교가 되면 대개 엄격한 규율가들이 되었다. 오도 리고도 예외가 아니었지만, 그가 재직한 기간에는 큰 스캔들이나 절망적인 문제가 없었다. 호색과 주정과 오락과 불법 상거래와 단정치 않은 옷차림과 품행이 다반사였으나, 이런 것은 당시 하급 성직자들 사이에 일상화된 악들이었다. 이런 행위들은 벌금과 성무 정지, 그리고 면직 경고로써 처벌되었다. 오도 리고가 엄격한 규율가이긴 했지만, 이런 문제들을 처리하는 데는 일정한 관용을 보였다. 사람들에게 너무 큰 것을 기대하지도 않았고, 과도한 벌을 부과하여 그들을 자포자기의 심정으로 몰고 가지도 않았다. 심지어 사제가 호색과 주정과 폭행을 동시에 저질렀을지라도 다시 그런 죄를 범하면 사제직을 그만두겠다는 약속을 받아내는 것으로 그쳤다. '단호하되 지나치지 않게' — 이것이 대주교의 엄격함의 수준이었다.

마찬가지로 성직 후보자들을 심사할 때도 일상적인 교구 사역에 필요한 정도의 라틴어 실력만을 요구했다. 대주교와 시험관들은 후보자들에게 라틴어 성경의 한 구절을 번역하고, 한두 개의 동사를 격변화시키고, 미사의 몇 부분을 노래해 보라는 문제를 냈다. 보통 수준의 답안이면 충분히 합격했다. 어려운 시험이 아니었다. 하지만 시험 자체는 진지했고, 특히 대주교와 대부제, 그리고 수사들이 배석한 가운데 치르는 시험이라 더욱 그러했다. 시험장에서 경거망동이란 있을 수 없었고, 엄숙하고 숙연한 긴장이 흘렀다.

이것이 세속 중세 시대의 교회가 가장 건실했을 때의 모습이었다. 이렇다 할 불화도 없고, 행동에 절제가 있고, 절차에 질서가 있고, 다양한 집단이 유대를 맺고 지냈다. 이단도 없었고, 극도의 혼란도 없었고, 행동 표준도 턱없이 높지 않았다. 교회 생활이 이렇게 수동적이고 평화로운 모습을 띤 기간은 오래 가지 않았고 자주 찾아오지도 않았다. 대개는 물결이 잔잔하게 흐르기보다 급류로 흘렀으며, 그것이 잔잔한 바다 같은 오도의 행정에 파문을 일으켰다.

### 영국의 대주교

이제는 오도에 비해 약간 후대 인물인 또 다른 프란체스코회의 학자 출신 대주교에게 눈을 돌려보자. 1279-1292년에 캔터베리 대주교를 지낸 존 페컴(John Peckam, 통상적으로 그를 이 이름으로 부른다)은 1230년경 서섹스 지방의 패쳄에서 태어났다.[23] 그의 경력은 여러 면에서 오도 리고의 경력과 거의 흡사했다. 페컴도 재력은 어느 정도 있으나 신분은 그다지 높지 않은 가문 출신이었다. 그는 파리와 옥스퍼드에서 공부한 뒤 프란체스코회에 들어가 1275년에 옥스퍼드에서 프란체스코회 수석 학자 겸 수도회 관구장으로 승진했다. 2년 뒤 교황청의 설교자(lecture)로 임명되었다.

---

23) 그의 자세한 생애에 관해서는 다음을 참조하라: D. L. Douie, *Archbishop Peckham*, 1952. 다음 책에는 보완할 만한 내용이 실려 있다: A. B. Emden, *Biographical Register of the University of Oxford to a.d. 1500*, 1957-9, iii, 1445-7.

이런 이유로 로마에 가 있는 동안 교황 니콜라스 3세(Nicholas III)가 1278년에 로버트 킬워드비(Robert Kilwardby)를 포르토의 추기경 주교로 임명하는 바람에 캔터베리 대주교 자리가 비게 되었다. 킬워드비는 교황의 지명으로 캔터베리 대주교가 되었으나 교황의 기대에 부응하는 활동을 하지 못했다. 교황이 그를 추기경 주교로 임명한 것은 신뢰할 만한 다른 사람을 캔터베리 대주교로 세우기 위함이었다. 캔터베리의 수사들은 왕의 지원을 받아 대법관 로버트 버넬(Robert Burnel)을 대주교로 선출하려고 안간힘을 썼지만 결국 허사였다. 교황은 자신에게 대주교 임명권이 있었으므로 수사들의 청원에 전혀 개의치 않은 채 페컴을 임명했다. 교황 외에는 아무도 그를 달가워하는 사람이 없었다. 철저히 합법적인 임명이었으나 출발부터 상서롭지 못했다.

페컴은 곧장 영국으로 갔다. 그리고는 곧 1274년 리용 총공의회의 법령을 보급할 목적으로 관구 교회회의를 소집했고, 관구 내의 모든 교구들을 차례로 시찰하면서 부패를 척결하는 작업에 나섰다. 오도 리고와 마찬가지로 그도 방대한 분량의 활동 기록을 남겼지만, 리고와 달리 그 활동으로 인해 관구 관하 주교들(suffragans)과 국왕 정부와 오랜 기간에 걸친 갈등에 들어가게 되었고, 이 갈등으로 그의 대주교 사역에는 어두운 그림자가 깔렸다.

앞에서 본 대로, 관구 관하 주교들과 갈등을 겪은 것은 대주교가 적극적인 활동을 벌일 때 불가피하게 만나게 되는 현상이었지만, 페컴이 겪은 갈등은 오도 리고의 활동에서는 전혀 찾아볼 수 없었던 신랄함과 극단적인 악감정이 오가는 가운데 생긴 것이었다. 이렇게 된 데에는 급하고 쉽게 화를 내는 페컴의 성격이 틀림없이 한 몫을 했다. 1282년 11월 19일에 그가 코벤트리의 주교 로저 롱게스페(Roger Longespée)에게 쓴 편지에 이 점이 잘 나타나 있다:

> 최근에 우리는 당신의 교구를 지나다가 전에 우리가 시찰할 때 바로잡았다고 생각한 많은 일들이 그대로 재현되는 것을 보았습니다. 근친상간, 성직매매, 교

회당 전용(轉用)이 그대로 행해지고 있었고, 어린이들에게 견신례를 주지 않은 사례들도 볼 수 있었습니다. 당신이 교구에 상주하면서 이런 일들을 바로잡았어야 했는데 너무 오래 교구를 비워두는 바람에 이런 일에 신경을 쓰지 못한 것 같군요. 그러므로 우리는 당신에게 명합니다. 이 편지를 받는 즉시 교구로 돌아가 상주하십시오. 그래야 혹시 영적인 악행들을 바로잡을 능력이 없을지라도 가난한 자들을 구제하는 현실적 과제만이라도 수행할 수 있지 않겠습니까? 만약 그럴 자신이 없다면 영어를 잘 아는 다른 주교를 초빙하여 교구를 순회하면서 필요한 일을 하도록 해야 할 것입니다. 이 일을 수행하신 뒤 사도 도마의 축일[12월 21일]까지 그 결과를 우리에게 보고하시기 바랍니다.[24]

이렇게 처칠을 연상시키는 용어로 관구 관하 주교에게 편지를 쓰는 대주교란 당시 사회에서 인기를 끌 수가 없었다. 페컴은 이 점에서 안일하게 살아가던 귀족적 성직자들의 반대에 부닥쳤다. 롱게스페는 참사회원들이 자유 재량권을 가지면 반드시 주교로 선출할 만한 그런 사람이었다. 그는 왕의 조카였고, 오래 전에, 즉 페컴이 아직 학생이던 1256년에 참사회원들의 만장일치로 주교로 선출되었다. 당시의 선거인단들이 작성한 편지가 아직도 남아 있다. 그 편지에는 롱게스페가 "교구의 세속적 상태와 영적 상태를 동시에 개혁할 수 있다고 우리가 확고히 믿는" 그런 사람으로 묘사되어 있다.[25] 이것이 교회 서신에서 쉽게 접할 수 있는 미화를 넘어선 것이었는지 우리로서는 알 수 없지만, 새로 부임한 그 주교는 아무에게도 불편을 끼치지 않으려는 의도를 금방 드러냈다. 페컴이 그토록 오랫동안 안일하게 직위를 유지해온 주교를 공격한 것은 틀림없이 정당한 행위였지만, 그가 과녁을 명중시켰다는 증거는 없다. 롱게스페는 1295년까지 살면서 그 누구도 괴롭히거나 그 누구에게도 괴롭힘을 받지 않았다. 그의 장례는 그의 선출과 마찬가지로 문헌에 자세히 남아 있다. 그가 주교에 선출되었

---

24) *Registrum J. Peckham*, ed. C. T. Martin, *R.S.*, i, 363-4.
25) 대단히 복잡했던 회의 절차와 돌발 사태를 막기 위한 안전 장치들을 보여 주는 선거 관련 문서들은 Burton의 연대기인 *Annales Monastici, R.S.* (376-83)에 실려 있다.

을 때도 그랬듯이 죽어 장례를 치를 때도 그것은 온 사회를 떠들썩하게 만든 대단한 사건이었고, 들리는 불평이란 주교가 아쉽게도 삼십 년밖에 재위하지 못했다는 것이 고작이었다. 페컴의 관점에서는 그 주교의 장례가 그리 대단한 일이 아니었음에 틀림없다.

귀족들의 법관 매수가 언제나 적극적인 열정에 장애를 놓았지만, 그것이 페컴의 길을 가로막은 가장 큰 장애물은 아니었다. 영국의 복잡한 법률 체계는 대단히 까다로웠다. 법적 권리에 관한 몇 가지 복잡한 문제를 해결하지 않고는 일처리를 해나갈 수가 없었다. 만약 유언자가 한 개 이상의 교구에서 재산을 남겨 놓고 죽는다면 그의 유언은 대주교의 법정에서 검증해야 할 것인가, 아니면 다른 법정에서 검증해야 할 것인가? 농촌의 수석 사제나 대부제의 법정에서 이루어진 판결에 불복할 때 주교를 건너 뛰어 대주교에게 항소할 수 있는가? 하급 법원의 판결을 불복하고서 로마에 항소할 때, 항소 과정에서 대주교에게 보호를 요구할 수 있는가? 만약 수도원 자체는 주교의 권위에서 벗어났는데 수도원이 소유한 교회가 주교의 권위에서 벗어나지 못했다면 수도원 당국자들은 대주교의 관구 교회회의에 참석할 의무가 있는가? 이런 문제들과 이와 유사한 문제들이 페컴의 발에 자꾸만 걸렸다. 이 문제들은 대주교 페컴과 그 휘하의 주교들 사이에 빈번히 갈등을 일으켰고, 효과적인 행정을 번번이 가로막았다.

그러나 무엇보다도 큰 장애는 대주교와 국왕 정부 사이에 끊임없이 전개된 사소한 분쟁이었다. 앞에서 교황 요한 22세의 발언을 소개한 적이 있다. 그는 영국만큼 세속 권력이 교회 업무에 자주 간섭하는 나라가 없다고 개탄했었다. 페컴의 편지들은 교황의 이 발언이 실제로 무엇을 뜻했는지를 보여주는 사례들로 가득 차있다. 왕은 대주교가 소집한 교회회의가 자신의 왕권과 인격과 위엄 혹은 왕실 자문회의의 업무를 침해하는 문제를 논의하지 못하도록 금했다. 왕은 자신의 법정에서 성직 수여권에 관한 재판이 벌어질 때는 주교들에게 참석하도록 소환했다. 그리고 왕의 사법권에 속하는 듯한 사건들을 대주교의 법정에서 심문하지 못하도록 금했다. 따라서 페컴은 사방에서 자신의 재량권을 전혀 예기치 못한 방식으로 제한하는 사법 제도에 자신이 갇혀 있다는 사실을 발견했다. 이 미궁과 같은 상황에서 방향 감각을 잃지 않으려면 대단히 지혜롭거나 대단히 느슨하게 사는 길밖에 없었다. 그는 그 어느 쪽도 아니었기 때문에 실패했다. 그 체제에 묵종하지도 못했고, 그것을 극복하고 자신의 의지를 관철시키지도 못했다. 게다가 문제들이 토머스 베켓(Thomas Becket)처럼 영웅적인 방식으로 해결하기에는 너무나 복잡하게 얽혀 있었다. 결국 페컴은 보다 안전하되 끊임없이 불평을 쏟아내는 처지로 밀려났으며, 그로써 신경쇠약 외에는 아무것도 얻지 못했다.

옥스퍼드 근교의 치핑 노턴에 있는 단일 소교구 교회를 잘 관찰해 보면 페컴이 겪었던 어려움을 조금이나마 이해할 수 있다.[26] 그 교회의 주임사제직(rectory)은 연간 35파운드 가량의 수입이 생기는 가치 있는 성직록이었는데, 페컴이 영국에 왔을 때 그 성직록은 왕의 성직자가 다른 성직록과 함께 복수로 소유하고 있었다. 이런 상황은 교황이 페컴에게 캔터베리 대주교의 직위를 줄 때 거론한 점들 가운데 하나였다. 교황은 신임 대주교에게 불법적인 성직 겸임(즉, 교황에게 승인을 받지 않은 성직 겸임)을 반드시 뿌리뽑으라고 지시했다. 페컴은 영국에 도착하자마자 교황의 말대로 성직 겸임을 금하는 법을 제정했다. 그 뒤에 치핑 노턴을 처음 시찰하게 되었을 때 그 교회가 왕의 성직자인 니콜라스 우드퍼드(Nicholas Woodford)에 의해 불법으로 겸임되고 있는 것을 발견하고는, 지체없이 그의 직위를 무효로 선언하고는 그것을 자신의 성직자인 글로스터의 리처드(Richard)에게 주었다.

하지만 그런 상황에서 어려운 문제가 대두되었다. 페컴이 그곳을 시찰할

---

26) 이 작은 사건의 역사를 기록하는 데 근거가 된 자료들을 그냥 나열만 해봐도 당시에 교회와 국가의 관계가 얼마나 복잡했는지 알게 될 것이다: *Registrum J. Peckham*, ed. C. T. Martin, *R.S.*, i-iii, 158-9, 202, 1015; *Select Cases in the Court of King's Bench*, ed. G. O. Sayles (Seldon Soc.), 1938, ii, 166; *Rotuli Parliamentorum*, i, 96-7; *Calendar of Patent Rolls, 1281-92*, 112; *1291-1301*, 46, 120-1; *Register of Richard Gravesend* (Lincoln Rec. Soc. 39), 1948, iii.

무렵에 니콜라스 우드퍼드가 사실상 이미 사임을 하고, 그 성직록의 수여자인 글로스터의 대수도원장이 그것을 왕의 다른 성직자인 체링턴의 윌리엄(William)에게 준 사실이 확인되었던 것이다. 뒤늦게 이 사실을 안 페컴은 눈앞이 캄캄했다. 그는 자신의 성직자가 치핑 노턴 교회를 맡는 조건으로 체링턴의 윌리엄에게 다른 성직록을 찾아주겠다고 약속했다. 결국 타협안이 받아들여지긴 했으나, 그것은 대주교의 지나치게 경솔한 열정이 빚어낸 서툰 결과였다. 그리고 그 뒤에 벌어진 일을 알고 나면 더 서툰 결과였음이 드러난다.

페컴의 성직자는 그 뒤 11년간 치핑 노턴 교회를 차지하면서 많은 재산을 모았다. 1293년에 작성된 그의 재산 목록을 보면 그가 도금한 식기류와 보석들, 말들과 가축을 소유했고, 적은 규모로 돈놀이를 하여 다양한 채무자들에게 50파운드가 넘는 채권 증서를 갖고 있었음을 알 수 있다. 그는 자신의 개인 재산을 300파운드로 평가했다. 그것은 당시에 개인 소유의 동산(動産) 규모로는 영주의 수준에 해당하는 금액이었다.

1282년에 페컴은 체링턴의 윌리엄에게 치핑 노턴 교회를 포기한 데 대한 보상을 해주겠다고 약속했었다. 그런데 세월이 흘렀는데도 약속은 지켜지지 않았다. 그러는 동안 체링턴은 국왕 정부에서 실력자가 되었다. 1293년에 그는 더블린의 재무대신의 남작으로 임명되었고, 국왕의 판사로서 임무를 받아 사슴 도둑질 사건을 재판하기 위해서 치핑 노턴의 이웃 지방에 도착했다. 과거에 자기가 그토록 차지하고 싶어했던 그 성직록이 눈에 들어오자, 그는 판사로서의 평정을 잃고서 옛 경쟁자에게 타격을 입히기 위해 공무를 제쳐두었다. 그는 주임사제관으로 돌진한 뒤 그곳 재산을 가로채고는, 교황이 자기에게 그 교회를 주는 것처럼 작성된 문건을 낭독하고서 그 교회를 차지했다.

페컴의 지명자는 캔터베리로 도피했다가 그곳에서 의회가 열리고 있는 것을 발견했다. 그는 국왕에게 호소했다. 양측 대표자들이 소환되었을 때 체링턴의 윌리엄은 침착하게 모든 것을 부인했다. 자기가 합법적인 주임사제로서 자신의 집에 갔을 뿐이라고 했다. 폭력을 사용한 적도 없고, 모욕을 준 일도 없고, 강제로 쫓아낸 일도 없다고 했다. 증거를 더 확보하기 위해 재판이 휴정되었다. 그러다가 재판이 다시 열렸을 때 페컴의 지명자가 출두하지 않았다. 그는 그 뒤로도 다시는 법정에 나타나지 않았으며, 국왕의 법정에서 소송을 중단한 벌로 40실링의 벌금형을 언도 받은 채 무대에서 사라졌다. 그 뒤 국왕 법원은 페컴이 11년 전에 개혁 열정을 가지고 수행했던, 대단했다고 말할 수 없는 모든 조치를 원점으로 돌려놓았다.

이 작은 소송 건은 많은 문서들을 만들어 놓았다. 이 문서들에는 총공의회와 지역 교회회의의 입법 내용이 기록되어 있고, 대주교의 행동들과 그가 그렇게 행동한 근거가 길게 기록되어 있으며, 교황청과 주교구의 문헌들을 참조하여 기록한다. 그 소송 건은 교황과 대주교와 주교들과 왕의 사법권을 건드렸다. 법을 집행할 수단은 무한히 많았지만, 실제로 법이 집행된 내용은 대수롭지 않았다. 판결문에 나타난 확고한 어조와 방침은 경제성 있는 성직록을 놓고 이익을 위해 줄다리기를 할 줄 알던 사람들 사이에 애초부터 있었던 갈등을 겉으로 끄집어낸 것에 지나지 않았다.

그 소송 건은 왕의 두 성직자와 대주교의 한 성직자가 돈벌이를 위해 벌인 이전투구 이상도 이하도 아니었다. 최초에 숭고한 정신으로 교회 정치 제도를 제정하고 보호해온 사람들은 이런 원초적인 욕구로부터 그 제도를 보호할 방법이 없었다. 페컴의 전반적인 목표와 행정은 프랑스의 동료 프란체스코회 수사 오도 리고와 다를 바 없었다. 다만 영국에서는 정치 환경이 그에게 덜 동조적이었으며, 따라서 양심적이고 엄격한 교회 행정가에게 그런 좌절이 더 컸을 뿐이다. 하지만 두 나라 모두 교회 정부와 세속 정부가 아무도 빠져나갈 수 없는 숱한 타협과 절충의 거미줄 안에서 움직였다. 비록 두 나라 사이에 거미줄의 밀도 차이는 있었지만 말이다.

### 독일의 주교

이번에 소개할 예는 상황이 사뭇 다르다.[27] 리에주(Liège)는 중세 독일에서 가장 서쪽에 자리잡은 교구였다. 이 교구는 쾰른 관구에 속했고, 주교가 제국의 백작이었다. 백작의 영지는 북쪽과 동쪽으로 각각 브라방트, 겔더란트, 림부르크에 접해 있었다. 브라방트는 네덜란드의 주(州)였고, 나머지 둘은 독일의 주였다. 하지만 남쪽으로는 프랑스에 접해 있었고, 서쪽으로는 프랑드르에 접해 있었다. 따라서 이 주교구는 두 개의 정치 집단인 프랑스와 제국 사이에서, 그리고 두 개의 복잡한 동맹 집단인 교황청과 대립 교황청 사이에서 연결 고리가 되었다. 11세기에 리에주는 제국의 큰 주교구이자 북유럽에서 가장 중요한 학교가 소재한 곳이었지만, 그 화려하던 시절은 벌써 먼 과거의 일이 되어 있었다. 13세기 중반에 이르러서는 교황과 황제의 정치적 이해가 충돌하는 지역이 되어 있었다.

1246년에 인노켄티우스 4세(Innocent IV)가 이 지역의 주교좌 성당 참사회에 대해 교황청의 동의 없이 주교를 선출하지 못하도록 금한 것은 바로 이런 상황을 염두에 두고, 또한 독일의 주교를 황제 진영에서 떼어내려는 의도에서 나온 조치였다. 이처럼 정치 상황이 이 지역의 주교 선출권에 대한 교황의 통제를 확대하는 데 기여했다. 리에주 주교직은 교황의 명령이 내려진 지 한 달 안에 비게 되었고, 그 뒤로 일년간 비어 있다가 교황 특사가 겔더란트의 하인리히(Henry)를 지명하여 참사회의 찬반 투표를 받게 했다. 겉으로 보기에 그는 주교가 될 만한 뚜렷한 명분이 없었다. 나이가 열아홉 살밖에 되지 않은데다 벌써부터 방탕한 생활을 했고 아직까지 글을 깨치지도 못했다. 하지만 그는 로마 교회의 충직한 지지자였다고 전해졌다.[28] 더 중요한 것은 그가 겔더란트 백작의 형제이자, 브라방트 공작의 조카이자 홀란드 백작의 사촌이었다는 점이다. 이들은 인노켄티우스 4세가 황제 프리드리히 2세(Frederick II)와 대립할 때 가장 크게 의지한

---

27) 겔더란트의 하인리히의 경력과 그의 시대에 리에주 교구가 처했던 상황에 관해서는 다음을 참조하라: E. de Moreau, *Histoire de l'Église en Belgique*, 1945, iii, 148-75.

28) 이것은 지방 연대기 저자의 보고였다: *M.G.H. Scriptores*, xxv, 129. 그 뒤에 나오는 자세한 내용은 대부분 다음 책에서 취한 것이다: *Catalogue des actes d'Henri de Gueldre* (Bibl. de la Faculté de Philosophie et Lettres de l'Université de Liège, v, 1900), ed. A. Delecluse and D. Brouwers.

집단이었다.

새 주교가 취임하여 처음으로 단행한 조치는 자기 사촌 홀란드의 백작이 호엔슈타우펜가(家)에 맞서 독일의 대립 왕이 되려 할 때 그 선거 과정에 개입한 것이었다. 교황이 그를 리에주 교구에 심어둔 것은 바로 그 일을 하기 위함이었다. 그 뒤 25년간 그는 흔들림 없는 충성심으로 독일의 반(反) 호엔슈타우펜 진영을 지원하는 정치적 역할을 해나갔다. 그 일에 관한 한 교황으로부터 온갖 종류의 면제 특권을 다 받았다. 인노켄티우스 4세는 그가 "독일 교회의 문제에 보다 자유롭게 개입할 수 있도록 한다"는 명분을 내세워 승진을 보류시켰다. 주교는 말년에 자기 교구 내에 빈 성직록들을 차지하고 거기서 수입을 얻을 수 있도록 허락 받았다. 그리고 교황파의 평신도 지지자들에게 십일조세 부과권을 교부할 권한을 받았다.

하지만 1273년에 이르러 그의 정치적 역할은 소멸되었다. 호엔슈타우펜가가 몰락했고, 교황으로서 이제는 더 이상 누가 독일의 왕이 되든 상관이 없게 된 것이다. 이런 상황에서 리에주 주교의 행실이 교황의 눈에 띄게 되었다. 1273년 1월에 그레고리우스 10세는 그 주교에게 편지를 보내, 그가 대수녀원장들과 수녀들과 어떤 관계인지, 그리고 특히 그가 평소 만찬이 끝난 뒤에 자랑한 대로, 그에게 열네 명의 서자들이 있는데 그들에게 성직록을 주었다는 말이 사실인지를 물었다. 그는 리용 공의회에 소환되어 사임하든지 아니면 교회법에 따라 재판을 받든지 택일하라는 요구를 받았다. 그는 사임하는 쪽을 택하고서 여생을 약탈과 방종을 일삼으며 보냈다.

물론 겔더란트의 하인리히에게 윤리적인 흠이 많았던 것이 사실이며, 이 점을 가지고 13세기 중반의 교황청 정책이 얼마나 정치 논리에 의해 좌우되었는가를 충분히 파악할 수 있는 것도 사실이다. 하지만 그보다 훨씬 더 중요한 사항은 교황들이 자기들의 피보호자들에 의해 저질러지는 손해를 최대한 줄이기 위해서 어떤 조치들을 취했는가 하는 점이다. 인노켄티우스 4세와 그의 특사가 자기들이 내세운 후보를 리에주 주교로 선출시켰을 때, 그들은 그의 인격적인 하자를 냉철하게 파악하고 있었지만, 그의 인격적 하자가 교구 행정의 효율성에 해악을 끼치지 못하도록 여러 경로로 노력을 기울였다. 겔더란트의 하인리히가 주교직을 수행하면서 남긴 방대한 문서들을 보면 그가 모범적인 주교가 아니었다고 단정하기가 힘들다. 교구 행정이 대단히 정상적으로 이루어졌던 것이다. 그 주교는 교회들에 재산을 기부한 사람들과 성소 순례자들에게 관례대로 면죄부를 부여했고, 비대해진 소교구들을 분할하도록 지시했고, 성직 임명권자들과 소교구 교회들의 관계를 정상화시켰으며, 주교 대리자들을 세우는 등 주교로서의 업무를 정상적으로 수행했다.

혹은 좀더 정확히 말하자면, 이런 일들이 주교의 명의로 수행되었다. 교구의 실질적인 감독권은 교황 특사들이 쥐고 있었다. 교황 특사들은 교구의 문제에 자유롭게 관여하고, 시찰을 지시하고, 주교의 임무를 대행할 시찰관들을 임명하고, 주교에게 교구민들을 너무 거칠게 대하지 말라고 지도하고, 대체로 그가 상궤(常軌)를 벗어나지 않게 하려고 노력했다.

겔더란트의 하인리히가 교회 업무를 전혀 모름으로써 생긴 공백은 메우기가 아주 쉬웠다. 왜 그랬냐 하면 한 세기 이상 전문 성직자들이 각 분야에서 주교의 행정적 사법적 기능을 점차 인수해왔기 때문이다. 독일은 이런 추세에서 뒤떨어져 있었는데도, 1250년에 이르면 여러 교구들이 주교의 관리들로 알려진 상근 법무관들을 두고 있었다. 이러한 업무 이양 과정의 마지막 단계는 총대리자(the vicar-general)로 알려진 훨씬 더 높은 관리의 등장과 함께 찾아왔다.[29] 총대리자는 주교 축성에 필요한 성사(聖事) 집례를 제외한 주교의 모든 업무를 대행했다. 하지만 이 경우도 이웃 교구의 주교나 교황 특사가 대신할 수 있었다. 따라서 겔더란트의 하인리히가 재직할 때 리에주 교구에서 단행된 혁신적인 조치의 하나가 총대리자 임명이었다는 것은 의아한 일이 아니다. 모든 일상 업무를 담당하는 이 무소불위의 권한을 지닌 대리자 덕분에, 그리고 축성(祝聖)을 담당한 교황 특사들과 인근 주교들 덕분에, 리에주 교구는 정상적으로 운영될 수 있었다.

---

29) 참조. E. Fournier, *L'origine du vicaire général et des autres menbres de la curie diocésaine*, 1940.

13세기가 흐르면서 유럽 전역에 총대리자가 등장한 것은 교회 관료 사회의 발달에 중요한 단계가 되었다. 따라서 이제 주교의 업무는 상근 직원이 주교 없이도 차질 없이 수행할 수 있는 일상 업무로 축소되었다. 교황의 원격 조종과 교황 특사의 직접 통제하에 가동되던 그 장치는 모든 일을 할 수 있었다. 어떤 점에서는 개인적인 호(好)·불호(不好)를 정부 업무에 개입시키는 주교가 아예 없는 편이 나았다. 겔더란트의 하인리히는 두 세기 전에 그레고리우스 7세가 공격했던 여느 주교 못지 않게 부적격자였지만, 그는 자기 없이도 교구 업무가 차질 없이 수행될 수 있었기 때문에 그런 점에 하등 개의치 않았다. 11세기와 13세기는 자격 없는 주교가 교구를 맡았을 때 생기는 결과가 그만큼 크게 달랐다. 13세기에는 주교의 역량이 하나도 문제가 되지 않았던 것이다.

### 이탈리아 북부의 어느 주교 가문

마지막으로 예를 들 수 있는 것은 이탈리아의 어느 유서 깊은 교구이다. 그것은 다름 아닌 볼로냐 교구이다. 겉으로 보기에 이 교구는 방금 우리가 살펴본, 전혀 딴 세계처럼 보이는 다른 교구들과 사뭇 다르다. 루앙과 캔터베리와 리에주의 고위 성직자들은 인품과 상황이 서로 달랐지만 서로 공통된 특징이 있었다. 그것은 그들 모두가 높은 정치적 직위와 방대한 사유지를 소유했고, 주로 농촌 사람들을 통치했다는 점이다. 볼로냐 주교구에는 이런 요소들이 없었다. 교구민의 절대 다수가 부와 사회 활동이 집중된 볼로냐 시에 몰려 살았다. 이 도시 공동체에서 주교의 지위는 그다지 중요하지 않았다. 유력한 성직 임명권자 집단도 거느리지 못했고, 공동체의 삶에도 이렇다 할 영향력을 행사하지 못했다. 그 도시의 연대기는 온갖 부류의 사람들의 출입 내력으로 가득 차 있다. 대사들, 공의회 대표들, 탁발수사들, 채찍질 고행자들, 이단들, 교황들, 교황 특사들이 그 명단에 자주 발견된다. 하지만 주교는 어지간해서는 발견되지 않는다.[30] 북유럽이었다면 주교의 권위하에 있었을 학교들조차 이곳에서는 도시 공동체에 의해 후원되고 운영되었다. 교사들과 계약을 맺은 주체는 주교나 주교좌 성당 참사회가 아닌 시 정부였다. 시 정부가 교사들을 임용하고, 그들의 급여를 보증하고, 그들에게 시의 이익을 위해 충실하겠다는 서약을 받아냈다. 교사들은 자신들의 독점적인 업무에 대한 대가로 계약을 유리하게 끌고 갈 수 있었다. 시 정부는 학교들을 중시했다. 왜냐하면 학교들이 볼로냐 시에 돈과 명성을 가져다 주었고, 시의 발전과 번영에 중요한 요인이었기 때문이다. 이 모든 일에서 주교는 아무런 중요한 역할도 하지 못했다.

볼로냐 시가 큰 발전을 이룩한 1150-1220년의 연대기에는 주교의 주도로 성사된 중요한 계약이 단 한 건에 불과하다. 1220년에 법학 교수를 의장으로 한 시의회 대표들이 주교를 만나 그가 볼로냐 시에 내린 파문을 완화하는 문제를 놓고 논의를 했다.[31] 이것이 주교의 유일한 무기였지만, 날마다 쓸 수 있는 무기는 아니었다. 이 사건을 제외하면 나머지는 사법권과 영토권에 관한 시시콜콜한 분쟁들뿐이었지만, 이 사건들은 시 정부가 주교를 실세로 여기지 않았음을 보다 분명하게 보여줄 뿐이다. 시 정부가 주교를 대한 태도는 오늘날 자치 정부가 주교를 대하는 태도와 매우 흡사하여, 자기들에게 도움도 줄 수 없고 해도 끼칠 수 없는 사람으로 다소 정중하긴 하되 두려움이 없는 태도로 대했다.

교황의 상황은 사뭇 달랐다. 교황과 지방 자치 단체의 이해 관계는 두 가지 차원에서 서로 긴밀하게 연결되었다. 양측이 다 학교의 성공에 이해 관계를 걸어놓고 있었다. 볼로냐 시는 수입과 명성을 가져다주는 것 때문에 학교들을 높이 평가했고, 교황은 교회 권위의 주요 버팀목인 교회법의 지식을 발전시키고 보급하는 수단이 되기 때문에 학교들을 높이 평가했다. 그러므로 학교들은 볼로냐 시와 교황들을 연결해 주는 띠였다. 이 연결의 역사에서 가장 위대한 날은 그레고리우스 9세가 교회법 편찬 작업을 볼로냐의 교사들과 학자들에게 위임한 1234년 9월 3일이었다. 이 행위는 그

---

30) 참조. *Corpus Chronicorum Bononiensium*, ed. A. Sorbelli (Rerum Italicarum Scriptores, 18), 1910-38, vol. ii.

31) *Cartularium Studii Bononiensis*, 1907, i, no. 38.

도시가 유럽에서 교회법 연구의 중심지라는 것을 교황이 정식으로 승인해 준 것이었다. 그 법전에서 교회 정부를 위해 제작된 가장 중요한 권의 사본들에는 볼로냐라는 지명이 빠짐없이 표기되었다. 이 사건만큼 볼로냐 시와 교황 사이에 이해 관계가 일치한다는 것을 극명하게 보여줄 수가 없었다.

하지만 교황은 볼로냐에 대해서 전혀 다른 종류의 이해 관계를 갖고 있었다. 볼로냐를 통하지 않고는 이탈리아 반도를 종(縱)으로 여행할 수가 없었던 것이다. 북쪽에서 내려오자면 볼로냐가 이탈리아 중부와 교황령과 거기서 한참 내려가 시칠리아 왕국에 대해서 관문이었다. 호엔슈타우펜 왕가와 치열한 투쟁을 벌일 당시에 교황들로서는 될 수 있는 대로 이탈리아의 도시들을 많이 차지하는 것이 중요했지만, 볼로냐를 차지하는 것만큼 중요한 과제가 없었다. 이런 상황이 어떻게 해서 수립될 수 있었을까?

처음에는 볼로냐의 주교가 교황의 통치 수단이었음에 분명하다. 11세기에 교황들은 주교 선출권을 독일 왕들에게서 빼앗아 교황의 직접적인 감독하에 두는 데 성공했다. 한 세기 동안은 그것으로도 충분했다. 하지만 그 뒤로는 새로운 국면이 펼쳐졌다. 13세기 초가 되자 교황은 대부제도 직접 임명했다. 그리고는 곧 마치 주교가 존재하지 않는 것처럼 교구의 내정에 간섭하기 시작했다. 이렇게 주교의 권한이 쇠퇴해간 국면들을 한 가문의 역사에서 추적해 볼 수 있는데, 단테(Dante)는 그 가문을 악명 높게 만드는 데 일조했다.

단테가 믿지 않다가 죽어 불멸의 영혼을 가지고 지옥에 떨어진 것으로 묘사한 위대한 사람들 가운데는 '그 추기경'(il cardinale)이라는 위대한 성직자가 있었다. 이 사람은 이탈리아 토스카나의 유력한 황제당의 일원이었던 오타비아노 델리 우발디니(Ottaviano degli Ubaldini)로서, 교황 그레고리우스 9세와 인노켄티우스 4세가 교황 진영으로 끌어들이려고 무척 애를 썼던 사람이다. 이탈리아 북부에서는 오타비아노가 심정으로는 끝까지 황제당으로 남았다는 전승이 오랫동안 사라지지 않았지만, 그레고리우스 9세는 1234년경 그가 아직 소년 티를 벗지 못한 나이에 그를 볼로냐의

제5장 주교와 대주교  *219*

대부제로 삼음으로써 그의 충성스런 봉직을 확보했다. 그러다가 1240년에 나이 지긋한 주교 엔리코 프라타(Enrico Fratta)가 사임하자 교황은 오타비아노를 그 주교구의 관리자로 삼았다.

그는 주교가 되기에는 나이가 너무 어렸지만, 4년간 교황의 대리자 자격으로 그 교구를 다스렸다. 주교좌 성당 참사회는 한 차례 이상 주교 선출을 강행하려고 시도했으나, 신임 교황 인노켄티우스 4세가 번번이 그들이 내세운 후보자들을 승인하지 않았다. 결국 교황은 오타비아노를 보다 폭넓은 정치적 책무를 지닌 추기경으로 임명한 뒤 그 주교구를 교황청의 부대법관에게 주었다. 교황은 그 기회를 이용하여 볼로냐 참사회에게 교황권에 대해 일장 연설을 했다:

> 지상에서 사람의 대리자가 아닌 하나님의 대리자인 교황이 지역의 특성과 개인들의 공적을 감안하여 이 사람을 이곳에 임명하고 저 사람을 저곳에 임명하여, 교황의 책임을 분담하고 교황의 절대권에 참여케 하는 것은 지극히 합리적인 일입니다.[32]

교황은 이 도도한 교리에 준해서, 자신이 오타비아노를 교회에 보다 유용한 지위로 승진시키고 교황청의 부대법관을 주교로 임명함으로써 볼로냐의 필요를 채워주었노라고 계속 써나갔다. 그는 볼로냐 참사회가 추천한 인사들에 대해서는 승인하지 않고, 그들의 선출을 무효로 기각하고, 만약 참사회가 자신의 지명자를 수락하지 않을 경우 그들을 반역자들로 간주하겠다고 으름장을 놓았다. 결국 참사회는 복종했고, 이로써 이탈리아 북부에 대한 교황의 지배 역사에서 새로운 국면이 시작되었다.

오타비아노는 자신에게 지대한 통치권을 부여하는 스물다섯 통의 교황대칙서를 지닌 채 교황 특사로 볼로냐에 왔다.[33] 그는 이탈리아 북부 전역에 대한 교황 특사였다. 그는 총대주교와 대주교와 주교들에게 자신의 명

---

32) *Registres d'Innocent IV*, ed. E. Berger, 1884, no. 741 (24 June 1244).

령에 겸손히 복종하라고 명령했다. 그는 자신의 관할권에서 누구든 자기 눈밖에 나는 고위성직자에게 영원히 직무를 박탈할 권한을 갖고 있었다. 자신이 필요하다고 판단할 경우 고위 성직자들을 다른 교구로 전보 발령할 수 있었다. 교회 활동이나 성직자 선출 과정에서 발생한 불법 행위에 대해, 이를테면 성직매매 행위에 대해 특면장을 줄 수 있었다. 개인들에 대해서 교황에게 받은 각종 특권, 면죄부, 면제 특권을 박탈할 수 있었다. 지위 고하나 면제 특권 소유 여부를 막론하고 누구든 파문에 처할 수 있었다. 자신이 교황 특사로서 맡은 모든 지역에서 교구 사제들과 참사회원들과 참사회록 보유자들과 성직록 보유자들을 임명할 수 있었다. 황제 프리드리히 2세(Frederick II)와 싸운 사람에게는 십자군 전쟁 참전자와 마찬가지로 완전 면죄부를 부여할 수 있었다. 자신의 지지자들에게는 교황이 그들을 절대로 버리지 않을 것과, 자신이 절대로 프리드리히와 화해하지 않을 것을 약속할 수 있었다. 그는 실질적으로 자신의 전체 관할 지역에서 교황의 절대권을 위임받았고, 이 절대권은 대단히 상세한 문서로 정의되었다. 문자적인 의미 그대로, 그 교황 특사는 큰 전쟁터에서 총사령관이었다. 주교들은 그의 지휘를 받는 지역 수비대의 지휘관들에 지나지 않았다. 이런 위엄 앞에서 주교직은 크게 위축될 수밖에 없었다.

오타비아노가 북이탈리아에서 교황 특사로 8년간 재직하면서 모은 문서들은 한때는 대단히 방대했음에 틀림없지만, 1252년의 몇 달에 해당하는 얄팍한 단편들만 현존한다.[34] 하지만 서로 아귀가 맞지 않는 이 단편들조차 그가 활동하면서 영향을 끼쳤던 범위가 얼마나 광범위했는지 짐작할 수 있게 한다. 그는 롬바르디아의 군사 업무를 총괄했다. 군대를 일으키고 그들에게 지불할 돈을 모으고, 전쟁 회의를 소집하고, 협상을 주선하고, 원

---

33) A. Potthast, *Regesta Pontificum Romanorum, 1198-1304*, 1874-5, nos. 2998-3024.

34) G. Levi, *Registri dei cardinali Ugolino d'Ostia e Ottaviano degli Ubaldini* (Fonti per la storia d'Italia, 8), 1890.

정을 계획했다. 현존하는 그의 편지들 중 많은 내용이 그가 파르마를 원조하기 위해 볼로냐에서 일으킨 군대에 관한 것들이다. 이런 협상이 벌어지면 볼로냐 시의 행정장관과 시의회가 자연히 주교보다 더 중요한 역할을 맡았다. 주교와 대부제와 수도회들은 교황 특사가 배치한 총전력에서 세분화된 지위를 맡았다:

> [교황 특사는 주교에게 이렇게 편지했다] 군대의 복무 기간을 연장하는 안에 대한 합의를 이끌어 내기 위해 시의회와 시민들뿐 아니라 행정장관과 그의 법원까지도 최선을 다해 설득하시오…… 그리고 만약 그들이 부채를 끌어다 쓰지 않겠다고 서약하도록 규정하는 법령을 제정할 경우에는 도미니쿠스회와 프란체스코회 당국자들을 불러 특면(特免)에 관해 자문을 구하시오. 만약 군 복무 기간을 적어도 열이틀만 연장시킨다면 당신이 우리의 전권을 가지고 특면을 내릴 수 있을 것이오.[35]

대부제에게는 주교를 도와 그가 자신의 지시를 수행할 수 있도록 하라고 명령했다. 그가 세속적 영적 동맹 세력을 결집시키려고 하던 이 중요한 시기에 교황 특사의 공문서 보관소에서는 무수히 많은 편지들이 발송되었다.

이것이 그의 의무의 전부는 아니었다. 그는 교황에게 끊임없이 사건의 경위를 보고해야 했고, 추기경들과 왕들과 교회 세입 징수관들과 끊임없이 의사소통을 나누어야 했다. 이런 바쁜 와중에도 그는 자신의 전속 사제를 영국으로 보내 말메스베리의 수사들을 대상으로 솔즈베리 교구에 성직록을 보유하고 있는 자신의 청지기의 형제이자 이탈리아의 성직자에게 예전대로 급여를 지불해달라고 설득했다.[36] 자신의 관리들을 만족시키는 것이 그의 업무에서 결코 작지 않은 부분이었다. 하지만 그는 자신의 대적 프리드리히 2세와도 우호적인 관계를 맺기 위해 많은 노력을 기울였다. 그가

---

35) ibid., p. 189: 이 단락은 화급하고 사연이 복잡하게 얽힌 편지의 내용을 요약한 것이다. 이와 유사한 주제들이 현존하는 단편 문서들의 상당 부분을 차지한다.
36) ibid., no. xxviii. 자기 조카를 위해 켄트 지방의 벡슬리 성직록을 확보하려던

개인적으로 황제 진영에 호감을 갖고 있다는 것이 당시의 큰 화두였으며, 이런 여론 때문에 단테는 그를 그 황제와 함께 영원히 지옥에 떨어져 있는 것으로 묘사했던 것이다.

오타비아노의 1차 특사직은 1252년에 끝났다. 이 무렵에는 프리드리히 2세가 이미 죽었고, 특사는 만프레드(Manfred)와 전쟁을 수행하기 위해서 남쪽으로 이동했다. 실권으로 말하자면 그는 이제 유럽에서 실세들의 한 사람으로 손꼽혔으며, 그의 가문 사람들이 그의 이런 실권에 힘입어 이득을 보는 것은 시간 문제였다. 그의 조카들 중 한 사람이 피사의 대주교가 되었고, 나머지 두 사람은 1260년부터 1298년까지 차례로 볼로냐 주교가 되었다.

볼로냐의 주교가 된 그의 큰조카 오타비아노 2세가 실은 영국 켄트 지방의 어느 교회에 대한 부재(不在) 주임사제로서 성직자 사회에 첫발을 디뎠던 사실을 알면 교황 특사의 영향력이 얼마나 방대하게 가지를 쳤는지 한눈에 알 수 있다. 그와 1295년에 그를 계승하여 주교가 된 그의 형제 스키아타(Schiatta)는 모두 삼촌의 후광을 입었을 뿐, 본인들은 역량이 변변치 못한 사람들이었다. 볼로냐의 주교들이었는데도 교황들에게 교황청 정책의 하수인쯤으로 취급을 받은 왜소한 사람들이었다. 교황 특사들과 같은 레벨에 있지 못했고, 심지어 교황의 의중을 아는 교황청 전속 사제들만도 못했다.

이런 사실은 1261년에 볼로냐에서 죽은 아비뇽의 주교가 로마 교회에 기부한 유증에 관해 교황 우르바누스 4세(Urban IV)가 주교 오타비아노 2세에게 쓴 몇 통의 편지에서 극명하게 드러난다. 첫째 편지(1261년 11월 5일자)에서 교황은 주교에게 요구하기를, 상인들에게 돈을 거둬 그것을 교황청으로 보내라고 했다. 요구한 돈이 오지 않자, 1262년 4월에 교황은 볼로냐와 인접한 모데나의 주교에게 편지를 보내, 상인들에게 돈을 내도록 독촉하라고 했다. 그렇게 했는데도 돈이 여전히 '속인들의 손에' 있자,

---

유사한 시도는 성공을 거두지 못했다(T. Rymer, *Foedere*, i, 364-5).

1263년 1월에 교황의 어조는 훨씬 더 날카로워졌다. 그는 볼로냐 주교에게 엄명하기를, "아비뇽 주교의 유언과 어긋나더라도, 심지어 현재 지침을 구체적으로 언급하지 않는 교황청 서신들의 내용과 상반되더라도" 그 돈을 거둬들여 보내라고 했다. 다섯 달 뒤에도 돈이 답지하지 않자, 교황의 인내심은 한계에 부닥쳤다. 이제 그는 주교에게 여드레 안으로 돈을 거두어 보내지 않으면 파문을 당할 줄로 알라고 으름장을 놓았다.[37] 그 뒤에 어떻게 되었는지는 알려지지 않는다. 중요한 것은 결과가 아니라 그 편지들의 어조와 내용이다.

우리가 알 수 있는 한도 내에서, 이 편지들은 교황이 볼로냐 주교에게 무슨 내용을 어떤 식으로 지시했느냐 하는 것을 한눈에 볼 수 있게 해준다. 이 편지들의 어조는 특무상사가 신병들에게 사용하는 그런 어조이다. 때때로 교황은 자신이 주교에게 지시를 하달한 그 문제들을 직접 볼로냐의 행정장관과 시민들에게 직접 편지로 보내기도 했다. 이런 경우에 볼로냐 시민들에게 보낸 편지들에는 과거에 볼로냐 시가 로마 교회에 보인 충성과 헌신을 들먹이며 현재 그 시의 태도에 대해 잔뜩 불평을 늘어놓는 내용으로 가득 찼다. 하지만 교황이 주교에게 편지를 쓸 때는 '복종하지 않으면 파문에 처하겠다'고 협박하거나, '어려워하지 말고 혹은 지체하지 말고' 행동하라고 요구하거나, 아니면 교황의 지시에 복종하라고 요구하면서 '주교의 인장이 찍힌 공문서를 작성하여 그 동안의 행동 내력을 기록하여 교황에게 보내라'고 했다. 여기서 우리가 보는 것은 겸양의 문구를 일절 사용할 필요가 없는 하급 세속 관리로서의 주교의 모습이다.

그러나 주교가 교회의 큰 문제에 대해 하수인에 지나지 않았다고 해서, 이 기간 동안 교구의 일상 생활이 소홀하게 방치되었다고 생각해서는 안 된다. 증거는 희박하지만, 주교가 자기 교구의 일상 업무를 방치했다고 생각할 이유가 없다. 그렇긴 하지만 이 문제들에서도 정작 중요했던 것은 교

---

37) 우르바누스 4세의 문헌에서 추려낸 이 편지들에 관해서는 다음을 참조하라: Potthast, op. cit., nos. 18146, 18276, 18469, 18575.

황 특사들의 권한이었다. 13세기 후반에 교구를 위해 입법을 할 수 있었던 비중 있는 기관은 오로지 교황 특사를 위시한 그의 관리들뿐이었다. 예를 들어 1279년에 교황 특사 라티누스 말라브란카(Latinus Malabranca)는 볼로냐와 피렌체를 포함한 아이밀리아와 에트루리아의 모든 주교들을 위해 규약을 제정했다.[38] 그는 주교들을 심하게 몰아붙였다. 주교들이 면죄부에 담긴 주님의 보물을 인노켄티우스 3세가 허용한 범위를 훨씬 넘어서 마구 남발하는 것에 경악을 금치 못했다. 그것은 신자들을 속이는 행위이며, 만약 교황 특사가 정해준 한도를 벗어나면 한 달간 권한을 상실하게 될 것이라고 경고했다. 더 나아가 교황 특사로서 자신의 관할권에 있는 많은 수도원들이 비참한 지경에 놓여 있다고 주장했다. 그러므로 모든 주교들이 앞으로 여섯 달 동안 자기들의 교구에 있는 수도원들을 빠짐없이 시찰해야 한다고 했다. 아울러 주교들이 기소자들에 대한 재판을 질질 끌고 있다고 불평하면서, 필요할 경우 사면을 선언할 수 있는 고해신부들을 기용하라고 지시했다. 성직자들의 복장, 특히 볼로냐의 학생들의 복장에 관해서, 교황 특사는 불만이 컸다. 바지 모양이 규정에 어긋나고, 단정한 겉옷을 입지 않고 세상에서 구경할 수 없는 해괴한 모양의 겉옷을 입고, 옷도 지나치게 짧다고 불평했다. 이런 유행은 반드시 근절되어야 하며, 겉옷은 반드시 양쪽 어깨에서 내려오도록 지어야 한다고 했다. 그리고 만약 지시를 이행하지 않으면 학자로서의 특권을 박탈하고 시민과 교인으로서의 자격을 박탈할 것이라고 경고했다.

이렇게 툭하면 교황들과 교황 특사들에게 협박을 당한데다가, 북유럽의 주교들처럼 대지주와 남작의 지위도 없이 사회적으로 교회적으로 미미했던 북 이탈리아의 주교들은 13세기의 이탈리아 교회사에 아주 보잘것 없는 몰골을 남겨 놓았다.

볼로냐와 우발디니의 가문에 대한 이야기를 마치기 전에, '그 추기경'(il

---

[38] J. D. Mansi, *Conciliorum Amplissima Collectio*, 1780, xxiv, 745-58.

cardinale)의 조카들 중 마지막 인물인 주교 스키아타가 1298년에 죽은 이야기를 소개하겠다. 그 조카들은 한동안은 계속해서 행운을 누렸다. 1272년에 그 추기경이 죽었는데도 스키아타가 뜻밖의 행운으로 1295년에 주교가 되었기 때문이다. 그 해에 주교 오타비아노가 죽었을 때 주교좌 성당 참사회는 1213년 이래로 그 때까지 자기들의 주교 선출권을 행사해 오지 못했을 것이다. 그들은 자기들의 모든 권한을 상실할지도 모른다는 위기감을 느꼈고, 따라서 조금만 지체하면 또 다른 교황 지명자가 부임할 것이라고 우려했다. 그러므로 오타비아노가 죽은 바로 다음 날 그들은 오타비아노의 형제를 주교로 선출한 뒤 그 소식을 즉시 교황에게 보고했다. 하지만 그들은 한발 늦었다. 교황 보니파키우스 8세는 볼로냐 주교좌가 공석이 되었다는 소식을 듣고도 후임자 지명을 보류해 놓고 있었던 것이다. 교황은 이미 참사회에 선거를 하지 말라는 편지를 작성한 뒤였다.

하지만 바로 그 시점에 교황청의 엄격한 계율주의가 개입했다. 참사회의 선거는 교황의 보류 조치가 내려지기 전에 시행되었다. 물론 교황은 참사회의 결정을 간단히 일축해 버릴 수 있었다. 하지만 그것은 법적으로 거리끼는 일이었다. 게다가 교황은 스키아타를 개인적으로 좋아했다. 따라서 그는 자신의 법률가들을 불러 그들의 자문을 구했다. 법률가들은 교황에게 참사회의 선거를 존중해야 하지만, 교황의 보류 조치 이후에 되어진 모든 일들은 무효라고 자문해 주었다. 교황은 그들의 자문을 받아들였고, 그렇게 해서 '그 추기경'의 마지막 친척은 조용히 주교가 되었다.[39]

보니파키우스의 궁에서 벌어진 이 작은 일화는 교황과 이탈리아 주교들의 관계에서 다소 애교 있는 측면을 보여준다. 다른 어느 지역보다 유럽의 이 지역에서 교회 정부는 교황의 정부가 되었다. 하지만 교황들은 모두 이탈리아인들이었고, 주교들과 공통된 배경을 갖고 있었다. 그 덕분에 만약

---

39) 이 선거는 교황이 그 문제를 교령으로(Sext. i, vi, 45.) 교회법의 항구적인 부분으로 결정해 놓을 수 있는 빌미를 주기에 충분하다고 모두들 생각했을 정도로 워낙 상황이 복잡하게 얽혀 있었다(참조. Ae. Freidberg, *Corpus Iuris Canonici*, 1879-81, 969-970n.).

그렇지 않았더라면 교황이 교구의 내정에 고압적으로 개입함으로써 발생했을 긴장을 대체로 피할 수 있었다. 교황이 교구의 시시콜콜한 내정에 개입하는 것을 아무도 모순된 것으로 여기지 않았다. 주교들은 자기들의 관할 도시들에 대해서 독립적인 영향력을 갖고 있지 못한 반면에, 교황들은 종종 자신들의 출신지였던 도시 정부들에 대해서 자신 있게 말할 수 있었다. 주교들은 아무런 불평도 없이 교황의 말을 수용했다. 그들과 교황들은 서로의 필요를 이해했기 때문이었다.

이런 사례들에서 우리가 볼 수 있는 것은 13세기 말에 교회 정부가 발전시킨 몇 가지 특징들이다. 프랑스의 사례는 당시의 이상을 반영하거나, 적어도 중세 유럽에서 이상에 가장 근접한 예에 해당한다. 여기서 우리가 보게 되는 사회는 토지 귀족이 지배하는 느슨하고 부유한 사회, 대주교가 자연스러우면서도 중요한 일원으로 있는 사회이다. 이 사회는 자기들의 권한을 내세우는 과두정 지도자들 때문에 큰 곤란을 겪는 일이 없었다. 그리고 과두정이 대두하면 으레 따라오게 마련인 영적 방종과 이단 분파들에 의해서도 곤란을 겪지 않았다. 평신도 귀족들과 성직자 귀족들이 사실상 조화를 이루며 활동했다. 법이 성직자와 평신도에게 동일하게 부과하던 규율을 집행할 때나 교회법을 적용할 때 심각하게 가로막는 장애물이 없었다.

영국으로 시선을 돌리면 정치적 알력으로 다소 큰 곤란을 겪던 상황을 보게 된다. 캔터베리의 페컴은 대체로 오도 리고가 루앙에서 시행했던 것과 비슷한 조직과 감독을 시행했다. 하지만 갈등은 훨씬 더 컸고 따라서 그가 성공한 정도도 미약했다. 성직자들과 평신도들 사이의 긴장, 대주교와 주교들 사이의 긴장, 프란체스코회 출신 대주교의 이상과 세속적인 보통 수사들, 성직자들, 주교들의 이상 사이의 긴장이 영국에서는 국왕과 교회의 사법권 갈등에 의해, 그리고 국왕이 돈을 필요로 했던 상황에 의해 크게 가속화했다.

독일의 경우에서는 정치가 영국에서보다 훨씬 더 큰 규모로 교회의 내정에 개입했다. 리에주는 영국과 프랑스의 사회에서는 좀처럼 찾아보기 힘든 큰 정치적 투쟁의 무대가 되었다. 로마에서 이렇게 멀리 떨어진 지역에서조차 호엔슈타우펜가(家)라는 장애물을 제거하려는 교황청의 강렬한 의지가 주교 정부의 일거수 일투족에서 뚜렷하게 표현되었다. 독일 영토의 맨 가장자리를 차지한 그 지역에서 교황의 정치적 목표에 따른 초지일관한 맹렬성은 이탈리아 특유의 것이었다. 그로써 마키아벨리(Machiavelli)의 약육강식 논리가 조야한 귀족 사회의 어설픈 가문 동맹들에 끼여 들었다. 인노켄티우스 4세와 그의 계승자들은 자신들의 총체적인 구도를 추구하는 과정에서 겔더란트의 하인리히 같은 사람을 주교로 승진시키고 그 자리에 오래 남겨두었다. 하지만 그들은 주교의 업무를 대부분 다른 사람들을 시켜 수행하도록 함으로써 자기들의 죄를 벌충하려고 노력했다. 따라서 주교 업무가 과연 그 꼭두각시의 변변치 않은 인품 때문에 큰 장애를 받았는지 확인하기란 결코 쉽지 않다.

겔더란트의 하인리히는 비록 기괴한 사람처럼 보이지만 외모와 실권에서는 영국과 프랑스의 동시대 성직자 귀족들과 하나도 다를 바 없는 막강한 실력자였다. 하지만 눈을 볼로냐로 돌리면 오늘날의 주교와 대단히 비슷한 지위를 소유한 주교들을 발견하게 된다. 이들은 사회적으로 정치적으로 위기 순간들을 제외하고는 거의 중요한 역할을 하지 못했다. 이들은 대체로 한편으로는 실권을 행사한 시 정부의 그늘에 가렸고, 다른 한편으로는 교황의 절대권의 그늘에 가렸다. 당시에는 종교 분야든 세속 분야든 상관없이 대부분의 적극적인 활동이 그들의 역량 밖에 있었고, 크게 위축된 자신들의 사법권을 벌충할 만한 확고한 사회적 기반도 없었다. 도시 공동체들이 질서를 잃고 도발적인 성격을 띨 때 그들을 제어할 수 있는 세력은 교황청밖에 없었다. 그러므로 교황들은 자신들의 특사를 통해서 주교들의 묵인하에 아무런 갈등 없이 교회의 정부를 효과적으로 접수할 수 있었다.

1050년 이후 두 세기 동안 주교 정부의 전 분야를 되돌아 볼 때, 가장 두드러지는 특징은 교황의 통제에 갈수록 굴복해갔다는 점이다. 이런 현상은 중요한 분쟁이 모두 교황청으로 몰리게 한 교회법의 발전의 결과로 도처에서 발생했다. 이 한 가지 원인으로부터 수많은 결과가 흘러나왔다. 소송 당사자들이 주교 법원과 대주교 법원을 무시한 채 로마로 직행했다. 반면에 갈수록 부피가 커져간 교황의 지침들은 정반대 방향으로 흘러갔다. 교황 특사들이 갈수록 더 많이 임명되고 더 큰 권한을 갖게 되었으며, 그들 앞에서 주교의 권위는 미약해졌다. 교황들은 주교들을 임명하고, 주교들의 권한을 자르고, 교구 내의 성직 임명에 간섭하기가 다반사였다.

하지만 교황의 개입으로 말미암은 엄청난 압력에도 불구하고, 대주교들과 주교들은 예상했던 것보다 강한 권력을 가지고 딛고 섰다. 교황청과의 관계에서 기반을 상실하긴 했지만, 다른 분야들에서는 기반을 탄탄히 다졌다. 유럽 대부분의 지역에서 주교들은 사유지를 소유했다. 이들은 하급 성직자들에 대한 사법권, 교회 재산, 유산, 부채, 고리대금, 그리고 온갖 형태의 윤리적·교리적 범죄에 대해 갈수록 더 큰 권한을 행사했다. 그것은 부분적으로는 교황의 입법에 따른 결과이기도 했지만, 그보다는 유럽 사회가 그만큼 확대된 데 따른 결과였다. 그들의 행정 활동은 거의 모든 행정 형태가 증가했기 때문에 증가했다.

대주교들과 주교들은 어쨌든 유럽에서 가장 부유한 성직자 계층이었다. 그들 중 많은 사람들이 이미 세속 정부에서 경력을 쌓고서 성직에 입문한 탁월한 역량의 소유자들이었다. 그들이 성직에 입문하기 전에 쌓았던 경험과 권위가 교회적이라기보다 대체로는 세속적이었다는 점이 약점이기보다는 강점으로 작용했다. 그런 과거 경력에 힘입어 그들은 주교로서의 권위를 더욱 단호하게 지켰다. 세속 사회에서 성직자들의 권력에 대립해본 경력이 있는 주교들만큼 자신들의 권위를 지키기 위해 강렬한 투쟁을 벌인 사람들도 없었다. 이것이 중세 사회가 끝날 때까지 그 사회의 필수적인 특징들의 하나로 남았다.

# 제6장

# 수도회들

　중세 유럽의 큰 종교 생활 중심지들은 막대한 유증을 기부 받고, 다른 사회에서는 도저히 실현할 수 없는 수준의 기독교적 삶을 온전히, 영구히, 그리고 철회할 수 없이 시행하기 위해 구별된 공동체들이었다. 이 공동체들의 구성원들은 '경건한 사람들'(viri religiosi)로 알려졌다(이들은 평신도든 성직자든 다른 사람들과 대조적으로 '경건한' 사람들이었다). 중세 후반에 눈길을 다른 데로 돌리면 종류는 무척 다양하되 한 가지 점에서 모두 일치했던 '경건한 사람들'의 공동체들이 산재해 있던 도시들과 농촌들이 눈에 띈다. 그들이 일치성을 띠었던 것은 저마다 일반 교인들과는 달리 종신 서약을 했기 때문이었다. 내가 이 글을 쓰고 있는 지역을 중심으로 반경 3km 떨어진 지역에만도 스물여덟 개의 크고 작은 그런 공동체들이 있다. 이것은 자선 시설들과 대수도회의 변경에서 생긴 군소 수도원들을 제외한 숫자이다. 이 공동체들은 잉글랜드와 웨일스에 8백 곳이 넘는다. 프랑스 북부의 캉브레 교구 한 곳만 해도 여든 개가 넘는 수도원이 있었다. 파리와 근교에는 스물두 개의 수도원이 있었고, 런던에는 열아홉 개의 수도원이 있었다.[1]

　평생 철저한 신앙 생활을 하기 위해 구성된 공동체들은 다른 사회들과

---

1) 중세 교회에 관련된 통계들과 참고문헌을 개관하려면 다음을 참조하라: B.

다른 종교들과 공통점을 갖고 있었지만, 중세 서구 사회의 발전 과정에서 몇 가지 남다른 점을 갖고 있었다.

우선 신앙 공동체들이 대단히 다양했다는 점이 눈길을 끈다. 이들은 규모와 재산만 달랐던 게 아니라, 더욱 현저하게는 설립 목적과 생활 방식도 달랐다. 13세기 말에는 6-8개의 큰 공동체들이 20개 가량의 파생 공동체들과 함께 발달했는데, 그중 더러는 독자성을 주장할 수 있을 정도로 모(母) 공동체들과 크게 달라졌다. 이 공동체들의 일상 생활을 율(律)한 수도회칙, 예배 관습, 서로와의 관계가 문학의 거대한 주제가 되었던 바, 그들의 다양성이 그 만큼 컸고, 그들이 중세의 사상과 행위의 구석구석에 끼친 영향이 그 만큼 지대했다. 중세 종교 조직들이 크게 다양했다는 사실은 그 조직들이 설립된 직접적인 목적을 훨씬 뛰어넘는 중요한 의미를 갖는다. 이 조직들은 변화해 가는 예배와 삶의 개념들을 정의하여 수도회칙에 담아내는 것과는 별도로, 자기들이 자라난 사회를 반영한다.

이러한 면 때문에 또 다른 시각에서 관찰을 할 수 있게 된다. 다양한 형태의 종교 생활을 유지하기 위해 조직들이 확산된 것이 중세의 아주 짧은 기간의 한 특징이었다. 11세기 말에 근접할 때까지 여러 세기가 흐르면서 조성된 경향은 목적과 조직의 동질성을 한층 더 키우고, 성취된 이상의 통일성에 만족하는 것이었다. 그러다가 백년 남짓한 기간에 중세의 크고 다양한 수도회들이 우후죽순처럼 생기게 되었다. 1100년경 이전에 수도회들의 이상이 안정성을 띠었던 원인을 중세 초기의 사회가 상대적으로 정적이었던 점에서 찾고, 그 이후 시대에 종교 조직이 급속히 다양해진 원인을 서구 사회가 확대되고 갈수록 복잡해졌던 점에서 찾는 것이 대체로 큰 무리가 없을 것이다. 사회적·종교적 변화가 맞물려 진행된 것이 수도회의 역사에서만큼 극명하게 나타난 분야도 없다. 수도회의 역사에서는 다른 어

---

Guillemain, 'Chiffers et statistique pour l'histoire ecclésiastique du Moyen Âge', Le Moyen Âge,, lix, 1953, 341-65; 잉글랜드와 웨일스에 관해서는, D. Knowles and R. N. Hadcock, Medieval Religious Houses, 1953.

느 분야에서보다 중세 교회사가 곧 중세 사회사의 특징을 띤다.

　수도회의 역사를 살펴보면 세상과 세상의 모든 법도를 배척하기 위해 설립된 그 단체들이, 자기들이 존재 기반을 두고 있던 사회가 자기들을 위해 형성해 준 운명을 지니고 있었던 것을 곳곳에서 발견하게 된다. 수도회들의 운명을 형성해 준, 심지어는 수도회들의 의지를 거스르면서까지 형성해 준 요인들은 많았다. 우선 수도회들의 재산을 들 수 있고, 출신 가문들과의 연줄, 그들이 수행한 세속적 기능들, 그리고 그들이 수사들에게 사회에서 가장 높은 지위에 오를 수 있도록 제공해 준 기회들을 들 수 있다. 중세 수도회들의 '현세성'은 심심치 않게 적발되어 큰 비판을 받았으며, 지금도 수도회를 설립 목표의 순수한 표출로 보는 사람들에게 큰 실망을 안겨주는 경우가 빈번한 것이 사실이다. 다양한 수도회들의 수도회칙들과 설립 헌장들에 나타난 정신과 이상은 제대로 실현되지 못했다. 수도회들을 이끌고 간 원동력은 원 설립자들을 이끌고 간 원동력과 사뭇 달랐다.

　이런 현실은 배신으로도 종종 간주되었지만, 그 현실을 다른 시각에서도 바라볼 수 있으며, 아마 그 다른 시각이 수도회들의 업적을 보다 정당하게 평가하는 길이 될 것이다. 수도회들의 활동에 기반이 된 조건들과, 그들이 충당했던 필요들, 발전 도상에 있던 사회의 강력한 충동들을 수도회들이 더러 충족시켜 준 범위를 두루 놓고 고려한다면 아주 판이한 평가를 내리지 않을 수 없다. 중세 사회가 수도회들에게 갖고 있던 기대치, 수사들과 기부금을 받아들인 방식, 기부자들의 의도, 평신도들과 성직자들의 신앙관, 이 모든 것이 수도회들로 하여금 수도회칙 작성자들의 의도에서 벗어나게 만들었다. 좋든 나쁘든 이런 것들이 중세의 직업적 종교 생활의 면모를 갖추게 한 요인들이었다. 이런 요인들 때문에 수도회들은 세상을 등지도록 설립되었으면서도 자기들이 사는 세상을 비추는 거울이 되었다. 무엇보다도 이런 요인들은 수도회들에게, 심지어는 가장 보수적인 수도회에게까지 중세의 삶 구석구석에서 발견할 수 있는 두 가지 특징을 뚜렷하게 각인해 놓았다. 한 가지 특징은 현세의 것들을 강하게 움켜잡은 것이고, 다른 한 가지 특징은 영원의 보상을 간절히 소원한 것이다. 서로 상충되는 이 두 가지 욕구가 동일인들 속에서 동시에 발휘되는 방식으로, 서구 역사의 중요한 발전 단계들마다 그 배후에 깔려 있었으며, 그 모습이 가장 충분하게 드러난 곳이 바로 중세의 수도회들이었다.

## 1. 베네딕투스회

중세의 수도회들을 거론하려면 성 베네딕투스(St. Benedict)가 설립한 수도회로부터 시작해야 한다. 이 수도회는 서방 최초의 대 수도회였을 뿐 아니라, 수백 년 동안 거의 유일한 수도회였다. 심지어 12세기에 접어들어 과거의 독점적 지위와 지도력을 잃은 뒤에도, 교회가 사용한 예배 형식을 통해서 계속해서 최상의 영향력을 행사했다. 중세 말에 이르러 베네딕투스회의 이상이 아무리 과거의 것이 되고 심지어 소멸된 거나 다름없었을지라도, 그것은 다른 어느 수도회의 이상보다 더 유서 깊고, 더 권위 있고, 더 안정된 종교 생활의 표준을 계속해서 제공해 주었다.

베네딕투스회의 전성기는 1100년경에 끝났다. 그 때는 베네딕투스회가 서방 세계에서 최고의 종교 생활 방식이자 천국으로 가는 가장 안전한 길로 인정을 받았다. 물론 그 이전 400년 동안 이 수도회의 생활 방식 말고도 존경을 받는 생활 방식이 없었던 것은 아니다. 이를테면 기독교 전사(戰士)들의 영웅적 행위, 군주의 근실한 책임 수행, 은둔하면서 엄격한 내면 생활에 힘썼던 은수자(隱修者)들의 삶이 큰 존경을 받았다. 하지만 베네딕투스회의 수도회칙이 지닌 완전하고 보편적인 특성이 그 수도회의 생활 방식을 가장 존경받는 지위에 오르게 했다.

베네딕투스회의 수도회칙은 처음에는 열정적인 사람들이 볼 때 너무 미온적인 것 같았다. 게르만족의 이동이 이루어지던 영웅적인 시대와 그 직후에 사람들은 베오울프(Beowulf)처럼 악의 세력과 좀더 용감하게 맞서 싸우는 것을 큰 덕목으로 생각했다. 714년에 죽은 성 구틀락(St. Guthlac)의 전기에 기록된, 마귀들과의 외롭고 초인적인 싸움 — 맨손으로 격투하고, 물 속에 처박고, 채찍질하고, 붙잡아 늪지와 소택지를 지나 질질 끌고 오고, 소름 돋는 환상을 보고, 무서운 위협을 당하는 ― 이 지도자들에게서 강철과 같은 힘과 용맹을 기대하던 세대의 야심을 자극했다.[2] 성 베네딕투스의 수도회칙은 이런 체험을 할 기회를 전혀 주지 않았지만, 8세기가 지나면서 이런 체험들은 그 중요성이 쇠퇴해 간 듯하다. 지도자들은 수행(修行)의 장점들을 발견하기 시작했고, 심지어 지상의 전투에 임하더라도 개인의 용맹에 기대기보다 조직과 훈련을 갖춘 군대를 내보내는 것이 훨씬 더 승리를 안겨준다는 것을 발견했다.

유럽의 새로운 통치 가문으로 부상한 카롤링거 왕조는 탁월한 수완을 발휘하여 사회와 종교의 각 분야에 질서와 정규성을 도입했다. 그와 아울러 수도원들에도 못지 않은 정규적인 생활을 도입했다. 베네딕투스회의 수도회칙은 이 과업에서 큰 위력을 발휘했고, 카롤링거 왕조의 왕들이 처음부터 가장 강력한 평신도 지지자들이 되었다. 그들은 자기들의 영토에서 그 수도회칙을 권장하고 강요했으며, 다른 영토의 군주들도 그들의 예를 따랐다. 9-10세기에는 그 수도회칙을 지지하는 것이 모든 지역의 세속 정부들이 드러낸 특징이었다. 이 때부터 그 수도회칙은 탄탄대로에 서게 되었다.

### 수도회칙

얼른 보면 베네딕투스회 수도회칙이 안정된 행정을 뒷받침하고 그 영역을 확장하는 역할보다는, 이전 시대의 영웅적 충동을 뒷받침하는 역할을 오히려 잘 수행한 게 아닌가 하는 인상을 받을 수 있다.[3] 그 수도회칙은 민간 사회의 연결 고리들이 곳곳에서 끊기던 6세기 중반에 작성되었다. 그런데 그것은 그렇게 끊기던 연결 고리들을 다시 잇기 위해 작성되지 않고,

---

2) 참조. Felix's *Life of St Guthlac*, ed. B. Colgrave, 1956, pp. 101-10.
3) 그 수도회칙을 학문적으로 다룬 저서 중에서 가장 쉽게 접할 수 있는 것은 Dom Cuthbert Butler의 *S. Benedici Regula Monasteriorum*(3rd ed. 1935)를 참조하라. 자세한 연구를 위해서는 R. Hanslik의 *Corpus Scriptorum Ecclesiasticorum Latinorum*<vol. 75, 1960>에 실린 색인이 특히 값지다.

세상을 그 나름의 방식에 버려 둘 각오가 된 사람들만 들어갈 수 있는 새로운 질서로 난 길을 가리키기 위해 작성되었다.

그럼에도 불구하고 그 안에는 질서와 규율을 존중하는 사람이면 누구나 호감을 가질 만한 것이 담겨 있었다. 우선 매우 짧았다. 전부 합쳐도 12,000자가 넘지 않았다. 게다가 완벽하고 명쾌했다. 수도원의 지도자 직분들과 각각의 임무, 일상 생활에 대한 세세한 지침, 수사 지망자들과 방문자들에 대한 규정, 질병과 불순종에 대한 규정, 용서를 위한 규정이 충분하게 기술되어, 누구나 쉽게 알 수 있는 생활 표준을 구성했다. 암송해야 할 시편들, 읽어야 할 책들, 하루의 시간 배정, 수도원의 다양한 업무들을 맡은 사람들, 이런 규정들이 수도회칙에 세세하게 기술되었다. 하지만 이렇게 세세한 점이 두드러지면서도 경직된 면은 찾아볼 수 없다. 이 수도회칙은 발전과 개선에 많은 여지를 남겨두었다. 사전 지식 없이 수도회칙의 내용을 읽으면 그것이 주로 학자들을 겨냥한 것인지, 노동자들을 겨냥한 것인지, 아니면 귀족들을 겨냥한 것인지 농민을 겨냥한 것인지, 아니면 장인들과 미술가들을 고용할 정도로 재정이 넉넉한 수도원을 겨냥한 것인지, 척박한 토지를 경작하여 근근이 생계를 꾸려 가는 가난한 수도원을 겨냥한 것인지 쉽게 말하기가 어렵다. 이 모든 게 다 가능하며, 세월이 흐르는 과정에서 이 모든 것이 저마다 원래의 이상이었다고 주장되었다.

이 이상에서 가장 큰 요소는 순종의 실천이었다. 수도회칙의 첫 마디가 이 주제를 강조한다. 수도회칙은 그 작성 목적을 "순종의 노력에 의해서 그 동안 불순종의 나태로 인해 등지고 살아온" 하나님께 돌아가게 하려는 것으로 밝히고 있다. 이 말은 삶의 정형을 세워준다. 그것은 부단히 활동하며 사는 삶이어야 하며, 그 활동의 목적은 순종을 가르치는 것이어야 한다. 순종은 종류가 다양하다. 마음과 육체로 복음서들에서 추려낸 영적 계명을 지키는 순종이 있는가 하면, 수도회칙을 지키는 순종이 있다. 하지만 즉시 그리고 항상 해야 할 순종이 있는데, 그것은 대수도원장에게 보여야 할 순종이다. 대수도원장은 수도원 안에서 그리스도의 대리자이다. 따라서 그의 말을 하나님의 음성으로 알아 순종해야 한다. 그가 내놓는 것은 가르침인

동시에 명령이다: "대수도원장의 계명과 가르침은 제자들의 마음에 신적 정의의 누룩을 골고루 뿌린다."[4]

수도회칙은 그것이 요구하는 순종의 질(質)에 관해서 의심의 여지를 남겨 놓지 않는다. '지체하지 않고' 순종해야 한다고 규정한다. 순종은 설혹 불완전하게 끝날지라도 그 즉시 이루어져서, 명령의 음성과 순종의 행위가 동일한 순간을 차지하도록 해야 한다. 겁을 내거나 빈둥거리거나 미온적이거나 투덜대거나 되묻는 일이 없이 즉시 순종하는 것이 삶의 '규칙'(Rule, 수도회칙)이다. 수도회칙은 불순종의 첫번째 작용인 투덜거림을 증오한다: "무엇보다도 어떤 이유에서든 어떤 말로든 혹은 어떤 몸짓으로든 투덜거리는 것이 없어야 한다." 이 말은 수도회칙의 다른 부분에도 반복된다: "무엇보다도 투덜거림이 없어야 한다." 베네딕투스회의 수도회칙에는 '무엇보다도'라는 단어가 세 번밖에 쓰이지 않는데, 이것이 그 중에서 두 가지 경우이다.[5]

순종을 크게 강조하는 면만 부각시키면 수도회칙의 저자를 '교련 담당 하사관' 쯤으로 생각할 수가 있다. 그것을 사뭇 다른 상을 이루어내는 다른 특징들과 관련지어 생각하지 않으면 그렇다. 첫째로, 순종은 그 목적과 관련지어서 봐야 한다. 순종의 목적은 전적인 자기 부인이며, 수도회칙에 따라 사는 사람들에게는 이것을 하나님께 돌아가는 수단으로 삼아 실천해야 한다. 순종의 결실인 극기(克己)가 다른 모든 덕들의 근원이다. 수사들은 무엇이든 사유(私有)해서는 안 된다. 아무것도 바라서도 안 된다. 가난하든 병에 걸리든 혹독한 상황을 만나든 어떤 상황에서도 인내할 줄 알아야 한다. 이런 일들이 하나님께 돌아가도록 인도하기 때문이다. 둘째로, 수도회칙의 이런 엄격한 성격에는 인간의 연약함을 배려한 지극히 자상한 성격이 따라붙는다. 그래서 대수도원장은 불순종한 자들에게 파문을 내렸을지라도 개인적으로는 그들을 위로하고 격려해야 한다.

---

4) *Reg. Ben.*, c. 2.
5) ibid., cc. 5, 34, 40.

"무엇보다도"(이것이 세번째로 쓰인 사례이다) 대수도원장은 병자를 보살펴야 한다. 그리고 수사들에게 의복을 지급해야 하고, 의복이 수사들에게 맞는지 살펴야 한다. 가장 눈에 띄는 자상한 조치는 밤중에 성무일과를 할 때 첫번째 시편의 '영광송'(Gloria)을 될 수 있는 대로 천천히 낭송함으로써, 혹시 수사들이 종소리를 듣고 즉시 잠자리에서 깨어나지 못할지라도 일어나서 '최대 속도로' 교회당에 도착하여 창피를 당하지 않도록 배려한 규정이다.[6]

이렇게 예상치 않은 온화함이 수도회칙의 곳곳에서 묻어난다. 이런 특성이 서로 크게 다른 상황들에 세워진 수도원들이 이 수도회칙을 적합하게 사용할 수 있게 해주었다. 하지만 수도회칙의 전체를 놓고 볼 때 이렇게 온화함이 곁들여진 엄격함 말고도 다른 어떤 것이 있다. 즉, 보편성이 감지되는 것이다. 베네딕투스회 수도회칙은 그 엄격한 체계에도 불구하고 모든 지역에 사는 모든 사람들을 위해 고안된 것처럼 작성되었다. 저자는 근본적으로 이것이 쉬운 수도회칙이라고 믿는다. 이것은 "주님을 섬기는 법을 배우는 학교로서, 우리는 이곳에 가혹한 조건이나 무거운 짐을 지우기를 원치 않는다." 이것은 "초신자들에게 적합한 작은 수도회칙이며," "세상에 그리스도보다 더 소중한 것이 없는 줄로 아는 사람들이" 지킬 수 있는 것 이외의 어떤 것도 명령하지 않는 데 목표를 둔다.[7] 성 베네딕투스는 마치 이보다 더 쉬운 것이 없다는 듯이 글을 쓴다.

수도회칙의 여러 규정들의 한복판에는 성무일과(聖務日課) 규정이 자리잡고 있다. 이것이 작성된 시기를 감안할 때, 이 단체 예배 행위를 위한 규정들은 대단히 세심하고 명료하다. 전체 체계가 두 가지 성경적인 기둥에 세워져 있다: "내가 주의 의로운 규례를 인하여 밤중에 일어나 주께 감사하리이다"(시 119:62): "주의 의로운 규례를 인하여 내가 하루 일곱 번씩 주를 찬양하나이다"(시 119:164). 한밤중의 긴 성무와, 일곱 번의 낮 성무

---

6) ibid., c. 43.
7) ibid., Prol. cc. 5, 73.

들인 조과(朝課, Matins 혹은 Lauds), 제1시과(Prime), 제3시과(Terce), 제6시과(Sext), 제9시과(Nones), 저녁기도(Vespers), 종과(終課, Compline)는 이렇게 해서 제정되었다. 성무일과의 큰 골격과 시편송은 시편 전체를 일주일에 한 번 낭송하고, 성경의 나머지 부분을 일 년에 한 번 다 낭독할 수 있도록(이 점은 그다지 뚜렷하게 명시되지 않았다) 구상되었다. 다른 분야들도 그렇지만 이 분야에서도 잘 정의된 형태 안에 다양한 해석과 발전의 여지가 있었다. 이것이 서구에서 발생한 모든 수도회의 예배식에 베네딕투스회 수도회칙이 다소 뚜렷하게 흔적을 남긴 형태이다.

모든 지역의 신앙 생활과 기독교 예배에 이렇게 포괄적인 영향을 끼친 수도회칙을 작성한 저자의 정신은 중세사의 문턱을 넘는 순간부터 질문을 자아낸다. 그는 과연 어떤 사람이었을까? 자연히 이 질문에 대답하려는 여러 시도가 있었는데, 과거에 이루어진 모든 답변들이 최근의 발견에 비추어 수정되지 않으면 안 된다는 것이 중세 사학사에서 가장 의아한 점들 가운데 하나이다. 오늘날은 성 베네딕투스가 그 수도회칙 가운데 아주 많은 부분을 직접 집필했다는 것이 거의 정설로 받아들여진다(그 중에는 '그 스승'으로 알려진 약간 전 시대 저자의 수도회칙에서 거의 축어적〈逐語的〉으로 옮겨 쓴, 가장 잘 알려진 영적 교훈 단락들의 일부도 포함된다). 그것을 제외한, 수사들의 종류와 대수도원장의 자격, 수도 생활의 기본 원칙, 겸손의 단계, 순종과 침묵의 실천, 그리고 수도원 관리들의 의무와 구체적인 일상 생활 지침을 기술한 거의 모든 장들이 이 '이전 저작'에서 유래한 것이다.[8] 많은 학자들은 성 베네딕투스가 자기 수도원을 위해 직접 작성한 수도회칙에서 이렇게 많은 부분을 빼야 한다는 주장이 미더워 보이지 않았고, 처음에는 틀림없이 믿기 어려웠을 것이다. 그럼에도 불구하고 이렇게 많은 부분을 뺄지라도 성 베네딕투스의 저작을 그 주요 전거와

---

8) 성 베네딕투스의 수도회칙과 *Regular Magistri*의 관계를 조사한 좋은 연구서가 있다: D. Knowles, *Great Historical Enterprises*, 1963, 135-96. *Regular Magistri*의 본문을 보려면 다음 자료를 참조하라: A. de Vogüé, 3 vols., 1964-5 (Sources chrétiennes, vol. cv).

비교해 보면 그의 정신이 더욱 뚜렷하게 부각된다는 점이 훨씬 더 놀랍다.

베일에 가려져 있는 6세기 수도원 역사를 파악하는 데 어려운 점은 당시의 환경에 대한 실질적인 정보가 없다는 점과 성 베네딕투스의 수도회칙과 비교할 만한 표준이 없다는 점이다. 하지만 그 수도회칙의 큰 전거가 발견됨으로써 부족한 부분이 부분적으로 채워졌는데, 베네딕투스가 자기 스승의 교훈을 수정 없이 받아들인 부분에서 뿐 아니라, 생략하고 수정하고 첨가한 부분에서도 그의 정신을 읽을 수 있다. 두 문헌 사이의 차이는 막대하다. 스승의 수도회칙은 산만하고, 개인적이고, 예배 규정이 자세하지 않은 데 비해, 베네딕투스의 수도회칙은 간결하고 보편적이고 명쾌하다. 스승의 수도회칙에는 공동으로 사용하기에 너무 일반적인 내용이 많다. 이를테면 낙원에서 누릴 기쁨과 수도 생활의 성격을 지나치게 길게 서술한다. 게다가 지나치게 구체적이어서 의미를 잃는 내용은 더 많다. 이를테면 기침을 하거나 침을 뱉거나 코를 풀 때 곁에 있는 천사들에게 가급적 불쾌감을 끼치지 않을 수 있는 방법을 시시콜콜히 규정한다.[9]

베네딕투스는 이런 내용을 모두 생략했다. 그는 실용을 위주로 중간 방식을 취하여, 모든 것을 될 수 있는 대로 간결하고 명쾌하게 다듬는다. 그의 수도회칙에서 가장 방대한 부분은 성무일과의 규정을 구체적으로 적어 놓은 부분이다. 하지만 그가 자신의 개성을 가장 생생하게 보여주는 부분은 짤막짤막하게 부기(附記)하는 부분이다. 위에서 언급한, 수도회칙의 온건한 지혜를 보여 주는 사례들은 베네딕투스가 스승에게 물려받은 전거에 이렇게 부기(附記)한 부분들에서 나온다. 그는 스승처럼 철저하고 오만한 정신을 갖고 있지 않은 듯하다. 그는 많은 내용을 차용하면서, 그가 자기 수사들에게 강요한 겸손을 잘 나타내며, 그의 짤막한 부기들은 그가 대수도원장의 자격으로 언급하는 인간미를 잘 보여준다. 베네딕투스가 말하는 대수도원장은 무엇보다도 병자를 보살펴야 했지만, 그 스승은 꾀병을 부리

---

9) *Reg. Magistri*, c. 48.

는 사람들을 색출하는 데 더 관심을 두었다.[10] 그 스승은 "하나님께 대해 절망하지 말라"고 하지만, 베네딕투스는 "하나님의 긍휼에 대해 절망하지 말라"고 하여, 사소한 듯하나 의미심장한 변화를 가한다.[11] 그 스승은 절대 순종을 소수의 완벽한 수사들만 얻을 수 있는 덕으로 보았지만, 베네딕투스는 그것을 누구나 정신을 차리면 쉽게 얻을 수 있는 덕으로 보았다.[12]

두 문헌을 비교해 보면 예상치 않은 인상을 받게 된다. 서양 역사에서 영적 생활을 인도하는 데 가장 큰 영향력을 행사한 베네딕투스는 전임자의 수도회칙에서 자신의 거의 모든 교리를 받는 데 만족한, 단순하고 겸손한 사람으로 비친다. 그럼에도 불구하고 그는 몇 가지 변경과 생략과 첨가로써, 자신이 물려받은 전거의 성격 전체를 바꾸어 놓았다. 약한 부분에 힘을 실어주었고, 강한 부분에 자상함을 실어주었고, 산만하고 혼란스러운 부분을 간결하고 소박하게 만들어 주었다. 이렇게 함으로써 이미 비범했던 문헌을 기독교의 핵심 문헌들의 하나로 바꾸어 놓았다. 아울러 그는 고대 로마가 법률 분야에 지녔던 천재성에 마지막 위대한 기념비를 세워 놓았다.

## 위대했던 세기들

이제는 베네딕투스회 수도회칙의 장래와 그것이 중세 교회에 끼친 영향을 살펴볼 차례가 되었다. 이 주제의 핵심에 이르는 지름길은 베네딕투스가 수도회칙의 세 장을 할애하여 다룬 문제, 즉 수사들을 모집하는 문제를 살펴보는 것인 듯하다.

그 수도회칙은 수사 지망자들에 세 부류가 있을 것을 내다보았다. 첫째는 장년 평신도들이고, 둘째는 성직자들이고, 셋째는 귀족의 자제들이다.

---

10) *Reg. Ben.*(c. 36)과 *Reg. Magistri*(c. 69)의 병자 간호에 관한 장과 *Reg. Ben.*(c. 43)과 *Reg. Magistri*(c. 73)의 지각자들에 관한 장을 비교하라.

11) *Reg. Ben.*, c. 41; *Reg. Magistri*, c. 3.

12) *Reg. Magistri.*, c. 7, 'haec forma paucis convenit et perfectis'; *Reg. Ben.*, c. 5: 'Haec convenit his qui nihil sibi a Christo carius aliquid existimant.'

베네딕투스가 장년 평신도들을 정상적인 입회 지망자로 예상한 데에는 의심할 여지가 없다. 그가 긴 지면을 할애하면서, 예상되는 다양한 상황들과 어려운 점들을 예견하려고 한 부류가 바로 그들이었다.[13] 그럼에도 불구하고 세월이 흐르면서, 아마 틀림없이 10세기에 접어들면서, 귀족들이 자기 자녀들을 수도원에 보내 수사가 되게 하는 것이 아주 평범한 일이 되었고, 아마 그것이 베네딕투스회 수도원들이 수사들을 받아들인 가장 일상적인 방법이었을 것이다. 이렇게 상황이 변한 원인은 중세 초기의 종교적·사회적 상황에 깊이 뿌리박혀 있으며, 이러한 변화가 베네딕투스회의 역사에 끼친 영향은 실로 지대했다.

### 사회적 기능

우선 수도원들이 담장 안에서 개인의 구원을 추구하는 수사들을 위해서만 존재하지 않았음을 이해하는 것이 중요하다. 개인 구원이라는 동기가 중세에 설립된 무수한 수도원들의 활동에서 큰 부분을 차지한 적이 없었고, 설립자들과 기부자들도 소수의 열망을 채워주기 위해서 막대한 재산을 내놓은 것이 아니다. 베네딕투스회 수도원들은 한창 확장해 가던 시기에 수도회칙에서 들어볼 수 없는 정치적·사회적·종교적 목적들을 위해 설립되고 채워졌다. 이 목적들을 하나하나 확인하기란 불가능하지만, 무수한 설립자들과 기부자들은 수도원의 '고깔 쓴 전사(戰士)들'을 속세의 군인들에 해당하는 영적인 군인들로 보았다. 수사들은 영적인 전투를 자연 세계에서 벌어지는 전투만큼 실질적으로, 아니 그보다 더 중시하는 태도로 수행했다. 자기들이 사는 땅에서 초자연적 적들을 몰아내기 위해서 싸웠다. 그들이 왕과 왕국의 안녕을 위해서 기도했다고 말한다면 그것은 사태의 본질을 제대로 파악하지 못한 것이다. 그들은 훈련된 정예 요원들로서 싸웠고, 왕국의 안전이 그들의 노력에 달려 있었다:

---

13) *Reg. Ben.*, cc. 58-60.

대수도원장은 영적 무기로 무장하고, 하늘에서 내린 은혜의 이슬로 기름부음을 받은 수사들의 군대에 의해 뒷받침을 받았다. 그들은 그리스도의 능력에 힘입어 신령한 검을 들고 귀신들의 악계에 맞서 싸웠다. 그들은 보이지 않는 적들의 공격으로부터 자기들의 영토에 있는 왕과 성직자들을 보호했다.[14]

왕들과 대신들은 자기들의 영토에 사는 수사들의 활동을 이런 식으로 보게끔 교육을 받았다. 공적 기능과 사적 기능이, 혹은 자연적 활동과 초자연적 활동이 엄격히 구분되지 않은 사회에서, 수도원이 벌이는 전쟁의 가치가 세속 세계의 구석구석에서 두루 인식되었다:

　　수도원에서 수도회칙에 따라 사는 훈련된 수사들이 당신에게 어떤 것들을 제공하는지 면밀히 관찰해 보십시오. 그리스도의 이 성주(城主)들은 마귀와 대단히 치열한 전쟁을 벌이고 있습니다. 그리고 그들이 이렇게 전쟁을 벌임으로써 끼치는 유익은 헤아릴 수 없이 많습니다. 수사들이 행하는 철야와 찬송과 시편 낭송과 기도와 구제와 하루도 빠짐없이 하염없는 눈물로 드리는 미사를 어느 누가 헤아릴 수 있겠습니까? 그리스도의 이 정병들은 하나님을 기쁘게 해드리기 위해서 자기를 십자가에 못박아 가면서 이런 일들에 전념하고 있습니다······ 그리고 백작이시여, 간곡히 권하건대, 백작님의 영지에도 그렇게 사탄과 맞서 싸우는 수사들이 주둔하는 그런 성을 세우십시오. 그 성에서 고깔 쓴 전사들이 백작님의 영혼을 위해 불철주야 베헤못을 물리칠 것입니다.[15]

영지의 안전을 위한 전투는 기부자들의 영혼의 안전을 위한 전투와 긴밀히 연관되었다. 귀족들과 부자들이 막대한 재산을 수도원에 선뜻 내놓을 마음을 먹게 된 것은 이런 이중적인 목적 때문이었다. 그들과 그들의 신하들과 가족들은 머리를 맞대고서 정치 권력의 중심지마다 수도원을 세우는

---

14) 966년에 국왕 에드거가 윈체스터의 뉴 민스터 수도원에 내준 설립 허가서 (*Liber Vitae*, ed. W. de Gray Birch, 1892, pp. 232-46). 참조. 817년에 경건왕 루이가 수도원들에게 꼼꼼하게 부과한 군사적 전례적 의무들(*M.G.H. Capitularia*, i, 349-51).

15) Ordericus Vitalis, *Hist. Eccl.*, ed. A. Le Prévost, 1838-55, ii, 417-20.

문제를 놓고 협의했다. 왜냐하면 자기들의 현세적이고 영원한 안위가 똑같이 수사들의 전쟁에 달려 있다고 믿었기 때문이다.

## 고해의 기능

이런 보편적 신념이 약한 경우일지라도, 개인이든 가문이든 수도원을 설립해야 할 또 다른 시급한 이유가 있었다. 중세 초기의 고해 제도는 수사들의 훈련된 활동에 의존하지 않으면 안 될 특별한 원인을 제공했다. 중죄를 지을 경우 그에 대한 벌로 부과되는 고행이 지나치게 무거웠고, 세속 생활과 구분할 수 없는 죄를 지을 경우조차 정상적인 생활을 할 수 없을 정도의 심한 고행이 부과되었다. 예를 들면, 923년에 프랑크의 주교들은 단순왕 샤를(Charles the Simple)과 로렌의 로베르(Robert)가 수아송에서 전투를 벌일 때 거기에 참전했던 모든 사람들에게 3년의 고행을 부과했다.[16] 고행의 내용은 매년 사십일씩 세 번에 걸쳐 빵과 소금과 물만 먹고 지내라는 것이었는데, 이것은 물론 굳이 하려고 들면 못할 일도 아니었지만, 프랑스 북부의 대다수 귀족들을 몇 달씩이나 아무 활동도 못하게 만들기에 충분한 조치였다. 이와 비슷하게 노르만족의 주교들은 헤스팅스 전투가 끝난 뒤에 승리한 군대의 병사들에 대해서 각자 죽인 사람들을 위해 일년 동안 고행을 하도록 명령했다.[17] 이 조치로 노르만족의 영국 정복 사업이 거의 답보 상태에 머물게 되었는데, 물론 이것이 그 고행을 부과한 주교들의 의도가 아니었음은 두말 할 나위가 없다. 주교들은 대신 고행을 당해 줄 사람에게 돈을 지불할 능력이 있으면 굳이 고생을 하지 않아도 된다는 것을 알고 있었는데, 주교들만 아니라 모든 사람이 그것을 알고 있었다. 대리 고행 제도는 널리 이해되었다:

사제들은 특정 죄인들에게 여러 해 동안의 고행을 부과할 때 때로는 한 해 동

---

16) N. Paulus, *Gesch. des Ablasses im Mittelater*, 1922-3, i, 16.

17) 전문(全文)은 다음 책에 실려 있다: D. Wilkins, *Concilia Magnae Britanniae et Hiberniae*, 1737, i, 366.

안의 고행을 면제받는 데 필요한 금액을 제시함으로써 장기간의 금식을 두려워하는 사람들이 자기들의 과오를 기부금으로 속할 수 있게 했다. 이런 형태의 기부금은 교부들의 교회법에서는 찾아볼 수 없지만, 그렇다고 해서 불합리하다거나 경박하다고 판단해서는 안 된다.[18]

대리 고행 제도는 정부와 사회가 살아남기 위해서 필요한 관행이었다. 위의 글을 쓴 근엄한 피에르 다미앙(Peter Damian)은 성직 매매를 한 밀라노의 대주교에게 백년의 고행을 부과할 때 본인 자신이 이 원칙을 적용했다:

> 나는 그에게 백년간의 고행을 부과했고, 아울러 해마다 고행을 면제받기 위한 자세한 금액을 고지했다.[19]

귀족은 그렇게 고지된 금액을 지불하거나, 자기 대신 고행을 받을 사람을 내세울 수 있었다. 중세 초기의 비인간적인 사회에서 한 사람이 고행을 부과 받으면 그것은 곧 다른 사람이 부과 받은 것과 마찬가지였다. 그것은 개인적 노력의 문제가 아니라, 초자연적 부채를 지불하는 문제였다.

고행을 다 채우지 못하고 죽거나, 다 채울 방도를 마련하지 않은 채 죽는 것은 지상에서 가장 두려운 일이었다. 연옥 교리가 아직 제 모습을 갖추지 못했던 이 시기에 유행했던 문학에는 고행을 다 채우지 못한 사람이 영원한 저주를 받았다는 이야기들이 실려 있었다.[20] 부채를 다 갚기 전에는 그 누구도 구원을 받을 수 없었다. 수도원들은 기부금으로든 평신도의

---

18) *P.L.*, 144, 351-2. N. Paulus(op. cit., i, 14n)에게서 인용. Paulus는 금식 대신 구호금을 내도록 허용한 관습이 747년 당시에는 새로운 것이었다고 말한다(Council of Clovesho, c. 26: Haddan and Stubbs, *Councils*, iii, 371-2). 그의 말을 고려하면 우리가 서술하는 제도는 8세기가 진행되는 과정에서 발전한 셈이다.
19) ibid.
20) 이것은 Peter Damian이 형제 수사의 고행을 나눠서 감당하다가 다 채우지 못한 채 죽은 수사의 이야기로 생생하게 예시된다(*P.L.* 144, 403<Ep. vi, 20>).

조력으로든 다른 어떤 대리 고행 방식보다 더 안전한 방식을 제공했다. 수사들은 대리 고행 사역을 영구히 해주는 사람들로 신뢰를 얻을 수 있었다. 그들은 서약으로 매인 사람들이었고, 죽을 때까지 수사로 남을 사람들이었고, 그들의 재산은 무시무시한 아나테마(저주)로 보호되었다. 아무리 고행의 부채가 많을지라도 결국에는 다 갚게 될 것이고, 죄인의 영혼도 자유롭게 될 것이었다.

그러므로 수사들이 하는 '하나님의 사업'(opus dei)은 대단히 실제적인 사업이었다. 그 급여는 영원한 생명이었고, 수사들은 그 급여를 수사들 자신들뿐 아니라 수도원 설립자들과 기부자들을 위해서도 받았다. 이 일에 임하려면 다른 분야의 일과 마찬가지로 개인적 소명 의식이 필요했다. 수사들은 다른 사람들과 마찬가지로 필요한 일을 수행하기 위해 존재했으며, 따라서 좋은 일꾼에게는 그가 자기 일을 좋아할까 하고 묻지 않고 그가 받은 급여만큼 제대로 일을 해낼까 하고 묻듯이, 수사들에게도 그렇게 물어야 했다. 그 시대에 어린이들에게 커서 수사가 되라고 말하는 것은 왕이나 훌륭한 기술자가 되라고 말하는 것과 하나도 다름없이 양심을 거스르는 일이 아니었다. 다른 직업들이 필요했듯이, 수사라는 직업도 필요했다.

### 가문적 기능

더 나아가 영생을 얻기 위해서 뿐 아니라, 대 가문의 경제를 위해서도 구성원들을 수도원에 보내는 것이 필요했다. 중세의 어떤 시기에도, 적어도 중세 초기의 어떤 시기에도 귀족 가문의 모든 자녀들에게 세속 사회에서 높은 지위를 고루 제공할 만큼 사회의 자원이 급속히 확장된 적이 없었다. 가문의 재산을 분할하는 일에는 아주 엄격한 규율이 있었고, 충분한 유산을 물려받지 못한 가문의 구성원들에게 안전하고 유리한 직위를 제공한다는 것은 대단히 심각한 문제였다. 가문의 소녀들에게는 그 문제가 특히 심각했다. 소년들은 적극적인 군사 활동으로 죽기도 하고 뜻하지 않은 기회를 얻기도 했지만, 소녀들은 그런 모험에 노출되지 않았다. 모든 소녀들을 두루 만족시킬 만한 혼처가 많지도 않았다. 그리고 결혼하더라도 일찌감치 과부가 되는 경우가 심심치 않게 발생했다.

대 가문은 이런 모든 상황에 대비를 해야 했고, 이 문제를 해결하려 할 때 수도원들이 긴요한 도움을 제공했다. 수도원들은 귀족 가문의 자녀들에게 상당한 귀족 생활과 출세의 기회를 제공했던 것이다.

수도원이 이런 용도로 쓰이다 보니 자연히 가문들에게는 수도원 유지를 위해 적절한 지원을 할 의무가 부과되었다. 부모들은 수도원에 자녀를 맡길 때 대개 큰 선물을 함께 보냈는데, 토지 선물도 드물지 않았다. 이런 선물은 재산이 끊임없이 감소하는 경향을 막는 데 일조했다. 하지만 수도원의 주 수입원은 설립자와 그 가문과 설립 동역자들이 내는 기부금이었다. 설립되는 순간이 베네딕투스회에 속한 수도원의 앞날을 결정하는 데 대단히 중요했다. 그 순간에 신설 수도원의 지위가 아마 영구히 확정되었다.

수도원이 설립될 때 그 이면에 깔린 공적·사적·종교적·사회적 목적 등 복잡한 목적들은 거대한 기부금을 내는 사람이 있을 때만 성취될 수 있었다. 그런데 이제 겨우 자리를 잡은 유럽에서, 군주들은 자기들이 직접 효과적으로 이용할 수 없는 방대한 토지에 대해 마음대로 권한을 행사할 수 있었고, 따라서 토지를 후하게 기부할 기회가 많았다. 훗날 전 국토의 절반을 차지하게 된 수도원 토지는 이런 경위로 기부되었다. 더 나아가 수도원에 토지를 더 기꺼이 기부할 수 있었던 이유는 수도원이 군주가 필요로 하는 상당 부분을 꾸준히 제공했기 때문이었다. 정부 사업에 협력하는 것과, 전쟁이 발생할 때 병력과 영적 지원을 제공한 것과, 유산을 물려받지 못한 가문 사람들이 품위 있게 살 수 있게 해준 것과, 영원한 구원의 소망을 준 것이 그것이다.

베네딕투스회 수도원의 생활 형태는 자연스런 적응 과정을 거치면서 이런 기회들과 요구들이 만들어 놓은 틀에 부합하도록 발달했다. 이 수도회의 수도회칙은 자녀를 수도원에 들여보내는 사례가 크게 증가하는 데 아무런 장애도 주지 않았다. 수도회칙에는 포괄적인 규정들이 기술되었기 때문에 그것을 현실에 맞도록 보다 자세하게 만들 수 있었다. 세월이 흐르면서 귀족 사회가 수도원들에 쏟아 부은 막대한 기부금과 사회적 지위가 베네딕투스회의 원만한 운영을 위한 필수적인 요소들이 되었다. 수도원은 많은 무리의 수사들 없이는 다양한 의무들을 수행할 수가 없었다. 아마 백 명이 적당한 인원이었을 것으로 추측된다. 그들은 어린이 교육을 위한 학교와, 기술자들과 건축자들과 노동자들을 위한 작업장과, 대형 도서관과, 음악가들과 작가들과 미술가들과 학자들을 위한 설비가 필요했다. 수사들의 귀족적 배경, 웅장하고 화려한 교회당, 정교한 의식, 이 모든 것이 막대한 경비 지출과 거금의 기부금을 요구했다.

설립자들과 기부자들은 자연히 자기 자녀들이 좋은 학우들과 함께 공부하고, 부모의 명예를 더럽히지 않는 환경에서 살기를 원했다. 그리고 수도원들도 나름대로 구성원들의 고귀한 신분을 자랑했다. 귀족 혈통이란 말 아래 감추어 둘 만한 것이 아니었다. 그것은 육체뿐 아니라 영혼의 품격까지도 보증해 주었다. 퀘들린부르크에 자리잡은 수녀원의 연대기에는, 왕 헨리의 미망인이 그 수녀원을 설립할 때 수련 수녀로서 천한 집안에서 자란 여성들은 받아들이지 않고 명망 높은 가문의 여성들만 받아들이도록 각별히 신경을 썼다고 기록되어 있으며, 그 이유에 대해서 "유복한 가문에서 자란 여성들은 타락하는 일이 거의 없기 때문이다"라고 기록되어 있다.[21] 이것은 꾸민 이야기일 가능성도 있지만, 수도원의 귀족적인 생활이 어떻게 사회적 이상으로 뿐 아니라 영적인 이상으로도 받아들여질 수 있었는지를 이해하는 데 도움이 된다.

1050년경에는 베네딕투스회가 서유럽 전역에서 기독교 신앙의 최고 집단으로 확고히 자리를 잡았음에 틀림없다. 이 수도회가 사람들의 정서와 지성에, 그리고 사회 질서에 차지한 지위는 확고부동했던 것 같다. 이 수도회는 모든 계층 모든 부류의 신자들의 마음을 사로잡았다. 수도원 하나하

---

21) Quedlinburg Annals (*M.G.H. Scriptores*, iii, 54). 다음 책에서 인용: A. Schulte, *Der Adel u. die deutsche Kirche im Mittelalter*, 1910, p. 115n. 이 책에는 자선과 귀족 자녀들을 위한 생계 부양 사이에 밀접한 관계가 있었음을 보여주는 그 밖의 예화들이 많이 실려 있다.

나가 지상에 세워진 천국의 복제품이었다:

> [피에르 다미앙은 클뤼니의 대수도원장 위그에게 이렇게 썼다.] 저는 영적인 효능으로 충만한 복음서들의 네 물줄기가 적시고 흐르는 낙원을 보았습니다. 거기서 동산을 보았습니다. 그 동산은 무수한 종류의 장미와 백합이 저마다 아름다운 자태로 진한 향기를 내뿜어서, 과연 전능하신 하나님께서 "내 아들의 향취는 여호와의 복 주신 밭의 향취로다"[창 27:27]고 말씀하실 만한 곳이었습니다. 제가 클뤼니의 수도원을, 정절을 지키며 사는 허다한 수사들이 천국 곡식이 자라는 밭으로 서 있는, 여호와의 밭이라는 표현 외에 다른 어떤 표현으로 부를 수 있겠습니까? 이 밭은 거룩한 조언으로 경작되고, 그 안에는 천상적 강론의 씨앗이 뿌려집니다. 이곳에서 추수된 영적 알곡들은 천상의 곳간에 저장되기 위해 한데 모여집니다.[22]

이 글은 1063년에 클뤼니를 방문한 뒤에 기록된 것으로서, 누구나 생각하던 것만을 전한 것이라고 기록되어 있다. 베네딕투스회의 수도원 생활은 오랜 세월에 걸쳐 발전을 거듭한 끝에 클뤼니 대수도원에서 그 절정에 도달했으며, 이제는 기독교가 더 이상 진보할 곳이 없는 듯했다. 복음 전체가 이곳에서 제도와 행위로 구현되었다.

### 변화와 쇠퇴

1063년부터 한 세대가 지나는 동안 베네딕투스회의 신앙 생활을 이런 식으로 평가하는 데 어떤 과장이나 실수의 가능성이 있다고 생각하는 사람은 아무도 없었다. 그 당시에도 베네딕투스회 수도원들이 설립된 목적은 계속해서 사람들의 존경을 받았고 모방을 이끌어냈다. 이 수도회는 갈수록 더 큰 탄력을 받으면서 성장했다. 1060-1120년이라는 두 세대는 그 만한 길이의 다른 어떤 역사 시기보다 더 많은 수도원들이 신설되었고 더 많은 수의 수사들이 생겼음에 틀림없다. 그럼에도 불구하고 이 시기가 끝나기 오래 전에 변화를 예고하는 불길한 징후들이 있었다. 베네딕투스회가 조직

---

22) *P.L.* 144, 374 (Ep. vi, 4).

적인 종교 생활을 독점 감독해오던 것이 급격히 막을 내렸고, 심지어 그 수도회에 소속된 수사들조차 기존의 이상에 대한 충성심이 흔들리기 시작했으며, 신설 수도원들이 기존의 수도원들에 비해 분명하게 약한 모습을 드러냈다. 따라서 우리는 이제 기존의 이상을 누르고 우뚝 선 이상들이 어떤 것이었는지 살펴봐야 한다. 하지만 지금은 베네딕투스회의 내부적인 약점들을 살펴보는 것이 우선적인 과제이다. 그 약점들에는 사회적인 것과 영적인 것 두 가지 종류가 있었는데, 먼저 영적인 침체부터 살펴보기로 한다.

### 영적인 침체

9세기 이래로 발달한 베네딕투스회의 정교하고 객관적인 일과는 앞에서 살펴본 대로 여러 가지 요건을 기반으로 삼고 있었다. 우선 설립자들과 기부자들을 위해 끊임없이 고행을 대행해야 했고, 인류의 적들과 맞서서 불철주야 전쟁을 벌여야 했고, 정부의 사업과 가정의 안정에 협력해야 했다. 이런 요건들이 1050년에는 손상되지 않고 남아 있었다. 하지만 1100년에 이르면 앞장에서 기술한 사회적·지적 변화들의 충격으로 이런 요건들이 무너지고 있었다. 이렇게 무너지는 과정에서 베네딕투스회가 수백 년을 발전해 오면서 그 안에 내재해 있던 중요한 공백이 드러났다. 그 공백이란 외면적 사업에 완전을 추구하느라 개인이 잊혀진 것이었다.

적어도 수사들 자신들은 이 공백을 갈수록 예리하게 느끼게 되었다. 그들은 보다 깊은 개인적 신앙 생활을 원했지만, 자기들의 생활을 지배하던 무거운 관습적인 규율들에 곳곳에서 가로막혔다. 성 안셀무스(St. Anselm)는 베크와 캔터베리에서 활동하면서 휘하의 수사들에게 신앙의 내면적 열매는 심지어 불필요하게 보이기까지 하는 수도원의 무거운 과업을 수행하면서도 얼마든지 맛볼 수 있다고 가르쳤고, 또 몸소 본을 보였다:

> 만약에 수사가 현재 수도원이 허용하는 것보다 더 뜨거운 신앙 열정을 가지고

더 훌륭하고 더 위대한 일을 성취할 수 있다고 생각한다면, 그것이 오해일 수도 있다는 것을 생각해야 한다. 아니면 적어도 자신이 그런 것을 바랄 만한 자격을 구비했는지 되돌아 봐야 한다. 그는 아무에게도 부당한 짐을 지우지 않는 하나님의 판단을 인내로써 받아들여야 한다. 인내하지 못하면 의로운 재판장을 격분케 할 수도 있고, 그가 이미 해놓은 일마저 잃을 수도 있으며, 혹은 아무 소득도 없이 원치 않는 상황에 머물 수도 있다.[23]

안셀무스 같은 지도자가 떡 버티고 있을 경우라면 번폐스러운 관습을 그대로 참고 지내라는 호소가 통할 수 있었지만, 그런 자극을 주는 지도자가 없을 경우에는 제대로 통하지 않았다. 게다가 바깥 세상에서 열정적인 교황들이 그리스도께서 "내가 관습이요"라고 하시지 않고 "내가 진리요"라고 하셨다고 말하면서 그리스도의 이름으로 해묵은 관습을 떨쳐버려야 한다고 선언하는 상황에서 수사들이 수도원 안에서 불필요한 관습의 짐을 묵묵히 질 것을 기대하기란 힘들었다. 진리로 관습을 공격한 것, 그리고 그것이 교황의 권위에 관한 주장들에 뒷받침을 받은 것도 베네딕투스회가 내부적으로 신앙의 침체에 빠지게 된 큰 원인이었다.

### 경제적 침체

이러한 신앙적 침체는 사회와 경제에도 그 원인이 있었다. 과거의 대규모 베네딕투스회 수도원들은 막대한 재산을 소유했고, 거기서 생긴 큰 의무들이 수도원의 업무들 가운데 자연스럽게 한 부분을 차지했다. 하지만 후대의 대다수 수도원들을 설립한 봉건 귀족들은 재산에 관한 의무도 과거의 기부자들이 냈던 것 같은 재산도 수도원에 제공할 수 없었다. 봉건 귀족들은 광활한 토지 대신에 자기들의 가문과 가신들을 부양하는 사유지들에서 귀퉁이만 잘라 바칠 수밖에 없었다. 그밖에도 그들은 십일조세와 자신들의 영지에 여기저기 흩어져 있는 교회들을 수도원에 제공할 수 있

---

23) Ep. 37 (F. S. Schmitt, *Opera S. Anselmi*, 1938-61), iii, 146; *P.L.* 158, 1097).

었다. 그로써 이제 수도원은 세속 재산 가운데 군데군데 난 작은 부분만 차지할 수밖에 없었다. 이러한 새로운 기부 형태는 가스코뉴의 생 몽에 있는 소수도원에서 여실히 볼 수 있다.[24] 이 수도원은 설립자에게 마흔일곱 개의 교회들에서 나오는 수입과, 헬멧 한 개, 장원(莊園) 일곱 곳, 작은 토지 네 개, 포도원 한 개, 경작지 여섯 곳, 숲 한 곳, 어로 구역 한 곳, 그리고 소액의 지대와 수수료가 나오는 다양한 항목을 받았다. 1050-1150년의 한 세기 동안에는 이와 같은 수도원들이 수백 개 있었다. 더러는 규모가 컸지만 많은 수는 규모가 작았다. 일부 재산은 수 km 떨어져 있었고, 더러는 비교적 한데 모여 있었다. 하지만 과거와 비교할 때 권리들이 다양하고 단위들이 작았다는 것이 그 시대의 일관된 특징이었다.

이런 형태의 기부가 끼친 해악은 수도원 당국의 노력이 분산된 데서 주로 나타났다. 재산이 워낙 여기저기 흩어져 있다 보니 소소한 행정 업무에 항상 관심을 쏟아야 했다. 게다가 그렇게 흩어져 있는 재산은 두세 명의 수사를 따로 파견하여 그곳에서 나오는 수입으로 생계를 유지하며 관리하는 것이 최선의 방책이었다. 이것이 수도원의 유대 관계와 수도원의 일과를 느슨하게 만들었고, 일반적으로 시골에 틀어박혀 지내는 경향을 초래했다. 이런 경향은 대단히 집요했다.

11-12세기에 여러 조각으로 갈라진 수도원 재산은 쉽게 털어 버릴 수 없는 가루처럼 농촌에 군데군데 자리잡았다. 이 재산은 세속 재산과 너무나 긴밀히 연관되었고 교회법으로 너무나 완벽한 보호를 받았기 때문에 사회 질서를 통째로 뒤엎기 전에는 아무도 감히 손 댈 수 없었다. 또한 이 재산은 과거의 대규모 재산을 야금야금 먹어치운 그런 침식을 당하지 않았다. 따라서 이제는 정치적 대 격변이 일어나야만 훼손될 수 있었다. 결과적으로 베네딕투스회가 확장해간 이 마지막 국면에 수도회들의 형편은 크게 어려웠지만, 그들에게는 과거와 같은 정신적·영적 에너지가 없었다.

---

24) 참조. G. de Valous, *Le Temporel et la situation financière des établissements de l'ordre de Cluny du xii<sup>e</sup> au xiv<sup>e</sup> sière*, 1935, p. 7.

## 쇠퇴의 징후들

12세기 중반이 지나면서 도처에서 쇠퇴의 징후가 나타났다. 가장 두드러진 징후는 전반적인 숫자의 감소에서 나타났다. 그럴지라도 이런 징후를 해석할 때는 주의해야 한다. 베네딕투스회의 큰 수도원이 안고 있던 문제들은 군대가 안게 되는 문제들과 다르지 않았다. 즉, '전투 요원들'의 수는 꾸준히 줄어드는 반면에, 행정 요원들과 병자들과 관리 요원들의 수는 증가하는 경향을 띠었다. 예를 들어, 영국 캔터베리의 크라이스트 처치에서는 1120년에는 수사들의 수가 120명에 육박했으나, 1207년에 가면 활동 가능한 수사들의 수가 64명으로 줄어들었고, 병자가 13명 있었다. 수도원의 간부들 — 성구 보관인, 식료품 보관인, 의전 담당자, 회계 담당자 — 은 수사들의 숫자보다 많기 십상이었던 하인들과 장인들을 감독하느라 여념이 없었다. 하지만 이렇게 '비 전투 요원들'의 인력이 집중된 것은 수도원의 쇠퇴를 암시하는 징후라기보다는 수도원 생활이 그 만큼 복잡해졌다는 징후였다.[25]

베네딕투스회 소속 수사들의 수는 전반적으로 모든 지역에서 감소했지만, 지역에 따라 편차가 컸다. 오래된 대형 수도원들이 많았던 독일에서는 최악의 상황을 맞았다. 11세기에 오래된 수도원들이 추가 기부를 많이 받은 프랑스에서는 사태가 그다지 심각하지 않았다. 뒤늦게 수도원 부흥이 일어난 영국에서는 이렇다 할 쇠퇴의 징후가 나타나지 않았다. 이렇게 수사들의 수가 감소한 원인이 잠재적 수사들을 제대로 충원하지 않은 데 있지는 않았다. 오히려 그 원인은 수입이 계속 줄어드는 상황에서 과거의 지위와 영광을 유지하려고 시도한 데 있었다. 당대인들은 질환은 파악했으나, 질환의 원인은 감지하지 못했다. 새로운 형태의 악 때문에 그렇게 되었다고 생각했다.

---

25) 이 통계에 관해서는 다음을 참조하라: *Epistolae Cantuarienses, R.S.*, p. xxxii; D. Knowles, *The Monastic Order in England*, 1940, p. 714; R. W. Southurn, *St Anselm and his Biographer*, 1963, pp. 255-60.

예를 들어, 독일에서는 통탄할 만한 상황이 연출되었다. 큰 규모를 자랑하는 풀다 수도원에는 9-10세기에 100명의 수사가 있었지만, 13-14세기에는 고작 20-30명밖에 없었다. 상크트 갈렌(생갈)과 라이헤나우에는 한때 백 명에 달하던 수사들이 나중에는 열 명 안팎으로 줄어들었다. 수입이 줄어 더 이상의 수사들을 먹여 살리지 못했을 것이다. 대수도원장은 수도원의 품위를 유지해야 했기 때문에 연간 수입의 상당 부분을 혼자서 소비했다. 예를 들어, 1275년에 상크트 갈렌에서는 대수도원장이 총수입 1,042마르크 중 9백 마르크를 혼자서 소비했다. 라이헤나우에서는 대수도원장이 279마르크 중 2백 마르크를 혼자서 소비했다.[26] 나머지 금액으로는 수사 몇 명밖에 먹여 살릴 수 없었으며, 그 정도 숫자의 수사들로는 수도원의 정상 업무를 수행할 수 없었다. 아마 그들은 그것을 시도조차 하지 않았을 것이다. 교황 베네딕투스 12세는 이런 현실을 개탄하여 다음과 같이 썼다:

> 우리는 라이헤나우에 과거에는 60-70명의 수사가 있었다고 들었다. 그런데 세월이 흐르면서 부모가 모두 귀족 출신이 아니면 수사로 받아들이지 않는 고질적인 악폐가 자리잡으면서 한 수도원의 수사 수가 8-10명밖에 되지 않는 현상이 초래되었다. 게다가 얼마 되지 않는 이 수사들은 친인척의 막강한 세력을 등에 업고 있기 때문에 불법을 자행해도 제재를 가하기 힘들고, 수도회칙 준수를 강요하기도 어렵다. 따라서 성무(聖務)가 등한시되고 있다.[27]

어떤 의미에서는 교황의 말이 옳았다. 수도원들은 자원이 줄어들면서 사

---

26) 이 통계에 관해서는 다음을 참조하라: U. Berlière, 'Le nombre des moines dans les anciens monastères', *Revue Bénédictine, 1929*, xli, 231-61; 1930, xlii, 31-42; also A. Schulte, *Über freiherrliche Klöster in Baden*, 1896. 다음 책에도 수적 감소에 관한 흥미로운 내용들이 많이 실려 있다: U. Berlière, 'Le recruitement des moines bénédictine aux xiie et xiiie siècle', *Acad. royale de Belgique, Mémoire*, 2nd ser., ii, 1924. 하지만 이 책에서 저자는 귀족적 폐쇄성을 쇠퇴의 유일한 원인으로 지나치게 부각시킨다.

27) 1339년 9월 12일자 편지. Schulte가 인용(op. cit.).

회적 배타성이 더욱 완연해졌다. 하지만 자원이 줄어들었다고 해서 위상이 위축되지는 않았다. 왜냐하면 갈수록 더욱 귀족화했기 때문이다. 그리고 자원 감소에 따라 인원이 감소했기 때문에 갈수록 배타성을 띠었다. 물론 씀씀이를 줄여 인원을 늘릴 수 있었지만, 이것은 이미 여러 제도가 고착된 마당에 사회적으로나 정서적으로 수용하기 어려운 방법이었다. 귀족 자녀들이 언제나 수도원 인구의 다수를 점했으며, 귀족들은 토지 재산이 없는 자기 자녀들이 고결하고 품위 있게 살게 만들어 주려는 열성을 쉽게 포기할 수 없었다.

대수도원장들은 인근의 귀족들의 요구에 시달렸다. 13세기 중반에 접어들었을 때 퐁틀보이의 대수도원장은 수입은 줄어드는데 입회 희망은 증가하자, 수도원의 규모가 30명까지 줄어들 때까지는 새로운 수사를 받아들이지 않겠다고 엄숙히 서약했다. 이것이 큰 분란을 일으켜 결국 교황이 나서서 그의 서약을 면제해 줄 수밖에 없었다.[28] 때때로 대수도원장들은 이 문제로 큰 곤란을 겪다가 수사들이 한 명씩 엄격한 순번을 지켜 수사 지망자를 한 명 소개할 수 있게 하는 식으로 책임을 분산하는 방책을 마련하기도 했다. 이런 쇠퇴의 징후들은 베네딕투스회가 설립 목표에서 크게 빗나갔을지라도 귀족 사회가 큰 자랑으로 여겼던 품위는 그대로 유지했음을 잘 보여준다.

### 개혁의 시도

많은 교황들과 수도원 개혁자들은 무언가 잘못되었다는 것을 알았지만, 원인을 진단하거나 치유책을 마련하지는 못했다. 인노켄티우스 3세는 베네딕투스회 수도원들에게 서로 협력하고 감독해야 한다는 의식을 심어줄 목적으로 각 왕국이나 관구의 수도원들에게 3년마다 의회 곧 '참사회'를 열도록 지시하는 주목할 만한 조치를 취했다.[29] 그러나 이 지시는 많은 지

---

28) *Les Registres d'Alexandre IV*, ed. C. Bourel de la Roncière, 1895 etc., 53, i, no. 1211 (4 Feb. 1256). 그 대수도원은 샤르트르 교구에 있었다(Dept. Loir-et-Cher).

역에서 무시되었고, 그것을 강제 집행하려던 영국에서는 근본적인 변화가 얼마나 어려운가 하는 것이 곧 명쾌하게 드러났다. 1277년에 영국의 베네딕투스회 참사회는 과감하게 근대화를 시도했다. 성무(聖務)를 줄이고, 학문 연구를 장려하고, 수사들을 대학교에 보내는 것을 골자로 한 새로운 법령들이 작성되었다. 하지만 이 법령들은 내용은 좋았으나 인기는 없었다. 사방에서 항의가 빗발쳤다. 대주교 페컴은 그 개혁안을 "하나님을 대적하고 우리 교부들이 닦아 놓은 관습과 법령을 멸시하는 것"으로 규정하고서 금지했다. 프란체스코회 소속이었던 그로서는 "탁월한 명망과 학식과 신앙을 갖춘 사람들"을 베네딕투스회로 끌어 모으려는 의도를 노골적으로 표방한 개혁안 때문에 자신의 수도회가 피해를 입을까봐 우려하기도 했을 것이다. 우스터의 재속(在俗) 주교 고드프리 지퍼드(Godfrey Giffard)는 "새로운 것이란 불화를 낳게 마련이다. 우리는 우리 교부들께서 남긴 관습을 보존하기로 결심했다"는 이유를 제시하면서, 자신의 수사들에게 새 법령을 지키지 말라고 금했다. 평신도들은 성무가 단축되면 수사들이 게을러지고 은혜를 망각하게 될 것이라고 생각했다. 수사들 자신들도 혹시 기부자들에게 발길을 돌리게 할지도 모르는 변화가 과연 지혜로운 것인지 의심했다.[30]

유서 깊은 제도일수록 그것에 낀 세월의 때가 (혹시 그것이 개탄스러운 것일지라도) 결국에는 그 제도의 가장 독특한 특징으로 평가받는 경우가 종종 있다. 개혁자들이 그 세월의 때를 벗겨내려고 나설 때, 그 시도는 아주 정당한 것일 수 있지만, 대다수 사람들의 눈에는 그것이 제도 자체마저 무너뜨리는 것으로 비쳤다. 13세기 말에 베네딕투스회에서 발생한 사건이 바로 그것이었다. 만약 이 수도회를 기성 질서의 일부분으로 받아들인다면, 그 찬란한 역사가 구경꾼들과 참여자들 모두에게 깊은 만족을 줄 수

---

29) *Concilium Lateranense IV*, c. 12.
30) 개혁의 시도와 그에 대한 저항에 관한 문헌들은 다음 책에 실려 있다: W. A. Pantin, *Chapters of the English Black Monks*, i, pp. 60-121; iii, 274-5 (Camden, 3rd ser., xlv, xlvii, liv, 1931, 1933, 1937).

있었다. 하지만 이 수도회를 문젯거리로 여긴다면 아주 곤란한 존재가 되었다. 수도원들은 한창 발전할 당시에는 재산과 사회적 지위로 생기는 부담을 흔쾌히 받아들였고, 그것이 하루종일 매달려야 할 업무가 되었다. 수도원 당국자들은 사람들을 다스리고, 지대(地代)를 징수하고, 건물들을 관리하고, 고관들이 방문할 때 환대하고, 삶과 죽음에 관련된 모든 일들에 품위를 유지했다. 아무도 그들에게 새로운 사상이나 새로운 신앙 생활 방식을 기대하지 않았다. 일반인들이 그들에게 기대한 것은 안정되고 화려한 모습을 유지하고, 상류 계층에 속해 귀족처럼 살고, 유서 깊은 수도원과 가문의 역사를 과시하는 것이었다. 이런 것들은 수도회 설립 목적과 거리가 멀었다. 수도회칙이 작성될 때 염두에 두었던 목적과는 더욱 거리가 멀었다. 하지만 결국에는 이렇게 되는 수밖에 없었다.

## 옛 질서의 장점

중세 후반의 베네딕투스회의 모습은 1338년의 몽 생 미셸 수도원의 기록을 자세히 읽어보면 생생하게 볼 수 있다.[31] 몽 생 미셸 지방의 수도원은 마흔 명 가량의 수사들로 구성되었지만, 그 밖의 쉰흔 명의 수사들이 노르망디와 부르타뉴, 앙주, 그리고 저 멀리 콘월까지 흩어져 있던 스물두 개의 소수도원에 거주했다. 소수도원들은 대개 두 명의 수사들로 구성되었다. 이들은 자기들이 살고 있는 사유지를 관리하고, 대부분의 식량을 자급자족하고, 잉여금은 매년 모(母)수도원으로 보냈다. 경제적인 면에서 이것은 효과적인 제도였다. 몽 생 미셸의 대형 수도원에서는 마흔 명의 수사들에게 연간 7,000파운드의 경비가 들어갔으나, 사유지들에 흩어진 쉰흔 명의 수사들은 불과 2,000파운드의 경비만으로 생활했기 때문이다. 이것은

---

31) 다음에 소개되는 자세한 내용은 교황 베네딕투스 12세가 자신의 대칙서 *Summa Magistri*에 따라 재조직을 시도한 결과로 드러난 수도원 재산을 개관한 것이다(*Magnum Bullarium Romanum*, 1727, 218-37). 몽 생 미셸 수도원 기사가 현존하는 것들 중에서 가장 자세하다. 그 내용은 다음 책에 실려 있다: L. Delisle, *Notices et Extraits des MSS de la Bibliothèque Nationale*, xxxii, 359-408.

아주 구체적인 기록에서 추출한 통계 자료로서, 여러 다양한 출처에서 수입을 끌어온 수도원의 재정 능력을 잘 보여준다.

하지만 기록만 가지고는 수사들의 삶의 질이 어떠했는지 전혀 감을 잡을 수 없다. 기록에서는 시골의 독신 농부에 불과했을 흩어진 수사들이 상대적으로 적은 비용을 지출했다는 정도밖에 알 수가 없다. 대형 수도원의 수사들은 접대와 행정의 업무상 품위를 유지했기 때문에 비용도 그 만큼 많이 지출했다. 대형 수도원은 수사들과 수도원의 많은 식객들의 생계비로 연간 약 1,700파운드, 포도주 값으로 2,200파운드, 수사들과 하인들의 의류비로 500파운드, 수리비로 460파운드, 세금으로 500파운드, 법률 소송비로 300파운드, 연료비로 120파운드, 포도원 경작비로 140파운드, 참회 화요일의 빈민 구제비로 200파운드, 말과 마차 운영비로 160파운드, 조명비로 120파운드, 주교 사례비로 8파운드 15실링을 지출했다.

이 자료의 배후에 어떤 상황이 펼쳐져 있었는지는 파악할 길이 없다. 하지만 이 대형 수도원과 다른 대형 수도원들이 8, 9, 10세기의 수도원들과는 사뭇 다른 다양한 필요들을 충족시켰다는 것은 분명히 알 수 있다. 수도원들은 길들여지지 않은 농촌에서 질서의 중심지로서 수행해온 역할을 이제는 더 이상 수행하지 않았다. 이제는 더 이상 왕국들과 가문들의 안녕에, 혹은 그들의 구원에 필수적인 존재가 아니었다. 하지만 유능한 수사들에게는 사회적으로 중요하고 분주한 삶을 제공해 주었다. 면학적인 수사들에게는 서적들을 제공해 주었고, 유능하지도 않고 바쁘지도 않아 성무일과를 빼먹을 일이 없는 수사들에게는 항상 예배를 드릴 수 있는 환경을 제공해 주었다.

몽 생 미셸은 중세 후반에 베네딕투스회의 대형 수도원이 얼마만한 사회적인 세력을 갖고 있었는지 엿볼 수 있는 사례를 제공한다. 그들 개인의 사회적 역량은 1418년부터 1480년경까지 캔터베리 크라이스트 처치의 수도원에서 수사로 활동한 열정적인 고문서 수집가가 쓴 수사들의 간략한 전기에서 엿볼 수 있다. 그는 자신이 수사 서약을 한 1418년에 거의 50년간 수사로 활동한 윌리엄 차트(William Chart)라는 이가 죽었다고 기록했

다. 그가 전하는 내용을 잠깐 소개한다:

> 윌리엄 차트가 1418년 10월 17일 월요일에 조과(朝課)를 마친 뒤에 죽었다. 이로써 48년의 수사 생활을 마감했다. 그의 시신은 수도원 진료소 예배당의 성 레오나드와 성 베네딕투스의 제단 곁에 묻혔다. 그는 오랫동안 이 수도원에 몸담아 오면서, 회계 담당관과 고해 신부를 역임했고, 포도주 담당관을 두 번, 구호품 분배 담당관을 두 번 역임했고, 옥스퍼드에 대학이 건립되는 동안 그 대학의 학장을 역임했고, 검시관(檢屍官)을 역임했고, 13년간 부수도원장을 역임했고, 마지막으로 수도원 농장 관리인을 역임했으며, 그러는 동안 명성을 얻었다. 그 뒤에 연로한 나이에 병을 얻어 모든 공적 활동을 포기하고서 성 요한 진료소에 입원했고, 거기서 생을 마쳤다.[32]

이것이 중세 베네딕투스회의 마지막 햇살을 받은 수사의 경력이다. 그 수사는 수도원 당국에 의해 대학교에 파견 받아, 그곳에서 교회법을 공부하고, 자신이 몸담은 옥스퍼드 대학의 학장, 치안 판사, 적극적인 지주, 대학 회계 담당관, 고해신부, 행정가가 되었다. 앞서 소개한 고문서 수집가가 기록한 수도원 생활은 각종 의식들이 치러지고, 왕과 고관들이 자주 방문하고, 전례(典禮) 형식을 중시하고, 전반적으로 잔잔한 즐거움이 깃든 그런 생활이었다. 그는 수도원에서 거행하던 행렬과 교송(交誦), 수사들의 외투들, 장례식과 수도원 방문 고관에 대한 환영회에 관해 많은 내용을 일러준다. 이 기록을 할 당시에는 앞에서 말한 것이 실제로는 익을 대로 익은 마지막 모습이었지만, 당시에는 그 모습이 영원히 계속될 것만 같았다. 베네딕투스회가 서유럽의 종교 생활을 더 이상 주도하지 못하게 되고 나서 오랜 뒤에도 윌리엄 차트 같은 사람들이 계속해서 농촌의 종교와 통치에 조용히 이바지했다.

베네딕투스회의 대형 수도원들은 중세에 그런 사람들에게 주요 거점이 되었다. 이상하게도 훗날에는 주교좌 성당과 농촌 소교구의 성직자 사회에

---

32) *Christ Church, Canterbury: Chronicle of J. Stone*, ed. W. G. Searle (Cambridge Antiquarian Society, xxxiv), 1903, p. 9.

서 그런 사람들이 가장 왕성한 활동을 보인 곳은 수도원들이 모두 해체된 영국이었다. 윌리엄 차트가 죽은 1418년에서 다섯 세기를 건너뛰어 참사회원 윌리엄 그린웰(William Greenwell)이 죽은 1918년에 이르렀을 때도 그런 형태의 사역이 여전히 왕성하게 이루어지고 있는 것을 보게 된다. 윌리엄 그린웰은 50년 넘게 어느 소교구의 교구 사제와 더럼의 참사회원을 지냈다. 그는 유니버시티 홀 대학의 학장, 주교좌 성당의 사서(司書), 치안 판사, 영국 학술원의 특별연구원(fellow)을 역임했고, 중세 문헌을 가지고 두 권의 중요한 자료집을 편집했고, 고서점에서 비드(Bede) 시대의 귀중한 사본 몇 장을 발견했고, 아주 효율적인 송어 낚시법을 두 가지 고안했으며, 우표를 수집하고 선사 시대 유적지에서 발굴 작업을 벌였다. 그는 98살에 죽었는데, 아마 그런 유형의 사람은 그와 함께 끝났을 것이다.[33] 그런 유형의 사람들은 경제적으로 안정되고 귀족적 여유가 있는 사회에서만 왕성하게 활동할 수 있는 법이다. 이런 고상하고 관용적인 전통은 비록 베네딕투스회 수도회칙의 본래 의도와는 거리가 멀었지만, 그 수도회가 세상에 가장 항구적으로 끼친 유익을 대표했다.

## 2. 새로운 수도회들

11세기 말에 베네딕투스회의 독점이 무너진 시기는 서구 사회가 급속히 확장되기 시작한 시기와 일치했다. 그 수도회의 독점이 무너진 것은 서구 사회의 급속한 확장으로 인해 삶과 기회가 다양해지면서 생긴 불가피한 결과였다. 수백 년만에 처음으로 한 지역에 서로 다른 여러 가지 조직 생활이 공존할 수 있는 여지가 생겼다. 그것은 다른 모든 분야에서와 마찬가지로 종교 분야에서도 그랬다. 그 증거는 1075-1125년의 반세기 동안 생긴 새로운 수도회들에서 볼 수 있다. 신설 수도회들 가운데 가장 큰 성공

---

33) 다음 책에 실린 그의 생애 기사를 참조하라: *Archeologia Aeliana*, 1918, 3rd series, vol. xv.

을 거둔 두 수도회는 각각 베네딕투스회 전승의 두 가지 서로 다른 측면을 강조했다. 그 두 수도회란 아우구스티누스 참사(參事) 수도회(Augustine canons)와 시토회(Cistercian)였다. 사회적 의미에서 이 수도회들은 베네딕투스회의 좌익과 우익에 해당했으며, 이들이 성공을 거둘 수 있었던 비결은 서로 상반된 방향에서 확장되어 가던 사회에 적응하면서 발전한 데 있었다.

### 아우구스티누스 참사 수도회

아우구스티누스 참사 수도회는 한 가지 면에서 시토회보다 베네딕투스회의 수도원주의에 더 큰 도전을 던졌다. 시토회 수사들은 비록 기존의 수도회칙을 추종하는 수사들을 퇴보자들로 몰아세우긴 했지만 결국 그들 자신이 베네딕투스회 수사들이었다. 하지만 아우구스티누스회 수사들은 과거와 정식으로 결별했다. 그들의 수호성인은 성 베네딕투스도, 그 어느 전통적인 수도원 지도자도 아니었다. 아우구스티누스(어거스틴)는 서방 신학에서 가장 위대한 이름이었고, 스콜라주의 시대에 논쟁이 가열될 때 중심을 차지한 이름이었지만, 과거에는 그를 수도원 지도자로 평가한 적이 없었다. 아우구스티누스는 성 베네딕투스보다 먼저 그리고 더 깊은 차원에서 신앙을 궁구했고, 중세 초보다 훨씬 더 세련된 환경에서 활동했다. 시토회 수사들은 베네딕투스의 추종자들이 그의 수도회칙을 버렸다고 주장하면서 초창기의 수도회칙을 그대로 되살리려고 노력했지만, 아우구스티누스회 수사들은 그 수도회칙 너머에 있는 어떤 것, 심지어 조직된 교회 너머에 있는 어떤 것, 즉 성경으로 돌아가는 어떤 것을 되살리려고 노력했다.

### 초기의 자극

아우구스티누스회 수사들은 처음에는 자기들이 추구하는 내용을 명쾌하게 파악하지 못했지만, 성 아우구스티누스의 편지에서 자기들을 한 동아리로 연합시킬 수 있는 삶의 틀을 발견했다. 그것은 일상 생활에서 만나는 문제들에 관해 몇몇 여자 신도들에게 신앙 지도를 해준 편지였다. 그의 지도는 합리적인 것이었지만, (성 베네딕투스의 수도회칙과 비교할 때) 집단을 크게 강조했다. 모든 것을 공유하고, 정해진 시간에 함께 기도하고, 모두 똑같은 옷을 입고, 상급자에게 복종하라는 것이었다.[34] 그의 지도가 '수도회칙'으로서 지닌 아름다움은 상상력에 많은 여지를 남겨 놓고, 그로써 그것을 채택한 공동체들이 다양한 방식으로 발전시킬 수 있도록 배려한 데에 있다. 11세기 중반까지 그 누구도 그것을 진정한 의미의 '수도회칙'으로 생각한 사람은 없었을 것이다. 하지만 그 융통성 때문에 정규 수도원의 주변에서 활동하던 성직자들과 평신도들의 많은 집단이 그것을 수도회칙으로 채택했다. 그것은 가지각색의 은사를 지닌 사람들에게 하나의 생활 형태를 주었다.

이런 비공식적인 집단이 우후죽순처럼 생긴 것은 서구 사회가 확장하면서 처음으로 드러낸 징후의 하나였으며, 12세기 초에 이르면 성 아우구스티누스의 이 새로운 추종자들 사이에서 두 가지 큰 경향이 나타나 있었다. 한편으로는 금욕과 침묵과 노동과 찬송의 규율들을 고수하는 '엄격한' 학파가 있었고, 다른 한편으로는 육식을 허용하고, 노동의 필요성을 부인하고, 모든 것을 공유해야 한다는 요건을 크게 강조한 '관대한' 학파가 있었다.[35] '엄격한' 학파를 대표한 곳은 프레몽트레 수도원과 거기에 딸린 수도원들이었고, '관대한' 학파를 대표한 곳은 아비뇽 근처의 생 뤼 수도원과 거기에 딸린 수도원들이었다. 하지만 이 수도원들은 고만고만한 별들이 모인 하늘에 자리잡은 큰 성운일 뿐이었다. 1075-1125년의 반세기 동안 성 아우구스티누스의 수도회칙을 따르는 신설 수도원들이 서유럽 전역에서 등장했고 — 이들의 초기 역사에 관한 자료가 미흡하기 때문에 정확한

---

34) Ep. 211 (*P.L.* 33, 958-68).
35) 수도회칙의 기초가 된 성 아우구스티누스의 편지가 다양하게 각색된 내용에 관해서는 다음을 참조하라: D. de Bruyne, *Revue Bénédictine*, 1930, xlii, 316-30; C. Dereine, 'Enquête sur la règle de S. Augustin', *Scriptorium*, 1948, ii, 28-36; and 'Les coutumiers de S. Quentin de Beauvais et de Springiersbach', *Rev. d'hist. eccl.*, 1948, xliii, 411-12.

숫자는 산출할 수 없다 — 이 수도원들은 온갖 종류의 관습을 혼합해서 가지고 있었다. 이들 대부분은 처음에는 규모가 작고 눈에도 잘 띄지 않았으며, 그 자발성과 다양성과 자유스러움이 기존의 수도원들이 지니고 있던 안정성과 크게 대조를 이루었다.

그들의 초기 역사에 대한 정보가 부족하다는 것 자체가 여러 가지를 말해 주는 의미심장한 사실이다. 베네딕투스회 수도원들은 실질적인 기부가 없으면 존재할 수가 없었고, 그들의 초창기 역사는 교황의 설립 허가서와 설립 조례들을 살펴보면 다 알 수 있었다. 하지만 아우구스티누스 참사 수도회의 초창기 수도원들은 공식적인 설립 행위 없이 생겼다. 초창기에 그들의 설립 목적과 수도회칙은 심지어 다음 세대 사람들에게까지 잊혀지기가 일쑤였다. 우리에게는 그들의 초기 역사가 아주 캄캄한 그늘에 가려져 있지만, 그럴지라도 가끔씩 빛을 비춰주는 것들이 있다.

성 아우구스티누스의 수도회칙을 가지고 생활한 개척 수도원의 모습을 적나라하게 보여주는 사례는 프랑스 남부 아비뇽 근처에서 발견할 수 있다. 이곳에 세워진 생 뤼의 아우구스티누스회 대수도원은 11세기 말경에 큰 명성을 얻게 되었다. 그 초창기 역사는 베일에 가려져 있지만, 여러 초창기 아우구스티누스회 수도원들과는 달리, 이 대수도원은 일종의 설립 허가서를 갖고 있었다. 이 문서에 따르면 1039년에 아비뇽의 주교가 네 명의 성직자들에게 근교에 있는 교회를 주면서 "그곳에서 종교적인 방식으로(religiose) 살 수 있도록 해주었다"고 한다. 그런 다음 그 교회에 딸린 재산인 십일조세들, 예물들, 포도원들, 숲들, 그리고 작은 토지들을 상세하게 적는다.[36] 불행하게도 설립 목적에 관해서는 한 마디도 하지 않는다. 그것이 버려진 교회를 되살려 교구 사역에 쓰기 위한 구호 활동이었을까? 그 네 명의 성직자는 구제나 목회적 목표를 갖고 있었을까, 아니면 함께 묵상과 수행(修行)에 힘쓰면서 살고 싶었던 것일까?

우리로서는 알 길이 없다. 분명한 것은 그로부터 60년 뒤에 교황 우르바

---

36) U. Chevalier, *Codex Diplomaticus Ordinis S. Rufi Valentiae*, 1891, pp. 1-3.

누스 2세(Urban II)를 비롯한 여러 사람이 그 동안 발생한 일에 관한 개괄적인 이론을 제기하기에 이르렀다는 점이다. 우르바누스의 발언은 수도회 설립 허가의 전문(前文)에 지나지 않지만, 그의 발언은 아우구스티누스회의 운동을 교회의 보편 역사의 물줄기에 자리잡게 했다.

우르바누스는 초대 교회가 두 가지 형태로, 즉 수도원 형태와 참사회(參事會) 형태로 신앙 생활을 했다고 말했다. 수도원 형태로는 지상의 소유를 포기하고 묵상에 전념하며 살았고, 참사회 형태로는 지상의 소유를 활용하고, 참회의 눈물과 구제로 세상에서 완전히 떼어버릴 수 없는 일상의 죄를 속했다고 했다. 그러므로 교회에서 수사들은 마리아의 역할을 맡고, 참사회원들은 마르다의 역할을 맡았다고 했다. 굳이 차서를 매긴다면 참사회원들의 역할이 낮았지만, 필요성 면에서는 수사들의 역할에 못지 않았다고 했다. 그럼에도 불구하고 세월이 흐르면서 수도원 생활은 번성했으나, 참사회 생활은 거의 사라졌다가 생 뤼의 참사회원들에 의해 되살아났다고 했다. 그러므로 우르바누스의 시각에서는 참사회원들이 오랜 세월 방치되었던 교회의 원초적인 전승, 즉 실질적인 봉사를 주 업무로 삼는 전승을 되살려 놓았고, 앞선 여러 세기 동안 베네딕투스회 수도원주의가 압도적인 성공을 거두면서 무너졌던 균형을 되살려 놓았다고 했다.[37]

이 진술은 그 자신이 베네딕투스회 수사였던 교황에게서 나온 것인지라 대단히 의미심장하다. 이 진술은 아우구스티누스회의 운동을 제대로 바라볼 수 있게 해준다. 만약 우르바누스가 옳다면 성 아우구스티누스의 추종자들과 성 베네딕투스의 추종자들 간의 근본적인 차이는 새로운 참사회원들이 다소 비천한 방식으로 세상의 폐허를 복구하려고 힘쓴 정도에 있었다. 베네딕투스회 수사들도 농촌 전지역에 확고한 질서를 구축한 것이 사실이지만, 그들이 주로 힘쓴 분야는 가변적인 세상에서 초자연적 질서를 닮는 일이었다. 이와 대조적으로 참사회원들은 이미 틀이 잡힌 세상에서 산산이 부서져 있던 조각들을 주워 모았다. 무너진 채 방치된 교회당들을

---

37) ibid., pp. 8-9.

개축했다. 기능을 상실했거나 변변치 않은 수도회들에 신앙 생활을 되살렸다. 뿔뿔이 분산된 신앙인들에게 하나의 삶의 틀을 제공했다. 엉뚱한 데 쓰이던 교회의 막대한 십일조 수입을 모아 빈민과 병자와 불구자를 구제하고, 가난한 수도원에 기부하는 등 신앙적인 목적에 사용했다. 이런 식으로 기성 교회의 전통에 새로운 전환점을 제시했는데, 12세기에 아우구스티누스회가 배출한 많은 수의 교황들과 주교들과 교사들이 그 수도회가 실질적인 사역에서 성공을 거두었음을 입증했다.

**기부자들이 제공한 추진력**

이렇게 11세기에 새로운 신앙 생활 방식을 모색하던 두 세대에 걸친 초창기 아우구스티누스회 수사들의 두서없는 노력이 우르바누스 2세가 약술한 그런 방향으로 점차 모아진 다음에는, 곧 이어 두번째 추진력이 형성되었다. 이것은 아우구스티누스 참사회의 공동체들에서 자기들의 능력으로 세울 수 있는 새로운 종교 재단, 자기들이 이해할 수 있는 새로운 종교적 이상을 발견한 기부자들이 제공한 추진력이었다. 11세기의 사회적 격변을 거치면서 여러 신설 수도원들이 재산은 변변치 않았으나 대지주들의 지원에 힘입어 봉건 체제에서 확고한 지위에 오르게 되었다. 그들은 선배들과 마찬가지로 안정성의 상징을 원했다. 그 상징이란 자신들이 설립자와 후원자로서 존경을 받고 죽을 때도 자기 수사들에 의해 명예롭게 묻힐 수 있는 수도원이었다.

이런 모습을 잘 엿볼 수 있는 사람이 있었는데, 그는 1129년에 옥스퍼드 주지사였던 로버트 도일리(Robert d'Oilly)였다. 그는 옥스퍼드 지역에 여기저기 흩어져 있던 자신의 사유지들에서 연간 약 100파운드라는 평범한 수입을 얻던 고위 관리였다. 그의 가문은 두 세대 전에 영국에 정착했었고, 따라서 이제는 수도원을 설립하여 가문의 지위를 확고히 다질 만한 때였다. 로버트 도일리는 거금을 기부할 능력이 없었지만, 아주 작은 사유지 한 곳(연간 4파운드의 수입이 생기는)을 양도하고, 거기에 옥스퍼드에 있는 자기 가문의 재산(연간 1파운드의 수입이 생기는)과 작은 농경지 몇 곳, 그리고 (가장 중요한 것으로서) 자기 사유지들에 있는 여섯 개의 교회와 자신이 소유한 제분소들의 십일조세를 얹어줌으로써, 작은 규모의 아우구스티누스 수도원을 지원하는 데 드는 연간 20파운드에 달하는 수입을 그럭저럭 확보했다. 그리고서 자신의 성에서 그리 멀지 않은 곳인 옥스퍼드 근교에 위치한 오세니에 수도원을 설립했다.[38] 이 수도원이 거둬들인 수입의 큰 부분은 몇 차례에 걸친 검열 끝에 평신도가 차지할 수 없는 재산으로 판명된 교회들로부터 나왔다. 이렇게 해서 도일리 가문이 입은 손실은 그 가문이 수도원에 기부한 총액보다 크지 않았다. 경쟁 시대에 이것은 중요히 고려해 볼만한 일이었다.

　이런 노력으로 작은 수도원이 설립되었다. 만약 클뤼니(Cluny)가 강조한 대로 성 베네딕투스의 수도회칙을 육중하고 방대하게 지키는 수도원을 세우려고 했다면 그 정도의 기부금 가지고는 어림도 없었을 것이다. 하지만 성 아우구스티누스의 새로운 '수도회칙'은 검소하면서도 모범적인 생활을 해나갈 수 있는 기반을 마련해 주었다. 아우구스티누스회 참사회원 한 사람이 생활하는 데 연간 3파운드 정도면 충분하다고 평가된 데 반해, 베네딕투스회 수사였다면 그 액수의 세 배를 들여도 모자랐을 것이다. 적은 액수일지라도 효과적으로 쓰이기를 바라던 기부자들에게는 이런 상황이 틀림없이 큰 자극을 주었을 것이고, 실제로 옥스퍼드의 많은 하급 귀족들과 시민들이 저마다 소액의 기부금을 그 신설 수도원에 냈다. 1150년에 이르면 오세니 대수도원이 옥스퍼드 주와 인근의 여러 군(郡)들의 120개 지역에 작은 토지들과 교회들을 소유하고 있었다. 백년 뒤에는 한때 번성한 도시 변두리에 보잘것 없는 규모로 세워졌던 이 수도원이 기금을 적립하고 투자함으로써 대규모의 금융 사업을 벌일 수 있었다. 그보다 더 큰

---

[38] 오세니 대수도원의 재산에 관해서는 다음을 참조하라: *Cartulary of Oseney Abbey*, ed. H. E. Salter, 1929, vol. i (Oxford Historical Society, vol. 89). 그리고 1086년 당시에 옥스퍼드셔의 도일리 가문의 재산에 관해서는 *Domesday Book*(f. 158)을 참조하라.

제6장 수도회들  *265*

    수도원들이 쇠퇴하는 동안에도, 이 수도원은 꾸준히 경제 발전의 혜택을 누렸다. 종교개혁 시대에는 연간 수입이 654파운드에 달하고 참사회원 수도 21명에 이르는 등 부유하고 넉넉한 수도원이 되어 있었다.[39]

    유럽 전역의 많은 지역에서도 같은 이야기가 약간씩 차이를 가지며 반복되었다. 케임브리지에는 피코트(Picot)라는 주지사가 있었는데, 지위가 옥스퍼드의 로버트 도일리와 아주 비슷했다. 노르만족의 정복으로 유서 깊은 엘리 대수도원에 딸린 자유 소작농들의 토지가 몰수된 뒤, 피코트는 스스로의 노력으로 상당한 규모의 토지를 확보했으며, 1092년에 아내가 병에 걸렸을 때 성 자일스(St. Giles)를 기리는 교회를 건축하겠다고 서약했다. 이 기부는 교회들과 십일조 수입들로만 이루어졌으며, 처음에 세워진 수도원은 대단히 작았다.[40] 하지만 이곳에서도 이 검소한 수도원에 수많은 소액 연보와 기부금이 답지했다.

    1275년에 그 수도원의 수입은 233파운드로 (아마 낮게) 산정되었는데, 이 금액으로 서른 명의 참사회원들을 부양했다. 이들이 성공을 거둔 비결은 검소한 지출, 번성한 도시에 인접했다는 점, 그리고 옛 봉건 사회 부자들의 표준에 못 미치던 기부자들을 위해 그들이 수행해준 사역들 덕분이었다. 이 참사회원들은 소박한 수도회칙에 따라 살면서, 평범한 재산을 소유하고 평범한 필요를 느끼던 사람들을 위해 적당한 봉사를 해주었다:

> 참사수도회의 수도회칙은 성 아우구스티누스의 규율이다. 그는 형제들과 함께 공동 생활을 하면서 형제들의 연약함을 감안하여 자신의 엄격한 규율을 완화했다. 친절한 스승답게, 그는 제자들을 쇠막대기로 몰고 가지 않고, 성결의 아름다움을 사랑하는 사람들을 온건한 규율 아래 구원의 문으로 초대했다.[41]

---

39) *V.C.H., Oxfordshire*, ii, 90-93.
40) 이 수도원의 설립 초기 역사에 관해서는 다음을 참조하라: *Liber Memorandorum Ecclesie de Bernewelle*, ed. J. W. Clark, 1907, pp. 38-46.
41) *The Observances in Use at the Augustinian Priory at Barnwell, Cambridgeshire*, ed. J. W. Clark, 1897, p. 34.

이것은 케임브리지의 어느 참사회원이 남긴 말이다. 이 지역과 다른 지역에서 참사수도회는 베네딕투스회의 성장이 거의 멈췄던 1150년 이후 반세기 동안 절정에 달했던 성장의 시기에 큰 성장을 기록했다. 아우구스티누스회 참사회원들의 수는 흑사병이 번질 때까지 이렇다 할 감소를 보이지 않았고, 흑사병이 물러간 뒤에도 아주 빠른 회복세를 보였다. 나중에 논의할 한 가지 예외 경우를 제외하면, 성 아우구스티누스의 추종자들은 역사의 큰 운동들 바깥에 서 있었기 때문에 대 격변을 겪지 않고서 살았다. 그들은 경쟁 수도회들의 부침(浮沈)을 지켜보았다. 심지어 탁발수사들이 케임브리지 시민들에게 큰 인기를 얻을 때도, 참사회는 자신들의 합법적인 주변 혜택을 박탈당한 사람들이 온건하게 항의하는 것으로 그쳤다:

> [그들은 이렇게 말했다] 탁발수사들은 달콤한 말로 부자 시민들의 장례와 유증과 구호금을 확보했다. 그들이 오기 전에 그것은 우리 수도회에게 돌아올 몫이었다.[42]

이것은 당시에 누구나 다 이해할 수 있는 말이었고, 크게 비난받을 여지도 없었다. 그들은 그런 식으로 불화를 일으키지 않고서 지냈다.

### 사회 환경

아우구스티누스 참사회는 전반적으로 위대한 면모가 하나도 없었다. 큰 부자도 아니었고, 학식이 높지도 않았고, 경건이 아주 깊지도 않았고, 사회적 영향력이 크지도 않았다. 하지만 엄연한 사회적 존재로서 그들은 대단히 중요했다. 그들은 중세 종교 단체들의 유기적 관계에 나 있던 큰 간격을 메워주었다. 옥스퍼드의 돌 성벽에 집요하게 붙어 자라는 금물초처럼, 혹은 영국 도시들에서 사는 참새들처럼, 그들은 준수한 종자들이 아니었다. 그들은 사람들이 사는 곳에 가까이 자리잡으면 그만이었고, 사람들과

---

42) *Liber Memorandorum*, p. 70.

접촉하는 데 힘쓰느라 정교한 유기적 조직이 어울리지 않았다. 그들은 자기들이 자리잡은 지역뿐 아니라 인근 도시나 성 사람들에게도 열심히 찾아갔다. 도시의 유복한 사람들에게는 좋은 묘지를 제공했고, 죽은 자들에게는 추모 행사와 미사를 제공했으며, 산 사람들에게는 학교들과 수도원장급의 고해신부들을 제공했다. 성주(城主)들에게는 예배당과 하급 성직자들을 관리할 인원들을 제공했다. 그들은 어느 분야에서든 유용했다. 적은 비용으로 살아가면서도 사역의 범위를 힘있게 확장해 갔다. 그러다 보니 소액으로나마 그들의 사역에 동참하고자 하는 사람들이 늘어났다. 그리고 그 대가로 그들은 여러 가지 소소한 필요를 충족 받았다. 참사수도회는 평범한 지주에게 그를 후원자로 받아들이는 수도회를 제공했다. 소액 기부자들에게는 묘지와 그의 영혼을 위한 미사를 제공했다. 소규모 학교들을 많이 운영했고, 병자들과 노인들과 임산부들과 시각 장애자들과 나환자들을 위한 병원과 요양소를 많이 운용했다. 갈수록 바빠지고 실용적인 것을 추구하던 사회에서 참사수도원들은 베네딕투스회 수도원들보다 많은 유익을 끼치는 것으로 비쳤다. 교황 파스칼리스 2세(Paschal II)가 전임 교황 우르바누스 2세의 사상 노선을 이어받아 1116년에 콜체스터 세인트 보톨프의 참사회원들에게 보낸 편지에서 그런 평가가 언뜻 비친다:

> 하나님의 말씀을 전파하고, 전도하고, 세례를 주고, 참회자들에게 화목을 베푸는 사역은 항상 여러분 수도회의 기능이었습니다.[43]

검소와 봉사가 이 급속한 성장기에 실제적인 사람들의 마음을 사로잡은 두 가지 특성이었는데, 아우구스티누스회 참사회원들은 그 두 가지를 다 약속했다:

> 그들의 수사복은 화려하지도 않고 누추하지도 않아서, 교만과 거룩한 태를 면

---

43) W. Dugdale, *Monasticon Anglicanum*, 1830, vi, 106-7.

하게 해주었다. 그들은 아주 다양한 설비를 필요로 하지 않았고, 약간의 비용만 있으면 그만이었다.[44]

또 한 가지를 소개하자면 이와 같다:

> 수사들은 자기 자신의 영혼을 위해서만 해명하지만, 참사회원들은 다른 사람들의 영혼들을 위해서도 해명한다.[45]

만약 성 아우구스티누스의 수도회칙대로 산 공동체들을 좀 광범위한 시각에서 바라본다면, 중세의 수도회칙들을 통틀어 그 수도회칙만큼 많은 열매를 맺은 것이 없었다. 13세기에 이 수도회칙을 지침으로 인정한 공동체들의 수는 확실하게 추산할 수는 없지만, 수천 개는 족히 넘었다. 그중 가장 잘 알려지지 않았고 가장 단명한 한 부류의 수도회만 소개하자면 그것은 삼위일체회(the Trinitarians)였다. 전하는 바로는 1240년에 프랑스와 롬바르디아와 스페인에 아우구스티누스회의 이 계열 수도회에 600개의 수도원이 있었다고 한다.[46] 이 수도원들은 각각 세 명의 성직자, 세 명의 평신도, 한 명의 수도원장으로 구성된 작은 공동체였다. 이들의 목적은 빈민을 구제하고 이슬람 교도들에게 포로로 잡혀간 사람들을 값을 내고 찾아오는 것이었다. 이 수도원들의 대다수는 십자군 운동이 소멸할 무렵에 자취를 감추었지만, 그들의 존재는 유연성 있었던 아우구스티누스회 수도회칙이 남긴 또 다른 공로를 예증한다. 그 공로란 그다지 자주 평가를 받지 못하는 것으로서, 다음과 같은 두 가지였다. 첫째는 소규모 공동체들이 열정이 식을 때 소멸할 수 있었다는 것이고, 둘째는 참된 경건은 죽어버리

---

44) 광범위하게 표현된 견해를 간추린 이 문장은 W. Dugdale(op. cit. vi, 128-34)에 실린 랜서니 대수도원의 설립 기사에서 인용한 것이다. 참조. Giraldus Cambrensis, *Opera Omnia, R.S.*, iv, 24, 244; vi, 39.

45) R. Foreville and J. Leclercq, 'Un débat sur le sacerdoce des moines au XII[e] siècle', *Studia Anselmiana*, xli, 1957, 117-18.

46) *Chron. Alberici Monachi Trium Fontium, M.G.H. Scriptores*, xxiii, 875.

고 엄청난 토지 재산만 남는 문제를 교회에 남기지 않았다는 것이다.

아우구스티누스회 수도회칙이 작성된 목적과, 교황 우르바누스 2세와 파스칼리스 2세가 그것을 격찬한 이유는 아우구스티누스회의 본 집단보다 거기서 파생된 수도회들이 더 훌륭하게 나타냈다. 본 집단은 유럽 도처에 흩어져 존재하던 조용한 수도원들로 구성된 채, 지역 사회에 멀리 널리 빛을 비추었으나 그 빛은 어둠침침했다. 우르바누스 2세가 참사수도회의 위대한 사역으로 지목한, 세상에서 소외된 사람들을 보살피는 사역과, 파스칼리스 2세가 콜체스터 참사회를 칭찬한 전도와 화목 사역을 발전시키는 사역은 파생된 수도원들의 몫으로 남겨졌다.

이 파생 수도회들 가운데 성 도미니쿠스(St. Dominic)가 설립한 조직이 마침내 과거의 한계를 뚫고 나온 뒤, 성 아우구스티누스의 수도회칙을 따르던 허다한 사람들을 끈질기게 비켜간 보편적 성격과 독특성을 성취했다. 그러나 도미니쿠스회로 눈을 돌리기 전에 12세기 초에 전통적인 베네딕투스회의 독점 체제를 무너뜨린 다른 대형 수도회에 관해서 말하고 넘어가야 한다. 그것은 다름 아닌 시토회였다.

### 시토회

시토회(the Cistercian Order)는 아우구스티누스 참사수도회보다 불과 몇 년 앞서 탄생했으며, 이 두 수도회는 거의 같은 시기에 전성기를 맞이했다. 그럼에도 불구하고 두 수도회는 서로 판이한 필요들을 충족시켰다. 이렇게 서로 다른 두 수도회가 동시에 큰 성장을 기록할 수 있는 여지를 발견한 것은 12세기 유럽 사회가 다양한 분야에서 성장했다는 증거이다.

두 수도회가 배경으로 깔고 있던 사상은 사뭇 달랐다. 그들이 끌어다 쓴 재원만큼 서로 다른 것도 없었다. 아울러 현세를 대하는 태도도 완전히 딴판이었다. 아우구스티누스 참사수도회가 다양한 방식으로 주변 사회를 섬기는 데 목표를 두었다면, 시토회는 사회로부터 도피했다. 참사회가 주변 사회와 일체가 되었다면, 시토회는 주변 사회를 지배했다. 참사회가 소박한 요구와 온건한 규율로 진보를 이룩했다면, 시토회는 바깥 세상을 대할 때 퉁명스럽고 공세적인 태도를 취했으며, 엄격하고 단순한 내부 규율을 특히 선호했다. 참사회가 성이나 도시 혹은 양자의 이웃들에 대해 최선을 다했다면, 시토회는 변경 지대 정착지들에서 가장 번성했다. 참사회가 허세를 부리기에 너무 가난했기 때문에 정교한 건축과 장식을 삼갔다면, 시토회는 자진하여 이런 것들을 포기하고서 단순성을 존재 원칙으로 삼았다. 시토회 수사들은 스스로를 베네딕투스 수도회칙의 진정한 추종자로 생각했고, 그 수도회칙의 이름으로 베네딕투스회의 전통과 관습을 배척했다. 반면에, 아우구스티누스회 참사회원들은 성 베네딕투스의 수도회칙에 대한 대안을 만들긴 했지만, 베네딕투스회의 관습을 배척하지 않았고, 그것을 먼 거리에서 따르는 것으로 만족했다.

 그럴지라도 이 두 신설 수도회들은 당대에 두드러졌던 한 가지 특성을 공유했다. 과거 역사에서 자기들의 행위의 정당성을 찾으려 했던 것이다. 이 점에서는 참사회가 시토회보다 한 발 더 깊숙이 들어갔다. 성 아우구스티누스는 베네딕투스보다 더 큰 권위와 연륜을 추종자들의 삶에 끼쳤고, 그 추종자들은 자기들의 훈련 원칙이 성 아우구스티누스의 권위와 연륜보다 더 높고 클 것을 요구했다. 그들은 자기들의 생활 방식이 기독교 공동체의 초창기에서 유래했다고 말했다. 즉, 그 생활 방식이 사도행전 4장에 기록되었고, 2세기에 교황 우르바누스 1세에게 재가를 받았다고 했다. 기술적인 면에서 시토회는 이 정도까지 주장하지 않았다. 그들은 성 베네딕투스의 수도회칙을 원래의 단순한 형태로 복원하기를 바랐을 뿐이다. 하지만 그들은 이 수도회칙이 그리스도의 순전한 복음 이외의 다른 것이 아니라고 주장했다:

> 성 베네딕투스가 정한 것은 무엇이든 성령의 섭리로 성립된 것이며, 따라서 그것보다 더 적합하고 더 거룩하고 더 복된 것을 상상할 수가 없다. 실로 성 베네딕투스의 수도회칙은 모든 복음의 해설이다. 풍유적인 의미로 그렇다는 게 아니라, 단순한 경험과 가시적인 행위의 관점에서 그렇다는 것이다.[47]

이 공통된 토대에서 두 수도회가 저마다 복음적 진리를 주장하는 경쟁자로 만났다. 시토회는 자신들의 방식이 '모든 복음'이라고 주장했고, 참사회는 초대 사도적 교회라고 주장했다. 이 두 개의 원초적 이상들간의 차이가 그다지 크게 보이지 않을는지 모르나, 사실은 둘 사이에 근본적인 차이가 있었으며, 중세 말의 신앙관에서 이것이 아주 큰 특징이 되었다. '모든 복음'은 가난하고 아주 단순한 삶으로써(pauperes pauperum Christum sequentes) 그리스도를 따르는 것을 뜻했다. 이것은 아직까지는 후대에 알려진 '그리스도를 본받음'과는 거리가 멀었고, 다만 그 방향으로 가는 단계였다. '사도적 생활'을 강조한 것은 경우가 달랐다. 그것은 세상 안에서의 활동을 뜻했으며, 전도와 교육과 개종시키는 일과 치유와 봉사 활동에 필요한 것은 무엇이든지 받아들였다.

물론 그 두 가지 요소는 완전히 분리된 적이 없었다. 모든 신설 수도회와 기독교적 삶을 위한 모든 계획에 두 가지 요소가 어느 정도는 다 담겼다. 하지만 모든 새로운 계획은 이쪽 방향이나 저쪽 방향을 취하는, 그리고 복음적 모방이나 사도적 유용성 중 어느 한 쪽을 취하는 경향을 띠었다. 시토회는 성 베네딕투스의 수도회칙을 통한 그리스도를 닮는 일을 강조했고, 이 점에서 프란체스코회(the Franciscans)가 그들의 영적 후계자들이었다. 아우구스티누스회는 사도적 생활을 강조했고, 도미니쿠스회가 그들의 후계자였다. 이런 후기의 발전은 이 장의 다음 부분에서 다룰 것이다. 지금은 그것보다 먼저 다룰 문제가 있다.

첫번째 문제는 이것이다. 즉, 시토회의 이상은 완전한 자기 부인, 가난, 단순성, 은둔, 순결, 정교한 영적 생활을 요구했다. 그러나 시토회의 역사적 역할과 객관적 관찰자들에게 얻은 평판은 공세적이고 우월감이 넘치고 군사적(혹은 적어도 호전적)이고, 관리 능력이 탁월하고, 탐욕스러웠다는 것이다. 이 차이를 어떻게 설명할 것인가?

---

47) *Memorials of Fountains Abbey*, ed. J. R. Walbran (*Surtees Soc. 42*), 1863, i, 15.

이 차이는 어느 정도는 물론 관찰자들 측의 악의와 시토회 측의 인간적 연약성으로 설명할 수 있다. 어느 집단이든 통일된 복장과 관습을 유지하고, 자기만의 독특한 의를 강조하고, 남들의 비판에 아랑곳하지 않으면 교만하다는 비판과 자기들 자신이 단죄하는 그런 결점들을 갖고 있다는 비판을 당연히 예상해야 한다. 그리고 그런 비판이 일리가 있는 경우가 적지 않다. 하지만 시토회의 경우에는 그런 정도로 설명이 되지 않는 면이 있었다. 시토회가 확장된 데에는 그 수도회의 이상에서 나왔다고 볼 수도 없고, 인간적 연약성으로 인해 이상이 변질된 데서 나왔다고 볼 수도 없는 추진력이 있었다. 베네딕투스회에 안주하던 현실에 반기를 든 최초의 시토회 수사들은 자기들을 세상에서 큰 성공을 거둘 가망성이 없는 소수의 엘리트들로 보았다. 그럼에도 불구하고 그들의 입에서 그 말이 나오기도 전에 그들은 막대한 성공을 거두었다. 개연성의 법칙이란 법칙이 모두 깨진 것만 같았다. 오늘날 아주 개괄적으로만 기록할 수 있는 아우구스티누스 참사수도회의 성장과 달리, 시토회의 성장은 뒤의 도표에서 볼 수 있듯이 아주 구체적으로 표시할 수 있었다.

시토회가 설립된 뒤 처음 20년 동안 수도원 수가 1개에서 7개로 늘었던 그들의 역사를 객관적으로 지켜본 사람으로서, 50년도 못 되어 전체 수도원 수가 300개가 넘을 만큼 급속히 성장하리라고 예측할 수 있었던 사람은 없었다. 어떤 면으로 보든 큰 성장을 기대할 수가 없었다. 첫째로, 시토회 수도원이 서려면 많은 토지가 필요했는데, 토지는 갈수록 귀해졌다. 둘째로, 신설 수도원의 주 수입원은 십일조세와 지대와 부역과 교회들과 제단들에서 나온 수익금이었다. 아우구스티누스 참사수도회는 바로 이 수입원을 가지고 일어섰다. 하지만 시토회는 이 수입원을 아예 무시했다. 그들은 가장 확실한 영농 재산만 받았고, 그것을 완전히 소유하는 조건에서만 받았다. 셋째로, 아우구스티누스 참사수도회가 기부자들에게 수도원 내에서의 고해성사, 미사, 장례로써 보답한 데 힘입어 널리 확산된 데 반해서, 시토회는 기부자들에게 일절 그런 보상을 돌려주지 않았다. 시토회의 법은 수도원들을 가급적 읍들과 도시들과 성들 — 이런 지역들은 참사수도회가 활동 적격지로 판단한 사회적 발전의 진원지들이었다 — 에서 멀리 떨어진 곳에 짓도록 규정했다. 게다가 시토회는 내규가 대단히 엄격하고, 학문을 중시하지 않고, 의식이 간단하고, 성유물을 보관하지 않는 등 모든 점에서 방문자들과 기부자들을 끌어들일 만한 구석이 없는 것처럼 여겨졌다. 시토회는 서방 기독교 세계의 기성 관습과, 그 세계의 가장 최근의 지적 실천적 발전에 역행하는 인상을 주었다.

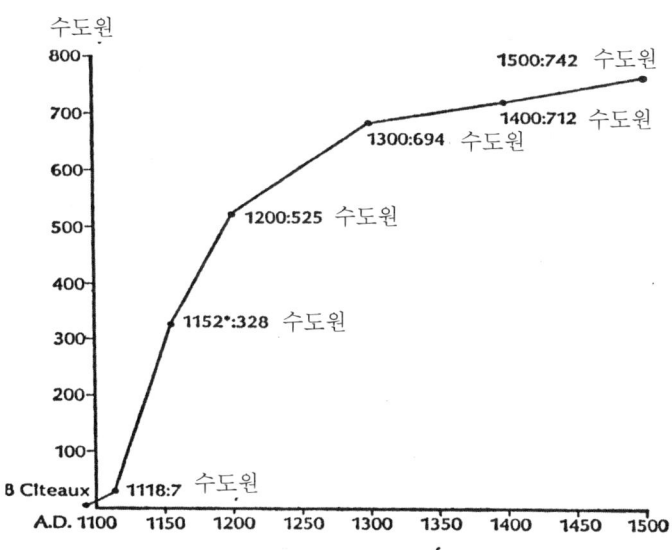

시토회 수사들의 수 대(對) 대수도원의 수 (1098-1500)

\* 1098년에 시토회 총회는 대수도원 신설을 금했으나, 잠시 뜸하다가 1155년과 1156년에 한 곳, 1158년에 다섯 곳, 1159년에 한 곳, 1162년에 열네 곳으로 다시 증가하기 시작하여 그 세기가 끝날 때까지 연간 평균 4.5곳씩 증가했다. 만약 총회의 금령이 없더라면 증가의 폭이 훨씬 더 컸을 것이다. 그 금령으로 인한 잠재적 성장력의 상당 부분이 프레몽트레회(the Premonstratensians)로 옮겨갔다. 프레몽트레회는 (아우구스티누스 참사수도회에 속했음에도 불구하고) 시토회의 전형적인 특징을 많이 채택했다.

그럼에도 불구하고 아무도 모르는 상태에서, 초창기 시토회의 법은 경제적 성공을 기약하는 가장 유망한 노선을 지향하고 있었다. 이 당시에 신설 수도회가 교회당 기부와 십일조세와 지대와 부역을 끌어 모으는 일에서 기존 수도원들이나 아우구스티누스 참사수도회와 경쟁한다는 것은 당치도 않는 일이었다. 이런 기부 자원들이 아직 다 고갈된 것은 아니었지만, 남은 것이 별로 없었다. 시토회 수사들은 이런 세입을 거절함으로써 자기들이 세상을 등진다고 생각했다. 하지만 그들이 등진 것은 세상의 그림자뿐이었다. 그들은 자신들의 원칙 때문에 유럽의 정착지대의 변두리로 가지 않을 수 없었다. 하지만 경제적으로 멀리 내다보는 혜안이 있는 사람이 있었더라도 결국 동일한 방향을 가리켰을 것이다. 확장해 가던 사회에서 그곳은 장래가 놓여 있는 지대였다.

그러므로 모든 예상을 깨고서 시토회는 경제적으로 올바른 방향으로 움직였던 셈이다. 하지만 다른 요인들이 없이 그것만 가지고는 성공을 거두지 못했을 것이다. 이 요인들은 종류가 다양했지만, 크게 구분하자면 한편으로는 수도회의 조직과 종교적 관점이 끼친 결과들이 있었고, 다른 한편으로는 기부자들의 필요와 자원이 있었다.

### 조직

시토회 조직은 중세에 이루어진 계획들 가운데서 손꼽히는 훌륭한 것이었다. 복잡한 권위 체계에 의해 통치되던 세상에서, 시토회는 상명하복의 단일 노선의 권위를 수립했다. 우선 3년마다 모든 대수도원장들이 참석하는 총회라는 최초의 단일 입법 기구가 있었고, 수도회 내의 모든 수도원을 포괄하는 단 하나의 제휴와 방문 체계가 있었고, 관습이 통일되었으며, 세속 권력이든 교회 권력이든 지역 권력으로부터 폭넓은 자유를 누렸다. 시토회는 단번의 조치로 군주라면 누구나 보유하고 싶어하는 그런 조직을 얻었다. 그 조직은 내부 체제가 완벽하고, 완전히 자율적이고, 철저한 내부 감독 기구를 갖추고, 외부의 간섭을 받지 않고, 유럽의 법원들에 쇄도하던 전례(典禮)와 권리들에 관한 분쟁의 요인들로 인해 방해를 받지 않았다.

시토회 체제는 유럽에서 최초의 효율적인 국제적 조직으로서, 심지어 교황청 조직보다 더 효율적이었다. 왜냐하면 목표의 폭이 좁았고 사역 분야도 작았기 때문이었다.

개별 수도원의 경제 활동에도 수도회 전체에서 발견되는 그런 단일 권위 체제가 있었다. 지대와 부역을 포기함으로써, 수도원의 지도를 받는 평신도들이 경작하는 밀집된 사유지들에 집중함으로써, 시토회는 대 사유지 관리자들을 괴롭히던, 복잡하게 뒤얽힌 권리들과 소유권들에 방해를 받지 않았다. 시토회는 상부도 대단히 강했지만, 하부는 그보다 더 강했다.

초창기 시토회의 법은 조직의 일사분란한 힘 말고도, 세상에서 성공을 거두는 데 필요한 두 가지 요소를 갖추고 있었다. 첫째는 군대와 같은 정확성과 엄밀한 현실 판단이 뒷받침해주는 적극성이었다. 수사들은 공동 신앙 생활의 새로운 이상을 위해 싸운다는 명분을 표방한 뒤, 일상 생활의 세세한 과제를 착실히 수행해 나가는 데서 그 명분을 이루려고 했다. 심지어 돼지 떼를 치는 일과에서조차 말이다:

> 돼지우리는 수도원 농장에서 9km 혹은 심지어는 15km나 떨어진 경우가 있었다. 그럴지라도 낮에는 돼지 떼를 풀어놓았다가 밤이 되면 반드시 우리 안에 집어넣어야 했다. 돼지치기들과 양치기들은 매일 양식을 대수도원이나 농장에서 타다가 먹어야 했다.[48]

농장 관리는 성무일과처럼 꼼꼼하게 규정되었다:

> 대수도원장은 식료품 보관인 외에 어떤 사람에게도 농장 경영권을 맡겨서는 안 된다. 식료품 보관인은 농장에서 대수도원장의 권위를 갖는다.[49]

---

48) *Statuta Ordinis Cisterciensis*, ed. J. M. Canivez, 1933, i, 12-32: *statutorum annorum praecedentium prima collectio*, 1134, c. 59.

49) ibid., c. 68.

그리고 동일한 원칙이 수사들과 대수도원장들, 심지어 대단히 명망 높은 인사일지라도 아주 세세한 업무 지침에 따라 행동해야 했다:

> 총회 기간에 시토회의 수도원이나 농장에서 수사 혹은 평수사(conversus)가 발견되면 그를 총회에 출두시켜야 하며, 대수도원장들 앞에서 태형을 가해야 한다. 아무도, 심지어 시토회 대수도원장도 그를 위해 변명할 수가 없다.[50]

성 베네딕투스의 수도회칙 외에는 아무것도 따르지 않는다고 주장한, 그리고 이 수도회칙이 순전한 복음 그 자체라고 주장한 수도회에서 이런 규정이 제정되었다는 것은 참으로 놀라운 일이다. 방금 인용한 몇 가지 내용들은 후대에 시토회 법전에 부가된 것이 아니다. 모두 시토회의 첫 세대에 속한 것이며, 당시 세속 사회의 한 가지 면, 즉 군사적으로 엄격했던 면을 반영한다. 초대의 시토회 수사들은 두 가지 목소리를 자신 있게 냈다. 첫째는 자기들의 출신 배경이었던 군대 귀족들의 목소리로서, 이것은 그들의 입법에서 가장 분명하게 들린다. 둘째 목소리는 그들이 봉쇄구역에서 사용한 것으로서, 상호간의 우정과 자기 반성과 영적인 온유함의 목소리였다.

여기서 우리는 시토회가 지녔던 전형적으로 청교도적인 패러독스를 보게 된다. 그들은 중세사에서 가장 거친 확장이 진행되던 시기에 유력한 지위에 올랐고, 이 확장을 가장 분명하게 선도한 예언자들이었다. "가시적 행동으로 이루어지는 모든 복음의 가시적 해설"이 그 시대의 정신을 그보다 더 깊이 물들일 수가 없었다. 주요 십자군 수도회들이 시토회 수도회칙을 채택한 것은 우연한 일이 아니었다. 그들의 목표와 방법론이 그 만큼 비슷했던 것이다. 시토회 수사들은 본래 식민지 건설 사업에 참여한 변경 지대 조직으로서, 성직자들이기도 했고 군인들이기도 했고 농부들이기도 했다. 식민지 건설 사업들이 어느 지역에서 시작되고 어느 지역에서 끝나는지 시토회 수사들만큼 잘 알고 있는 사람들이 없었다. 그들은 그것을 알 필요

---

50) ibid., c. 76.

가 없었다. 그들 모두가 기독교 세계의 확장을 선도하고 있었기 때문이다. 그들은 중세인들 가운데 모든 사람이 다 수사가 되는 게 유익하다거나, 적어도 수사들의 업무와 보상에 참여하는 평수사들로서 수도원 조직에 어느 정도라도 몸담는 것이 유익하다고 믿은 마지막 세대였다.

여기서 시토회 조직을 움직인 또 다른 원동력을 발견하게 된다. 그것은 평신도 형제들 곧 평수사들(conversi)이었다. 초창기의 수도원들은 수사들의 무거운 일상 업무를 덜어주기 위해 평신도 조력자들을 기용했지만, 이 평신도 조력자들을 자기들의 경제 기반으로 삼고 그들에게 엄격한 생활 규율을 부과한 것은 시토회가 처음이었다.

평수사들은 2급 수사들이었다. 2급 수사들이라고 하는 이유는 그들이 문맹이었고 따라서 수도원의 생활에 일일이 다 참여할 수 없었기 때문이다. 더욱이 수도원 당국은 그들이 문맹자로 남기를 요구하고, 정식 수사가 될 꿈을 품지 못하게 했다. 그럴지라도 그들은 단일화한 수도원 체제를 따랐다는 의미에서 수사들이었다. 그들은 수사들의 밤중 성무일과의 후반부를 듣게끔 울리는 종소리를 듣고서 잠에서 깨어났고, 음식과 의복은 수사들의 것과 비슷했고, 성무일과 시간에는 혹시 교회당에 있지 않을지라도 수사들처럼 대화를 중단하고 기도를 해야 했고, 주일마다 자기들만의 참사회실에서 모임을 가졌으며, 연간 일곱 번 성체를 받아야 했다. 그들은 수사들과 마찬가지로 일년간 수련기간을 거쳐야 했고, 그 기간이 끝날 때는 종신 순종 서약을 해야 했다. 평수사가 대수도원장의 손에 자기 손을 얹고서 그에게 복종하겠다고 약속하는 방식으로 진행된 서약식은 봉건제도와 수도원제도가 기묘하게 혼합된 것이었다. 이 의식은 평수사 지망자가 짊어져야 할 의무들을 강조하되, 그에게 정식 수사의 권리는 주지 않았다. 평수사는 그 의식으로 수도원에 대해 일종의 가신(家臣)이 되는 셈이었다.[51]

독신 생활을 한 이 수도원 가신들은 종교 생활을 위한 수단이 아니었다.

---

51) 평수사의 위상이 가장 잘 묘사된 내용은 다음 책에 실려 있다: E. Hoffmann, *Das Konverseninstitut des Cisterzienserordens* (Freiburger Historische Studien, i),

그들은 수도회 전체의 경제적 조직에 빠져서는 안 될 부분이었다. 시토회는 그들이 있었기 때문에 개간되지 않은 광활한 지역을 조직할 수 있었고, 지대와 부역 같은 손쉬운 방법에 기대지 않을 수 있었고, 고도로 조직된 종교 생활의 이상을 포기하지 않은 채 세상을 등질 수 있었다. 이 평수사들의 수는 수도원마다 달랐지만, 보통은 수사들보다 많았으며, 때로는 서너 배 많았다. 이들에게는 수도원 토지에 관련된 모든 업무가 맡겨졌다. 평수사들을 계속해서 받아들일 수 있고 그 체제가 제대로만 작동하는 한, 시토회는 막대한 경제적 추진력을 얻었다. 평수사는 삯을 지불할 필요도 없고, 부양할 가족도 없고, 퇴직할 수도 없는 훈련된 노동력이었으니, 그들을 특히 잘 조직된 수도원에 집단적으로 투입했을 때 농업 생산성을 극대화할 수 있었다는 것은 당연한 일이었다.

여기서 질문이 생긴다. 왜 그렇게 많은 노동자들이 그렇게 열악한 조건을 무릅쓰고 기꺼이 봉사하려고 했을까? 이 질문에 답하려면 무엇보다도 불만이 고질적으로 누적되었던 점을 눈여겨봐야 한다. 반란에 관한 기록들을 놓고 판단하건대, 1190년까지는 부역의 조건이 그다지 심한 불만을 자아낸 것 같지는 않다. 하지만 그 후부터 13세기가 끝날 때까지 2년에 한 번 꼴로 반란이 일어났다.[52] 그 뒤로는 체제 전체가 못 쓰게 되었다. 그러므로 시토회의 대 확장기는 평수사 체제가 최대한도로 가동되면서 불만은 일으키지 않았던 시기와 일치했던 셈이다.

그 시기는 식민지 개척자들이 서유럽의 미개간 지역과 그 접경 지대로 대규모로 이동해간 때였고, 잉여 노동력이 넘쳐서 많은 수의 사람들이 생존을 위해서 아주 가혹한 체제를 받아들이지 않을 수 없었던 때였다. 시토회는 이런 상황에서 종교적으로 시혜를 베풀었다. 그들은 이 잉여 노동력을 활용하고 조직하는 비결을 갖고 있었고, 게다가 사실상 중세 서방 기독

---

1905. 가입식은 'Usus conversorum'(c.13)에 묘사된다(*Les monuments primitifs de la Règle Cistercienne*, ed. P. Guignard, 1878, p. 285).

52) 참조. J. S. Donnelly, *The Decline of the Cistercian Brotherhood*, 1949, pp. 72-80.

교 세계 역사상 처음으로 문맹자들에게 완전한 구원의 확신을 제공했다.

### 신앙과 자본주의

시토회가 성공을 거둔 원인을 파악하려고 할 때, 그들의 신앙관이 세속적 성공을 진척시키는 과정에서 끼친 부작용도 함께 살펴봐야 한다. 초창기 시토회의 법은 건물과 예배식과 찬송과 사본과 음식과 의복에 일체의 장식을 하지 못하도록 금했다. 이 입법은 물론 순전히 종교적인 고려에 의해 이루어졌지만, 수도회가 경제적으로 확장해 가는 과정에서 예기치 못한 결과가 생겼다. 과거에 베네딕투스회 수도원들은 수입 가운데 활용할 수 있는 한도에서 지출하도록 권장했다. 대수도원장이나 소수도원장이 재직 중에 수도원에 많은 비용이 드는 시설이나 비품을 설치하면 그것은 아주 명예로운 일이었다. 이를테면 탑을 새로 세우거나, 내진(혹은 성단소)을 확장하거나, 상수도 시설을 개선하거나, 아니면 적어도 카페트 몇 장, 그림 몇 점, 성직복 몇 벌, 혹은 십자가상이라도 들여놓으면 훌륭한 업적으로 간주되었다. 수도원에는 재정 부족으로 인해 항상 손으로 직접 해야 할 일이 항상 있었으며, 남들이 어려워서 포기한 일을 완수해 놓은 것만큼 가치 있는 일이 없었다. 이것이 정적인 사회에서 대 지주가 취하는 태도이다. 그가 세상에 대해 짊어진 첫째 의무는 소비하는 것이다. 그리고 그의 가장 큰 자랑은 후하게 소비하는 것이다. 그것이 바로 베네딕투스회 수도원들이 신을 섬기는 고도의 영역에서 떠맡았던 의무였다.

시토회는 이런 관념에 종지부를 찍었다. 교회당과 공공 생활에 치장을 위해 돈을 소비하지 말도록 금한 그들은, 적어도 12세기에는 예기치 않은 잉여금을 처리해야 하는 문제에 자주 부닥쳤다. 그럴 때 그들은 잉여금을 치장에는 지출할 수 없었으므로 어쩔 수 없이 수도원 토지를 개선하고 늘리는 데 지출해야만 했다. 정책상 그렇게 한 게 아니라, 어쩔 수 없는 상황에 떠밀려 그렇게 한 것이다. 그들은 애당초 영농 개선을 선도할 의도가 없었다. 1182년에 총회가 내린 결정을 보면, 대수도원들에 대해서 만약 50마르크 이상의 부채가 있을 경우 아주 시급한 경우가 아니면 토지를 매입하거나 건물을 증축하지 말라고 금지했다.[53] 다소 내키지 않고 모호한 이 금령은 시간을 두고 되풀이되었다. 하지만 제도란 성장할 수 있는 좋은 기회들을 언제까지나 포기할 수만은 없게 마련이다. 시토회의 옛 제도는 본능적 판단에 의해 개선되었고, 개선된 제도가 이미 생활 깊숙이 자리잡고 있었기 때문에 지속되었다.

아마도 이것이 12세기말에 시토회에 대해 탐욕스러운 집단이라는 오명이 널리 확산되게 만든 가장 큰 요인일 것이다. 그들은 많이 받은 자는 많이 지출해야 하되, 명예 외에는 아무 대가도 바라서는 안 된다는, 귀족 사회의 불문율을 어겼다. 이 청교도적인 수사들은 청교도주의로 인한 죄값을 톡톡히 치렀다. 그들은 부(富)가 주는 영광을 버렸기 때문에 부자가 되었고, 지혜롭게 투자했기 때문에 세력을 얻었다. 그들은 영광을 얻으려 힘쓰면서 투자는 변변히 하지 않거나 아예 하지 않은 사람들에 의해서 부유하고 유력하다고 비판을 받았다. 그런 사람들은 다른 사람들의 손실을 딛고 서 일어선 수사들의 종교적 동기를 자연히 불신하게 마련이었다.

### 기부자들

이렇게 성장의 씨앗들이 내재해 있었을지라도, 만약에 그들이 그 씨앗들을 뿌릴 만한 토양을 발견하지 못했다면 제대로 결실을 거두지 못했을 것이다. 만약에 시토회가 초창기에 몰레슴 지방에서 빠져 나와 시토에서 대수도원을 설립한 사람들이나, 요크의 세인트 메리에서 빠져 나와 파운틴에 대수도원을 설립한 사람들처럼 소수의 반체제 인사들의 노력에 의존했다면, 중세 사회에서 결코 그런 위대한 수도회로 성장하지 못했을 것이다. 그 사람들도 다 개척자들이었지만, 크게 성공하려면 정당한 재산권을 가진 대기부자들에게 의존해야 했다. 과거의 베네딕투스회 수도원들은 이미 개척된 농촌 사회에서 안전한 지위를 확보했고, 아우구스티누스 참사회들은 옛

---

53) *Stat. Cist.*, i, 90-91 (1182, c. 9): 금령의 문구는 상당히 모호하며, 1188년에 수도회칙이 증보될 때는 이러한 모호함이 한층 심해진다(ibid., i, 109).

수도원들이 남겨 놓은 공백을 메꾼 상태였다. 시토회는 많은 토지를 필요로 했으나, 다른 수도회가 이미 정착한 곳에서는 토지를 얻으려고 하지 않았다. 그들은 황무지에 가서 토지를 얻으려 했고, 변경 지대 개척자들이 철수하는 곳에서 토지를 얻었다.

이런 변경 지대에는 으레 정착되지 않은 혹은 덜 정착된 방대한 토지를 소유한 지주들이 있었다. 시토회 수사들은 이 사람들에게 자기들을 후원할 경우 엄청난 이익을 안겨줄 수 있는 조직임을 과시했다. 크고 널찍한 수도원들을 지어 종교적 위안을 제공했고, 탁월한 역량을 발휘하여 충성도가 불확실한 광활한 지대를 통치하기 쉬운 행정 지역으로 조직했으며, 유럽의 드넓은 지역에서 혹시 다른 영토를 침공하거나 침공을 받아 전투를 벌여야 할 때 자체의 농부 평수사 체제를 손쉽게 군대 체제로 전환했다.

이런 이유에서 시토회가 가장 괄목할 만한 확장을 기록한 곳은 기독교 세계의 변경 지대였다.[54] 1132-1148년에 카스티야에서 알폰소 7세(Alfonso VII)가 13개의 대형 시토회 수도원을 설립했고, 그의 후계자 알폰소 8세가 1158-1214년에 여섯 개를 더 설립했다. 포르투갈에는 시토회에서 가장 큰 수도원인 알코바사 수도원을 포함하여 13개의 수도원이 있었는데, 모두 왕이 직접 설립했거나 왕실의 후원으로 설립되었다. 아라곤과 헝가리와 폴란드와 스웨덴과 오스트리아와 웨일스와 스코틀랜드 접경에서도 같은 이야기가 반복된다. 보헤미아에서 왕 오토카르 2세(Ottokar II)는 당시에 루이 9세(Louis IX)가 프랑스로 사들여온 가시면류관을 기리기 위해서 시토회 산하의 골든크론 수도원을 설립했다. 그 지역은 보헤

---

54) 시토회의 확장이란 주제를 잘 다룬 책은 *Dictionnaire d'histoire et de géographie ecclésiastiques* (art. 'Cistercians', and under individual houses)이다. 이 항목들에 나오는 몇몇 통계 자료들은 정정이 필요하다: 참조. F. Vongrey and F. Hervay in *Analecta Cisterciensia*, 1966, xxii, 279-90; 1967, xxiii, 115-52; M. Willibrord Tijburg, 'Les Relations de S. Bernard avec l'Espagne', *Collectanea Ord. Cist. Reform.*, 1951, xiii, 273-83; 1953, xv, 174-89. 이 수도회의 공식 조직의 위력을 보여주는 가입 허가서에 관해서는 다음을 참조하라: L. Janauschek, *Origines Cistercienses*, 1877.

미아가 오스트리아와 접경을 마주하여 정치적으로 민감한, 황량하고 빈땅이었는데, 1264년의 특허장에는 메로빙거 왕가 혹은 앵글로색슨 왕가의 기부자가 그 땅을 통째로 수도원에 넘겨준 일이 기록되어 있다. 강들과 산들을 경계선으로 삼은 그 땅은 동에서 서로, 남에서 북으로 각각 48km씩 펼쳐진 광활한 지대였다. 이 땅을 "우리와 우리의 선조들이 행사했던 완전한 자유와 주권을 조금도 삭감함 없이" 차지할 권리를 양도한다고 특허장에 기록되었다.[55] 그것은 결코 적지 않은 신앙의 표현이었지만, 다른 한편으로는 치밀하게 계산된 행위일 수도 있었는데, 이는 수도원에 그 지대를 양도하면 신뢰할 만한 개척자들이 그 지대에 들어와 살게 될 것이기 때문이었다. 그 지대는 정상적인 수순을 밟아 개발되었다. 중세의 수도원 설립 허가서들을 토대로 만든 그 지대의 지도를 보면 수도원이 처음 설립되었을 당시에는 하나도 없던 마을이 얼마 안 가서 일흔 곳이나 들어섰던 것이다.

시토회 수사들이 이런 식으로 설립한 수도원들은 말 그대로 모두 미개척지 수도원들이었다. 하지만 유럽의 개척 지대에도 내부적으로 아직 방치된 지대가 많았는데, 시토회 수사들은 바로 그런 지대로 들어갔다. 프랑스의 많은 지역과 독일과 영국의 더 많은 지역이 여전히 개척의 손길을 기다리고 있었다. 농촌 마을 사이에 드문드문 개간되지 않은 지대가 있으면 12세기의 위대한 개간자들인 시토회 수사들이 어김없이 그리로 들어갔다. 물론 긴 안목으로 보자면 시토회가 이런 방식으로 방대한 토지를 소유했다는 것은 그들을 후원한 평신도 기부자들에게는 그 만큼의 손실을 뜻했지만, 멀리 내다본다는 것은 훌륭하기는 하되 실익은 별로 없는 법이다. 짧게 봐서, 시토회는 비교적 적은 비용으로 통치가 미치지 않는 유럽의 광활한 지대에 질서와 통일을 부여했다.

---

55) 그 특허장이 지도와 함께 다음 책에 실려 있다: M. Pangerl, *Urkundenbuch des ehemaligen Cisterzienserstiftes Goldenkron in Böhmen (Fontes rerum Austriacarum*, 2ᵉ Abt., xxxiii, 1872).

접경 지대의 큰 기부자들은 아주 원시적이고 아직 12세기의 세련된 문화의 영향을 받지 못한 사람들인 경우가 많았다. 그들이 작성한 특허장들은 이전 시대의 베네딕투스회가 받은 특허장들을 생각나게 한다:

> [스페인의 어느 백작부인은 시토회에 주는 특허장 서두에 이렇게 쓴다] 저는 지옥의 고통이 두렵고, 어찌하든지 낙원의 복락에 이르기를 원합니다. 하나님과 성모의 사랑에 보답하고, 제 영혼과 제 부모 영혼의 구원을 바라는 심정에서, 저는 하나님과 성모와 모든 성인들에게 레토리아에 있는 저의 모든 유산을 바칩니다.[56]

이 무뚝뚝한 표현에는 원시적인 어떤 것이 묻어난다. 하지만 그 원시적인 어떤 것은 방치되어 있는 미개척지에 신뢰할 만한 정착민들과 조직가들을 끌어들이려는 의도에서도 묻어난다. 중세 초기에 프랑크족과 앵글로색슨족의 왕들이 베네딕투스회 수도원들을 이런 목적으로 이용했듯이, 이제 12세기에 시토회도 미개척지에서 정부의 대리인들이 되었다. 그들에게 토지를 기부한 사람들은 아주 안정되고 결집된 힘으로 토지를 효과적으로 관리하고 방대한 지역을 꼼꼼히 감독할 수도원을 보유할 수 있었다.

어떤 면에서는 새 기부자들이 베네딕투스회 수도원들을 설립했던 옛 기부자들보다 혜택을 덜 받았다. 그들은 대수도원장을 선출할 때 영향력을 행사할 수 없었고, 대수도원장직이 비어있을 때도 권한을 행사할 수 없었고, 친인척을 마음대로 수도원에 수사로 들여보낼 수 없었으며, 옛 수도원 설립자들이 누렸던 것만큼 기도와 미사를 제공받지 못했다. 시토회 수도원들은 베네딕투스회 수도원들에 비해 가문에 속하는 경우가 적고 농촌 사회에 속하는 경우가 많았다. 이것은 그들이 조직력을 발휘하느라 지불해야 할 대가였다.

---

56) F. Anton, *Monasterios medievales de la Provincia de Valladolid*, 1942, p. 256. 이 책은 주로 건축에 관련된 내용을 다루지만, 부록에는 초창기 기부자들의 심정과 기부에 이용된 농촌의 방대한 지역들을 예시하는 유용한 자료들이 실려 있다.

이렇게 전반적으로 성장해간 상황이 모든 시토회 수도원들에 영향을 주었으나, 각 수도원은 나름대로 그 상황에 대처했다. 아주 놀라운 점은 각 수도원이 각자 처한 상황에 대처할 때 비슷한 발전 형태를 따라간 속도였다. 심지어 순전히 종교적 자극을 받아 설립되었다고 할 수 있었던 파운틴스의 수도원조차 설립된 지 30년만에 시토회의 경제 발전 정책을 자체의 독특한 상황에 적극 적용하는 모습을 보여주었다. 즉, 사이사이에 끼어 있는 토지들을 매입하여 소유지를 통합하고, 축적된 자본을 사용하여 재정난을 겪는 지주들에게 상속권을 사들이고, 새로 매입한 지대에 있는 토지에 영적인 혜택과 현금을 제공하고, 농장 건물을 신설하고 광활한 지역을 단일 감독 체제로 조직했다. 이런 활동은 12세기 후반에 파운틴스의 수사들이 작성한 뒤 지금까지 고스란히 남은 기록들에서 얼마든지 찾아볼 수 있다.[57]

모든 수도원이 다 똑같이 성공한 것은 아니다. 더러는 충분한 토지를 확보하지 못한 데다 토양이 척박한 바람에 모진 고생을 했다. 하지만 그런 경우조차 시토회는 그 철저한 조직망을 가동하여 고생하는 수도원을 소멸의 위기에서 구출하고 빠른 속도로 고생을 극복하도록 도왔다.[58] 그 덕분에 시토회 수도원들은 고생을 혼자의 힘으로 극복해야 했던 독립된 베네딕투스회 수도원들에 비해 물질과 기강 면에서 타락할 기회가 적었다. 시토회 수사들은 곤경에 처했을 때 자신들의 실력을 발휘했으며, 물질적 곤경과 맞서 싸워 승리할 때 그들이 거둔 승리는 과거 수도원 역사에서 볼

---

57) 관심을 끄는 한 가지 사례는 13세기에 파운틴스에 속했던 볼더스비 농장이다. 이 농장은 볼더스비, 비르코, 이스비라는 기존의 세 마을로 구성되었는데, 그 재산의 형성 과정을 기록한 파운틴스 수도원의 특허장 대장에는 백 장이 넘는 특허장들이 있다. 참조. C. T. Clay, *Early Yorkshire Charters*, 1963, xi, 339-51; *Memmorials of Fountains Abbey*, ed. J. R. Walbran (Surtees Soc. 42), 1863, i, 90-112. 마킹필드에서 전개된 비슷한 과정에 관해서는 *E.Y.C.*(xi, 180-86)을 참조하고, 그 주제 전체에 관해서는 다음을 참조하라: R. A. Donkin, 'The Cistercian Grange in England in the xii and xiii century', *Studia Monastica*, 1964, vi, 95-144.

58) 시토회 방문자들이 기울어 가던 솔리의 수도원 문제를 해결하기 위해서 취한 즉각적이고도 효과적인 정책을 참조하라: *E.Y.C.*, xi, p. 55)

수 있는 그 어떤 승리보다 더 컸다. 벨기에에 있는 레 뒤네 수도원에 관한 간략한 기록은 시토회의 경제 정책이 척박한 지역에 자리잡은 가난한 수도원을 중세에서 손꼽히는 농경 중심지로 바꾸어 놓은 내력을 잘 보여준다.

### 주목할 만한 예: 레 뒤네 수도원

레 뒤네 수도원은 초창기 시토회 수도원들이 대개 다 그랬듯이 황량한 곳에 세워진 작은 은둔자의 집에서부터 시작했다. 12세기초에 리게리우스(Ligerius)라고 하는 은둔자가 브뤼헤(Bruges)에서 서쪽으로 38km 떨어진 모래 언덕에 암자를 지었다. 추측컨대 그는 바닷가에서 낚시를 하여 근근이 생계를 유지한 듯하다. 세월이 흐르면서 그를 지도자로 인정하는 사람들이 그의 주위에 모여들었다. 그들은 모래 언덕들 틈에서 아무런 기약도 없이 살았다. 이 초창기 은둔자들은 플랑드르의 경제 활동 중심지가 위상 항구에서 곧 중세 유럽에서 손꼽히는 대도시가 될 브뤼헤로 이동하기 시작한 사실을 알 길이 없었다. 아래의 간략한 지도로 수도원의 위치와 12세기의 해안 지방을 대강 표시해 보았다:

12세기의 레 뒤네 대수도원과 그 주변 지역

수도회칙을 채택한 초기 단계는 잘 알려지지 않았지만, 1138년에 그 수도원은 클레르보 대수도원에 소속했고, 새로운 대수도원장 밑에서 시토회 수사들로 구성된 식민단을 받아들였다. 이 때부터 그 수도원은 탄탄대로를 걷기 시작했다. 그 수도원의 연대기는 1148년부터 중세 끝까지 수사들과 평수사들(conversi)을 받아들인 기록을 싣고 있는데, 연대기에 나타난 수치를 연평균으로 환산하면 아래와 같은 도표로 표시할 수가 있다:[59]

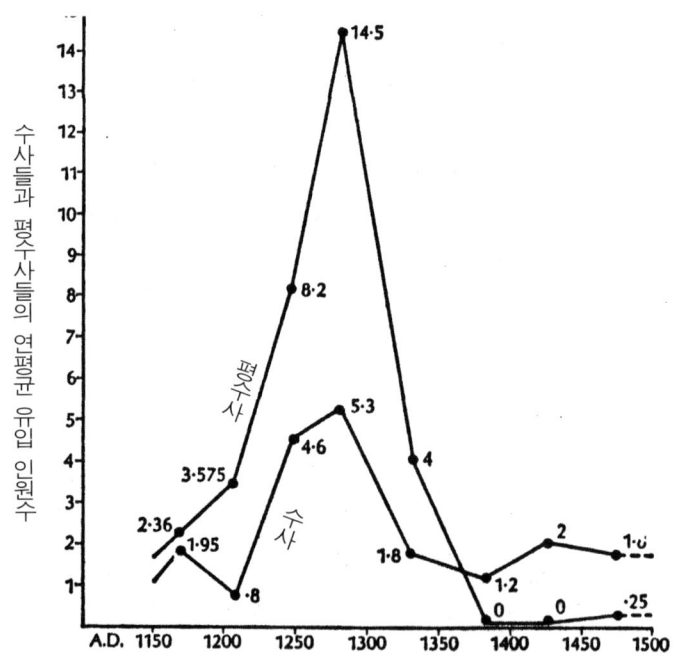

레 뒤네의 수사들과 평수사들의 모집 현황(1120-1500년)
주: 총 모집 인원수는 다음과 같다:

---

59) 이 통계 자료는 다음 책에서 인용한 것이다: A. But, *Chronica Abbatum Monasterii Dunensis* (Soc d'Émulation de Bruges), 1839. 그 밖의 자료들은 다음 책에서 인용했다: *Codex Dunensis*, ed. J. Kervyn de Lettenhove (Coll. de chroniques Belges inédites), 1875, xvi.

수사들: 1138-89년, 97명; 1189-1230년, 32명; 1230-58년, 134명; 1259-99년,
   211명; 1305-54년, 89명; 1354-1406년, 61명; 1406-42년, 73명;
   1442-87년, 84명.
평수사들: 1138-89년, 118명; 1189-1230년, 143명; 1230-58년, 247명;
   1259-99년, 577명; 1305-54년, 202명; 1354-1406년, 0명;
   1447-87년, 17명.

  이 도표에서 두드러지는 점은 13세기가 끝날 때까지 수사들과 평수사들의 수가 모두 급증했다는 점이다. 이 성장은 경제 활동이 크게 증가한 상황과 병행되었다. 1190년경에 이 수도원은 자체의 선단(船團)을 보유하고 있었으며, 시토회 총회는 이 수도원이 영리를 목적으로 이 선박들에 일반 화물을 싣고 운반하는 일이 증가하는 것을 제재하는 입법을 하지 않을 수 없었다.[60] 이 시기에 레 뒤네 수도원은 외교에서 중요한 지위를 차지하고 있었다. 그 사실은 대수도원장이 1193-94년에 영국 여왕의 수석 대표의 자격으로, 포로로 잡혀간 영국 왕 리처드 1세(Richard I)를 몸값을 지불하고 찾아오는 과업을 맡은 데서 확인할 수 있다.[61] 이 수도원은 이미 세상이 다 알아주는 세력 집단이 되어 있었으나, 그 진정한 전성기는 아직 미래에 남아 있었다. 전성기는 1226-53년에 베일리얼의 니콜라스(Nicholas)가 대수도원장으로 활동할 당시에 찾아왔다. 당시에 이 수도원에는 120명의 수사가 있었고, 248명의 평수사가 방직과 축융과 가죽 무두질과 모피 가공과 제화와 철공과 목공과 석공 등의 분야에서 숙련된 기술력으로 수도원을 지원했다.[62] 당시에는 수도원이 세워진 모래 언덕들이 모래를 다룰 줄 아는 대수도원장에 의해 은 언덕으로 변했다는 농담이 유행했다. 물질적으로 그 때는 과연 호시절이었다. 교회당이 신축되었고, 이 수도원에 묻힌 귀족 기부자들의 기념비들과 문장들이 교회당 안을 급속도로 채웠다.

---

60) *Statuta Cist.*, i, 130 (1190, c. 63).
61) 하지만, op. cit., pp. 41-2.
62) ibid., p. 46.

13세기 말에 대학 교육을 받은 수사들이 처음으로 이 수도원에 들어오면서, 새로운 학문 연구 스타일을 보급시켰다. 이 사람들은 시토회에 큰 변화가 일어날 것을 알리는 징후였다. 1231년에 총회는 초창기의 법 정신과 사뭇 다르게, 학문 연구로 수도회를 명예롭게 할 역량을 갖춘 사람들을 수련수사로 받아들이라고 권장했다.[63] 이어서 1244년에는 파리에 시토회 대학이 설립되었고, 그 뒤 50년 동안 여러 곳에 대학교들이 설립되었다. 이런 발전으로 인해 강단에서 울려 퍼지게 된 웅변은 그 동안 경건 생활이 침체되었던 레 뒤네 수도원으로서는 자체의 연대기에 기록할 만한 가치가 있다고 생각이 들만큼 두드러지는 것이었다.[64] 그와 동시에 수도원 토지도 계속해서 증가했다. 그 세기가 끝나갈 무렵에 25개의 수도원 농장이 약 3천만 평의 농지를 감독했다. 어떤 표준으로든 이제 레 뒤네 수도원은 아주 큰 기업체였다.

호시절은 1317년에 대수도원장 기욤 드 훌스트(William de Hulst)가 죽을 때까지 계속되었다. 그 뒤로 그 수도원 연대기 저자는 수도원의 생활 방식에 갑자기 대대적인 변화가 찾아왔다고 기록했다. 앞에 소개한 그래프는 이러한 변화의 한 측면을 보여 준다. 수사들과 평수사들의 모집 인원수가 줄어들기 시작했고, 평수사들의 모집 인원수는 그 세기가 끝나기 전에 한 명도 없게 되었다. 수사들의 수가 줄어들면서 남은 사람들에게는 생활이 더 안락해졌다. 한 번 안락을 맛보면 그것은 중독과 같아서, 다른 곳에서 뿐 아니라 수도원에서도 어제의 사치가 오늘의 필수적인 것이 되기 십상이다. 특히 문제가 되는 것은 레 뒤네 수도원의 수사들이 포도주를 마시게 된 역사이다. 처음에는 포도주를 병자들에게만 사용했다. 그러다가 특별한 축일들에 수사들이 마셨고, 그 뒤에는 주일에도 마셨다. 1350년에 이르면 화요일과 목요일에도 마셨고, 얼마 못 가서 매일 마셨다. 1375년에 이르면 그 비율이 하루 반 리터로 늘어나 있었다. 그리고 한 가지 사치가

---

63) *Statuta Cist.*, ii, 93-94 (1231, c. 12).
64) 하지만, op. cit., p. 62.

아주 다양한 종류의 다른 사치를 낳는 법이다. 시토회 수사 출신인 교황 그레고리우스 11세(Gregory XI)는 대수도원장에게 주교의 표장(標章)을 사용할 권한을 주었고, 평신도 기부자들은 수도원 설립 기념일에 수사들이 따로 더 잔치를 열 수 있도록 선물을 주는 관습이 생기게 했다. 그러니 그 수도원은 아주 살기 좋은 독신자 사회였을 것이다.

수도원에서 학문 연구는 끊이지 않고 이루어졌으나, 대다수 수사들은 농촌 신사(gentleman)의 역할을 맡아, 평수사들이 더 이상 관리할 수 없게 된 수도원 토지들을 관리했다. 대수도원장들은 자신들과 자신들이 이끄는 귀족적인 수도원을 보살피는 유능한 사람들이었다. 그들은 은퇴할 때는 브뤼헤로 가서 가장 유능한 의사들의 치료를 받다가 죽었으며, 후임자 선출은 사회적으로 아주 첨예한 문제였다. 그럼에도 불구하고 이 수도원에도 시토회의 옛 정신의 불씨가 남아 있었다. 레 뒤네의 수사들은 귀족들의 지배를 피할 수 없었지만, 여전히 귀족들의 정복자를 선출할 수 있었다. 따라서 1442년에 부르고뉴의 공작 내외가 자기들의 전임 비서이며 조카를 대수도원장으로 추대하기 위해 힘쓸 때, 수사들 중 한 사람이 나서서 그들의 노력을 무산시키고 자기 형제를 대수도원장으로 당선시킬 정도로 수사들의 정신을 고무시켰다.[65] 다른 이상들이 다 쇠퇴했을지라도 자유에 대한 사랑만큼은 살아남아 있었던 것이다.

### 시토회 덕목의 존속

시토회는 그 발전의 큰 흐름을 개관하자면 중세 생활의 세 가지 다르면서도 서로 유관한 분야에서 일어난 강렬한 충동을 대변했다고 볼 수 있다. 첫째로, 이 수도회는 중세 초기의 특징이었던 수도회칙의 정교화 작업을 거부하고서, 초창기의 단순성으로 돌아가려는 움직임을 대변했다. 둘째로, 이 수도회는 과거의 상상력과 열망을 만족시켰던 잡다한 관습들을 모조리 채택하는 대신에 체계적이고 합리적인 조직을 추구하는 움직임을 대변했

---

65) ibid., p. 87.

다. 셋째로, 이 수도회는 유럽 역사에서 가장 광범위했던 시기에 유럽인들의 활동이 나타냈던 무자비하고 공격적인 측면을 대변했다. 단순성, 체계성, 그리고 적극적인 자원 이용이 12세기에 현저하게 부각된 유럽의 발전을 주도한 세 가지 큰 가닥이었다. 이 가닥들이 시토회에서 만큼 더 효율적으로 조합된 곳이 없었다. 이 세 가지 특징은 이런저런 방식으로 오래 살아남았으나, 결국에는 관습과 지역주의와 귀족적 과시의 힘 앞에서 무너지고 말았다. 시토회 수사들 자신들도 갈수록 이런 힘 앞에서 무릎을 꿇었으며, 13세기 말에 이르러서는 대다수 시토회 수도원들이 한때 자기들이 제거하기 위해 존재했던 그 특성들을 앞장서서 옹호하는 사람들이 되었다.

그러므로 어떤 의미에서는 시토회가 실패했다고 말할 수도 있으며, 맨 처음 실패한 시점을 잡는다면 1200년경으로 잡을 수 있다. 그 전까지는 찬사로든 비판으로든 그 수도회를 수도 생활을 교란시키는 세력으로 보는 것이 합리적이었다. 그렇다 할지라도 피오레의 요아힘(Joachim) 같은 격렬하고 묵시적인 사람조차 12세기 말에 시토회를 교회의 부패를 척결하고 세상의 종말을 예비하게 될 천사들의 수도회로 바라볼 수 있었다.[66] 그리고 인노켄티우스 3세(Innocent III) 같은 실제적인 교황도 재위 초반에는 시토회를 랑그도크의 이단들을 개종시키는 데 가장 효과적인 수단으로 보았다.[67] 스페인과 그 밖의 지역에 있던 시토회의 대 소유지들에서 그랬듯이, 묵시적 환상과 선교 활동 분야에서도 1200년대의 시토회 수사들은 여전히 식민지 개척자들이었다. 하지만 한 세대가 지나면 그들을 이런 식으로 생각하는 사람은 아무도 없었다. 요아힘의 묵시적 구도에서 그들은 탁발수사들에게 밀려났다. 마찬가지로 탁발수사들은 인노켄티우스 3세가 시토회에게 위임했던 선교 활동을 인수했다. 그들이 선교사들로서 실패했다는 것

---

66) 요하힘은 그럼에도 불구하고 시토회에 관해 여러 가지 단서를 두었다. 그의 '이중적 태도'에 관해서는 다음을 참조하라: Marjorie Reeves, *The Influence of Prophecy in the later Middle Ages*, 1969, pp. 152-8.

67) Ep. vi, 243 (1204년 1월 29일); vii, 76(1204년 5월 31일); *P.L.* 215, 273, 358.

은 그들의 장악력이 허술했다는 뚜렷한 증거였다. 그들이 실패한 이유는 수도회로서 성공할 때 기존 수도회의 관습을 그대로 채택했기 때문이다.

그들은 더 이상 반동을 대표하지 않았기 때문에, 그들은 반동을 일으킨 다른 사람들에게 호소력을 갖지 못했다. 그들은 더 이상 홀가분하게 여행하지 못했다. 사실상 그들을 정당하게 평가하자면, 기존의 제도들이 개인을 짓누르던 무게를 덜어주는 것이 애당초 그들의 목표인 적이 없었다. 그들은 스스로를 기율을 위한 반란자들로 보았다. 그들은 사회와 아무런 갈등을 겪지 않았고, 성 베네딕투스의 수도회칙과는 더욱 아무런 갈등도 겪지 않았다. 그들이 원했던 것은 다만 수도원 제도를 보다 강하게 만들고 사회를 기독교의 전진을 위한 보다 효과적인 수단으로 조직하려는 것뿐이었다. 그들은 처음부터 귀족적인 운동이었고, 북유럽 봉건 사회의 선물이었다. 그들은 하층민들을 경멸했고, 성 베르나르(St. Bernard)가 '무식하고 전쟁에나 쓸모 있는 촌사람들'이라고 규정지은 그들의 모든 행동을 경멸했다.[68] 그들은 수도회칙의 비중을 개인의 복종에서 집단 수행(修行)으로 옮겼다. 시토회가 사회 질서를 해체하고 중세 말의 도시 생활을 혼란에 빠뜨린 반동적 세력이 된 것은 모든 면에서 피할 수 없는 결과였다.

그럼에도 불구하고 그들이 초기에 발휘했던 공세적인 힘, 그 설립자들의 비범한 능력, 그들의 영적 프로그램의 필연적인 결과였던 경제적 성장이 시토회에게 적어도 14세기까지 그들 나름의 성격을 부여했다. 확실히 그것은 초창기에 그 수도회를 옹호했던 사람들이 예상하거나 지지할 수 있었던 것과는 사뭇 다른 성격이었다. 그것은 확고한 덕목들과 확고한 학문성을 확고한 번영과 결합시킨 성격이었다.

중세 말기의 표본적인 시토회 수사는 1334년에 베네딕투스 12세 (Benedict XII)라는 이름으로 교황이 된 사람이었다.[69] 그는 자기 시대의

---

68) *sermones in Cantica*, lxv, c. 8 (P.L. 183, 1093); lxvi, c. 1(ibid., 1094).

69) 참조. J. B. Mahn, *Le Pape Benoît XII et les Cisterciens* (Bibl. de l'école des hautes études, 295), 1949.

방식을 사용한 매우 진지한 개혁자였다. 우리는 그가 유럽 전역의 베네딕 투스회 수도원들의 재산을 조사한 몇 가지 결과를 이미 살펴본 바 있다. 그것은 수도원들의 경제적 효율성과 체계적인 행정을 증진하는, 전형적인 시토회의 목표를 염두에 둔 연구였다.[70] 그는 파리에 있는 성 베르나르의 시토회 대학에서 공부한 신학박사였다. 이 점에서 그는 13세기 말에 발생한, 시토회가 학문 연구로 방향을 선회한 일을 대표했으며, 그는 신학 연구가 자신의 수도회에 확고히 뿌리를 내리는 것을 보고 싶어했다. 이 목적을 위해서 그는 수사가 18명이 넘는 수도원은 한 명씩, 40명이 넘는 수도원은 한 명 이상을 파리 대학교나 그 밖의 대학교로 보내 공부를 시키게 하는 계획을 작성했다. 지적인 면에서 볼 때 이것은 의심할 여지없이 올바른 방향으로 나아간 것이었다. 비록 초창기 시토회의 법을 공부한 사람에게는 이상하게 보였겠지만 말이다.

그런 사람의 관점에서 더욱 이상하게 보인 것은 교황이 파리의 수사들에게 지급한 금액의 규모였다. 교황은 파리의 수사들에게 석사에게는 연간 105파운드, 학사에게는 50파운드, 독서자(lector)에게는 30파운드, 독신 학생에게는 20파운드를 지급했는데, 이것은 학교 귀족들에게는 큰 금액이 아니었지만 수도원적 금욕 생활과는 사뭇 거리가 멀었다.[71]

하지만 아무리 시토회의 초창기 생활 형식에서 아무리 멀리 표류했을지라도, 조직과 기율과 엄격한 목적이 지닌 장점이 여전히 베네딕투스가 시행했거나 계획했던 모든 것을 지배했다. 베네딕투스는 학생 시절과 대학교에서 교편을 잡던 젊은 시절에는 수도원에 적을 두고 있음으로써 온갖 시혜를 다 누리면서도 성무일과에 대한 관심은 조금도 흔들리지 않았다. 하지만 나이가 들면서 그의 삶은 총회와 대학교 토론회와 수도원 재산을 지

---

70) 참조. 각주 31.
71) Mahn, op. cit., p. 57. 베네딕투스 12세가 1335년 7월 13일자로 발행한 *Fulgens sicut stella*라는 대칙서에서 밝힌 이 지급액은 그가 다음 해에 베네딕투스회에 허용한 액수보다 상당히 큰 것이다. 이 액수는 파운드로 환산한 투르화(tournois)이다.

키기 위한 법적 조치 등으로 바쁘게 돌아갔다. 파미에 주교 시절에는 자기 교구의 종교재판소를 아주 적극적이고도 모범적으로 감독했다.[72] 그럴지라도 질서와 통일을 향한 욕구에는 변함이 없었다. 그것은 초창기 시토회의 일그러진 반영이었다. 그는 가능하다면 모든 수사들에게 공부를 시키고 싶었다. 하지만 그들이 신학만 공부해야 한다고 강조했고, 교회법 공부를 금지한 시토회의 방침을 고수했다. 그는 모든 수사들이 될 수 있는 대로 균등해지기를 원했고, 그들 모두가 시대 상황이 허락하는 한 시토회 수사들이, 즉 잘 조직되어 있고, 재능이 있고, 수도원 재산을 지혜롭게 관리하고, 학식이 있고, 경건한 그런 수사들이 되어주기를 원했다. 그가 귀족적 정서를 말없이 수용한 것에 싱긋 미소짓기가 쉽지만, 그의 입장에서 다른 어떤 것을 알고 행할 수 있었겠는가 하는 것을 알기란 어렵다. 시토회 수사들의 가슴에는 더 이상 불이 타오르지 않았다. 불은 이미 오래 전에 꺼졌다. 하지만 목표와 엄격한 실행의 철저한 일관성은 남아 있었다. 참 이상하게도 마지막 불길은 중세의 수도회들 가운데 도저히 타오르지 않을 것처럼 보였던 수도회로 옮겨 붙었다. 그것은 아우구스티누스 참사수도회였다.

## 3. 탁발수도회들

아우구스티누스 참사수도회와 시토회는 1050-1200년의 시기에 서유럽이 필요로 하던 것을 가장 잘 채워주고 서유럽의 사회 패턴에 가장 잘 적응한 수도회들이었다. 이와 마찬가지로 도미니쿠스 탁발수도회와 프란체스코 탁발수도회도 13세기에 이 기능을 가장 훌륭하게 수행한 수도회들이었다. 어떤 의미에서 그들은 기존에 있었던 두 수도회에서 발전된 집단이었다. 도미니쿠스회는 성 아우구스티누스의 수도회칙을 따랐다. 프란체스코회는 독창적인 수도회칙을 제정하였으나, 경건의 형태는 예수의 인격에

---

72) 참조. *Le Registre d'Inquisition de Jacques Fournier (Benoît XII), évêque de Pamiers (1318-25)*, ed. J. Duvernoy, 3 vols., 1965.

헌신했다는 점에서 시토회의 후계자들이었다. 정체(政體) 면에서든 두 탁발수도회가 중앙 집권적 지도와 감독 형태를 띠었는데, 이것은 시토회가 한 세기 전에 개척해 놓은 것에서 한 걸음 크게 내디딘 것이었다.

이렇게 두 수도회의 계보가 명확한데도 불구하고, 훨씬 더 중요한 의미에서 탁발수도회들은 유럽의 종교 생활에서 전혀 새로운 것이었다. 한편으로 그들은 백년 전에는 존재하지 않았던 환경에 속했다. 백년 전에는 볼 수 없었던 대도시들과 대학교들이 들어서 있었던 것이다. 대도시들이 없었다면 탁발수도회는 존재하지 못했을 것이다. 아울러 대학교들이 없었다면 그렇게 수도회의 규모가 그렇게 커지지 않았을 것이다. 그러므로 13세기의 도시들과 대학교들이 어떤 방식으로 새로운 수도회의 필요를 조성했는지, 탁발수도회들은 어떤 방식으로 새로운 필요에 부응했다가 거기에 압도되었는지 살펴보면서 시작할 수 있을 것이다.

## 배경

### 도시들

도시의 발전이 유럽인들의 종교 의식의 발달에 끼친 일반적인 영향은 이미 살펴보았지만, 아주 개괄적으로 그 발달의 마지막 국면과 연계해서만 살펴보았다. 이제는 좀더 시대를 거슬러 올라가 도시의 종교 생활이 어떤 형태를 띠었는가를 살펴봐야 한다. 볼로냐 시의 연대기가 출발점을 제시해 준다. 1204년의 연대기에 이렇게 적혀 있다:

> 이 해에 만투아에서 수사 알베르트(Albert)가 로냐로 와서 여섯 주 동안 전도하여 많은 사람들을 회심시켰다.[73]

이 간단한 연대기 기록은 많은 문제들을 일으킨다. 우리는 만투아의 알

---

73) *Corpus Chronicorum Bononiensium*, ed. A. Sorbelli, ii, p. 68.

베르트가 어떤 사람인지, 그가 어떤 내용을 전도했는지, 누가 어떤 방식으로 회심했는지 하나도 모른다. 그럴지라도 그 사건은 흥미를 끈다. 자칭 '수사'라고 하는 사람이 나온다. 그는 우리가 아는 한 어떤 수도회에서도 속하지 않았는데도 수사라고 자칭한다. 그는 순회 설교자로서, 틀림없이 자기 자신의 권위에 근거하여 주교좌 도시에서 전도를 하여 많은 사람들을 회심시킨 뒤 다른 도시로 간다. 그가 이단이었다거나, 그 도시에 광신이나 혼란의 분위기가 있었다는 암시가 전혀 없고, 다만 전도하여 회심시켰다는 기록만 있을 뿐이다. 이 때까지, 그리고 과거 백년 동안, 기독교 사회에서 '회심'이라고 하면 단순히 세속적 직업을 청산하고 수도원에 들어간다는 뜻이었다. 하지만 이 연대기 기록은 분명히 그런 뜻이 아니다. 여기서 말하는 회심이란 '형식적'인 신앙에서 '실질적인' 신앙으로 바뀐, 내면의 회심을 뜻하는 게 분명하다.

이 평화로운 전도는 수사 알베르트의 활동에 관해 남아 있는 또 한 가지 유일한 언급에서 더 확대된다. 1207년의 일이다:

> 5월 6일에 만투아의 수사 알베르트가 파엔차로 가서 95건의 살인 사건을 처리했고, 그 뒤에 베르티노라에서 사건을 처리했고, 시에나, 카스텔 누오보, 포르림포폴리에서 사건을 처리했으며, 마지막으로 이몰라에 가서 28건의 살인 사건을 처리했다.[74]

여기서 그는 소란한 사회에서 개인 자격으로 전도와 치안 유지의 활동을 수행한다. 그것은 제도 교회의 틀 밖에서 벌인 활동이었다. 실제로 중세의 제도 교회는 도시 사회에 벌어지는 문제들에 관심을 기울이지 않았다. 농촌 사회의 경우에는 아무리 큰 자연 재해와 파괴가 발생하더라도 조직과 통제로써 안정되고 소극적인 집단으로 다루는 것이 가능했다. 하지만 농촌 사회에서는 볼 수 없는 무질서하고, 교회법이 허용하는 한도에서 최

---

74) ibid., p. 69.

대한 오락을 추구하고, 거부들과 빈민들이 섞여 살고, 과잉 노동과 실업이 양극화된 도시의 경우는 어땠을까? 그런 사회에 대해 제도 교회는 아직 적응을 하지 못하고 있었다.

무엇보다도 제도 교회는 도시인들의 심리 가운데 한 가지 요소에 적응을 하지 못했다. 그것은 수사 알베르트의 활동에 드러나지는 않았으나 절대로 간과할 수 없는 히스테리아(병적 흥분)라는 요소이다. 히스테리아가 집단적으로 분출되는 현상은 모든 시대 모든 환경에서 발견되지만, 그것은 어떤 곳보다 도시에서 흔하게 나타나는 현상이다. 볼로냐 연대기에서 다음과 같은 1206년의 기록을 읽어보면, 히스테리아가 분출되는 게 어떤 것인지, 그리고 그 원인이 무엇인지 짐작할 수 있다:

> 이 해에 이탈리아 전역이 채찍질 고행자들로 들끓었고, 온 나라가 많은 악과 죄로 더럽혀졌다. 맨 처음에 페루지아 사람들이 맨발로 시내를 걸어다니면서 스스로를 채찍질했다. 그런 뒤 로마인들이, 그리고 나서는 이탈리아 전역에서 노소 귀천(老少貴賤)을 불문하고 둘씩 짝을 지어 가죽 채찍으로 서로의 등을 때리면서 눈물을 흘리며 하나님께 자비를 구했다. 남자들뿐 아니라 여자들도 밤을 새워가면서 그렇게 했다. 이탈리아의 모든 성읍들과 도시들에서 그랬기 때문에 그런 식으로 자학하지 않으면 신앙이 없는 사람이라고 생각할 정도였다. 이런 현상은 10월에 시작하여 그 달 끝까지 계속되었다⋯⋯ 10월 10일에 이몰라 사람들이 스스로를 채찍질하면서 볼로냐에 와서 "하나님, 자비를 베푸사 평화를 내리시옵소서" 하고 울부짖었다. 10월 19일에는 볼로냐 사람들이 그렇게 하면서 모데나로 갔다. 얼마 있다가 로마인들이 하나님의 사랑을 구하는 뜻으로 모든 죄수들을 석방했다. 그 때 석방된 카스텔라니 가문 사람들은 죽음의 공포에 사로잡혀 로마에서 도피했다.[75]

1349년에 북유럽에서 이보다 더 큰 규모로 히스테리아가 분출된 적이 있는데, 그것이 대 흑사병과 관련된 것이었다고 한다면, 이 때의 분출은 피오레의 요아힘(Joachim)이 예언한 세상 종말이 임박했다는 생각과 관련

---

75) ibid., pp. 156-7.

된 것이었다. 앞서 소개한 사건들이 보여주는 히스테리아는 도시 생활에 깊숙이 뿌리내린 것이 아니었으며, 일반적으로 집단 공포의 형태를 띠지 않았다. 그것보다는 개인이나 집단의 격렬한 자포자기와 자기학대 정도로 나타났을 뿐이다. 이탈리아의 연대기 저자 살림베네(Salimbene)는 자칭 사도들이라고 한 72명의 그런 집단을 소개하는데, 그는 이들이 1284년에 모데나와 레조 사이에서 자기들의 지도자를 만나러 파르마로 향해 가고 있을 때 이들을 처음 보았다. 그러다가 며칠 뒤에 같은 목적으로 같은 방향으로 길을 가고 있던 열두 명의 여인들을 만났다. 여인들은 "성부시여, 성부시여, 성부시여"라는 찬송을 부르다가 옷을 벗어 던지고서 벌거벗은 채 빙 둘러 서 있었다. 얼마 뒤 그들의 지도자가 그들에게 다시 옷을 입히고는 그들을 세상의 네 모서리인 로마와 콤포스텔라와 몬테 가르가노와 해외로 보냈다.[76]

자칭 사도들의 이런 행위는 오래 가지 않았지만, 그들의 짧은 역사는 항상 시간적 여유가 있고 가난하던 사람들 사이에서 폭식과 극빈과 집단 폭력을 단조롭게 맴돌던 사람들을 가난의 자유와 영원으로 들어가게 하는 운동을 일으키기가 얼마나 쉬웠는지를 잘 보여준다. 물론 점잖은 사람들은 자기들의 영역이 사사로운 길을 가는 사람들에 의해 침범 당하고 있다는 느낌에, 자칭 사도들과 (그 무렵의) 탁발수사들이 벌이는 활동을 일체 승인하지 않았다. 하지만 그들을 단죄하고 싶어도 무슨 근거로 단죄해야 할지 분명치가 않았다.

자칭 사도들이 일으킨 것과 같은 운동을 지켜보면서, 교회 당국자들이 느꼈던 당혹감은 초창기 탁발수사들의 배경을 이해하는 데 도움이 된다. 초창기 탁발수사들은 이단이 아니었고, 그들이 미풍양속을 해친다고 말하기도 어려웠다. 그들은 오랫동안 관용을 받았고, 심지어 격려까지 받았기

---

[76] *Chronica Fratris Salimbene de Adam Ordinis Minorum*, ed. O. Holder-Egger, *M.G.H. Scriptores*, xxxii, pp. 264-5, 563-4. Salimbene는 사도들에 관해 쓴 장문의 적대적인 글(pp. 245-7)에서 사도들이 '모든 사람들에게 구걸하도록 가르친' 탁발수사들과 대단히 가까웠다고(따라서 위험했다고) 주장한다.

때문이다. 1274년에 그들의 과도한 행동이 단죄를 받은 뒤에도 그들의 지도자가 파르마에서 살면서, 때로는 감옥에 갇히기도 했지만 그 외에는 주교의 궁에 기거하면서 주교와 한 상에서 먹고 마셨다. 그러다가 결국 1300년에 이단으로 몰려 화형을 당했다. 이 무렵에는 한층 가혹한 종교적 분위기가 무르익어 있었다. 하지만 초창기에 그 지도자와 그의 운동이 보여준 기복(起伏)을 감안하면, 이탈리아의 도시인들 사이에서 종교적 감정이 자연발생적으로 분출될 때 제도 교회 당국자들이 그 현상을 대하기가 무척 어려웠겠다 하는 생각을 하게 된다. 결국 사도 운동을 무력으로 근절했다는 것은 13세기 후반의 제도 교회 당국자들이 그 만큼 경직되어 있었다는 것을 말해준다. 탁발수사들이 등장할 수 있었던 것은 13세기초의 분위기가 그 만큼 자유스러웠기 때문이었다.

### 대학교들

도시들의 자유스러운 분위기 말고도 대학교들의 자유스러운 분위기가 탁발수도회의 발전에 또 다른 선결 요건들을 제공해 주었다. 13세기 초엽에 유럽의 지적 활동을 주도한 것은 파리 대학교와 볼로냐 대학교였다. 이 대학교들에 가면 신학과 법학의 모든 신사상들을 접할 수 있었고, 자유 7과(문법, 논리학, 수사학, 대수, 기하, 음악, 천문)의 교육도 제대로 받을 수 있었다. 옥스퍼드 대학교는 파리 대학교가 지난 세기에 명성을 떨쳤던 분야들에서 이제 막 국제적인 명성을 얻기 시작하던 참이었다. 옥스퍼드 대학교 외에도 13세기가 흐르면서 특히 이탈리아에서, 그리고 프랑스와 영국에서도 여러 대학교들이 신설될 것이었다.

하지만 기술적인 용어로 '대학교'라고 부를 수 있는 이 곳들 말고도 한 두 가지 분야에서 높은 명성을 얻고 있던 학교들이 많이 있었다. 체계적인 교육과, 당시에 알려졌던 교육의 모든 분야에서 공신력 있는 시험을 제공했던 이 교육 기관들은 13세기 초엽에는 벌써 과거에 수도원들이 수행했던 지적 노력과 성취의 기관 역할을 완전히 떠맡고 있었다. 이 학교들이 제공한 훈련은 현실 생활에서 대단히 긴요한 것이었고, 따라서 도시들과 군주들은 학교 교사들에게 높은 수준의 충성을 요구하게 되었다. 볼로냐 시 당국과 학교 교사들이 체결한 계약은 동등하고 독립성을 지닌 두 진영이 체결한 조약과 흡사하다. 그 계약서를 읽어보면 철저히 실리를 추구하던 사회가 그 영역 안에서 활동하는 저명한 교사들에게 얼마나 높은 질의 교육을 요구했는가 하는 것을 엿볼 수 있다. 왕들도 교수들에게 비슷한 주문을 했는데, 영국 왕 헨리 3세(Henry III)가 파리 대학교의 교수들과 학자들에게 쓴 다음 편지에 그런 모습이 잘 담겨 있다:

> 짐은 그대들이 파리의 열악한 법률 밑에서 고생하는 것을 동정하며, 그대들이 당연히 누려야 할 자유를 되찾아 주고 싶은 심정이 간절하오. 그러므로 짐은 그대들이 짐의 나라 영국으로 와서 이곳에 머물면서 연구에 전념하도록 그대들을 초빙하는 바요. 그대들이 이 목적으로 어느 도시, 어느 자치구, 어느 읍을 택하든 짐은 그것을 그대들에게 할당해 주고, 그대들에게 자유와 조용한 환경을 기꺼이 허락하겠소. 이것이 하나님을 기쁘시게 하고 그대들에게도 유익한 것이리라 믿소.[77]

세속 군주들이 이렇게 저자세로 학자들에게 애걸을 한 이유는 세상살이의 다른 이치들과 다를 바 없었다. 국정 수행에 학자들이 필요했고, 그들의 존재가 도시나 왕국에게 명성을 안겨 주었으며, 그들의 집단에게서 필요할 때면 언제든 전문적인 자문을 얻고 국가 관리를 손쉽게 기용할 수 있었기 때문이다. 하지만 이렇게 대학교를 설립하고 장려하려는 열기가 뜨거웠고, 학생들의 수가 증가하고 과목의 종류도 갈수록 정교해졌는데도 불구하고, 학자들과 교수들은 여러 불확실한 상황에 불안을 느꼈다. 그들은 장려하는 분위기만으로는 살 수 없었던 것이다.

학생들은 공부하는 동안 자기들의 학비와 생계를 지원해 줄 사람들을 찾아야 했고, 교수들도 학생들이 내는 학비에 의존할 수밖에 없었으며, 교수들과 학생들이 모두 직업이라는 고질적인 문제를 안고 있었다. 대학교는

---

77) *Calendar of Patent Rolls, Henry III, 1225-1252*, p. 257.

젊은이들을 위한 곳이었다. 학생들은 학위를 받으려면 강사 생활을 해야 했으나, 의무 강사 활동 기간이 끝날 때까지 자기 힘으로 생계를 유지할 수 있는 사람은 없었다. 거의 전부가 성직록을 받는 데 의존했다. 그러려면 성직록 임명권자를 찾아 나서야 했고, 임명권자들은 대부분 성직록 수임자가 유능한 변호사나 행정가가 되어서 승진할 자격을 갖추기를 요구했다. 학생이 대학교를 졸업하고서 사회로 나가는 순간은 결코 유쾌하지 못한 법인데, 중세의 학생들도 종종 그런 당혹스러운 상황에 처했다:

> 나는 볼로냐를 떠날 수 없다. 산더미 같은 빚이 나를 내리누르고 있기 때문이다. 지난 2년 반 동안의 이자를 계산하지 않더라도 90파운드로도 원금을 갚을 수 없다. 한 달이라도 21실링을 더 벌지 않으면 빚을 갚을 길이 없다. 그 동안 지대에서 수입을 좀 늘릴 생각을 했지만, 오히려 그렇게 생각하는 바람에 비용은 비용대로 더 쓰고 볼로냐에 더 오래 머물 수밖에 없었다. 일이 되어 가는 게 늘 이런 식이다.[78]

중세의 편지 모음들에는 이런 종류의 편지가 너무나 자주 발견되기 때문에 혹시 우스갯소리나 장난으로 끄적인 게 아닌가 하는 생각이 자주 들지만, 당시에는 우스갯소리일 수가 없었다. 중세의 신설 대학교들은 빠른 시간에 안정되고 협력적인 조직을 구축했지만, 그 안정이 학자 개개인들에게까지 확대되지는 않았다. 그들에게는 미래가 불확실하기만 했다.

대학교는 작은 급여로 아주 유능한 사람들을 끌어들이는 데 소양이 있는 집단이다. 이것은 왕성한 활동과 발견이 이루어지는 시기일수록 더욱 그런 법인데, 13세기가 그랬다. 아주 유능하거나 자질이 있는 교수가 아니면 학생들이 내는 수업료나 선물만 가지고 생계를 유지할 수 없었다. 나머지 교수들은 유력 인사들에게 발탁되어 승진하기 위해 세상으로 나가지

---

78) F. Liverani, *Spicilegium Liberianum*, 1863, i. p. 627. 이것은 1170년대에 볼로냐에서 공부한 데이비드라고 하는 런던의 교사가 쓴 여러 통의 편지들 가운데 하나이다.

않을 수 없었다. 탁발수사들은 바로 이러한 지적 활동과 사회적 불확실성의 상황에서 등장했다.

### 목표와 기원

탁발수사들의 기원은 두 명의 위대한 설립자들인 도미니쿠스(Dominic)와 프란체스코(Francis)의 내면의 투쟁과 결의에 싸여 있어서, 우리로서는 알아내려는 시도조차 할 수 없다. 하지만 그 내면적 발전의 단계들이 영원한 신비로 남아 있을지라도, 그들이 창시한 두 운동의 전반적인 상황과 방향은 분명하게 밝혀져 있다.

도미니쿠스회의 기원은 1206년에 로마에서 돌아오던 스페인의 어느 주교가 프랑스의 몽펠리에에서 인노켄티우스 3세로부터 랑그도크의 이단들을 정벌할 임무를 받았던 세 명의 시토회 대수도원장들을 우연히 만난 시점으로 거슬러 올라간다. 그 대수도원장들은 교황에게 받은 임무를 실천하지 못하고 있었는데, 주교의 식솔들 중 한 사람인 도미니쿠스라 하는 아우구스티누스 참사회원은 그 원인을 알고 있었다. 그가 보기에 그 대수도원장들은 고위성직자로서의 위세를 잔뜩 뽐내면서 돌아다니고 있었던 것이다. 이런 허례는 기성 제도 자체를 참 신앙에 대한 모욕으로 생각하던 사람에게 아무런 효도도 끼칠 수 없었다. (도미니쿠스가 보기에) 그들이 성공하려면 보다 단순하고 보다 '사도적인' 생활을 해야 했다.

이것은 새삼스러운 발견이 아니었다. 앞에서 살펴본 대로 한 세기 전에 일어난 아우구스티누스회의 운동도 '사도적 삶'(vita apostolica)에서 고취를 받았다. 그러나 아우구스티누스 참사수도회가 발전해 가면서 전도 사역의 중요성이 크게 감소되었고, 그런 상황에서 도미니쿠스는 전도 사역을 다시 크게 부각시키는 것을 자신의 가장 중요한 사명으로 삼았다. 그는 그 사상에 고취된 이래로 1221년에 죽을 때까지 15년 동안 그 사역을 제도화하기 위해서 노력했다. 10년간은 이렇다 할 성공을 거두지 못하다가, 1217년에 이르러서는 차츰 자리가 잡히기 시작했다. 그 해에 도미니쿠스와 그가 이끄는 소수의 전도자 집단이 툴루즈에서 모임을 가진 뒤에 사방으로 흩어졌다. 네 명은 스페인으로, 일곱 명은 파리로 갔고, 네 명은 툴루즈에 남았고, 도미니쿠스 자신은 로마로 갔다. 그들에게는 아무런 자원도 없었고, 학식도 없었고, 책도 몇 권 없었다. 하지만 훗날 지니게 된 세계를 끌어안으려는 그런 정신이 작은 무리가 사방으로 흩어진 일에서 이미 예견되었다. 아울러 그중 많은 수가 파리로 갔던 사실은 대학교들이 새 수도원의 충원과 발전에 수행할 역할을 미리 예측한 결과였다.

이런 것이 토대가 되어 도미니쿠스회는 설립되었다. 이 수도회는 사도적 생활의 단순성으로 무장된 설교를 통해 이단들과 싸운다는 목표를 세웠다. 이 사역에 그들이 주로 사용한 무기는 보편적 조직에 의해 지원을 받은 학문 교육이었다. 1217년 이후에는 그 동안 랑그도크 지방을 개종시키는 데 역점을 두었던 방침이 바뀌어, 유럽의 학문 중심지들인 파리와 볼로냐로 수도회의 무게 중심이 이동하였다. 1220년에 볼로냐에서 열린 1차 총회를 신호탄으로, 이 수도회는 새로운 보편 수도회로서 승승장구의 역사를 시작하였다.

하지만 이 수도원의 발전 단계를 추적하기 전에, 프란체스코회가 걸었던 전혀 다른 경로를 살펴봐야 한다. 성 프란체스코의 개인 역정을 몇 마디 말로 정리한다는 것은 부질없는 짓이다. 그는 이탈리아 아시시에서 부유한 의류상인의 아들로 태어나 스물여덟 살이 된 1210년에 교황 앞에서 새로운 생활 방식을 설명하고 허락을 받기 위해 열한 명의 남루한 동료들을 데리고 로마로 갔다. 4년 전에 그는 이미 모든 소유를 포기한 바 있으며, 이것이 그 결과였다. 그의 목표는 도미니쿠스의 목표보다 훨씬 더 베일에 가려져 있다. 2110년의 수도회칙을 놓고 추정하자면, 그의 목표는 주로 철저한 부정에 있었던 것 같다. 모든 소유를 팔고, 모든 소유를 가난한 사람들에게 주고, 모든 형태의 세상 영화와 부와 도움과 위안과 조직과 모든 것을 포기하고 "신성한 복음의 방식대로 사는 것"에 그의 목표가 있었던 것 같다.[79] 프란체스코는 이러한 철저한 부정으로 모든 세대에서 발견할

---

79) J. R. H. Moorman, *Sources for the Life of St Francis of Assisi*, 1940, pp. 51-2; 참조. *Testamentum S. Francisci* in *Opuscula S. Patris Francisci*, 1904, p. 79.

수 있는 회심의 형태를 따르고 있었다. 하지만 그가 받은 예리하고 극단적인 자극은 당시 이탈리아의 자치도시에서 대두되던 과두정(寡頭政)의 폭력과 사치와 불안정에서 비롯되었다. 과거의 수도회 운동들은 모두 강렬한 질서와 전통 의식이 주축이 되었었다. 하지만 프란체스코가 남긴 글에는 이런 의식이 전혀 감지되지 않는다. 그의 이상은 베네딕투스회든 시토회든 아우구스티누스회든 수도회가 발전하면서 곁가지로 붙은 모든 것을 절단하고, 문자 그대로 그리스도께서 사셨던 그런 삶을 사는 것이었다. 그는 철저한 포기를 요구했고, 그것은 모든 것을 팔아 가난한 자들에게 주라는 복음의 계명을 그대로 순종하는 것으로써 상징되었다.

얼른 보면 프란체스코의 가난(청빈) 개념이 새로운 것이었다고 말하는 게 불합리해 보일지 모른다. 청빈 개념은 과거에 있었던 모든 수도원 운동의 일부분이었기 때문이다. 하지만 이 운동들의 특별한 표지가 가난은 아니었다. 농촌 사회의 가난은 매사에 깊이 뿌리 박혀 있었기 때문에, 그 자체를 포기의 중요한 부분으로 본 적이 없었다. 성 베네딕투스의 수도회칙이 주로 강조했던 것도 '가난'이 아니라 '복종'이었다. 베네딕투스회 수도회칙에는 '파우페르타스'(paupertas, 가난)라는 단어가 딱 한 번만 쓰였고, 그것도 특별한 경우에 관련하여 쓰였다: "만약 수사들이 절박한 상황이나 가난을 만나 들에 나가 직접 추수를 하게 될 경우 불평해서는 안 된다……"[80] 이런 종류의 가난은 베네딕투스회 수도회칙의 일부분이 아니었다. 베네딕투스회 수사들의 본질적인 가난은 자기 의지의 부정에 있었다. 문자적인 '가난'은 수사들이 나가서 먹여야 하는 수도원 바깥 사람들의 상태였다.

하지만 성 프란체스코의 생각은 완전히 달랐다. 그와 그의 추종자들은 가난한 사람들 중에서도 가장 비천하고 가장 많이 박탈당한 사람이 되어야 했다. 프란체스코는 가난과 부를 볼 때 도시 생활에서 졸부가 되었다가 순식간에 모든 재산을 탕진하는 것을 보고서 자란 사람만이 가질 수 있는

---

80) *Reg. Ben.*, c. 48.

시각으로 보았다. 그는 무릇 부(富)란 노동에 의한 것이든 땅의 결실에 의한 것이든 자연스러운 것이고, 재산이 하나도 없을 정도로 가난한 사람은 없다는 안일한 생각을 하지 않았다. 부란 사람이 자신을 위해서 일으키는 이익일 뿐이라고 보았으며, 따라서 부패한 것이라고 보았다. 그러므로 가난은 순결과 로맨스의 이상처럼 환히 빛났으며, "예수 그리스도의 생애와 가난을 따르려는" 그의 시도에서 맨 앞자리를 차지했다.[81]

그러므로 도미니쿠스에게는 의사전달의 매체에 불과하던 가난이, 성 프란체스코에게는 필생의 노력을 기울여야 할 목표가 되었다. 가난은 그의 평생 소원인 그리스도를 닮는 일에 필수적인 요소였다. 그는 사전에 지도력이나 조직에 대해 특별한 견해를 갖고 있지 않은 듯하다. 하지만 도시의 가난한 생활을 즐겁게 받아들이고 그 현실을 구원에 유리한 상황으로 받아들일 수 있는 비결을 보여줌으로써, 도시인들의 정서에 깊은 감명을 주었다. 프란체스코가 두서없이 시작한 운동은 도미니쿠스의 세밀히 계획된 사역보다 더 빠른 속도로 기독교 세계를 포괄하는 조직이 되었다. 그 두 지도자가 1218년에 로마에서 만났을 때, 도미니쿠스는 여전히 소수 전도자들의 지도자에 불과했지만, 프란체스코는 본인의 고사에도 불구하고 서유럽의 거의 모든 나라에 지부를 둔 거대한 조직의 수장이 되어 있었다.

도미니쿠스와 프란체스코의 사역 결과로 생긴 두 조직이 원칙상 서로 크게 달랐다는 것은 한눈에 알 수 있을 것이다. 도미니쿠스회는 아우구스티누스 참사수도회의 파생물이었고, 이러한 상관 관계가 동일한 수도회칙을 견지한 것보다 더 깊은 영향을 주었다. 실질적인 전도 사역과 사도적 삶에 대한 이상이 초창기 아우구스티누스회 수사들의 큰 원동력이었다. 비록 이 수도회의 많은 수도원들이 이런 원동력을 슬그머니 버리거나 제대로 체험한 적이 없었을지라도, 그 밖의 수도원들에서는 학교들을 운영하고, 자선 시설들을 유지하고, 포로들을 되찾아오고, 전도를 하는 것을 자신들의 삶에서 떼어놓은 적이 없었다. 도미니쿠스는 전도를 핵심 사역으로

---

81) *Opuscula S. Patris Francisci*, 1904, p. 76.

지적함으로써 이 활동에 새로운 자극과 집중력을 주었을 뿐이다. 다른 것들, 이를테면 조직과 연구, 그리고 가난과 전례(典禮)에 관한 규율들은 이 한 가지 목적에 귀속되었다.

이와 대조적으로 프란체스코회는 수도회의 역사적 발전에서 그 위치를 매기기가 훨씬 더 어렵다. 그들은 앞에서 소개한 그 어떤 유형의 수도회에도 속하지 않고, 오히려 11세기 이래로 유럽 전역에서 간헐적으로 나타났던 이른바 '사도적' 운동처럼 잠시 생겼다가 사라진 도시 운동들에 속했다. 이런 운동들은 다양한 방식으로 교회 관료 체제의 재산과 형식주의에 저항했고, 종교가 세속적 가치관과 세속적 목적 추구에 함몰되는 경향에 저항했다. 이 운동들은 진지한 사람들에게 공감을 불러일으켰으나, 그 운동 대부분(프란체스코회의 중요한 부분이 포함된)이 결국에는 단죄와 처형을 당했다. 프란체스코회가 비슷한 유형의 다른 운동들과 달랐던 점은 우선 큰 성공을 거두었고, 보편적인 호소력이 있었고, 항구적이었고, 게다가 내부의 개인들과 집단들과 사상들이 이런저런 이유로 단죄를 당하면서도 제도 교회의 틀에 정착할 수 있었던 점이었다. 마지막에 거론한 특징은 주로 도미니쿠스회에게서 모방한 것으로서, 프란체스코회가 잠깐 일어났다가 사라진 다른 도시 운동들과 다른 길을 걸을 수 있게 해주었다.

두 수도회가 서로에게 어느 정도나 영향을 주고받았는가 하는 것은 여기서 자세히 거론할 주제가 아니다. 우리가 관심을 갖는 것은 두 조직이 발전해 간 방향을 결정한 요인들이다. 이 요인들 중에서 경쟁의 중요성을 간과할 수 없다. 두 조직의 수사들은 자신들의 수도회를 최대한도로 발전시키려는 의욕에 달아올랐다. 이것은 대단히 깊이 뿌리박혀 있던 중세적 본능, 즉 협력적 생존의 본능을 따른 것일 뿐이다. 이 본능은 아직 세속 국가와 연계되지 않았지만, 모든 종류의 종교 조직에서 활발하게 작용했으며, 결국에는 동일한 시장을 놓고 조직간에 치열한 경쟁을 벌이는 데로 이어졌다.

이 상황을 알고 나면 두 수도회의 역사에서 다른 방식으로는 이해하기 어려운 많은 특징들을 이해할 수 있게 된다. 한편으로 이 상황은 두 수도회가 서로에게서 생존을 위한 최고의 가치를 지닌 요소들을 어느 정도나 빌어다 썼는지를 설명해 준다. 그러므로 (성 프란체스코 본인에게는 유감스러운 일이겠으나) 프란체스코회는 도미니쿠스회의 조직에서 많은 부분을 차용했고, 그들을 모방하여 대학교들로 진출했다. 반면에 도미니쿠스회도 가난에 대한 프란체스코회의 자세를 도입하여 도시 사역에 크게 활용했다. 큰 의미에서 도미니쿠스회는 지적인 사람들에게, 프란체스코회는 감성적인 사람들에게 사역하여 보편적인 성공을 거두었다. 이런 경쟁 관계가 없었다면 도미니쿠스회는 이단과 싸우는 하나의 목적에 헌신한, 비교적 작은 수도회로 남았을 것이고, 프란체스코회도 도미니쿠스회의 사례에서 배우지 않았다면 살아남지도 못했을 것이다. 서로 세상을 한 뼘이라도 더 차지하기 위해 치열한 경쟁을 벌이며 공존하는 동안, 두 수도회는 놀라운 속도로 성장했다.

## 성장과 업적

### 성장

두 수도회는 성장하는 과정에서 전반적으로는 비슷하면서도 몇 가지 큰 차이점을 드러냈다. 양자가 모두 온 세상을 자기들의 교구로 삼았다. 만약 사역 결과로 즉시 입증되지 않았다면 이것은 순전히 공상에 지나지 않았을 그런 태도였다.

1217년에 프란체스코회는 이미 세계를 자체의 관구들로 구분했는데, 그 내용을 보면 이 수도회가 초창기에 어느 지역들에 역점을 두었는지가 확연히 드러난다. 관구의 현황을 살펴보면, 이탈리아에 여섯 개, 프랑스에 두 개, 독일과 스페인과 중동에 각각 한 개가 있었다. 1230년에 이르면 독일이 두 개의 관구로, 프랑스와 스페인이 각각 세 개의 관구로 분할되었고, 영국과 오스트리아도 목록에 추가되었다. 그러므로 불과 십수 년만에 중세의 요건을 모두 만족시키는 기본적인 지역 조직이 형성되어 있었던 셈이다.[82]

이에 비해 도미니쿠스회는 훨씬 더 신중한 자세로 시작했다. 그들이 1221년에 세운 최초의 관구 계획에는 불과 다섯 개의 관구밖에 없었고(롬바르디아, 이탈리아 남부를 포함한 로마, 프로방스, 스페인, 프랑스), 1230년경에는 여기에 헝가리, 독일, 영국, 폴란드, 덴마크, 그리스, 그리고 성지가 추가되었다. 그러므로 이 무렵에는 도미니쿠스회가 변경 지대를 보다 강조하는 방식으로 전 세계를 향한 사역을 위해 경계선을 배치해 놓고 있었다.[83]

수적인 면에서는 도미니쿠스회가 사역 목표를 보다 뚜렷하게 한정했기 때문에 프란체스코회에 비해 성공을 거두지 못했다. 14세기 초에 이르면 도미니쿠스회의 수도원 수는 약 6백 개였고, 이에 비해 프란체스코회는 4백 개였다. 이 수도원들에 속했을 탁발수사들의 수는 짐작조차 할 수 없을 정도로 불확실하지만, 수도원 한 곳에 평균 20명의 탁발수사들이 속해 있었다고 보면 크게 빗나간 것이 아닐 것이다. 이 숫자를 기준으로 계산해 보면 두 수도회가 중세에 가장 큰 교세를 확보했을 때 프란체스코회에는 28,000명이 탁발수사들이 있었던 반면에, 도미니쿠스회에는 12,000명이 있었던 셈이 된다.[84]

숫자 자체만 놓고 보면 그리 대단한 규모는 아니며, 이들의 규모를 기존 수도회들의 규모와 비교하기도 매우 어렵다. 탁발수사들은 지적 활동에 관해서는 아주 방대한 기록을 남겼지만, 자기들이 처했던 현실에 관해서는 기존 수도회들보다 오히려 더 단편적인 기록을 남겼다. 그럼에도 불구하고

---

82) J. Moorman, *History of the Franciscan Order*, 1968, 46-62, 62-74.

83) A. Walz의 *Compendium Historiae Ordinis Praedictorum*(2nd ed., 1948)에는 이런 발전 과정이 잘 요약되어 있다.

84) 두 수도회의 인원 추산은 크게 다르다. 프란체스코회의 인원에 대해서는 Moorman의 op. cit(155-76, 351)을, 도미니쿠스회의 인원에 대해서는 Walz의 책 외에도 F. Mandonnet의 *Saint Dominique*(1937, i, 187-8)와 (영국의 경우에 관해서는) Hinnebusch의 *The Early English Friars Preachers*(1951, pp. 271-8)를 참조하라. 1331년에 최초로 작성된 프란체스코회 수도원들의 공식 목록은 Eubel의 *Provinciale Vetustissimum*(1892)에 실려 있다.

12세기의 시토회의 성장과 13세기의 탁발수사들을 비교해 보면 몇 가지 의미심장한 차이들이 나타난다. 수적인 면에서 도미니쿠스회의 수도원들은 시토회와 거의 견줄 만한 규모에 도달했지만, 프란체스코회의 규모는 훨씬 더 컸다. 하지만 탁발수사들의 수도원들을 모두 합쳐 놓고 보면 탁발수도회가 시토회의 관심이 별로 닿지 않던 곳에 큰 관심을 기울였다는 것을 알게 된다. 불과 80년이 넘지 않는 탁발수도회의 성장기간은 두 세기나 되는 시토회의 성장기간에 비해 훨씬 짧았다. 하지만 탁발수사들과 시토회가 가장 현저하게 달랐던 점은 분포 상황이었다.

프랑스의 경우 시토회의 전체 수도원 중 1/3이 이 나라에 있었던 반면에 도미니쿠스회는 1/6밖에 없었고, 프란체스코회의 비율은 이보다 더 작았을 것이다. 반대로 이탈리아의 경우에는 시토회가 전체의 1/10 남짓한 수도원들이 이 나라에 분포한 반면에, 도미니쿠스회는 1/5, 프란체스코회는 아마 그보다 더 높은 비율로 분포한 듯하다. 이렇게 지역에 따라 편차가 컸다는 것은 탁발수도회들과 기존의 수도회들 사이에 중요한 차이가 있었다는 한 가지 징후이다. 탁발수도회들은 기본적으로 지중해 연안과 도시를 중심으로 한 운동이었던 반면에, 시토회는 농촌 사회와 프랑스와 봉건 사회를 중심으로 한 운동이었던 것이다.

### 생계

도시가 있는 곳이면 어김없이 탁발수사들이 있었다. 그리고 도시가 없으면 탁발수사들이 없었다. 이것은 탁발수사들의 생활 방식에 따른 불가피한 결과였다. 농촌에서는 한 명이 구걸해서 먹고 살 수 있지만, 조직된 공동체가 구걸해서 먹고 살 수는 없다. 아무리 작은 공동체일지라도 그런 공동체가 살아남으려면 살림이 어느 정도 넉넉한 많은 인구가 사는 곳에 가서 살아야 한다. 그러므로 탁발수사들은 처음부터 도시에 자리를 잡았다. 그들은 스스로를 이제까지 아무도 건드리지 않은 도시의 세입을 건드리는 자들로 생각하지 않았겠지만, 사실은 그랬다. 어떤 점에서는 아우구스티누스회 참사회원들이 그들을 예기(豫期)했다. 앞에서 본 대로, 참사회원들 사이에서는 탁발수사들이 자기들을 제치고 '부자 시민들의 장례와 유증과 구호금'을 가로채간다는 불평이 있었다. 하지만 경제적인 면에서 두 수도회는 경쟁이 되지 않았다. 아우구스티누스 참사수도회는 기본 재산이 있는 데다가 시시때때로 기본적인 수입을 얻는 수도회였던 반면에, 탁발수도회는 주로 그때그때 구걸하여 생계를 유지했다. 두 조직은 두 개의 전혀 다른 상황에서 전혀 다른 경제적 수준에서 활동했다.

탁발수사들의 도시 생활을 기존의 여느 수도회보다 도시적인 성격을 띤 아우구스티누스회 참사회원들의 도시 생활과 비교해 보는 것은 흥미로운 일이다. 앞에서 보았지만, 많은 수의 참사수도원들은 도시 근교에서, 폐허가 되었거나 방치된 교회들에서 시작했다. 이 교회들은 도시 중산층, 즉 독자적으로 대수도원을 세울 경제적 능력은 없지만 정규 수도원에 기부자가 될 만큼은 능력이 있던 사람들의 필요를 채워주기에 아주 좋은 자리를 차지했다. 따라서 참사회원들은 도시적 배경을 갖는 경우가 빈번했으나 그들 자신이 도시적 현상은 아니었다. 도시 근교에 빈땅이 있고 방치된 교회가 있고 방치된 십일조세가 있기 때문에 우연히 도시로 왔을 뿐이었다.

이와는 달리 탁발수사들은 교회나 십일조세를 바라고 도시로 온 것이 아니라, 전도를 하고 수사를 모집하고 아울러 생계 수단을 의지할 만한 사람들이 있기 때문에 도시로 온 것이다. 그들은 전략적으로 근교로 가지 않고, 아무리 불편하더라도 도심으로 들어갔다. 수가 증가하면 도심을 떠나 성곽 바깥으로라도 이동하지 않을 수 없었다. 하지만 될 수 있는 대로 도심 가까운 곳에 머물려고 노력했으며, 때로는 성곽 바깥에 머물더라도 성벽의 일부를 허물도록 허락 받는 방식으로라도 성안에 머물려고 노력했다.[85] 그들의 생활은 도시와 맺는 관계에 좌우되었으며, 이것이 그들이 발전해 갈 방향을 결정해 주었다.

---

85) 영국에 있었던 도미니쿠스회 수도원들의 터에 관해서는 Hinnebusch의 책(op. cit.)에, 모든 탁발수도회들의 터에 관해서는 V.C.H.의 여러 권에 귀중한 언급들이 실려 있다.

도시에서는 사람들이 집단을 이루어 구걸해서 먹고 살 희망을 가질 수 있지만, 아무리 도시라도 소유를 조금도 갖지 않은 채 산다는 것은 불가능하다. 누구든 가난하게 살겠다고 뜻을 세울 때는 이런 문제에 부닥치게 된다. 어떤 개인도, 어떤 공동체도 언제까지나 철저히 가난할 수는 없는 노릇이다. 이것이 가난을 이상으로 삼을 때 생기는 패러독스이다. 어쩌다가 가난해지기는 쉽지만, 정책적으로 가난해지기란 어려운 것이다. 기존의 수도회들은 수도원이 재산을 공유한 상태에서 개인이 가난하게 사는 것을 이상으로 채택함으로써 그 문제를 해결했다. 하지만 진정한 가난을 생각할 때 수도원의 이런 가난이란 명색만 가난일 뿐 사실상 부(富)였다. 일반적인 의미의 가난을 표준으로 삼을 때, 13세기가 되기 오래 전에 수사들과 참사회원들이 표방한 '가난한 중에 그리스도를 따르는 가난한 이들' (pauperes Christum pauperem sequentes)이라는 주장은 이미 실질적인 의미를 잃은 상태였다.

이 진부한 구절에 새로운 의미를 덧입히는 것이 성 프란체스코와 그의 추종자들의 임무 가운데 중요한 부분이었다. 하지만 그들이 경험으로 깨달은 것은 자기들이 따르고자 하는 그 길이 본능적으로만 따를 수 있다는 것이었다. 그것을 조직적인 방식으로 생각하고 추구하려고 하면 벌써 극복하기 어려운 문제들이 제기되었다. 당시까지 서구 기독교 세계는 앞서 언급한 수도원의 방침에 의해 이런 문제들을 외면해왔지만, 이 문제들은 철저한 가난이 보다 함축적인 이상이 되었던 인도의 종교계에서는 이미 오래 전부터 친숙한 개념이었다.

다음에 소개할, 어느 불교도가 가난의 진행 과정에 관해 기술한 내용은 초창기 프란체스코회가 겪었던 딜레마를 정확히 이해한다:

> 제자들이 손으로 겉옷을 찢어 엉망으로 만들기 시작했다. 그러자 지도자는 그들에게 칼을 사용하도록 허용했다.
> 그들은 대나무를 바늘처럼 다듬어 찢어진 옷을 꿰맸다. 그러자 지도자는 그들에게 바늘을 사용하도록 허용했다.

제자들이 칼과 바늘을 분실했다. 그러자 지도자는 그들에게 가방을 가지고 다니도록 허용했다.

가방이 부담스럽게 되자, 지도자는 배낭을 가지고 다니도록 허용했다.[86]

이 과정을 어디서 멈춰야 할까? 프란체스코회 수사들에게는 이것이 수도회가 설립된 그 세기에 수도회를 분열시킨 큰 문제였다. 그리스도의 가난을 닮는 것보다 '사도적 삶'을 추종하는 것을 이상으로 삼았던 도미니쿠스회 수사들에게는 그 문제가 그다지 심각하지 않았다. 결국에는 두 수도회가 상호 협력을 하는 과정에서 절충이 이루어졌고, 그 결과 탁발수사들(혹은 그들을 대표한 관리인들〈custodians〉)이 비록 수익성 있는 재산은 여전히 소유하지 못하더라도 사역에 필요한 건물과 시설은 소유할 수 있게 되었다.

이런 재산 제한의 효과는 정규적인 지대(地代)과 구분할 수 없는 고정된 연간 구호금을 받음으로써 크게 감소했다. 이런 변화에도 불구하고 재산 문제에 관한 탁발수사들과 기존의 수도회들간의 차이는 여전히 크게 남아 있었다. 탁발수사들은 큰 재산가들이 된 적이 없었다. 그들에게 들어온 수입이란 대부분이 현금이나 그 밖의 종류의 작은 선물, 유증, 그리고 죽은 자를 위한 장례와 미사에 대한 사례비였다. 집집마다 찾아다니며 구걸하는 것이 형식이나 과거의 기억이 되었을 때조차, 탁발수사들이 도시의 일반 대중에게 의존했다는 것이 그들의 수입원에서 여실히 나타났다.

탁발수사들은 수도회칙에 의해 생계 유지에 필요한 것 이상의 토지를 소유할 수 없었다. 이것은 그들에게 특허장과 토지 대장과 측량도가 필요 없었음을 뜻했고, 우리의 입장에서는 기존 수도회들을 지원했던 그런 유의 기부 행위들에 관해 정보를 얻을 수 없음을 뜻한다. 탁발수사들이 생계 수단으로 삼은 선물들에 관해 우리가 주로 알게 되는 것은 중세가 끝난 뒤

---

86) The *Kullavagga*, V, 11 (*Vinaya Texts*, transl. T. W. R. Davids and H. Oldenberg, in *The Sacred Books of the East*, 1885, vol. xx, p. 90).

에도 살아남은 무수한 유언장들을 통해서이다. 14세기 후반에 옥스퍼드 시민들이 남긴 유언장의 1/3이 프란체스코회에 바치는 유증을 포함한다고 추산되었다. 그리고 프란체스코회가 가장 인기가 높았는데도 이 유언장의 상당수가 다른 탁발수사들에게도 주는 유증을 포함했다. 이런 선물들은 수도원 설립 때 바치는 기부금에 비할 때 대단히 약소했지만, 가짓수가 대단히 많았고, 기록에 남은 과거의 여느 기부 사례들보다 더 광범위한 사회에서 바쳐졌다.

선물을 바친 자들과 선물들이 광범위했다는 것은 옥스퍼드의 프란체스코회의 기록에 잘 나타난다. 이 수도회의 기부자 명단의 맨 꼭대기에는 1289년부터 수도원 해산령이 공포된 1538년까지 연간 33파운드 6실링 8펜스를 기부한 국왕이 있고, 맨 밑에는 연간 6펜스를 기부한 세인트 에브 교회 사람들(그들의 소교구에 프란체스코회 수도원이 서 있었다)이 있다. 이 양극단 사이에는 백작들과 대주교들, 수사들과 수녀들, 성직자들과 평신도들, 상인들과 기사들, 부인들과 과부들이 자리잡고 있는데, 모두가 연간으로나 단회로 몇 파운드 내지 몇 펜스를 바쳤다. 이런 증거는 단편적이고, 탁발수사들의 초기의 열정이 쇠퇴한 뒤에야 비로소 본격적으로 많아지는데, 위에 소개한 증거로도 탁발수사들이 얼마나 광범위한 분야에 호소력을 가졌는가 하는 것을 충분히 엿볼 수 있다.[87]

유언장들은 13세기 말이 되어서야 비로소 많은 양이 쏟아져 나오기 시작한다. 이 때부터는 유언장이 민간의 종교 정서를 들여다 볼 수 있는 가장 좋은 사료의 하나로 손꼽힌다. 유언장들의 내용을 보면 죽음을 앞둔 사람들이 과거와는 달리 더 이상 죽음의 공포에 사로잡히지 않았음을 분명히 알 수 있다. 그 대신 그들은 연옥에서 오랜 세월 고통을 당할 것을 두려워했고, 따라서 기회가 닿을 때마다 자선 행위를 함으로써 고통의 기간과 정도를 감축하려고 했다.

---

87) 이 문단의 내용을 보다 자세히 알고 싶으면 다음을 참조하라: A. G. Little, *The Greyfrairs in Oxford* (Oxford Hist. Sco., 21), 1892.

현존하는 유언장들은 당시 사람들이 죽음을 준비할 때 아무리 큰 부자도 토지를 조금도 아끼지 않은 반면에, 몹시 가난하다가 유언장을 남길 만큼 지위가 오른 사람들도 경건한 목적에 바칠 잡다한 토지와 몇 파운드의 현금을 소유하고 있었음을 보여 준다. 탁발수사들은 그들이 기부금을 바칠 이상적인 사람들이었다. 탁발수사들은 소액의 예물을 활용할 수 있었고, 따라서 사람들은 천국 가는 길을 편안하게 하기 위해 작지만 소중한 예물을 그들에게 바칠 수 있었다. 그런 과정에서 탁발수사들은 마지막 자선 행위를 지정해 주는, 당사자들에게 긴요한 지위를 자연스럽게 차지했다. 1362년에 죽은 옥스퍼드의 가난한 도축업자 리처드 브램프턴(Richard Brampton)은 상인이 영혼의 건강을 유지하기 위해 필요한 최소한의 예물이 어느 정도였는지 생생하게 보여 준다.[88] 그는 다음과 같은 유증을 남겼다:

> 자신이 묻히고 싶어하던 올 세인츠 교회의 현관 수리비 2실링;
> 자신이 태만했거나 잊어버리고서 지불하지 않은 십일조나 예물 대금 6실링 8펜스;
> 소교구 사제에게 줄 1실링과 그의 하급 성직자에게 줄 6펜스;
> 자신의 장례식 날에 가난한 사람들에게 나눠 줄 10실링;
> 옥스퍼드에서 구걸하는 탁발수사들에게 나눠 줄 10실링;
> 예배당 사제에게 일년 동안 자신의 영혼을 위해 매일 미사를 드려달라고 부탁하기 위한 3파운드 6실링 8펜스.
> 아내가 죽은 뒤 오세니 대수도원의 아우구스티누스 참사수도회에게 바칠 옥스퍼드에 있는 자기 가문의 토지.

중세 말에 작성된 유언장은 대개 이런 내용들이 뒤섞였다. 사회의 규모가 커지면서 총액이 더 커지고, 영혼을 위한 미사의 수가 증가하고, 기부의 범위가 교량의 보수, 은둔자들 지원, 죄수들과 문둥병 환자 구제, 여러 제

---

88) *Oxford Deeds of Balliol College*, ed. H. E. Salter (Oxford Hist. Soc., 64), 1913, pp. 198-9.

단에 등불을 밝힐 기금 등으로 확대되지만, 기본적인 요소들은 거의 빠지는 일이 없다. 도시 사회에서 산발적으로 이루어진 자선의 범위에서 탁발수사들은 광범위한 중심 부분을 차지했다. 그들은 일정한 한도에서 모든 공동의 종교적 필요를 채워주었다. 그들은 가난하고 구제를 필요로 했다. 부자와 고관들에게는 장례식을, 보통 사람들에게는 추도식을 치러주었으며, 죽은 자들을 위해 미사를 베풀고, 임종하는 사람들에게 면죄를 선언했다. 모든 사람들에게 천국에 가는 길을 쉽게 만들어 주었다.

모든 기관들이 다 그렇듯이, 탁발수사들도 자연스럽게 자기들의 생활 방식에 적절한 악습들을 만들어 냈다. 시토회의 청교도주의가 직접 지주들 특유의 억척스러움으로 이어졌듯이, 탁발수사들의 가난과 제도적 구걸은 유증과 수수료를 밝히는 데로 이어졌으며, 기부자들인 동시에 참회자들을 관대하게 대하기 십상이었다. 탁발수사들의 생활의 성격과 상황에서 아주 자연스럽게 생긴 그런 관행이 대단히 보편화되었음을 입증할 증거는 희소하지만, 최악의 경우일지라도 이런 악습들은 귀족적 안일을 추구한 데서 생긴 것이 아니었다. 그런 일들도 많은 수고가 필요했으며, 탁발수사들이 편안하게 사는 유복한 폐쇄 집단이 될 위험은 전혀 없었다. 중세 말에 분위기가 느슨해질 때조차 그들은 도시에서 출발한 이런 표지를 간직하고 있었고, 따라서 나태 때문이 아닌 날카로움 때문에 악명이 높았다.

## 모집

13세기에 탁발수도회의 급속한 성장을 가능케 하고 중세가 끝날 때까지 그들의 지원을 보장한 예물과 구호금의 흐름을 이해하기란 어렵지 않다. 하지만 모집 문제는 보다 어려우며, 그 어려움이 탁발수도회들과 기존의 수도회들간의 차이를 강조한다. 기존 수도회들의 수사직 지망자들 가운데 높은 비율이 대 기부자들과 같은 계층, 즉 토지 귀족과 신사 계급(gentry) 출신이었다. 하지만 탁발수사들에게 기부한 사람들은 자기 자녀들이 구걸하며 살게 되기를 조금도 바라지 않았다. 유복한 가문 사람들에게는 자녀들이 탁발수사, 특히 그 중에서도 프란체스코회 탁발수사가 된다는 것은 꿈에서라도 생각하기 싫은 일이었다. 이런 혐오감이 때로는 탁발수사들의 가난에 로맨스의 호소력을 입히는 효과를 냈으며, 사회적 체면에 대한 혐오가 아마 12세기와 마찬가지로 13세기에도 자녀들이 부모의 기대를 저버리고 탁발수사가 되게 한 강한 동기였을 것이다.

귀족들과 부자들에게는 조직적인 구걸 생활이 혐오스럽게 혹은 낭만적으로 보였을지라도, 찢어지게 가난한 사람들에게는 그 집단이 안전과 존경을 보장해 주는 피난처였다. 가입 조건이 도미니쿠스회보다 수월했던 프란체스코회는 이미 구걸하며 살던 많은 사람들을 받아들였을 가능성이 높다. 도시의 규모가 커지면서 사회가 혼란스러워지던 상황에서, 원래 거지였던 사람들에게 종교적 구걸을 한다는 게 큰 매력이 있었으며, 13세기에 이탈리아의 모든 도시들에서 프란체스코회 수도원들이 크게 증가한 것도 이런 점에서 설명할 수 있을 것이다. 실제로 그리 얼마 전까지만 해도 나폴리에서는 탁발수사들과 걸인들을 동일시하는 일이 빈번했다. 초창기 탁발수사들의 환경이 그랬으며, 초창기에 탁발수사직에 지망한 주요 계층의 하나가 이미 생계를 위해 구걸하던 사람들이었을 가능성이 크다.

그러나 누구나 그렇듯이 탁발수사들도 좋은 가정에서 태어나는 것이 여러 모로 장점이 있다고 믿었으며, 회심자들 중에서 그들이 특별히 반긴 사람들은 좋은 가문 사람들과 지식인들이었다. 탁발수사들이 그런 사람들을 가입시키기 위해 노력했다는 이야기가 그들을 혐오하던 사람들의 입을 통해 많이 전달되었는데, 이런 이야기가 모두 거짓은 아니었다. 1244년 3월이라는 이른 시기에 인노켄티우스 4세가 이탈리아 토리노의 대주교에게 쓴 편지를 보면 시간이 흐를수록 눈덩이처럼 불어간 탁발수사들에 관한 다양한 원성을 여실히 들여다 볼 수 있다. 그 편지에서 교황은 아스티의 교장이 자신을 찾아와 한 이야기를 이렇게 소개했다:

> 교장의 하인들이 베르첼리에서 공부할 때 뇌물을 받고서 교장의 잔에 마약을 탔다. 얼마 후에 탁발수사 몇 명이 찾아와서 교장에게 자기들의 수도회에 가입하라고 권유하면서 그냥 '예'라고 말하기만 하면 된다고 했다(마약의 효과 때

문에 길게 말할 수 없었다). 그런 뒤 교장의 가재도구들을 압류하고, 그의 옷을 찢어버리고는 수사복을 입혔다. 교장이 정신이 들기 전에 머리를 깎을 생각으로 가위를 들고 있을 때 그 사실을 안 사람들이 집안으로 들어오려고 하자 그들은 그들을 몰아냈다. 추문이 퍼질 것을 두려워한 탁발수사들은 챙겼던 가재도구들을 교장에게 돌려주었다. 하지만 교장은 강제 서약을 취소하기 위해 교황에게 호소했다.[89]

이런 유의 이야기의 진위를 파악하기란 불가능하지만, 인노켄티우스 4세가 소개한 이야기는 정확한 사실이었을 가능성이 대단히 높다. 그럴지라도 탁발수사들이 이런 식의 농간으로 중세사의 학문적 정상에 우뚝 섰다고 생각한다면 어리석은 일일 것이다. 그들은 학자들과 교수들에게 다른 수도회들이 줄 수 없었던 어떤 것을 주었다. 성직자들의 사회에 승진을 위한 암투로부터의 자유를 주었고, 신학 연구와 교육에 전념할 수 있는 기회를 주었으며, 고결한 사람들의 마음을 사로잡을 만한 학문 활동의 동기를 부여했다.

학자들이 성직자 사회에서 승진하려고 벌였던 암투에 관해서는 이미 언급했다. 거의 모든 대학교 학생들이 우선 공부하는 동안에는 자신을 지원할 가문이나 후원자가 필요했고, 졸업한 후에는 생계를 유지할 성직록(여러 개일수록 좋았다)이 필요했다. 대개 스물다섯 살에 문학석사가 되었고, 그 뒤에 대학교로 돌아와 신학이나 법학에서 보다 높은 학위 과정을 밟기 전에 세속 정부든 교회 정부든 현실 세계에 나가 경력을 쌓아야 했다. 대학교로 돌아와서 학위 과정을 마치고 신학박사가 되는 시기는 대략 마흔 살쯤 되는 때였고, 그 때쯤이면 교회와 국가에서 보다 높은 직위에 오를 준비가 되어 있었다. 물론 석사 때부터 종교 기관의 후원을 받지 않고서 평생 대학교에 남아 가르친 사람들도 있긴 했지만, 그 수는 소수에 불과했다. 대부분은 학문 활동과 승진을 위한 분투를 병행해야 했다.

---

89) *Registre d'Innocent IV*, no. 529.

그런 상황에서 빠져나갈 길을 탁발수도회들이 열어 주었다. 탁발수도회에 가입한 대학교 교수들은 성직록을 얻기 위한 노력을 그만두고 학문 활동에만 전념할 수 있었다. 초창기에 가입한 사람들 중 더러는 아직 사회에 발을 들여놓지 않은 석사들이었고, 더러는 이미 사회에 깊숙이 발을 들여놓은 사람들이었지만, 어느 경우든 탁발수사들은 그들에게 대학교에 남아 공부할 수 있는 여건을 마련해 주었고, 그로써 그들이 세상을 등질 수 있게 해주었다. 13세기 초에 파리 대학교와 옥스퍼드 대학교에 적을 두었던 세 명의 영국인들의 경력은 그러한 상황을 들여다볼 수 있는 좋은 예가 될 것이다.

로버트 베이컨 (Robert Bacon). 로버트 베이컨은 1215년경에 파리 대학교에서 문학석사가 되었다. 그 뒤 영국으로 돌아가 옥스퍼드셔 로워 헤이퍼드의 주임사제직의 절반을 성직록으로 받아 평범하게 사회 생활을 시작했다. 이 성직록을 받게 된 것은 아인샴의 대수도원장 덕분이었는데, 그가 이 곳을 받은 이유는 그의 가정이 그 대수도원의 소작인 집안이었기 때문이었던 것 같다. 경제적으로 그의 전망은 밝지 않았지만, 그는 옥스퍼드 대학교에 들어갈 수 있었고, 이 대학교에서 신학을 공부하게 되었다. 그러는 과정에서 1227년으로 추정되는 시기에 도미니쿠스회에 가입했다. 이제 그는 성직록을 사임할 수 있었다. 이제는 이 세상에서 자리를 얻기 위해 투쟁할 필요가 없었다. 그는 학문적 지위를 확고하게 다졌고, 옥스퍼드에서 세계적인 명성을 얻으며 계속 가르치다가 1248년에 죽었다.[90]

리처드 루푸스(Richard Rufus). 영국 콘월 지방 사람으로서 1220년대에 파리 대학교에서 공부한 리처드 루푸스도 비슷한 경로를 취했다. 문학석사로서 신학을 가르치기 시작할 때인 1230년경에 파리에서 프란체스코회에 가입했다. 그 뒤부터 그는 확실한 보장을 받으며 학문 활동에 전념했는데, 그는 파리와 옥스퍼드에서 신학을 공부하고 가르치는 데만 전념한 유명한 사례였다. 그에 관해서 당시 프란체스코회 수사들 사이에서 의견이 분분했다. 에클레스턴의 토마스(Thomas)는

---

90) 그의 경력에 관해서는 다음을 참조하라: A. B. Emden, *Biographical Register of the University of Oxford to A.D. 1500*, 1957-9, i, 87.

그를 가리켜 탁월한 강사라고 했고, 로저 베이컨(Rodger Bacon)은 그의 명성이 무식한 대중 사이에서 가장 높다고 비아냥거렸다. 하지만 이런 것은 학문에 몸담은 사람이라면 감수해야 할 비판이었다. 적어도 그는 세상에서 승진하기 위한 지저분한 경쟁은 면했다. 그는 저명 인사들과 함께 일하는 만족을 누렸고, 그가 쓴 저작들이 유럽의 프란체스코회 도서관들에 여기저기 흩어져 보관되었다.[91]

**헤일스의 알렉산더(Alexander of Hales).** 스롭셔 헤일스 오웬 지방 출신으로 추정되는 헤일스의 알렉산더는 상당한 경력을 쌓은 뒤 다소 늦은 나이에 프란체스코회에 가입했다. 13세기의 1/4분기에 파리 대학교에서 교양학과 신학을 공부하고 가르쳤다. 런던과 리치필드의 참사회원직과 코벤트리의 대부제직을 동시에 맡은 그는 성직자 사회에서 비록 고속 승진을 하지는 못했으나 착실하게 승진을 해갔다. 그러다가 1236년경에 그는 모든 성직을 사임하고서 프란체스코회에 가입했다. 당시 그의 나이는 오십대 중반이었다. 이미 신학자로서 큰 명성을 얻었고, 성직자 사회에서도 영향력을 행사하던 때였다. 따라서 그가 탁발수사가 된 것은 큰 것을 포기한 셈이었다. 하지만 그는 학문 생활은 포기하지 않았다. 정반대로 이제는 대학교에 몸담고 있을 때보다 훨씬 더 안정되게 학문 활동을 해나갔다. 그가 탁발수사가 된 것은 파리의 프란체스코회에게는 중요한 의미를 갖는 일이었다. 왜냐하면 그의 덕분에 프란체스코회가 최초로 대학교 신학 교수를 보유하게 되었기 때문이다. 도미니쿠스회는 이미 오래 전부터 그런 인사들을 보유하고 있었으나, 프란체스코회는 오랫동안 그런 인사가 가입하기를 갈망해오던 터였다. 그들의 기쁨이 워낙 컸기에 프란체스코회 내부에서는 알렉산더의 학문적 명성이 오늘날까지 이어져 내려온다.[92]

### 학문적 업적

이 사람들이 탁발수도회에 가입한 동기는 물론 우리에게는 감취어 있다. 하지만 그들에게는 한 가지 공통점이 있다. 어느 누구보다도 탁발수도회들이 그들을 필요로 하되, 행정가로서가 아니라 깊숙이 발전한 형태의 신학

---

91) ibid., iii, 1604-5.
92) 알렉산더의 경력과 수도회에서 그의 중요성에 관해서는 다음을 참조하라: J. Moorman, *The Franciscan Order*, 1968, pp. 100, 131-2, 240-2.

을 가르치고 연구할 사람으로서 필요로 했던 것이다. 그들은 이 수도회들에서 자기들이 항구적으로 몸담을 곳을 발견했다. 탁발수도회들이 등장하기 50년 전만 해도 신학 연구는 정체되어 있었다. 새로운 사상도, 혁신적인 방법도 나오지 않았다. 그러다가 탁발수도회들이 등장하면서 아리스토텔레스의 학문들과 형이상학을 통째로 신학에 흡수함으로써 신학이 급속히 발전하게 된 때가 도래했다.

탁발수도회들보다 앞서서 신학의 이러한 전망을 내다본 신학자들은 신학의 범위를 확대하고, 새로운 형태의 토론과 새로운 체제의 교수법을 실험해 보고 싶었다. 하지만 당시 대학교들의 교과과정과 생존 경쟁에 사로잡혀 있던 세속 사회에서는 이런 시도를 도입할 여지를 발견할 수 없었다. 그런 상황에서 탁발수도회들은 기회를 제공했고 우려를 싹 씻어주었다. 우려를 씻어주었다고 하는 이유는 학자들이 수도회에 몸담으면서도 대학교 활동에 전념하고, 앞날에 대한 염려 없이 연구과 교육에 몰두할 수 있도록 최초로 보장해 주었기 때문이다. 기회를 제공했다고 하는 이유는 탁발수도회들이 젊은 수사들을 설교자, 선교사, 변론가로 양성할 신학자들을 절실히 필요로 했기 때문이다.

도미니쿠스회는 초창기부터 신학 연구를 위해 조직된 수도회였다. 이미 1223년경에 파리 대학교에 120명의 수사를 두고 있었고, 1234년에는 대학교의 신학박사 15명 가운데 9명이 도미니쿠스회 수사들이었다. 1228년에 이 수도회의 총회는 모든 소속 수도원이 신학 연구를 담당하는 탁발수사 한 명을 의무적으로 두어서, 변론을 담당하고 수도원에서 학생 교육을 지도하도록 규정했다. 아울러 적어도 3년간 신학을 공부하기 전에는 정식 설교를 맡지 못하게 했으며, 수도회의 열두 개 관구에서 각 관구마다 파리 대학교에 세 명의 학생을 보내 공부시킬 것을 계획했다. 물론 이런 입법은 어느 정도는 다 이상으로 그쳤지만, 도미니쿠스회의 교육 체계가 세속 대학교들과 대등한, 사실상 독립된 대학교로서 교육을 제공할 만큼 급속히 성장했다는 것은 중세에서 크게 주목할 만한 일 가운데 하나였다. 이 수도회는 몇 가지 면에서 유럽의 다른 어떤 수도회보다 진보된 교육을 제공할 만한 강력한 조직을 일으켰다. 과거에는 그렇게 단일 입법 기구의 지도를 받고, 뚜렷이 정해진 목적을 위해 공부하는 국제적인 학생 집단으로 구성된 조직이 없었다.

프란체스코회가 학문 분야에서 제정한 입법은 도미니쿠스회의 입법을 상당히 먼 거리를 두고 추종했다. 이 입법은 프란체스코회 조직이 지닌 다른 모든 측면들과 마찬가지로 혼란의 경계를 넘나들었다는 인상을 주지만, 그렇기 때문에 반드시 효과가 없었던 것은 아니다. 이 수도회에는 수도원마다 의무적으로 신학 강사를 두어야 한다는 직접적인 지침이 없었던 것 같다. 하지만 영국만 해도 프란체스코회의 연대기 저자는 1251년에 정식 신학 논쟁을 주관하는 30명의 강사가 있었고, 정식 변론은 못하고 강의만 하는 3-4명의 강사가 있었다고 자랑했다. 이 숫자가 영국 관구에 있던 프란체스코회 수도원의 숫자와 정확히 일치한 점으로 미루어, 프란체스코회의 이상이 이 무렵에는 도미니쿠스회의 이상과 거의 근접했음이 거의 분명하다.[93]

현재 13세기 프란체스코회의 입법에 관해 알려진 모든 사실이 이런 견해를 뒷받침한다. 1260년에 프란체스코회 총회는 각 관구에서 두 명의 탁발수사가 파리 대학교에 가서 무상으로 공부할 수 있다고 규정했다. 이 사람들은 파리 대학교에 가기 전에 틀림없이 2-3년간 자신들의 관구에서 공부를 했을 것이다. 공부할 기회가 부족했던 것은 분명히 아니었다. 13세기 초에 옥스퍼드 대학교에는 90명의 도미니쿠스회 수사들과 84명의 프란체스코회 수사들이 있었다.[94] 이 두 수도회는 이 면에서 우열을 가리기가 힘들었으며, 두 수도회만 합쳐도 학문에 몸담은 인구의 1/10은 족히 넘었을 것이다. 더욱 중요한 점은 그들이 신학 연구에 덤벼들어 새로운 활력을 불

---

93) Thomas of Eccleston, *Tractatus de Adventu Fratrum Minorum in Angliam*, ed. A. G. Little, 1951, p. 50; and A. G. Little, 'The Educational Organization of the Mendicant Friars in England', *Transactions of the Royal Historical Society*, 1895, viii, 49-70.

94) 이 통계는 1317년의 것이다. 60년 뒤인 1377년에 도미니쿠스회의 수사 수는

어넣었고, 그로써 다른 모든 분야의 학문 활동에도 깊은 영향을 주었다는 점이다.

탁발수사들이 이 일을 할 수 있었던 원인은 다른 어느 조직보다 공부에만 몰두할 수 있는 폭넓은 기회를 주었기 때문만 아니라, 학문적 노력에 새로운 목적을 부여했기 때문이기도 했다. 그들은 12세기 중반부터 시들해졌던 학문에 새로운 활력을 불어넣었다. 탁발수사들이 입학하기 전까지 대학교들은 주로 행정가들을 훈련하는 기관으로서, 법 체계와 법원들과 정부 조직을 발전시킬 사람들을 배출했다. 이것도 필요한 일이긴 했지만 갈수록 불만이 커졌다. 이와 대조적으로 탁발수사들은 세상을 회심시키는 데 뜻을 두고서 공부를 했다.

그들은 이단들을 회심시키고, 사라센인들을 논박하고, 그리스인들을 설복시키고, 전도자들과 증거자들을 배출하고, 서유럽에서 과거에 종교 혁신가들의 손길이 닿지 않았던 사람들에게 교육을 제공하고 싶어했다. 이 다양한 활동의 토대는 신학 연구였다. 신학 연구가 지적으로 더 세련되고 난해해지면서, 실제적인 면에서도 한층 중요하게 되었다. 이보다 더 학문 활동에 큰 만족과 자극을 주는 지적 상황은 생각하기 어려웠다. 그리고 이런 상황은 탁발수사들이 없었다면 존재하지 못했을 것이다. 그러므로 1250-1350년에 중세 신학계에 나오는 모든 위대한 이름들이 다 탁발수사들의 이름이었다는 것은 새삼스러운 일이 아니다.

도미니쿠스회는 알베르투스 마그누스(Albertus Magnus), 토마스 아퀴나스(Thomas Aquinas), 에크하르트(Eckhart)를 배출했고, 프란체스코회

---

70명으로 준 반면에, 프란체스코회 수사 수는 103명으로 늘었다. 1317년에는 그들 외에도 45명의 카르멜회 수사들과 43명의 아우구스티누스회 탁발수사들이 있었으며, 1377년에는 57명의 카르멜회 수사들과 49명의 아우구스티누스회 탁발수사들이 있었다(A. G. Little, *Franciscan Papers, Lists and Documents*, p. 65). 14세기에 옥스퍼드 대학교의 총학생수가 얼마였는지는 확실하지 않다. 가장 가능성 있는 추산은 (1305년 당시에) 1500명이었다. 백 년 뒤에는 그 수가 약 1000명이었을 것이다(H. Rashdall, *Universities of Europe in the Middle Ages*, ed. F. M. Powicke and A. B. Emden, 1936, iii, pp. 95, 328, 332-3).

는 보나벤투라(Bonaventura), 둔스 스코투스(Duns Scotus), 오컴의 윌리엄(William of Ockham)을 배출했다. 한결같이 시대와 장소를 초월하여 우뚝 서 있는 이름들이다. 이 짧은 명단에 중세 사상사의 위대한 건설자도 들어 있고 대 파괴자도 들어 있다는 것은 탁발수사들의 활동과 열정이 그만큼 광범위했음을 뜻한다. 과거의 수도회들이 모두 실패한 곳에서 탁발수사들은 성공을 거두었다. 그들은 중세에서 가장 지적인 세기의 지적 요구를 충족시켰다.

# 제7장

# 주변 수도회들과 대립 수도회들

## 1. 일반적 배경

    이렇게 해서 중세 사회의 사회적·종교적 틀 안에서 성공적으로 발전할 수 있었던 모든 형태의 조직적 종교 생활을 다 살펴보았다(모든 형태라 함은 목적과 편제와 물질적 지원과 세상과의 전반적인 관계를 감안한 것이다). 베네딕투스회, 시토회, 아우구스티누스 참사수도회, 그리고 그들 틈에서 활동한 탁발수도회들이 그 발전의 주요 영역을 차지했다. 이 수도회들은 저마다 조직적 종교 집단들이 만날 수 있었던 모든 영적·사회적·지적 필요를 충족시켰고, 사회가 수도회들에 제공한 지원을 거의 독차지했다. 이제 더 밟을 수 있는 단계는 하나밖에 없었고, 그것은 세속 정부와 교회 정부의 압력으로부터 더 큰 자유를 확보하고 보다 다양한 개인의 노력을 이끌어 내는 방향으로 나아가는 것이었다.

    몇몇 다른 분야들도 그랬지만 이 분야에서도 중세의 마지막 두 세기는 중세초의 보다 원시적인 생활 환경으로 회귀하는 것을 지켜보았으며, 이렇게 된 데에는 상황이 과거에 비해 훨씬 더 복잡해지고 혼란스러워진 것이 한몫 했다. 조직과 활동이 갈수록 정교하게 정의되고 보편성을 띠어가게 만들던 원동력이 갑자기 약해졌으며, 한 가지 시각에서 볼 때 유럽이 분산되면서 또 다른 방향에서 풍성하고 다양한 정서 생활을 체험하기 시작했다.

이런 상황은 목적 달성을 위해 강력한 조직을 갖추지 않을 수 없었던 시토회나 탁발수도회 같은 신설 조직들이 생기기에는 대단히 불리한 여건이었다. 그 대신 크고 막연한 목적을 표방한 작고 수수하고 미미한 조직들로 돌아가는 경향이 지배적이었다. 지나간 시대에 조직적 열정에 완전히 잠식된 적이 없는 은둔 수사가 다시 한번 사회의 원동력으로 떠올랐다. 그는(혹은 훨씬 더 의미심장하게 말하자면 그녀는) 더 이상 자기 영토에서 악령들을 몰아내기 위해 외롭게 싸운 성 구틀락(St. Guthlac)의 모습으로 나타나지 않고, 시에나의 성 카테리나(St. Catherine), 노리치의 줄리안(Julian), 데벤테르의 헤라르트 호로테(Gerhard Groote)의 모습으로 나타났다. 이들은 주변의 수도회들로부터 다소 거리를 두고 활동한 사색가와 신비주의자요, 비평가요 개혁자였다. 영적 전사들은 물러가고, 비평가들과 사색가들이 들어왔다. 과거에 영적 이미지를 제공했던 전쟁은 기사들의 열병(閱兵) 배후에 본심을 감춘 야심가들을 제외하고는 어느 누구에게도 관심을 끌지 못했다. 사회 분위기를 십자군 원정으로 몰아가기 위해 기독교 전사의 이미지를 아무리 외쳐도 사람들은 귀담아 듣지 않았다. 기독교 세계의 새 희망은 전사에게 있지 않고 선지자 개개인들에게 있었다.

종종 그렇듯이 변화의 첫 숨결은 기존의 이상을 가장 강력히 대변하는 조직 내부에서 느껴지는 법이다. 여기서도 그랬다. 14세기 초에 독일의 탁발수사 에크하르트가 매우 파괴적인 의미로 해석할 소지가 있는 발언을 한 곳은 가장 강력한 통일과 질서를 갖춘 도미니쿠스회 내부였다:

> 만약 화롯가나 양떼나 우리에서보다 내면의 사고와 간절한 열망과 하나님의 특별하신 은혜에서 더 많은 것을 얻으려고 생각하는 사람이 있다면, 그는 하나님을 붙잡고 망토로 그분 머리를 감싸고 그분을 벤치 밑으로 밀어내려고 하고 있는 셈이다. 하나님을 특별한 방법으로 찾는 사람은 그 방법은 얻고 그 방법에 감춰진 하나님은 잃을 것이다. 하지만 특별한 방법 없이 하나님을 찾는 사람은 하나님을 실제로 계신 그대로 발견한다. 그리고 그런 사람이 성자 하나님과 함께 산다. 그분은 생명 자체이시다.[1]

이 발언은 여러 면으로 생각할 수가 있다. 12세기부터 근원을 추적할 수 있는 성직자 계급 제도 중심의 교회에 대한 반감이 광범위하게 깔려 있던 상황에 놓고서 생각할 수도 있고, 훗날 프로테스탄트 청교도주의가 기독교의 삶에 가장 항구적으로 이바지한 조용하고 복음적인 순결한 삶의 예고로서 지닌 의미에 대비하여 생각할 수도 있다. 혹은 중세의 종교가 갈수록 개인주의로 흐르면서 나타낸 표현으로도 생각할 수 있고, 종교 생활을 직업적 엘리트를 위한 조직 체계로 만들려고 한 여러 가지 시도들에 대한 비판으로도 생각할 수 있다. 에크하르트의 발언은 이런 방식으로 중세 말에 나타난 몇 가지 중요한 경향들을 반영하지만, 현재 우리의 목적에는 마지막 것이 가장 중요하다.

1050-1300년에 유럽에서 발생한 가장 크고 생산적인 운동들은 모두 질서와 조직을 추구한 결과의 일부였으며, 정도 차이는 있으나 저마다 자신의 목적을 달성하는 데 실패했다. 물론 그 동안 위대한 일들이 성취되었고, 현대의 관점에서 볼 때도 실패보다는 성취에 더 큰 인상을 받는 것이 타당하다. 하지만 우리보다 기대와 현실의 괴리를 더 분명하게 보고, 우리가 느끼지 못하는 좌절된 희망으로 인한 혼란과 괴로움을 느끼고, 여행을 떠난 사람은 도착하기 전에는 아무것도 얻은 게 아님을 안 그 시대 사람들에게 실패는 대단히 고통스러웠다.

환멸감을 가장 크게 느낀 사람들은 탁발수사들이었다. 왜냐하면 이들은 13세기에 가장 큰 기대를 한 몸에 받고 많은 노력으로 가장 큰 성공을 일궈낸 사람들이었기 때문이다. 프란체스코회 수사들의 환멸은 묵시적 소망과 기존 수도회의 안일한 태도에 대한 반발로 표출되었다. 도미니쿠스회 수사들의 환멸은 보다 억제되었고, 주로 토마스 아퀴나스의 활동 내용을 재구성하고 확장하려는 그의 제자들의 용감한 시도로 표출되었다. 이 제자들의 활동 가운데는 에크하르트의 설교가 신앙 생활을 제도의 압박에서

---

1) Meister Eckhart, *Die Deutschen Werke*, ed. J. Quint, 1938-? (편집 작업이 여전히 진행중이다), i (*Predigt* 5b), p. 540.

해방시키고, 신앙 생활의 중심을 제도(기존 제도에서 해방된 탁발수도회들도 포함된)가 아닌 개인에 두려는 노력을 반영한다.

에크하르트의 교훈은 해석하기 어려운 점들이 있긴 하지만, 분명한 것은 그가 도미니쿠스회의 교회에서 쾰른 사람들에게 독일어로 설교할 때 세속 생활의 종교적 가치를 새롭게 강조했다는 것이다. 그는 하나님과의 합일이 모든 사람들에게, 특히 직업적인 신앙 생활을 하려는 유혹을 탈피한 사람들에게 열려 있다고 말했다. 이 유혹 가운데 가장 큰 것은 재산을 소유하려는 유혹이라고 했다(그가 말한 이 유혹은 탁발수사들이 삼간 세속 재산이 아니라, 기도와 금식과 철야와 그 밖의 모든 외적 행위와 금욕적 행위였다). 당대의 많은 사람들이 생각했듯이, 그가 교회의 외적 형태와 제도를 거부했다고 생각하면 큰 잘못이다. 만약 그의 교훈이 이런 요소들을 폄하한 인상을 주었다면, 그것은 과거에 이 요소들이 과대 평가되었기 때문이기도 하고, 탁발수사들이 제도적인 방식으로 찾으려다가 실패한, 진정한 해방을 주는 가난을 찾는 데 한 단계 더 진보했기 때문이기도 하다.

에크하르트가 가르친 교훈의 핵심은 이 가난을 영혼 안에서 찾아야 한다는 것이었다. 이 가난은 이런저런 형태의 재산을 포기하는 행위로는 찾을 수 없는데, 왜냐하면 이 행위는 다른 모든 행위와 마찬가지로 인간이 의지로 고안해 낸 것으로서, 영혼과 하나님 사이에 장벽을 두기 때문이라고 했다. 에크하르트가 설교를 통해 전하고자 한 것은 하나님께서 홀로 정해두신 적합한 방법으로 이루어지게 될 영혼 내면의 회심이었다. 이런 회심을 체험하면 과거에 했던 모든 서약과 신앙 수련과 외적 형식이 뒷전으로 물러가게 된다고 했다.

그렇다면 이 서약과 수련과 외적 형식은 조금이라도 지속적인 가치가 있는 것인가? 이것이 에크하르트가 뚜렷한 답을 주지 않은 질문이었다. 이것이 중세 말기에 끊임없이 반복해서 나타난 질문이었고, 이것이 중세 초기에 힘겹게 얻은 제도들과 조직을 송두리째 와해하려고 위협했다. 질문이 이렇게까지 깊이 제기되지 않을 때에라도, 개인 영혼에 있는 하나의 궁극적 실재를 찾으려는 노력 — 그것이 에크하르트에게서 비롯된 것이든, 아니면 다른 사람에게서 비롯된 것이든 간에 — 이 중세의 마지막 두 세기의 종교에 심오한 영향을 끼쳤다.

그러나 중요한 것은 이 영향의 범위를 지나치게 과장해서도 안 되고, 유독 에크하르트만 세속 생활의 종교적 가치를 가르쳤다고 과장해서도 안 된다는 것이다. 한편으로 에크하르트의 말에 종종 묻어나는 지나치게 개인주의적인 견해가 중세가 끝나기 전까지는 한정된 부류의 지지밖에 받지 못했다. 대다수 인구는 제도 교회가 제공하는 종교적 도움에 확고히 붙어 있었다. 좀 냉정하게 말하자면, 유럽은 제도 교회가 제공하는 종교적 도움에서 지적이고, 정서적이고, 물질적인 것에 크게 잠식되어 있었기 때문에 그런 것들을 쉽게 버릴 수 없었다. 죽은 자를 위한 미사와 기도, 면죄부, 연옥의 고통을 면하기 위한 선행과 구제가 14세기와 15세기만큼 그렇게 광범위하고 심지어 광적인 인기를 끈 적이 없었다.

그럼에도 불구하고 이런 관행들이 제공한 유익을 그냥 맹목적으로 받아들이기만 한 것이 중세 민간 신앙의 전부는 아니었다. 평신도들은 종교적 유익을 받는 대가로 돈과 부역을 제공하는, 국외자의 입장에 머물러 있지 않았다. 성직자들이 바라는 대로 그렇게 고분고분하거나 둔감한 사람들이 아니었다. 에크하르트의 사상은 일반 세속 생활에 일종의 수도 생활과 같은 가치를 입히려는 광범위하고도 뿌리깊은 열망을 대다수 일반인들이 받아들일 수 있는 것보다 더 예리하게 울려 퍼지게 했을 뿐이다. 이 열망은 다양한 방식으로 표현되었지만, 정규 수도회들과 제도들의 주변에 평신도의 영역을 확보하려는 시도로써 가장 집약적으로 표현되었다. 앞에서 소개한 수도회들 각각의 주변에는 마치 모체에서 생명을 받았으면서도 자랄 때는 독립된 생명체로 자라는 유기체들처럼 모체에 속한 집단들이 생겼다.

중세 말기에 가장 독창적이고 매력적이며, 때로는 격렬하고 파괴적인 영향력을 행사한 원동력의 일부는 이런 주변 단체들에서 찾아야 한다. 하지만 정규 수도회들의 주변에 조직적인 종교 생활이 발전한 일로 넘어가 살펴보기 전에, 너무 오랫동안 방치해 둔 중세 사회의 두 가지 요소에 관해 말하는 것이 옳다. 하나는 대중의 행동이고 다른 하나는 여성들의 영향력이다. 이 요소들은 세속 당국자들과 교회 당국자들의 의심을 자아낸 중세 말기의 종교적 행동의 여러 가지 특징을 이해하는 데 열쇠가 된다.

### 대중의 행동

한 면에서 보면 중세 말기에 발생한 모든 종교적 운동은 교회의 체계적인 가르침과 예배에서 힘을 얻지 않고 일상 생활에서 겪는 여러 가지 곤경들에서 힘을 얻는 대중 신앙의 몇 가지 요소들을 활용하고 인도하고 표출하려는 시도였다. 대중적인 신앙 운동이 일어나게 한 주된 근원은 질병과 절망이었으며, 이 두 가지는 대체로 함께 작용했다. 인간의 삶에 기본적으로 붙어 다니는 이 두 가지 사실의 중요성을 새삼 강조할 필요는 없고, 다만 이 두 가지가 뜻밖의 사고로써 개인에게 주는 두려운 충격과, 이해할 수도 없고 통제할 수도 없는 천재(天災)와 인재(人災)로써 사회 전체에 주는 충격은 관심 있게 살펴볼 필요가 있다. 이런 재난들은 1348-49년에 대흑사병이 번질 때 극에 달했지만, 국지적으로는 중세 내내 끊이지를 않았다. 전쟁도 절망을 안겨주는 데 일조했다. 민간인들의 생명과 재산은 언제나 정규 보급 체계를 갖추지 않고 다만 군사적 편의만 고려한 전쟁 규율대로 움직인 군대의 손에 달려 있었다.[2]

세계의 다른 지역도 그랬지만 유럽도 무기가 발달하지 않았기 때문에 멸망을 모면했지만, 군대는 그런 수준의 무기를 무자비하게 사용했다. 따라서 민간인들에게는 전쟁의 공포가 매우 컸을지라도, 정말로 절망을 일으킨 것은 기근과 질병이었다. 의술로 고칠 수 없는 고통스러운 질병 앞에서 대중은 신의 개입을 염원하면서 히스테리아를 집단적으로 분출했다. 절망에서 비롯된 이런 집단적 운동에 관해서는 많은 기록들이 있지만, 두 가지만 살펴봐도 상황을 제대로 이해할 수 있다.

---

2) 참조. M. H. Keen, *The Laws of War in the Late Middle Ages*, 1965, pp. 19, 121, 140, 190-91, 243. 중세 내내 민간인들이 야만적인 취급을 받는 것이 보통이었다.

1145년에 노르망디의 생 피에르 쉬르 디브 교회가 오랜 세월에 걸친 공사 끝에 완공되었고, 허다한 군중이 기적을 기대하고서 그 교회의 제단 둘레에 모여 광적인 태도로 성모에게 자비를 구했다:

> 그들은 치유가 지체되고 원하는 것이 즉시 이루어지지 않으면 남녀노소 가릴 것 없이 부끄러움도 잊은 채 웃옷을 벗고서 땅바닥에 드러누웠다. 그렇게 땅바닥에 몸을 펼친 채 손과 무릎으로 기지 않고 온 몸으로 기어 대 제단으로 가고, 그런 다음 다른 제단들로 가면서 '자비로운 성모'에게 울부짖으며 탄원하되, 응답을 받아내기까지 그렇게 했다.[3]

얼마 뒤 이곳 옥스퍼드에서도 비슷한 장면이 연출되었다. 1180년에 성 프리즈와이드(St. Frideswide)의 유해가 새 무덤에 이장되었는데, 그의 무덤에서 기적이 일어났다는 소문이 온 도시에 퍼졌다. 삽시간에 그 교회는 각종 질병을 앓는 사람들로 발 디딜 틈조차 없게 되었다. 그들 대부분이 다른 도시들이나 근교에서 온 미천한 사람들이었다. 엑서터, 베리 세인트 에드먼즈, 사우샘프턴, 스롭셔 등 먼 곳에서 많은 사람들이 왔고, 캔터베리의 세인트 토마스 교회 같은 유명한 성소들에서 효험을 보지 못해 실망하고서 온 사람들도 더러 있었다. 그들은 수종(水腫)병자, 중풍병자, 소경, 정신 이상자, 피부병 환자, 그리고 머리와 위와 사지에 통증이 있거나 부상을 당한 사람들이었다. 밤낮을 가리지 않고 와 있는 그들과 그들의 친족들 때문에 교회가 시끌벅적했다. 그들은 무덤 주위에 몰려 있으면서 그 곁에서 잠을 자고 그것을 만지고 그것에 혹시 먼지가 앉을새라 틈틈이 닦았다. 참사수도회는 그곳에서 기적이 백여 건 발생했다고 기록했는데, 그런 뒤에는 급속히 흥분이 식었고, 성 프리즈와이드의 치유 능력에 관한 소문을 다시는 들을 수 없었다.[4]

---

[3] 생 피에르 대수도원장이 투트베리의 수사들에게 보낸 편지를 참조하라: ed. L. Delisle, *Bibliothèque de l'école des chartes*, 1860, xxi, 113-39.

[4] *Acta Sanctorum, Octobris*, viii, 568-89.

이런 사례들은 아주 평범한 것들이며, 물론 중세나 기독교 세계에만 한정되지도 않는다. 하지만 중세 유럽에 그런 사례가 얼마나 빈번하게 발생했는지, 대중의 히스테리적 열망이 얼마나 쉽게 분출되었는지, 그리고 이런 기대들이 하늘로부터의 징조에 유일한 소망을 둔 대다수 사람들에게 살아갈 힘을 주는 데 얼마나 큰 역할을 했는지 기억해야 한다.

대체로 이런 대중의 종교적 필요가 표출된 현상들은 지나치게 넓게 확산되었기 때문에 조직적인 운동이 될 수가 없었다. 그럴지라도 심각한 불안을 조성하는 사건이 일어나서 세상적 절망과 초자연적 희망이 어우러진 분위기를 강화할 가능성은 언제나 있었다. 이 가능성은 1348-49년의 몇 달간 전염병이 돌 때 가장 현저하게 실현되었는데, 벨기에 투르네의 성 마르티누스 대수도원 원장이 관찰한 바대로 보면 당시 사회가 큰 재난을 만날 때 어떤 일이 벌어졌는지를 생생하게 들여다 볼 수 있다.[5]

그는 1349년 8월 15일에 브뤼헤에서 온 2백 명 가량 되는 사람들이 저녁 시간에 도시에 나타나 스물네 시간을 머물다 갔다고 기록했다. 그들이 떠나고 나서 다음 주에 비슷한 무리들이 그 도시를 지나갔다. 헨트에서 온 4백 명, 슬루이스에서 온 3백 명, 도르트레흐트에서 온 4백 명, 리에주에서 온 18명이 각각 마을에 잠깐 머물고는 떠나갔다. 그들 중 마지막 무리와 함께 온 도미니쿠스회 수사는 설교를 하는 도중에 이 이동의 목적을 설명했다. 그는 자신과 함께 온 무리를 그리스도의 붉은 기사단이라고 부르고, 그들이 스스로 수없이 채찍질을 하여 피를 흘렸다고 말했다. 그리스도께서도 이런 피를 흘리셨고, 그들의 피가 그들을 그리스도와 연합시키기 때문에 그 피는 대단히 고귀한 것이라고 말했다. 그리고는 그들이 모두 구원받을 것이고, 교황의 면죄부가 필요 없으며, 성인들을 기릴 필요가 없을 것이라고 했다. 그들은 자기들의 몸과 영혼에 그리스도의 성흔(聖痕)을 지니고 있기 때문이라고 했다.

---

5) 참조. P. Frédéicq가 수집한 문헌들: *Corpus Documentorum Inquisitionis Hereticae Pravitatis Neerlandicae*, 1889, i, 190-201; 1896, ii, 100-139.

수사가 설교를 마쳤을 때 그 도시는 흥분에 휩싸였다. 그 뒤 며칠 동안 그 지역 주민 네 사람의 주도로 채찍질 고행단이 조직되었고, 9월 7일에 아우구스티누스회 탁발수도회 소수도원장과 참사수도회 수사 한 명과 재속(在俗) 사제 두 명과 함께 565명의 남자들이 리에주 쪽으로 길을 나섰다. 이들은 10월 10일까지 돌아오지 않았다. 그 동안에도 투르네에는 흥분이 계속되었다. 대수도원장은 9월 12일부터 네 주 동안 인근 도시들에서 온 3,500명 가량 되는 사람들이 스물세 개의 무리를 구성했다고 추산했다. 아무도 그 상황을 통제할 수 없었다.

이 사건을 기록한 대수도원장은 알쏭달쏭한 사람이었다. 한편으로 교회 당국은 무리 지어 몰려 다니는 이 사람들을 좋지 않게 생각했다. 이들은 주교좌 성당과 그 밖의 교회들에 몰려들어 자기들의 독특한 의식을 거행하면서 정규 성무일과 수행을 방해했다. 다른 의식 때는 말할 것도 없고 심지어 성체 거양(聖體擧揚) 때에도 모자를 벗지 않았다. 하는 짓들도 몹시 볼썽 사나웠다. 그렇지만 성직자들은 이 운동을 강력히 지지한 군중이 두려워 아무런 조치도 취하지 못했다. 지난해에 대 재난을 겪고 난 처지에서 모든 사람들의 마음에는 무슨 일이라도 해야 한다는 생각이 자리잡고 있었다. 인구의 대다수가 전염병에 걸려 죽었는데, 그 수가 얼마나 되는지는 아무도 몰랐다. 사람들이 무리 지어 다니며 채찍질로 피를 흘리는 행위는 희생적 속죄 행위로써 하나님의 진노를 달래려는 시도였다. 그 일을 진지하게 하다보면 결국 효과가 있을 것이라는 것이 채찍질 고행자들의 생각이었다. 그들의 언어와 관습은 여러 면에서 큰 인정을 받았다. 그들은 하루종일 '주기도문'(Paters)과 '아베 마리아 기도'(Aves)를 드렸고, 그리스도의 수난을 기념하면서 행렬을 벌이는 동안 찬송을 불렀고, 금식하고 여자와의 관계를 금했으며, 채찍질하는 동안 참회의 기도문을 읊었다. 더욱 이상한 것은 하나님을 기쁘게 해드린다는 명분으로 유대인들을 죽이라고 주장했다는 것이다. 그들은 자기들에게 닥친 고통이 다 유대인들 때문이라고 믿었던 것이다. 지식인들이 뭐라고 했든 간에, 고통을 불러들인 주범을 찾으려는 이런 시도에도 불구하고 그들이 대중 사이에서 누리던 인기는 조금도 줄어들지 않았다. 그들이 도시를 가로질러 가는 것을 죽 지켜본 대수도원장은 그들을 처벌하려던 생각을 철회했다.

1349년의 여름과 겨울이 지나는 동안 내내 그 운동은 플랑드르와 독일의 도시들로 확산되었다. 그러다가 전염병이 사라지자 급속히 소멸했다. 이 운동은 중세 교회의 제도나 사상에 아무런 흔적도 남기지 않았으나, 사회에 큰 재난이 닥쳤을 때 대다수 사람들이 어떻게 행동했는지 그 단면을 생생하게 보여주었다. 그들은 당시에 유행하던 신앙 형식을 취하고 거기에 자기들의 강렬한 의지를 주입하여, 자기들의 몸과 자기들이 하나님의 원수들로 생각한 자들을 희생시켜 하나님의 진노를 달래려고 했다. 자기들에 대해서는 무한히 신뢰하고, 전통적 기율과 규제에 대해서는 경시했다. 신앙 열정 면에서 그들은 제도 교회를 압도했고, 사회의 문맹자 계층과 지식인 지도자들 사이에 놓여 있던 장벽을 허물었으며, 장래의 일에 관해 확신을 가지고 말했다. 정도의 차이는 있지만 이런 것이 중세에 일어난 모든 대중 운동의 특징들이다. 전염병은 항상 내재해 있던 좌절감에 폭발 에너지를 가했을 뿐이며, 중세의 다른 어떤 요소들보다 대중 신앙의 항구적인 요소들을 분명하게 보여주었다. 그러므로 새로운 형태의 종교 조직들을 생각할 때는 이렇게 강하게 역류한 대중 정서를 기억해야 한다.

하지만 이 주제로 들어가기 전에, 중세 말기의 신앙에 지배적인 영향을 끼쳤던 또 다른 요인의 발전 과정을 추적해야 한다.

### 종교계에서 여성들이 끼친 영향

미혼 여성들과 과부들이 수도 생활을 하려고 할 때 그들에게 품위 있는 적절한 환경을 제공하는 일이 중세 초기 귀족 사회에 어려운 문제를 던져주었다. 미혼 여성들은 세속 사회에서 예외적인 존재였다. 소녀들은 대개 열세 살이나 열네 살에 결혼했고, 과부들도 오래 지체하지 않고 재혼하는 것이 통례였다. 당시 상황에서는 인구 증가 정책과 국방세 의무에서 벗어나려면 이 길밖에 없었다. 그럴지라도 사회에서 미혼 여성들의 지위가 이렇게 여러 면에서 불리했을지라도, 나름대로 그런 지위를 완화하는 방식이 있었다. 대 가문들은 결혼할 수 없거나 결혼하지 않으려는 소녀들에게 살길을 마련해 주어야 했고, 과부들도 중요한 인척 관계와 안정된 사회적 지위를 지닌 경우에는 본인의 의사와 상반되게 재혼시키거나 재산을 처리할 수가 없었다.

이런 점들은 중세 초반에 수녀원들이 그토록 많았던 이유를 이해하는 데 도움이 된다. 7-8세기의 메로빙거 왕조와 앵글로색슨족의 왕들은 많은 재산을 기부하여 규모도 크고 역사적으로도 중요한 수녀원들이 설립되도록 한 일로 특히 유명했다. 왕들이 수녀원들에 기부를 한 주된 목적은 귀족들의 과부들과 딸들에게 은둔처를 제공하려는 것이었는데, 프랑크와 영국의 수도원 역사 초창기에 가장 유명한 이름들 중 몇몇은 왕족 출신 수녀들의 이름들이다. 휘트비의 힐다(Hilda), 엘리의 에셀드레다(Etheldreda), 푸아티에의 라데군디스(Radegunde), 셀의 바실다(Bathilda) 등이 대표적인 이름들이다. 이들은 당당하고 강인한 여성들로서, 자신들이 왕손(王孫)임을 잊지 않았다. 수녀원에는 성사(聖事)와 세속 행정상의 지원을 하기 위해 대개 수도원이 딸려 있었으며, 대수녀원장이 강한 통솔력을 가지고 수녀원과 부속 수도원을 총괄하여 다스렸다. 이 암흑 시대의 여성들은 비범한 종교적·문학적 업적을 남겼지만, 이렇게 독립을 유지한 황금기는 오래 가지 않았다. 사회가 갈수록 치밀하게 조직되고 교회 중심적으로 자리를 잡아감에 따라, 남성 지배의 필요성이 강하게 대두되기 시작했다.

### 쇠퇴

수도원들이 우후죽순처럼 설립된 10세기 초에서 12세기 초에 이르는 시기에, 수도 생활에서 여성들의 지위가 현저하게 쇠퇴했다. 이중 수도원 조직과 그 중에서도 특히 여성이 총괄하여 다스리던 관행이 타격을 받았다. 더욱이 수도원이 전례(典禮)를 전문화해야 하고 수도원에서 드리는 미사가 중보적 가치를 지닌다는 새롭고 보다 엄격한 사상이 대두하면서 자연히 이런 의무들을 가장 효과적으로 수행할 수 있는 수사들의 중요성이 강조되었다. 이런 과정에서 이중 수도원은 자취를 감추었다.

물론 수녀원들도 계속해서 설립되긴 했지만, 초창기에 지녔던 중요성과는 달리 이 시기의 수도원 운동 발전에는 미약한 역할밖에 감당하지 못했다. 새로운 수도원주의의 이상을 극명하게 나타낸 클뤼니회의 사례는 이 점에서 특히 인상적이었다. 10-11세기에 클뤼니회 휘하에 많은 수도원들이 설립되었지만, 12세기 초엽 이전에는 그 가운데 수녀원이 한 곳밖에 없었다. 이것이 마르시니 수녀원으로서, 클뤼니의 대수도원장 위그(Hugh)가 자신의 권유에 따라 남편들이 수사가 된 여성들을 위해 은둔처를 제공하려는 특별한 목적으로 건의하여 설립되었다.[6] 그 대수도원장은 부인들에게는 수도 생활을 할 기회가 없는데 남편들에게 수사가 되도록 권유한 데에 양심의 가책을 받았던 것이다. 그는 그러므로 자신의 형제에게 수녀원을 지을 땅을 제공하라고 설득했다.

이렇게 수녀원이 설립된 정황과 조건은 당시 종교계에서 여성들의 지위가 낮았음을 보여 준다. 여성들은 과거와 달리 이제는 수사들을 지배하기는커녕 직접 수도 생활을 해나가지도 못했다. 오히려 이제는 '이 영광스러운 감옥'에 들어간 여성들은 클뤼니 대수도원장이 임명한 소수도원장의 지배를 받았다. 수녀들은 "세상에 나타남으로써 다른 사람들에게 정욕을 일으키거나 자신들 스스로 정욕이 생기는 일을 막기 위해서" 봉쇄 구역에서 생활했다.[7] 수녀원은 다음과 같은 곳이 되어야 했다:

> [수녀원은] 결혼 생활에 염증을 느낀 장년 여성들이 과거의 잘못을 씻고 그리스도를 모시고 살 자격을 갖추는 곳이었다. 결혼 생활에서 해방된 고결한 여성들은 결혼 생활이 주는 즐거움이 얼마나 덧없는 것이고 슬픔으로 가득한 것인

---

6) *Vita S. Hugonis Abbatis Cluniacensis*, in M. Marrier and A. Quercetanus, *Bibliotheca Cluniacensis*, 1815, p. 455.

7) ibid., 455-6. 감옥의 이미지에 관해서는 다음을 참조하라: Peter the Venerable, *Epp.*, ii, 17; iv, 21; vi, 39 (*the Letters of Peter the Venerable*, ed. G. Constable, 1967, i, pp. 161, 306, 428).

가를 발견하고서 단단한 결심으로 결혼 생활을 포기하고서 이 곳을 택했다.[8]

　대수도원장 위그와 그의 전기 작가가 남긴 이 말은 영적 소명에 관한 숭고한 생각이나, 마르시니에서 은둔처를 찾은 여성들의 수양 능력에 관해서는 한 마디도 하지 않는다. 그럴지라도 이 글에서 수녀원이 방해가 되는 결혼 생활로부터의 도피처를 제공한 점을 강조한 것은 그릇된 판단은 아닌 듯하다. 여성들이 결혼 생활에 대한 기억이나 전망에 염증을 느낀 것이 수도 생활에 입문하는 데 아주 큰 역할을 한 듯한데, 이 염증은 12세기가 끝날 때까지 감소하지 않았음에 틀림없다.
　이 세기의 로맨스 문학이나 종교 문학에 여성들의 지위가 높게 표현된 것은 여성들이 갈수록 여유와 해방을 누렸던 증거가 아니냐는 추정이 종종 제기된다. 하지만 그것은 그릇된 추정이다. 낭만적이고 호색적인 문학이 증가했다는 것은 여성의 자유분방한 생활이 도덕적으로 사회적으로 위험하다는 신념을 강화해 주었을 뿐이다. 그리고 정절에 대한 관심이 강렬해진 12세기 종교 문학은 많은 사람들의 정신에 결혼 생활에 대한 강한 그리고 때로는 히스테리컬한 혐오감을 일으키는 데 일조했다. 이런 영향들의 결과로, 그리고 좀더 큰 원인으로, 인구가 급속히 증가하는 가운데 여성들의 지위가 불안해진 결과로 수도 생활을 원하는 여성들의 수는 그들을 수용할 만한 수녀원들의 수를 크게 앞질렀다.

### 새로운 기회와 좌절
　여성들에게 수도 생활의 기회를 주어야 했던 필요와 이 필요를 채워주기 어려웠던 현실은 신생 수도회들의 역사에서 가장 뚜렷하게 나타난다. 신생 수도회들이 모습을 드러내기 시작한 1100년경에, 여성들에게 폭넓은 감화를 준 여러 종교 지도자들이 있었다. 그 중에서 맨 처음 등장한 사람은 아르브리셀의 로베르(Robert)로서, 그는 11세기 말에 루아르 계곡 지

---

8) Hildebert, *Vita S. Hugonis*, ii, 11 (*P.L.* 159, 868).

방의 도시들과 마을들을 두루 다니며 활동하던 순회 설교자였다. 그의 주변에 여성 추종자들이 많이 몰려들었다. 그의 전기 작가가 전하는 대로, 그 여성들 중에는 "부자들과 가난한 자들, 과부들과 처녀들, 노인들과 젊은이들, 매춘부들과 남성 혐오자들"이 있었다.[9] 이렇게 이질적인 사람들로 구성된 집단을 통제하기란 대단히 어려웠을 텐데도, 그는 마침내 이 여성들 중 많은 사람들을 퐁테브로에 신설한 수녀원에 정착시켰다. 곧 기부금이 답지하기 시작했다.[10] 각계 각층의 사람들이 기부금을 냈는데, 때로는 기부자가 기부금과 함께 자기 딸을 바쳐 수녀가 되게 했다. 초창기에 수녀들의 사회적 출신 성분은 매우 다양했다. 하지만 한 세대도 못 되어 퐁텐브로는 대단히 귀족적인 수녀원이 되었고, 앙주 지방 백작들의 묘지가 되었으며, 프랑스 북부의 대 귀족 가문들의 여성들에게 은둔처를 제공했다.

초창기의 약진을 느낄 수 있게 하는 또 다른 사례는 트레몽트레회 참사수도회(the Premonstratensian canons)의 설립자 생 노르베르트(St. Norbert)의 사역에서 찾아볼 수 있다. 발전 도상에 있던 프랑스 북부와 플랑드르 지방의 도시들에서 노르베르트는 아르브리셀의 로베르보다 훨씬 더 비옥한 토양을 만났다. 그는 1118-1125년에 발랑시엔과 인근 도시들에서 전도를 해오다가 탁발수사들이 한 세기 뒤에 받게 된 그런 열렬한 반응을 얻게 되었다. 주로 그 도시들에 사는 여성들이 그를 열렬히 환영했다.[11] 랑의 참사회원은 1150년경에 트레몽트레 교회 한 곳에 속해서 "아무리 엄격한 남성 수도원들에서도 찾아보기 힘든 엄격함과 정숙으로 하나님을 섬기는" 다양한 지역 출신의 여성들이 천 명이 넘었다고 보고했다.[12] 그는 몇 문장을 건너뛴 뒤에 만 명이 넘는 여성들이 트레몽트레회에 가입

---

9) Baudry, *Life of Robert of Arbrissel*, P.L. 162, 1052-8.

10) *P.L.* 162, 1085-1118. 좀더 자세하게는, J. de Mainferme, *Clypeus Fontebaldensis*, 3 vcls., 1648-91, and Cosnier, *Exordium Fontis Ebraldensis*.

11) *Vita S. Norberti*, P.L. 170, 1273.

12) *Miracula S. Mariae Laudunensis*, iii, c. 7 (P.L. 156, 996-7). 참조. A. Erens, 'Les soeurs sans l'ordre de Prémontré, An*alecta Praemonstratensia*, 1929, v, 6-26.

했다고 말한다. 상황이 이쯤 되자 10세기 이래 하나둘씩 자취를 감추었던 이중 수도원 조직이 되살아났다. 이들은 과거에 메로빙거 왕조가 설립한 수녀원들처럼 대수녀원장에 의해 지배를 받지는 않았지만, 숫자와 명성 면에서 여성들을 다시 존경받는 중요한 지위로 올려놓았다. 우리의 입장에서는 그 연대기 저자의 숫자 추정을 지나치게 진지하게 받아들일 필요가 없지만, 아무튼 당시에 그곳에 가본 사람들은 이렇게 세상에서 도피한 여성들의 엄청난 수를 보고서 크게 놀랐다.

하지만 랑의 연대기 저자가 그 글을 기록하고 있는 순간에도 반작용이 시작되고 있었다. 노르베르의 이중 수도원은 과거와 마찬가지로 여권(女權)에 대한 비판을 불러일으켰다. 그 세기 중엽에 그 난입자들을 제거하기 위한 강력한 시도들이 있었다. 몇 대에 걸친 교황들이 여성들의 권익을 보호하기 위해서 노력했으나 모두 허사였다. 1138년에 인노켄티우스 2세는 그 수도회가 여성들에게서 혹은 여성들 덕분에 막대한 재산을 기부 받았으므로 당연히 그 여성들에게 적절한 생계를 보장해 주어야 한다고 주장했다. 켈레스티누스 2세(Celestine II), 유게니우스 3세(Eugenius III), 하드리아누스 4세(Adrian IV)도 각각 1143년, 1147년, 1154년에 이런 인도적인 주장을 반복했다.

하지만 교황들이 이렇게 권고했어도 일반의 종교적 견해와 배치될 때는 실효를 거두지 못했다. 교황들이 대칙서를 발행한 상태에서도, 트레몽트레회는 이중 수도원들을 탄압하기 시작했고, 그 결과 트레몽트레회 수녀원들은 방랑을 시작했다. 그 세기가 끝나기 전에 트레몽트레회 총회는 여성 신입 회원들을 더 이상 수도회에 받아들이지 않는다고 공포했다:

> 시대가 험하고 교회가 이루 말할 수 없이 무거운 짐을 지고 있기 때문에, 우리는 공통의 동의에 의해 앞으로 더 이상의 자매들을 받아들이지 않기로 결정했다.[13]

---

13) E. Martène, *De Antiquis Ecclesiae Ritibus*, 1737, iii, 925. Erens에 의해 인용

대수도원장들 중 한 사람인 마쉬탈의 콘라드(Conrad of Marchtal)은 여성들을 배척하는 이유를 다음과 같이 아주 솔직하게 설명했다:

> 우리와 우리의 참사회 공동체는 여성들이 끼치는 악이 세상의 다른 모든 악보다 크고, 여성들의 분노보다 더 큰 분노가 없고, 독사와 용의 독이 여성들과 친밀해지는 것보다 더 치료하기 쉽고 덜 위험하다는 것을 인식하고서, 우리의 육체와 재산을 지키기 위해서 뿐 아니라 우리 영혼의 안전을 위해서도 수녀들을 더 받아들여 자멸을 초래하지 않고, 그들을 유독한 동물들처럼 회피하기로 만장일치로 결정했다.[14]

이 감정적인 발언은 표면으로는 수도 생활의 어려움과 재정 압박을 이유로 내세우지만, 실제로는 종교계에서 여성들의 지위를 끊임없이 격하시킨 기성 사회의 종교관을 이 발언에서 어렴풋이 엿볼 수 있다.

하지만 이런 부정적인 시각이 아무리 집요했을지라도, 종교계에 여성들의 입지를 더 늘려주라는 사회적 압력을 거부할 수는 없었다. 이런 압력을 가장 현저하게 보여주는 사례는 심지어 시토회조차 여성들의 가입을 막지 못했다는 사실이다. 시토회만큼 분위기와 기율이 철저히 남성적이었고, 여성과의 접촉을 훨씬 강력한 톤으로 금지하고, 여성들이 끼어 들지 못하도록 철저한 장벽을 쳤던 수도회는 없었다. 성 베르나르(St. Bernard)는 모든 여성이 자신의 금욕 생활에 위협이었고, 아르브리셀의 로베르와 성 노르베르가 초창기에 전도에 힘쓰느라 조성된 남자들과 여자들의 손쉬운 접촉에 대단히 크고 많은 위험이 도사리고 있다고 보았다:

> 여자와 항상 함께 있으면서 육체 관계를 맺지 않는다는 것은 죽은 자를 살려내는 것보다 더 어렵습니다. 여러분은 그보다 덜 어려운 일도 할 수 없으면서, 여러분이 더 어려운 일을 할 수 있다고 내가 믿어주기를 기대하는 것입니까?[15]

---

(op. cit.).
14) Erens가 E. L. Hugo의 *Annales Praemonstratenses*(ii, 147)에서 인용.

트레몽트레회와는 달리, 시토회가 초창기에 제정한 법은 여성들의 존재를 간단히 무시했다. 그리고 여성들의 존재를 인정할 때에도 여성들과 먼 거리를 유지하려는 목적으로 그렇게 했다. 그럼에도 불구하고 시토회는 교세가 확장하자마자 그 수도회의 관습을 따르고, 비록 그 수도회의 공식 기구는 아니더라도 그 수도회의 유력 인사들의 보호를 내세운 수녀원들이 각처에서 설립되었다. 그들은 12세기 중반에 유럽 각처에서 설립되었는데, 특히 유럽에서 발전이 가장 더디어서 빈땅이 많이 남아 있고, 시토회 수사들이 가장 강력하게 정착 활동을 펼치던 지역들에서 가장 많이 설립되었다. 특히 스페인에서는 시토회 수사들의 정착을 후원한 대 가문들이 시토회 수녀원들 중에서 가장 크고 귀족적인 수녀원들도 후원했다.

이 수녀원들은 수도회의 조직에서 공식적인 지위가 없었고, 다만 시토회 대수도원장들 개개인의 호의와 감독하에 설립되었다. 수녀원들은 자기들이 원하는 대로 아주 자유롭게 발전했다. 귀족적인 분위기에서 출발한 스페인의 대규모 시토회 대수녀원들은 메로빙거 왕조 시대에 여성들이 누렸던 당당한 지위를 생각나게 한다. 인노켄티우스 3세는 시토회 대수녀원들이 자체의 수녀들에게 강복(降福)을 하고, 고해성사를 하고, 강단에서 설교한다는 소식을 듣고는 분개했다.[16] 그들은 시토회 조직에서 아무런 지위도 차지하지 못했지만, 시토회 대수녀원으로 행세했고, 그 중에서 규모가 가장 큰 대수녀원은 휘하에 수도원들을 보유하고 독자적인 총회를 열었다.

이 모든 활동이 시토회의 공식적인 행동에서 조금도 감지되지 않은 채 이루어졌다. 이것은 수요가 공급을 창출한다는 것을 지극히 분명하게 보여준 사례이다. 시토회 수녀원들의 존재는 철저한 중앙 집권적 조직을 갖춘 그 수도회로서는 모욕적인 일이었지만, 그 현실은 시토회 운동의 또 다른 일면에 호소했다. 그 다른 일면이란 그 수도회의 영향력을 모든 가능한 방향으로 확장시킨 자체의 확장 및 선교 열정이었다. 이 열정에 고취되어 밖

---

15) *Sermones in Cantica*, lxv (*P.L.* 183, 1091).
16) Potthast, *Regesta*, no. 4143 (*P.L.* 216, 356).

으로부터의 압력에 조직을 독자적으로 운영해 간 시토회 대수도원장들은 수도회가 이미 발생한 새로운 단체를 공식적으로 승인하기 전에 여성들이 주도권을 행사할 만한 넓은 공간을 마련해 놓았다.

1191년에 가서야 비로소 시토회의 공식 기록에 수녀들이 거론된다. 그 해에 시토회 총회가 채택한 결의문을 대강 훑어보면 이 달갑지 않은 지지자들을 처리하는 것이 얼마나 어려운 과제였는지 알 수 있다. 그 결의문에는 스페인의 독립 대수녀원들이 자기들의 지역 총회에 참석하기를 거부했다는 내용과, 스페인 국왕이 시토회 총회에 그들을 의무적으로 참석하도록 조치를 취해달라고 호소했다는 내용이 실려 있다. 하지만 국왕의 호소도 소용이 없었다. 그래서 결국 수도회 중에서 가장 권위주의적이었던 시토회 총회는 다음과 같이 결의할 수밖에 없었다:

> [우리는] 카스티야 왕이 지난 번 호소한 내용에 대해서, 그의 영토에 있는 대수녀원들에게 총회에 강제로 참석하도록 할 수 없음을 왕께 아뢴다. 만약 그 대수녀원들이 총회에 참석하기를 원한다면 — 그것이 우리가 강권하는 바이다 — 우리는 크게 기쁠 것이다.[17]

이 때부터 총회는 수도회의 기율을 지켜야 한다는 명분과, 그 수도회 소속임을 주장하면서도 조직에 속하거나 통제를 받지는 않는, 급증하는 수녀원들의 자유 분방한 현실 사이에서 갈수록 괴리를 느끼게 되었다. 그 결과 수녀들에게 기강을 세우려는 긴 투쟁이 이루어졌다. 1213년부터 총회는 엄격한 봉쇄 제도를 강요하려고 했다. 그러기 위해서 수녀들의 감독을 위임받은 대수도원장이 수녀들의 수를 제한하도록 규정했고, 총회의 허락 없이는 수녀원을 신설하지 못하도록 했고, 수녀들이 허락 없이 방문자를 받지 못하도록 했고, 고해성사는 감독권을 지닌 대수도원장이 임명한 고해 신부에게만 하도록 규정했으며, 마지막으로 더 이상의 수녀원을 수도회에

---

17) *Statuta Cisterciensia*, A.D. 1191, c. 27.

가입시키지 않는다고 결정했다.[18] 이에 따라 시토회 당국은 대수도원장과 총회의 권위를 강요하고, 대수녀원들과 수녀원들의 자유를 제한하고, 수녀원의 발전 자체를 막으려고 노력했다. 하지만 때가 너무 늦었다. 수녀원 신설을 막으려는 시도는 완전한 실패로 끝났다. 유럽의 여러 지역, 특히 수녀원들이 가장 급속히 들어서던 독일과 벨기에와 네덜란드와 포르투갈과 스위스에서 시토회 수녀원의 수가 13세기를 지나면서 시토회 수도원의 수를 크게 앞질렀다. 수도회 전체를 놓고 보더라도 수녀원의 수 — 비록 그들의 재산은 아니더라도 — 는 수도원의 수에 크게 뒤지지 않았다.[19] 평신도 설립자들과 그 가문들의 압력, 그리고 종종 교황들의 지원이 결합되어 총회가 부과하려고 시도했던 규제를 무력하게 만들었다.

한편 수녀원들을 엄격한 감독자 밑에 두려던 시도는 제한된 성공밖에 거두지 못했다. 시토회 당국은 수사들을 대하듯 수녀들을 강압적으로 대할 수 없다는 것을 뒤늦게 깨달았다. 1242-44년에 수녀들을 시토회 대수도원장들의 감독 밑에 두려던 시도가 극에 달했을 때, 수녀원들에서는 소동이 일어났다. 프랑스 북부 파르코다메의 당찬 대수녀원장과 수녀들은 공식 방문자들이 최근의 입법에 관해 알려주자 고함을 치고 발을 구르면서 참사회 회의장을 박차고 나왔다.[20] 총회는 시위 주모자들을 징계하려고 했지만 — 그것이 성공했는지의 여부를 우리는 알지 못한다 — 다음 해 회기에서는 그 법률 중 가장 자극적인 단락을 삭제했다.[21] 사실상 입법자들이 여권

---

18) ibid.: A.D. 1213, c. 3, 4; 1218, c. 4, 84; 1219, c. 12; 1220, c. 4; 1225, c. 1; 1228, c. 16; 1233, c. 12; 1239, c. 7. 수도회에 수녀원을 두는 것이 최초로 금해진 것은 1228년의 일이다(c. 16).

19) 가장 최근의 추산을 따르면, 중세 말 시토회 수녀원의 총수는 654개였는데 반해(이탈리아의 수치는 극히 불확실하다), 수도회의 총수는 742개였다. 수녀원의 수가 수도원의 수를 앞지른 곳은 독일(255:75), 벨기에(45:18), 스위스(21:8), 홀란드(23:14)였다. 참조. F. Vongrey and F. von Fred. van der Meer', *Analecta Cisterciensia*, 1967, xxiii, 137-8.

20) *Stat. Cist.*, A.D. 1242, c. 15-18; 1243, c. 6-8, 61-8.

21) ibid., A.D. 1244, c. 8.

론자들의 세력 앞에 무릎을 꿇은 것이다.

시토회의 갈등은 상류 계층에서 벌어졌다. 근본적으로 그것은 중앙 입법 기구와 귀족 여성들간의 투쟁이었다. 그 귀족 여성들은 특히 자기들이 아무런 발언권도 행사할 수 없고 그저 맹목적으로 복종할 수밖에 없는 기구에 의해 자기들의 자유가 침해를 받는 것에 분개했다. 그 갈등은 조직의 주변에 물러나 있으면서 의사 결정에 참여하지 못하는 사람들이 통제를 거부하는 강경한 입장을 견지하고 있다는 사실을 확인시켜 준 데에 그 성과가 있었다. 시토회 운동에서 여성들이 발휘한 열정은 대단한 것이다. 따라서 시간이 지나면서 그런 현실에 대해 공식적인 반발이 일어난 것은 새삼스러운 일이 아니었다. 하지만 이 반발이 충분히 무르익을 무렵에 새로운 여성 운동이 전혀 다른 사회 환경에서 시작되었다. 이제 우리가 눈길을 돌려야 하는 곳은 바로 이 운동과 이 운동이 발생했던 상황이다.

## 2. 방언의 혼잡

분명하게 한정된 어떤 지역에서 발생한 새로운 상황을 살펴봄으로써 시작할 수 있겠다. 아울러 중세 말기에 발생한 새로운 것들의 주된 특징은 그것들의 발전에 지역이 강력한 영향력을 행사했다는 데 있다. 지금까지 길게 살펴본 수도회들은 모두 지역의 상황을 보편적 제도의 요구에 종속시키는 능력으로 생명력을 보여주었다. 하지만 새 운동들의 생명력은 보편적 지배에 저항하는 데서, 그리고 유별난 것들을 평범하게 깎아내고 그 위에 보편적 법의 도장을 찍으려는 모든 시도 앞에서 지역의 특성을 보존하는 데서 나타난다.

지역주의가 끼치는 한 가지 결과는 역사가 자신이 한층 지역적인 성격을 띠어야 한다는 것과, 따라서 사례 선택에 대단히 선별적일 필요가 있게 된다는 것이다. 이제부터 우리는 여성들과 남성들의 두 집단의 운명을 추적하게 된다. 하나는 13세기말에서 14세기에 활동한 독일 쾰른의 베긴회 (the beguines)이고, 다른 하나는 14-15세기에 활동한 네덜란드 데벤테르의 형제회이다. 이 집단들은 시토회와 탁발수도회의 방식으로 역사가에게 부담을 주지 않는다. 시토회와 탁발수도회들은 대체로 유럽에 속한 반면에, 베긴회와 형제회는 아주 일반적인 의미에서 광범위한 운동에 속하지만, 그 운동은 유럽 전역에서 일어나지도 않았고, 발전에 적합하고 필요한 보편적인 협력 체제를 만들어 내지도 않았다. 엄격한 의미에서는 단일 운동이라고 볼 수도 없다. 단순히 도시 생활 환경과 상업적인 부, 거기다 정교한 정부 조직과 이론적으로 완벽한 체제에 대한 환멸이 뒤섞여 나타난 일련의 반응들일 뿐이었다. 하지만 이런 상황이 유럽의 항구적인 특징이 될 것이므로, 그 상황에 대한 초기의 반응은 우리가 공부하고자 하는 집단들의 수적 규모와 조직적 세력보다 훨씬 더 중요하다. 이 반응들이 나타난 역사에서 여성들이 주도적인 역할을 수행했고, 따라서 먼저 여성들부터 살펴보겠다.

## 쾰른의 베긴회

### 기원

1243년에, 그러니까 파르코다메의 수녀들이 참사회장을 박차고 나와 방문단에게 모욕적인 언동을 한 그 해에, 자신의 영국 수도원을 떠나 유럽을 둘러보던 매슈 패리스(Matthew Paris)는 자신의 연대기에 다음과 같은 글을 적어 넣었다:

> 이 무렵에 특히 독일에서 어떤 사람들 — 남자들과 여자들인데, 특히 여자들 — 이 비록 가벼운 것이긴 하지만 신앙 고백을 채택했다. 그들은 스스로를 가리켜 '신앙적'이라고 부르며, 개인적으로 금욕과 단순한 생활을 하기로 서약한다. 이들은 어느 성인의 수도회칙도 따르지 않고, 아직까지 어떤 수도회에 속하지도 않았다. 이들은 단기간에 크게 성장하여 쾰른과 이웃 도시들에 2천 명의 회원이 있다고 보고되었다.[22]

---

22) Matthew Paris, *Chronica Majora*, iv, 278.

이 연대기 저자는 이 새 운동에 관한 소식에 큰 감명을 받았다. 왜냐하면 그는 1250년에 지난 반세기의 큰 사건들을 요약할 때 이 정보를 약간 다른 형태로 기록하면서, 그 새 운동을 종교계에서 장족의 발전을 이룩한 집단으로서 탁발수도회들과 나란히 두었었기 때문이다:

> [그는 이렇게 썼다] 독일에서는 스스로 베긴회 수녀들이라고 부르는 허다한 독신 여성들이 일어났다. 쾰른만 해도 그런 여성들의 수가 수천 명이 넘는다.[23]

그는 연대기의 개요를 쓰게 되었을 때 여전히 이 여성들에게 지면을 할애했으며, "그들이 손수 노동해서 먹고사는 검소한 생활을 한다"는 부가적인 정보를 덧붙였다.[24] 이상이 그가 그 여성들에 관해서 말한 전부였는데, 여기서 우리는 그가 왜 자신의 연대기의 모든 판에 언급할 정도로 중요하게 생각했으며, 탁발수사들과 같은 무리로 간주했는지 궁금한 생각이 들 수가 있다.

그 대답의 일부는 거의 같은 시기에 링컨의 위대한 주교 로버트 그로스테스테(Robert Grosseteste)가 남긴 발언에서 찾을 수 있다. 영국의 프란체스코회 연대기 저자 에클레스턴의 토마스(Thomas)는 그로스테스테가 하루는 프란체스코회 수사들에게 설교하면서, 구걸해서 사는 삶을 천국에 버금가는 최상의 가난으로 극찬했다고 전한다. 하지만 그는 훗날 사적인 자리에서 프란체스코회 수사들에게 더 높은 차원의 가난이 있다고 말했다.

---

23)
24) *Historia Angliae*, ii, 476; iii, 93; *Abbreviatio Chronicorum*, iii, 288, 318. 이 주제를 총괄적으로 다룬 자료에 관해서는 다음을 참조하라: H. Grundmann, *Religiöse Bewegungen im Mittelalter*, 1961, c. 6, 'Die Beginen im xiii Jht.'; E. G. Neumann, R*heinisches Beginen-u. Begardenwesen*, 1960. 쾰른의 베긴회를 가장 충분하게 다룬 자료에 관해서는 다음을 참조하라: J. Asen, 'Die Beginen in Költ', An*nalen des Hist. Vereins f. den Niederrhein*, 1927-8, cxi, 81-180; cxii, 71-148; cxiii, 13-96. 뒤에 소개될 통계 자료는 이 논문들에서 추려낸 것으로서, 그 도시의 고문서 보관소의 재산 등록부를 근거로 했다.

제7장 주변 수도회들과 대립 수도회들  *345*

그것은 '베긴회 수녀들처럼' 손수 노동해서 먹고사는 것이라고 했다. 그는 이 사람들이 손수 노동해서 삶으로써 세상에 부담을 지워주지 않았기 때문에 가장 완벽하고 가장 거룩한 신앙 생활을 하는 셈이라고 주장했다.[25] 만약 영국 프란체스코회의 가장 위대한 대변자였던 그로스테스테가 베긴회를 최상의 신앙 생활 방식을 발견한 집단으로 생각할 수 있었다면, 그들은 매슈 패리스의 연대기에 그 만한 지면을 차지할 가치가 있었던 셈이다.

그로스테스테와 매슈 패리스는 그들에게서 유럽인들의 삶을 구성하는 큰 부분을 보았으며, 둘 다 그 새롭고 낯선 현상에 감명을 받았다. 베긴회 운동은 서방 교회에서 일어난 기존의 모든 중요한 운동들과 본질적으로 달랐다. 그것은 근본적으로 여성들의 운동으로서, 남성들에게서 자극과 방향과 지원을 받은 부가적인 운동이 아니었다. 이들은 명확한 수도회칙도 없었고, 어느 성인 설립자의 권위도 내세우지 않았고, 교황청을 찾아가 승인을 구하지도 않았고, 성직록을 약속하지도 않고 기부자들을 찾아 나서지도 않았고, 서약은 권위에 의해 강제성을 띠는 철회할 수 없는 헌신 서약이 아니라 의지의 진술이었으며, 서약자들은 세상에서 평상의 일을 계속 수행할 수 있었다.

물론 어떠한 새로운 운동도 모든 특징이 다 새로운 경우란 없다. 베긴회의 특징들 가운데 상당수는 과거 수백 년 전에 생긴 수도회들이 어느 정도 다 나타냈던 것들이다. 프란체스코회는 명확한 수도회칙 없이 출발했었고, 그들과 도미니쿠스회는 처음부터 세상에 들어가 활동을 했었다. 훗날 성 아우구스티누스의 수도회칙을 채택한 초창기의 은둔자들과 전도자들과 구도자들의 무리들은 베긴회처럼 확실히 알려지지 않은 의도를 가지고 출발했었다. 하지만 베긴회는 여러 가지 독특한 특성을 가지고, 무엇보다도 위에 언급한 특성들을 두루 갖춘 상태에서 교회의 계급 제도에 대해 새로운 전선(戰線)을 형성했다. 그들은 서구 사회가 11세기 중반에 대 확장을

---

25) Thomas of Eccleston, *De Adventu Fratrum Minorum in Angliam*, ed. A. G. Little, p. 99.

시작한 이래로 교회 내부에서 산발적으로 발휘되었던 대중의 열정의 일부분이었다. 이 열정은 다양한 형태를 띠고 나타났지만, 과거에는 그것이 반드시 넘쳐흘러 이단으로 들어갔다. 실제로 '베긴'(beguine)이라는 이름은 알비파(the Albigensians)라는 혐오스런 이름에서 유래했다. 이것은 다른 여성들보다 더 거룩하다고 주장한 여성들, 즉 방탕한 사제들의 승진을 저지하고(이 이유로 그들이 종종 궁지에 처했다는 증거가 있다), 합법적 결혼의 권유를 배척한 여성들에게 그들을 혐오한 사람들이 경멸의 표지로 붙여준 이름이었다.[26]

'베긴'이라는 이름은 경멸의 의도로 붙었지만, 이단 죄를 붙이기는 어려웠다. 그 운동이 13세기의 1/4분기에 시작했을 때 많은 베긴회 수녀들이 이단의 혐의를 받고서 고초를 겪었고 더러는 죽음을 당하기도 했다. 하지만 그들은 완전히 무결했다. 정통 신앙과 투쟁하지도 않았고, 독특한 신학적 이상도 없었으며, 완전주의자들도 마니교도들도 아니었다. 따라서 새로운 계시를 받았다고 주장하지도 않았고, 다만 '신앙적으로' 살기를 바랐다. 그렇기 때문에 그들은 비록 많은 혐오를 받는 가운데서도 보호자들을 발견했고, 눈에 띄지 않게 약진했다. 그들이 알비파와 동류라는 비난은 설혹 과거에는 존재했을지라도 곧 잊혀졌고, 따라서 매슈 패리스는 "그들이 왜 베긴회라고 불리는지, 그들이 어떤 경위로 시작했는지 아무도 모른다"고 쓸 수 있었다.

현대 학자들은 "그들이 어떤 경위로 시작했는지"를 발견해 냈다. 시작 시기와 장소에 관해서 말하자면, 그들은 1210년경에 리에주 근방에서 시작했다. 이곳에서부터 플랑드르의 도시들로 확산되었고, 세월이 흐른 뒤에는 발트 해에서부터 알프스 산맥에 이르는 전 지역으로 확산되었으며, 동쪽으로는 플랑드르에서 보헤미아까지 확산되었다. 그러나 매슈 패리스의

---

26) 초창기에 이 여성들에게 가해진 박해에 관해서는 다음을 참조하라: H. Grundmann, op. cit., pp. 171-2, and James of Vitry's *Life of Mary of Oignies* (1177-1213) in *Acta Sanctorum*, 23 June, vol. iv.

제7장 주변 수도회들과 대립 수도회들  347

관심을 불러일으킨 곳은 쾰른이었는데, 마침 그 도시의 고문서 보관소가 옛 기록들을 고스란히 보관했기 때문에 이 중요한 중심지에서 전개된 그 운동의 역사를 상당히 자세하게 재구성할 수 있었다. 여기서 그 내용을 간략히 조사해 보면 광범위하게 확산되어 있던 현상을 새롭게 이해하게 될 것이다.

### 성장

먼저 그 운동의 도시적 배경부터 살펴보자. 13-14세기에 쾰른 시가 발전한 과정은 아주 대략적으로만 추적할 수 있지만, 이 도시의 인구가 13세기 초에 15,000명이었다가 1320년경에는 중세 최대치인 37,000명까지 늘었을 가능성이 매우 크다. 그 이후에는 흑사병이 번지는 바람에 인구의 기복이 매우 심하다. 그 기복의 내용을 자세하게 추적할 수는 없지만, 1348-50년에 번진 흑사병 때문에 인구가 한동안 20,000명 남짓한 수준으로 감소했음에 틀림없다. 대개 그렇듯이 인구 중 여성의 수가 남성의 수보다 현저히 많았다고 가정한다면, 13세기와 14세기 초에 도시가 급격히 성장하면서 많은 수의 여성들을 매우 불안한 형편으로 전락했을 것이다.

미혼 여성들과 과부들에게는 수녀원이 좋은 피난처가 되겠지만, 수녀원은 몇 군데 되지 않았고, 아주 부유한 도시 가문들의 미혼 여성들이라고 해봐야 그 수가 얼마 되지 않았음에 틀림없다. 가정에서 혼자서 신앙 생활에 전념하거나, 소규모 집단을 이루어 신앙 생활을 하되, 회원 중 하나가 유산으로 물려받거나 회원들이 공동으로 매입한 집에서 공동 생활을 하고 싶어한 여성들의 수가 증가한 증거를 조사하려 할 때는 위와 같은 배경을 염두에 두어야 한다.

쾰른 시에는 1223년부터 부동산 거래 자료가 체계적으로 보관되어 있기 때문에 그 운동의 발전 과정을 어느 정도 자세하게 추적할 수 있다.[27]

---

27) 약 200권의 등기부에 1220-1400년 사이에 그 도시에서 체결된 150,000건 이상의 부동산 거래 내력이 보관되어 있다. 다음 책에는 이 등기부들과 이 등기부들을

최초의 베긴회는 1223년에 등장한다. 이 해에 지역 유지의 딸들로서 베긴회 수녀로 기록된 엘리자베스와 소피라는 두 자매가, 유산으로 물려받은 라인 강변의 작은 토지를 매각했다. 소피의 몫은 집 한 채와 마당의 1/12 밖에 되지 않았으며, 리그문데라고 하는 세번째 베긴회 수녀가 가담하여 비슷한 규모의 부동산의 1/6을 팔았다. 이러한 시작이 있고 나서 한참 뒤인 1250년에 베긴회의 부동산 거래 자료가 다시 나타난다. 그러다가 급격한 변화가 일어나 1310년에 이르면 그러한 거래 자료의 양이 급격하게 많아진다. 이 상황은 1250-1400년의 기간에 10년 단위로, 그 도시에서 이루어진 토지 거래 문서에 언급된 베긴회 수녀들의 수를 보여주는 도표로 간단하게 요약할 수 있다:[28]

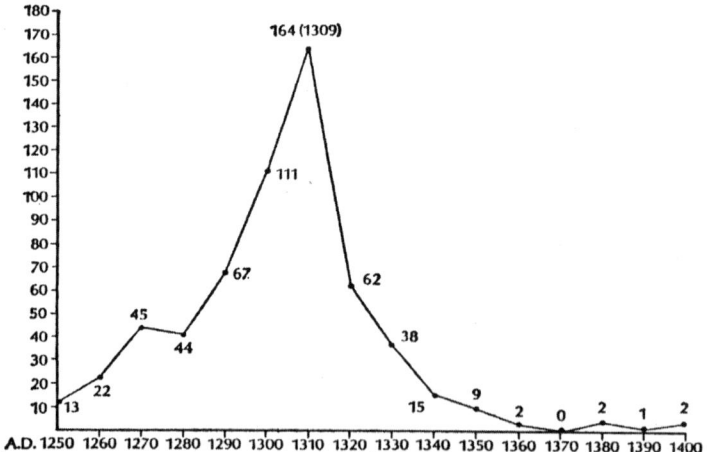

1250-1400년에 쾰른에서 이루어진 부동산 거래 문서에 언급된
베긴회 수녀들의 수

---

주제로 한 문학, 그리고 2,500개 가량의 문서들로 구성된 본문이 실려 있다: H. Planitz and T. Buyken, *Die Kölner Schreinsbücher des xiii u. xiv Jahrhunderts* (Publikationen der Gesellschaft fur Rheinische Geschichtskunde, xlvi), 1937.

28) 참조. Asen, op. cit., cxi, 93.

이 도표를 보면 거래 문서에 기록된 베긴회의 인원수가 60년 동안은 가파르게 치솟았다가 1310년부터는 훨씬 더 가파른 속도로 하락한 것을 알 수 있다. 물론 부동산을 사거나 판 베긴회 수녀들의 수와 쾰른 시에 살던 그들의 전체 인원수 사이에 정확한 상호 관계가 있는 것은 아니지만, 1250-1310년에 그들의 부동산 거래량이 가파르게 상승한 것은 인원수의 급속한 증가와 틀림없이 상관 관계가 있다. 1310년 이후에 거래량이 감소한 것은 설명하기가 간단치가 않다. 초창기 베긴회 수녀들은 혼자서 혹은 비공식적인 소그룹을 형성하여 살았다. 그러므로 그들은 소규모 시설을 세우기 위해서 작은 부동산을 팔고 사는 데 많이 개입했다. 하지만 이렇게 세워진 작은 수녀원들이 점차 자리를 잡아가면서 13세기 말엽에는 회원수가 급증하게 되었다. 이들이 설립한 수녀원들에 관련된 사실들은 1260-1400년에 설립된 베긴회 수녀원들의 수를 10년 단위로 보여주는 또 다른 도표로 요약할 수 있다:[29]

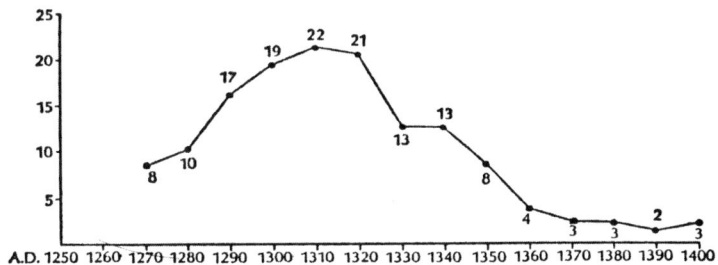

1260-1400년에 쾰른 시에 세워진 베긴회 수녀원들의 수

  * 169개의 수녀원들 가운데 설립 연대가 정확하게 알려진 수녀원은 108개뿐이다. 나머지는 10년 단위로 배정할 만한 단서가 있으며, 23개는 아무런 단서도 없으므로 도표에 표시하지 못했다.

14세기가 끝날 무렵에 쾰른 시에는 169개의 베긴회 수녀원이 있었다. 이 수녀원들은 약 1500명의 수녀들을 수용했다가, 교회로부터 압력을 받기도

---

29) ibid., pp. 93-4.

하고 편의를 고려하기도 하여 점차 모든 베긴회 수녀들을 끌어들였다. 1400년경에는 모든 베긴회 수녀들이 수녀원들에 들어가 살았다. 13세기 중반에 관찰자들을 놀라게 했던 초기의 기세는 오래 전에 사라졌고, 따라서 수녀원을 새로 지을 필요가 없게 되었다. 중세 수도원 운동이 공통적으로 맞이한 운명에 비춰보자면, 베긴회는 초기의 열기가 사라지면서 회원수가 감소했을 것이다. 하지만 쾰른 시에는 18세기까지 베긴회가 있었고, 16세기 초만 해도 당대의 풍자가가 그들을 바다의 물방울들이나 나귀의 털들에 비유할 정도로 여전히 그 수가 많았다.

### 베긴회의 호소력

정규 수녀회가 아니었던 이 수녀회의 역사에 관해서 뭐라고 말해야 할까? 이 수녀회는 어떤 기능을 수행했을까? 그리고 어떤 사람들을 끌어들였을까? 중세 종교에는 어떤 이바지를 했을까?

우선 베긴회는 많은 여성들에게 세속 생활에서 만난 풍랑과 좌절에서 손쉽게 찾을 수 있는 피난처를 제공했다. 그들에게 최소한의 간섭을 받으며 직업적인 종교 생활을 할 수 있는 자유로운 기회를 제공했다. 현존하는 많은 기록들을 보면 입회 의식이 매우 간단했음을 알 수 있다. 입회 희망자는 소교구 사제, 주교의 관리, 프란체스코회 지역 담당자 혹은 도미니쿠스회 소수도원장 앞에 나가서 다양한 서약 양식 중 하나를 택해서 서약을 했다.

더러는 단순히 "자신들을 그리스도께 바쳤다." 더러는 "평생 신앙적으로 살겠다는 소원을 말했다." 더러는 "베긴회 수녀복을 입고서 주 예수 그리스도를 섬기겠다"는 소원을 말했다. 이들은 거의 대부분이 결혼을 포기하고 정절을 지키고 살겠다고 서약했지만, 때때로 나중에 가서 마음이 바뀔지도 모를 가능성을 분명히 남겨 놓았다. 미사 뒤에 거행된 입회식에서, 베긴회의 고해신부가 제단에서 입회자에게 베긴회 수녀복을 주었고, 입회자는 "하나님께 헌신하고 바쳐진 소녀"로서 그 수녀복을 입겠다고 서약했다.[30]

제7장 주변 수도회들과 대립 수도회들 *351*

베긴회의 삶에서 큰 주제는 하나님께 대한 헌신이었다. 수녀들이 맡은 일들은 자선 시설 사역, 베짜기와 수놓기, 단순한 기도와 묵상 등 아주 다양했고, 각기 다른 정도로 서로 맞물려 있었다. 수녀회의 생활 형태상 학문이나 문학이 크게 발전할 가능성이 사전에 배제되었지만, 그래도 13세기에 두세 명의 베긴회 수녀가 기도문과 환상의 내용을 담은 상당 분량의 기록을 남겼다. 이들이 남긴 기록이 순진한 성적 요소가 강하게 담긴 환상들로 가득한 것은 이상한 일이 아니다. 이들은 어떤 새로운 진리에 도달했다고 주장하지도 않았고, 체계도 전혀 없었지만, 자국어로 써 내려간 이들의 글에는 신선한 개성과 정념이 있다:

> 저는 이 책을 선한 성직자든 악한 성직자든 모든 성직자에게 사자(使者)로서 보냅니다. 이 책은 저 혼자서 쓴 것으로서, 제가 간직해온 비밀들이 여기에 담겨 있습니다. 주 하나님, 이 책을 누가 썼습니까? 제가 연약한 가운데 썼습니다. 저의 은사를 가만히 붙잡아 둘 수가 없었습니다. 주님, 이 책이 당신의 영예를 높이는 데 쓰이려면 어떤 제목이 적합하겠습니까? 저는 이 땅에서 가식 없이 사는 모든 사람들의 가슴에 흘러드는 "내 신성의 빛줄기"라고 부르겠습니다.[31]

또 다른 부분을 소개하자면 이와 같다:

> 내 육체는 쇠잔하나
> 내 영혼은 복에 겹다.
> 사랑하는 분을 한눈에 바라보고
> 끌어안았으니까.
> 가엾게도
> 내 영혼은 그분 때문에 애가 탄다.

---

30) 헌신 고백서의 상당수가 그 도시의 공문서 보관소에 남아 있다: 참조. Asen, op. cit., cxi, pp. 89-90.

31) Mechthild of Magdeburg, *Das fliessende Licht der Gottheit*, ed. P. Gall Morel, 1869 (reprinted 1963), p. 3.

나의 애처로운 표정을 본 그분은 손을 내밀어 나를 위로하시니,
내 영혼은 몸둘 바를 몰라하고,
그분은 내 영혼을 품에 안으신다.

그러자 육체가 영혼에게 말한다:
"너 어디 갔었니? 난 더 이상 참을 수가 없어."
그러면 영혼은 대답한다. "바보야, 가만히 있어.
난 내 사랑하는 분과 함께 있고 싶단 말이야.
앞으로 넌 나를 즐길 수 없을 거야.
그분은 나를 기뻐하고, 나는 그분을 애타게 사모하니까.
넌 나를 더 이상 즐길 수 없으니 애가 탈 거다.
애가 타더라도 참아야 돼.
평생 그렇게 살아야 하니까."[32]

이 글들을 비롯하여 이와 유사한 글들은 이 여성들이 수도 서약을 할 때 얼마나 큰 해방감을 느꼈으며, 얼마나 자유롭게 환상의 날개를 타고 다녔는지 잘 보여 준다. 이렇게 되기까지 자기들을 후견해 준 탁발수사들의 격려와 인도에서 큰 힘을 얻었을 것이다. 이들은 비록 자생(自生)했고 독자적인 활동 계획을 갖고 있었지만, 탁발수도원 주변에서 모여 살았다. 1263-1389년에 쾰른에 주소를 둔 167명의 베긴회 수녀들 가운데 136명이 도미니쿠스회와 프란체스코회 수도원들 곁에서 살았다.[33]

이것은 여러 면에서 아름다운 정경이다. 그 여성들은 좌절에 짓눌려 살던 세상에서 도망쳐 나와 꾸밈없이 영적 생활을 할 수 있는 자유로운 상태에 안착했다. 그리고 사랑의 하나님을 생생히 체험하면서, 병자 간호에서부터 성직복 수놓기에 이르기까지 유익한 일에 종사했다. 그럼에도 불구하고 이 여성들과 이들의 생활 방식에 반대하는 사람들이 생겼다. 그들은 정도 차이는 있어도 모두 이 여성들을 두려워했고, 그렇게 두려워한 데에

---

32) ibid., pp. 7-8.
33) Asen, op. cit., cxi, pp. 90-91.

는 이유가 없지 않았다. 여기서 초창기에 마녀를 색출하듯이 그들을 집요하게 괴롭힌 사람들은 제쳐두고, 좀더 신중했던 비판자들을 살펴보기로 하자. 그들은 그 운동을 기존의 수도회들이라는 친숙한 경로로 되돌리려고 노력했고 결국에는 부분적으로 성공을 거두었다.

### 비판자들과 베긴회의 쇠퇴

베긴회 운동은 13세기 중반까지는 교회와 수도회 당국자들에게 상당한 공감을 샀다. 로버트 그로스테스테와 매슈 패리스가 이 신생 수녀회를 대한 태도에는 1250년경에 성행했던, 신중한 관심에서부터 전폭적인 지지에 이르는 다양한 견해가 반영되어 있었다. 독일에 와 있던 교황특사들은 특히 큰 기대를 걸었다. 1250년에 교황특사이자 알바의 주교인 페트루스(Peter)는 쾰른의 베긴회 수녀들이 그 도시의 성직자들과 평신도들에게 억압을 당하지 않도록 하기 위해 주교좌성당 참사회장에게 보호를 받도록 했다. 그리고 다음 해에 교황특사인 추기경 위그(Hugh)는 그 도시에서 "수녀원에 들어가 살지 않고 세속의 위험이 득실거리는 바다 한복판에서 사는" 수녀들에 대한 보호를 강화했다.[34]

그럴지라도 이러한 보호가 필요했던 사실은 그 도시에 이 여성들이 누리던 새로운 자유를 탐탁지 않게 생각하는 사람들이 많았다는 반증이다. 교구민들을 탁발수사들에게 빼앗긴 소교구 사제들과 딸들을 잃은 아버지들, 집을 나간 아내를 증오한 남편들이 모두 베긴회의 적이었다. 결국에는 이 적들이 부분적인 성공을 거두게 되는데, 이는 그 운동의 추진력이 감소한 탓도 있고, 그 운동 자체가 부패와 남용에 면역되지 않은 탓도 있으며, 일반 남성들의 견해가 결국에는 우세하게 되는 탓도 있었다.

일반 남성들의 견해를 맨 처음에 대변한 사람은 독일 올뮈츠의 주교 브루노(Bruno)였다. 그는 1273년에 교황에게 쓴 편지에서 이런 견해를 강력하게 개진했다. 우선 베긴회의 '신앙'이 교황청의 승인을 받지 않았고, 베

---

34) ibid., p. 104.

긴회 여성들이 자유를 사제들에 대한 복종 의무와 결혼의 의무를 면하기 위한 사악한 베일로 사용하고 있다고 비판했다. 무엇보다도 젊은 여성들이 예순 살 이하의 여성을 과부로 인정하지 않은 사도의 권위를 거스르면서 과부의 지위를 차지하고 있는 현실을 개탄했다. 브루노는 이런 악들을 제거하려면 방법이 딱 한 가지밖에 없다고 말했다: "제게 권한이 있었다면 그 여성들을 결혼시키거나 정규 수녀회에 들어가게 했을 것입니다."[35]

의심할 여지없이 이것이 많은 남성들의 생각이었다. 1274년에 리용에서 열린 총공의회는 이 문제를 심의한 뒤 베긴회 같은 주변 공동체들을 정식으로 탄압하는 법안을 채택했다:

> 지원자들의 광적인 열기로 정규 수도회와 유사한 집단이 생겼고, 게다가 몇몇 수도회들, 특히 그 자신들도 아직 승인을 받지 못한 탁발수도회들의 소견 없는 행위로 그런 집단들이 우후죽순처럼 생겨났다. 그러므로 우리는 과거의 금령을 엄중하게 반복한다: 이 시점부터 아무도 새로운 수도회를 설립하거나 신설 수도회의 수도복을 입을 수 없다. 아울러 교황의 승인을 받지 않은, 앞서 말한 모든 탁발수도회들과 앞서 언급한 공의회[1215년의] 이래로 설립된 수도회들에 대해서는 그 동안 확보한 교세와 상관없이 영구히 활동을 금한다[36]

이 금령에 언급된 비합법적인 수도회들에 베긴회가 포함되었다는 데에는 의심의 여지가 없다. 1312년에 비엔느에서 열린 총공의회는 보다 날카로운 문구를 사용하여 이 금령을 재확인했다:

> 우리는 흔히 베긴회 수녀들이라고 불리는 사람들이 일종의 정신 질환에 사로잡혀 삼위일체와 신적 본질을 논하고, 신앙과 성사에 대해 가톨릭 신앙에 위배되는 견해를 퍼뜨려 단순한 사람들을 많이 미혹한다는 말을 들었다. 이 여성들

---

35) C. Höfler, *Analecten zur Geschichte Deutschlands und Italiens* (Abh. der Königel. Akademie zu München, Hist. Kl.), 1846, iv, 27. 이 보고서의 배경에 관해서는 H. Grundmann(op. cit., p. 334)을 참조하라.

36) c. 23 (*Conciliorum Oecumenicorum Decreta*, ed. J. Alberigo, p. 302).

은 아무에게도 복종을 서약하지 않고 재산을 포기하지도 않고 공인된 수도회칙을 고백하지도 않은 점으로 미루어, 비록 수사복을 입고 자기들에게 우호적인 수도회들과 교류도 갖긴 해도 틀림없이 '신앙적인' 사람들이 아니다. 그러므로 우리는 공의회의 승인을 받아 그들의 생활 방식을 영구히 금지하고 하나님의 교회에서 배제한다고 결정하고 공포했다.[37]

이 법령은 교회 당국자들이 베긴회를 얼마나 당혹스럽게 여겼는지 잘 보여 준다. 이 여성들은 정규 수도회의 범주에 들지도 않았고, 이들에 관해 정보도 얻기 힘들고, 현존하는 정보도 많은 부분이 왜곡되어 있다. 그럼에도 불구하고 사람들이 왜 수도회칙을 따르거나 수사[혹은 수녀] 서약을 하지 않더라도 정규 수도회의 관행을 따라 무해하고 평범한 신앙 생활을 하지 않았는지 이해하기가 어렵다. 앞서 소개한 공의회도 그런 어려움을 느꼈다. 이 공의회는 위에 인용된 대로 법령 초반에는 과감하고 적대적인 표현으로 시작했다가 다음과 같은 온건한 표현으로 맺었다:

> 이렇게 말했다고 해서 우리가 경건한 여성들에게 주께서 의욕을 주시는 대로 살지 말라고 금하는 것은 아니다. 단 그러려면 정절 서약을 하지 않았을지라도 자신들의 거처에서 금욕 생활을 하고 겸손히 하나님을 섬기며 살려는 의지가 있는 여성들이라면 그렇게 살아도 무방하다.

중세의 대 입법 시기가 끝나갈 무렵에 작성된 법령의 이 한 문단에는 한편으로는 권위와 자유의 힘과 다른 한편으로는 무를 썰 듯 명쾌하고 권위 있는 지침을 내리기가 갈수록 어려워지던 상황 사이에서 조성된 긴장을 엿볼 수 있다.

그러나 최상부에서 결정되지 않은 채 남은 그 쟁점은 현실에서는 어떻게든 결정되어야 했다. 1318년에 쾰른의 대주교는 베긴회의 모든 수녀원들에 대해 수녀원을 해체하고 교황이 승인하는 수도회에 편입할 것을 요

---

37) c. 16 (ibid., p. 350).

구했다. 이 도시의 결정에 뒤이어 여러 대주교들과 교황들이 같은 결정을 내렸으며, 그 결과 베긴회는 기존의 수녀원들에 편입되기에 이르렀다. 이 작업이 1421년에 이르면 아주 깊이 진척되어서, 교황 마르티누스 5세 (Martin V)는 쾰른 대주교에게 명확한 수도회칙 없이 수녀복을 입은 사람들이 모여 사는 모든 군소 수녀원들을 색출하여 해산시키라고 명령했다. 대주교가 이 명령을 받고서 어떻게 행동했는지 알려지지 않지만, 어쨌든 과거에 자유롭게 꽃피웠던 베긴회 운동이 이제는 이미 자취를 감춘 뒤였고, 다만 수많은 자선 시설들과 아직까지도 남아 있는 옛 가옥들에 그 기억만 남겨놓았다.

이렇게 쇠퇴가 더디게 진행되었는데도 불구하고, 베긴회가 앞장서서 개척한 수도 단체들의 자유는 결코 사라지지 않았으며, 그 기원을 베긴회보다 더 먼 과거로 거슬러 올라가 찾을 수도 없다. 14세기 중반에 이르면 초창기에 관찰자들에게 큰 감명을 주었던 그런 열정은 다 사원 상태였다. 베긴회가 발전시킨 그런 자유가 그 뒤에 어떻게 발전해 갔는지를 알아보려면 유럽의 다른 지역으로 눈을 돌려야 한다.

## 데벤테르 형제회와 그 이웃들

### 환경

출발점으로 삼을 만한 것은 14세기 말에 네덜란드 동부 아이셀 강 계곡에 자리잡은, 작지만 왕성한 몇몇 도시들에서 전개된 상황이다. 이 지역은 다음에 소개할 지도에 자세히 표기되어 있다. 이곳은 중세 초기의 신앙 생활 중심지들에서 멀리 떨어진 지역이고, 따라서 새로 전개된 발전상을 비교적 쉽게 관찰할 수 있다. 아이셀 강은 조이데르 해(아이셀 해)로 흘러들어가기 전 48km부터 쥐트펜, 데벤테르, 즈볼레(아이셀 강 지류에 위치), 캄펜 같은 도시들을 적시며 지나간다. 14세기 말에 이곳에는 인구가 6천 명 내지 1만2천 명에 이르는 도시들이 있었고, 따라서 이 도시들은 유럽의 대도시들에 비하면 규모가 작았다. 하지만 모두가, 특히 데벤테르와 캄펜은 상업적 부가 밀집되고 자치적 독립이 유지된 교역 도시로서 발전하고 있었다.[38] 이 도시들은 모두 한자 동맹(the Hanseatic confederation)에 가입한 도시들이었지만, 규모나 지리적 위치상 이 상업 동맹을 주도할 만한 위치에 있지 못했다. 이 도시들이 자리잡은 지역은 한자 동맹 지대의 서쪽

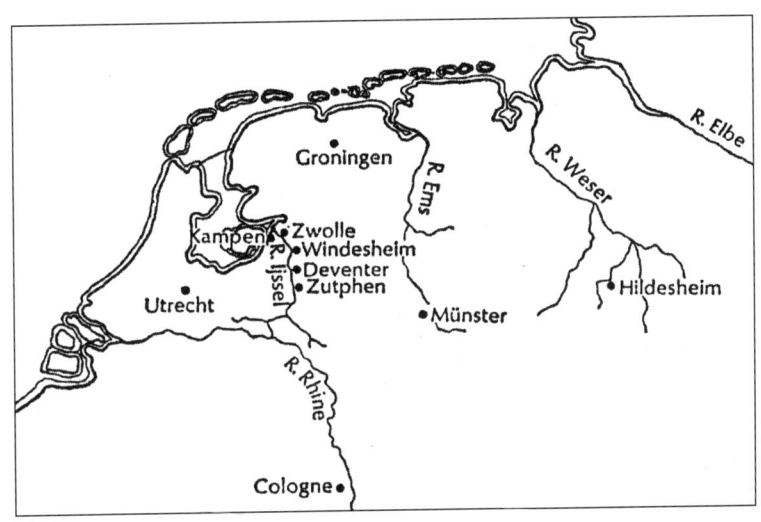

데벤테르와 그 주변

변경이었으며, 이들의 이해 관계는 지역의 양모 생산자들 및 농부들과 밀접한 관계가 있었으므로 여러 면에서 규모가 큰 다른 동맹 도시들과 달랐다. 상황이 이랬기 때문에 과두정을 실시하던 지도자들은 아주 냉정하고 정신을 바짝 차려야 했다.

네덜란드 역사에서 아주 중요하고 긴요한 부분을 차지했던 '신중한 독립과 조용한 기회주의'가 이 작은 도시들의 정략에 이미 나타났던 셈이다. 그들은 기댈 데가 없었다. 정치적 연줄이 취약했다. 캄펜, 데벤테르, 즈볼레

---

38) 그 지역에 대한 전반적인 기록에 관해서는 다음을 참조하라: P. Dollinger, *La Hanse, xii-xvii siècles*, 1964; Z. W. Sneller, D*eventer, die Stadt der Jahrmärkte*, 1936.

는 위트레흐트 주교에게 속했고, 쥐트펜은 헬데르란트의 백작에게 속했다. 이들은 명목상의 군주들에게 조공을 바쳤지만, 발트해와 북해를 중심으로 급속히 발전하는 교역에 부응하기 위해서 독자적인 정책을 수립해야 했다. 캄펜은 영국과 노르웨이와 발트해 연안국들과의 해상 교역에서 주변 도시들 가운데 가장 중요한 도시로 부상했다. 9세기 이래로 라인강 계곡 도시들과 북해를 잇는 항구 역할을 해온 데벤테르는 의류와 금속류와 식료품의 교역이 이루어지는 큰 시장이었다. 이 두 도시가 그 일대에서 가장 중요한 도시였다.

종교적인 면에서 아이셀강 유역의 도시들은 발전이 유난히 더뎠다. 1370년 이전까지도 수도회들이 이 지역에 들어오긴 했으나 그 규모는 매우 미미했다. 데벤테르 근방에는 트레몽트레회 참사회원들과 시토회 수녀들이 들어와 있었고, 캄펜과 즈볼레에는 아우구스티누스회 참사수도회의 소규모 수도원들이 들어와 있었으며, 캄펜과 데벤테르에는 프란체스코회 수사들이, 즈볼레와 쥐트펜에는 도미니쿠스회 수사들이 들어와 있었다. 하지만 이 수도회들 중 어떤 것도 이곳의 상업 인구에 강한 호소력을 발휘하지 못했다.

이 수도회들은 오히려 농촌 귀족들을 중심으로 활동했고, 심지어 데벤테르의 프란체스코회 수도원은 헬데르란트의 백작과 그의 영국인 아내이자 에드워드 2세의 딸 엘리아노의 후원을 받아 설립되고 발전했다. 탁발수사들이 북유럽의 이 전초 기지들에 들어올 무렵에는 한때 그들을 뜨겁게 달아오르게 했던 열정이 식은 뒤였고, 혹시 그들이 초창기의 열정을 유지했다 할지라도 과연 아시시와 시에나와 나폴리에서 통했던 구걸 방식의 활동이 이 작고 습한 북부의 해양 도시들의 냉철한 사람들에게 통했겠는가 의문이 든다.

그럼에도 불구하고 도시의 종교적 발전의 징후들이 나타나기 시작했다. 1349년에 대규모 채찍질 고행자들이 데벤테르 시의회로부터 재정 지원을 받았다고 한다. 데벤테르와 즈볼레에는 베긴회 수녀원들이 들어서 있었다. 비록 이들은 1380년 이전에 모두 사라진 듯하지만 말이다. 그리고 1380년에 캄펜에서는 어떤 대중 설교자가 하나님과 사람의 자연적인 결합과 제도적 종교의 무용성에 관한 교리를 주장하여 많은 추종자들을 얻었다.[39] 이런 것들은 도시의 평신도들이 종교의 문으로 대거 들어갈 때 어김없이 나타나는 초기 징후들인, 감정주의와 반(反)교회주의라는 거대한 파도를 예고하는 잔물결이었다.

### 헤라르트 호로테

1380년경에 새롭고 토착적인 종교 열정이 나타나기 시작했는데, 이것이 다소 침울한 이 도시들의 분위기에 잘 들어맞았다. 이 열기는 초창기 프란체스코회의 화려하고 지나친 행위로 표출되지 않고, 다소 단조로운 방식으로 풀려나갔다. 이 열기에 지역적 특성을 입힌 사람은 헤하르트 호로테(Gerhard Groote)로서, 그는 의류상인의 아들이자 데벤테르 시와 근교에 있는 상당한 토지 재산을 상속한 사람이었다.[40] 1374년에 그는 서른네 살이었으며, 이 무렵에는 당시의 사해동포적인 지적·교회적 삶에 모든 면에서 순응했던 것 같다.

그는 파리에서 법학과 신학을 공부했고, 의학과 천문학에 남다른 관심이 있었다(14세기 말에는 이 두 과목이 가장 실질적인 결과를 보장해준 과목들이었다). 그는 학문적으로 모자란 구석 없이 무장되어 있었다. 비록 보다

---

39) 이 설교자는 도르트레흐트에서 활동한 성 아우구스티누스의 은수자회의 Bartholomew로서, 그가 1382년에 전한 설교의 내용이 다음 책에 실려 있다: *Gerardi (Groote) Magni Epistolae*, ed. W. Mulder, 1933, Ep. 31.

40) Gerhard Groote의 경력에 관해서는 다음을 참조하라: T. P. van Zijl, *G. Groote, Ascetic and Reformer (340-84)* (Catholic University of America Studies in Medieval History, New Series, 18), 1963; 그의 저서들에 관해서는 *Werken van Geert Groote*(ed. J. G. J. Tiecke, 1941)를 참조하라. Thomas à Kempis의 책에는 그의 생애에 관한 귀중한 회상이 담겨 있다: *Vita Gerardi Magni, Opera Omnia*, ed. M. J. Pohl, vii, 31-115. 그가 영감을 불어넣은 운동에 관해서는 오늘날 많은 저서들이 나와 있다. 그 중에서 특히 다음을 참조하라: R. R. Post, *De Moderne Devotie* (2nd ed., 1950) and 'Studien over de Broeders van het Gemeine Leven', *Historiebledin*, i-ii, 1938-9.

높은 경지에 오르기 위해 동분서주하지는 않은 듯하지만 말이다. 그도 대부분의 학생들처럼 전문적으로 연구할 과목을 택하느라 마음 고생을 한 것 같다. 유망한 학생들이 다 그랬듯이, 그도 학자로서의 명성과 세속적 성공이라는 두 마리의 토끼를 좇았고, 그러느라 방향이 사뭇 다른 두 개의 길을 걷게 되었다. 대학교 졸업생들이 으레 그랬듯이, 그도 교계에서 좋은 자리를 얻기 위해 교황청에 지원 서류를 냈지만, 아무리 기다려도 회답이 오지 않았다. 그러기 전인 1365-1367년에 고향 도시가 위트레흐트 주교와 분쟁을 벌일 때 도시를 대표하여 아비뇽 교황청에 가서 변론을 했었고, 1368년에는 (아마 아비뇽에서 권리를 주장할 기회를 얻은 덕분에) 아헨의 참사회원이 되었다.

 3년 뒤에 교황청으로부터 위트레흐트 참사회원으로 발령을 받았으나, 그가 과연 이 발령을 받아들였는지 의심스럽다. 그는 착실하게 지역의 고관이 되어가고 있었다. 그러던 중 1372년에 데벤테르에서 병에 걸려 드러눕게 되었는데, 몇 주에 걸친 투병기간에 인생의 방향이 바뀌기 시작했다. 그는 성 프란체스코의 표준들을 힘겹게 서서히 받아들였다. 1374년에 가서야 유산으로 물려받은 집을 데벤테르 시에 자선 성금으로 기부했고, 한동안 은퇴하여 아헴 근처의 카르투지오회 수도원에 들어가 자신의 위치에 관해 생각했다.

 이 때 그가 자신을 성찰하고 결심한 내용이 기록으로 현존하는데, 갈림길에서 학문 세계를 포기한 14세기 사람의 정서 상태를 생생하게 보여 준다. 그는 앞날을 한 치도 예측할 수 없었다. 그렇다고 해서 카르투지오회나 그 밖의 수도회에 가입할 마음도 없었다. 분명한 것은 지금까지 추구해온 모든 것을 청산하겠다는 결심뿐이었다. 그의 명상록은 같은 내용이 두서없이 반복되며, 때로는 일인칭으로 때로는 이인칭으로, 때로는 결연한 의지를, 때로는 흔들리는 자신에게 훈계하는 글을 적고 있다:

> 더 이상 성직록을 얻으려 하지 말자…… 너는 돈을 벌려고 세속 군주를 섬기지 않을 것이다; 군주의 천문학자가 되려고 애쓰는 일도 없을 것이다; 누구를 위해서

제7장 주변 수도회들과 대립 수도회들  *361*

도 금지된 기술을 사용하지 않을 것이다; 일반적인 방식으로 날씨를 예측하는 것 말고, 여행을 하거나 [수술을 위해] 피를 흘리기 위한 길일(吉日)을 택하지 않을 것이다…….

이제 너는 기하, 대수, 수사학, 판결과 관련한 점성술 등에 시간을 낭비하지 않을 것이다. 이 과목들은 세네카에게 비난을 받았고, 신령한 사람 곧 그리스도인이라면 훨씬 더 배격할 것이다…….

너는 의학으로 학위를 받지 않을 것이다. 왜냐하면 이제 나는 학위를 취득하는 방식으로 돈을 벌거나 성직록을 얻을 마음이 없으니까…….

이제는 명성을 얻으려고 공부하지 않을 것이다. 파리에서 신학과 교양과목들에 관해 벌였던 그런 공개 논쟁을 하지 않을 것이다. 논쟁을 들으려고 그곳에 가지도 않을 것이다. 모두 다 쓸데없고 의견 충돌만 가득하니까…… 이제는 돈을 벌고 싶은 마음도 성직록이나 명성을 얻고 싶은 마음도 없으므로 학위를 얻으려고 신학을 공부하지도 않을 것이다. 이제는 학위가 없어도 공부를 잘 할 수 있다…… 누가 법률 소송 건으로 자문을 구해올 경우 현저한 불의가 눈에 띄거나 가난한 사람들이 희생을 당하는 경우가 아니라면, 자문에 응하지 않을 것이다…… 친구나 친척을 위해서라도…… 재판이 데벤테르에서 이루어지더라도 자문에 응하지 않을 것이다…… 친척이 구타를 당하거나 살해되거나 괴롭힘을 당하더라도, 가해자를 괴롭히거나 그에게 손상을 끼치도록 자문하지 않을 것이다.[41]

이상이 그의 결심이었다. 하지만 행동 원칙이 그다지 분명하지 않았다. 그는 주로 경건 서적들을 읽고, 규칙적인 기도 생활을 하고, 검소하게 사는 데 마음을 기울이리라고 결심했다. 그 너머에 있는 것을 그는 볼 수 없었다. 하지만 "이것이 너의 위치를 대략 일러주기 때문에" 그는 매일 일정한 시간을 내서 위와 같은 결심을 적은 명상록을 읽기로 결심했다.[42] 바로 이것이 그가 서서히 발전시킨 생활 방식의 일부가 된 전형적인 특징이었다.

위에 소개한 내용은 흐로테가 중세 말의 종교 생활에 이바지한 본질적인 부분이었던, 실험의 핵심을 건드린다. 그는 아무런 계획도 이론도 환상

---

41) 이 내용을 간추린 비망록 전문은 다음 책에 실려 있다: Thomas à Kempis, *Opera omnia*, vii, 87-107.

42) ibid., p. 105.

도 반감도 없었다. 다만 자유로워지고 싶었을 뿐이다. 그는 혁명가도 아니었고 위클리프(Wycliffe) 같은 인물도 아니었다. 하지만 어떤 점에서는 위클리프보다 훨씬 더 현대적인 인물이었다. 그가 관심을 가졌던 학문 주제들에서 더 현대적이었고, 이런 관심들을 털어 버린 점에서 훨씬 더 현대적이었다. 그에게는 고대의 논쟁들이 아무런 쓸모가 없었다. 중세의 모든 종교 혁신가와 마찬가지로, 그는 사회적·교의적 문제들에 관한 극단적이고 심지어는 폭력적이기까지 한 보수주의에다가 조직과 정조(sentiment)상의 상당한 자유와 참신함을 접목시켰다.

 그가 출세를 위한 경주를 포기한 뒤 그에게 남은 10년 세월은 실험과 완성되지 않은 성취의 시기였다. 이 시기는 연대기로 구성하기가 몹시 어렵다. 이 시기에 그는 데벤테르와 즈볼레와 캄펜에서 설교를 하다가 점차 주변 도시들과 마을들로 활동 범위를 넓혔다고 한다. 당시에 그는 추종자들에게 전설이 된 누더기가 된 잿빛 겉옷을 입고 다녔다. 그는 비록 학문 연구를 그만두겠다고 결심했지만 책에 대한 관심은 조금도 식지 않았다. 전하는 바로는, 그가 책을 구입하러 파리로 여행했다고 하며, 설교 여행을 다닐 때도 설교 후에 변론이 벌어지면 비판자들에게 효과적으로 대응할 수 있기 위해 많은 책들을 지니고 다녔다고 한다. 그는 서기를 데리고 다녔고, 그 서기는 그의 발언을 꼼꼼히 기록했다.

 그가 남긴 기록에는 그가 가는 곳마다 일으킨 논쟁 내용이 실려 있는데, 현학적이지 않으면서도 박식한 그 논쟁은 교회사의 초기로, 즉 종교적 진리의 가능성에 관해 의심 — 오늘날 우리에게는 익숙하지만 중세에는 좀처럼 발견하기 힘들었던 — 이 존재하던 아우구스티누스의 시대를 회상하게 만든다. 그는 부제(副祭, deacon)에 지나지 않았기 때문에 설교를 하기 위해서는 주교의 특별한 허가증이 필요했다. 그런 상태에서 설교 활동을 한참 하다가 수도회들로부터 견제의 목소리가 강해지자, 주교로부터 전문적인 문제에 관해서는 입을 다물라는 지시를 받았다. 이런 일이 있은 뒤 그는 학생들을 시켜 신학 저서들을 필사(筆寫)하도록 했고, 학생들이 그의 집에 찾아왔을 때만 사적으로 그들에게 설교했다고 한다. 흐로테는 이렇게 의심을 받고 침묵을 강요당한 상태에서 죽었다.

## 흐로테가 설립한 종교 단체

말년이 가까워지면서, 흐로테는 자신이 1374년에 포기했던 데벤테르의 고향 집을 여성들의 경건 생활을 위한 집으로 개조했고, 그들에게 제도 교회의 불필요한 규제가 없는 점이 두드러진 규율을 제정했다. 그 규율에 따르면, 여성들은 서약을 하거나 독특한 수녀복을 입지 않아도 되었고, 세속 법정에서 재판을 받아야 하는 평신도들이었고, 수녀회에 속해서는 안 되고 다만 하나님을 섬기고 손수 노동을 해서 먹고살아야 했다. 그의 정적들이 이 단체를 가리켜 이름만 다른 베긴회라고 말한 것이 하나도 이상하지 않다.

하지만 흐로테는 여성 해방론자가 아니었다. 그는 회심을 한 뒤부터 성(性)을 극도로 혐오했고, 따라서 휘하의 여성들에게 엄격한 기도와 노동 생활을 부과했다. 그러는 동안 맞은 편 거리에서는 성직자들과 평신도들로 구성된 집단이 세인트 폴 성당 주교 대리 관사에 모여 흐로테의 지도를 받으며 공동 생활을 했다. 그리고 흐로테는 생애의 마지막 몇 달 동안 아이셀 계곡의 데벤테르에서 북쪽으로 몇 km 떨어진 빈데스하임에 아우구스티누스회 참사수도회 공동체를 설립했다.

이 마지막 조치는 아마 마지못해서 취한 것인 듯하지만, 실제로는 현명한 것이었다. 과거에 도미니쿠스회 수사들이 주축이 되어 그의 공동체를 베긴회 수사들과 수녀들로 구성된 불법 집단으로 규정하고서 심한 공세를 퍼부었던 기억이 있었기 때문에, 흐로테는 자신이 수도회에 아무런 적대감이 없다는 것을 이런 식으로라도 표현해야 했던 것이다. 그밖에도 그는 자신의 단체를 재속(在俗) 참사회로 유지할 경우 비교적 비공식적인 성격을 띤 자신의 집단이 어려울 때 보호를 받을 수 있을 것을 제대로 내다보았다.[43]

그가 형제들에게 전한 말에 따르면, 어쨌든 아우구스티누스회 수도회칙은 "그것을 고백하는 자들이 서약에 의해 매이게 되는 것만 예외로 한다면, 우리의 신앙 생활 방식과 크게 다르지" 않았다. 이것은 적지 않은 예외였지만, 이런 방침이 없었다면 서약 의무에 매이지 않았던 빈데스하임의 공동체들은 살아남기 힘들었을 것이다.

흐로테는 생애를 마칠 때인 1384년 당시에는 이루어 놓은 것이 거의 없었고, 그가 창시한 운동도 기존의 대수도회들만큼 큰 명성을 얻지 못했다. 고작해야 네덜란드와 베스트팔렌의 도시들에 퍼졌을 뿐이고, 이 지역에서조차 수적인 성공은 근소했다. 어떤 학자의 추산에 따르면, 흐로테의 형제회는 네덜란드에 34개와 라인 지방과 베스트팔렌에 11개로 늘어났고, 여성들의 단체도 대개 그 정도였으나 여성 회원수는 세 배 가량 많았다고 한다.[44] 그 운동의 의미는 숫자에 있지 않고, 스캔들을 일으키지도 않고 탄압도 받지 않고 급진적인 변화도 꾀하지 않은 채 정규 수도회들의 외곽에서 살아남았다는 데 있다. 이런 비정규 집단이 살아남았다는 사실은 중세 교회가 견지한 몇 가지 뿌리깊은 확신들을 거스르는 것이었으며, 따라서 그들이 어떻게 살아남을 수 있었는가 하는 문제는 세심한 사색을 요구한다.

흐로테의 집단이 무슨 목적으로 설립되었으며, 이 집단이 본래의 성격을 무슨 이유로 그리고 어느 정도로나 심도 있게 보존했는가 하는 문제를 이해하려면 우선 당대인들의 눈으로 그들을 바라볼 필요가 있다. 다음에 소개할 두 가지 이야기는 모두 흐로테가 죽고 나서 몇 년 뒤에 기록된 것이지만, 첫번째 것은 그의 친구가, 두번째 것은 원수가 기록한 것이다. 친구는 이렇게 썼다:

여러 지역에서 많은 사람들이 마치 성직자들처럼 한 집에 모여 살면서 판매를

---

43) *Scriptum Rudolphi Dier de Muden de Magistro Gherardo Grote*, ed. G. Dumbar, *Analecta*, 3 vols., 1719-22, i, 13.

44) 여성 공동체들의 수는 항상 남성 공동체들의 수에 비해 불확실하다. 그 여성들은 대부분 네덜란드의 도시들에서 거주했을 것이다. 뮌스터-쾰른 지역에서 1431-1476년에 이루어진 회집들에 관한 기록은 열한 개의 남성 공동체와 열다섯 개의 여성 공동체들이 참여했다고 전한다(K. Löffler, *Hist. Jahrbuch der Görres Gesellschaft*, 1909, xxx, 762-98).

목적으로 책을 필사(筆寫)하기 시작했다. 글을 쓰지 못하는 사람들은 무슨 기술이 됐든 자기들이 갖고 있는 기술을 활용하거나 노동을 해서 살림을 도왔다. 이 사람들은 자기 손으로 일했고, 협동 노동이나 개인의 수입으로 번 것으로 먹고 살았다. 이들은 모든 물건을 공유했으며, 그렇게 모든 것을 공유함으로써 화목 증진을 도모했다. 함께 식사를 했으며, 구걸하지 않았다. 자기들 중 한 사람을 공동체의 책임자로 세우고, 마치 학생들이 스승에게 복종하듯이 그의 조언을 따르고 그를 순종했다. 그들이 이런 생활 방식을 택한 목적은 생활 필수품들을 원활히 공급하려는 것이었지만, 그보다 먼저는 그렇게 삶으로써 하나님을 보다 기쁘게 해드리고 보다 잘 섬기고 싶었기 때문이었다.[45]

하지만 적대적인 시선으로 그들을 관찰한 사람은 강조하는 바가 사뭇 다르다:

> 새로운 수도회의 복장을 하고서 비밀 집회를 갖는 남녀들이 있다. 이들은 기존의 수도회칙을 인정하지 않으며, 자기들의 입맛대로 우두머리를 세운다. 경건한 척하면서 사람들을 끌어 모으고, 성경의 진리와 거룩한 교회법에 위배되는 일들을 많이 자행한다. 신도들이 내는 연보로 재속 수도원 같은 사치스러운 건물을 짓고, 그 속에서 교회가 승인하지 않은 의식들을 행한다.[46]

둘째 문단에 실린 이단에 대한 암시를 잠깐 제쳐놓고 생각하자면, 이 두 가지 기록에서는 당대인들에게 충격과 놀라움과 격분을 안겨주었을 수 있는 세 가지 요소를 감지할 수 있다. 첫째는 수도회칙과 구속력 있는 서약이 없었다는 점이고, 둘째는 일상 업무를 생계 수단으로 삼았다는 점이며,

---

45) 이 글은 1397년에 교회법 교수이자 디케닝게의 베네딕투스회 대수도원장 Arnold가 수도회칙 없는 공동체 생활의 적법성에 관해 자문한 내용이다(L. Korth, 'Die älesten Gutachten über die Brüderschaft des gemeinsamen Lebens', *Mittheilungen aus den Stadtarchiv von Köln*, ed. K. Höhlbaum, 5 Band, xiii Heft, 1887, p. 8).
46) 이것은 1419년에 도미니쿠스회 수사 Matthew Grabow가 교황 마르티누스 5세 앞에서 행한 연설에서 인용한 것이다(H. Keussen, 'Der Dominikaner Matthaus Grabow u. die Brüder vom gemeinsamen Leben', ibid., pp. 28-47).

셋째는 평신도들이 공동체에서 성직자들과 섞여서 '성직자처럼' 사는 자유를 누렸다는 점이다. 이런 특성들은 이미 베긴회 운동에서 상당 부분 나타났으며, 흐로테의 형제회에 쏟아진 많은 비판도 베긴회에 쏟아졌던 비판과 맥을 같이한다. 하지만 이제는 비판의 강도가 한결 강해졌다.

흐로테의 형제회는 자기들이 무슨 일을 하는지 알고서 자립해서 그 일을 해나갈 수 있었던 지식인들이었다. 베긴회에게 최선의 방어책은 비공격적인 침묵이었으며, 결국에는 그것으로 충분하지 않았다. 흐로테의 형제회는 비판자들에게 똑똑한 말로 대답을 했으며, 공격을 받을 때는 공격을 함으로써 응수했다. 흐로테 형제회의 제도적 중요성은 자신들의 자유를 손상 받지 않고 보존할 수 있는 능력에서 비롯된 것이므로, 이제는 그들의 생활 방식의 기반과 그들이 그 기반에 매달리느라 받았던 압박을 생각할 차례가 되었다.

**수도회칙이나 구속력 있는 서약의 부재(不在)**. 앞에서 베긴회가 공격을 받았던 가장 큰 이유가 공인된 수도회칙이 없었기 때문이었음을 살펴본 바 있다. 흐로테와 그의 추종자들도 비슷한 공격을 일으켰다. 그것은 지극히 자연스러운 결과였다. 왜냐하면 그들은 베긴회보다 더욱 명료하게 전통적인 종교 생활에 도전을 가했기 때문이다. 그들은 이미 그 문제를 놓고 심사숙고한 뒤에 분명한 선택을 내렸다. 흐로테는 비록 성 아우구스티누스의 수도회칙이 자신이 자발적으로 준수한 생활 규율과 크게 다르지 않다고 시인하긴 했지만, 그 수도회칙이나 그 밖의 다른 수도회칙을 채택하지 않았다. 그의 형제들 혹은 그중 많은 사람들은 이런 그의 태도를 고수했다. 바로 이 점에서 우리는 그리스 교회와 라틴 교회의 관계에서 큰 규모로 관찰했던 상황과 흡사한 상황을 작은 규모로 관찰하게 된다. 형제회를 정규 수도회들과 갈라놓은 지극히 작은 문제는 형제회가 일으킨 도발이었다. 그들은 사소한 문제에서 정규 수도회의 관행을 철저히 배격했는데, 정규 수도회의 입장에서 볼 때 이것은 차라리 큰 문제들에 대해 노골적인 비판을 받는 것보다 더 화나는 일이었고, 특히 지식인들이 그런 태도로 나왔기 때문에 더 그러했다. 사소한 문제에서 그런 태도를 보인다는 것은, 그들이 발설하기 두려워하는 더 깊은 비판을 갖고 있다는 증거였다. 이것이 논의하기에는 너무 작거나 너무 큰 쟁점들을 일으킴으로써 비슷한 목표를 지향하는 사람들 사이에 균열이 생기게 했다.

구속력 있는 서약의 필요성은 중세의 모든 수도회들을 하나로 결속시켰던 공동의 전제였다. 중세의 수도회들은 한결같이 한 가지 근본적인 사상에 기반을 두었다. 그것은 세속 세계에서는 하나님을 온전히 기쁘게 해드리는 삶을 살 수 없다는 사상이었다. 엄격히 말하자면 사람이 타락한 상태에 있는 한 그런 삶은 어디에서도 살 수 없었다. 하지만 고행과 금욕과 기도 생활에 전념하면서 그리스도를 따르는 일을 필생의 공인된 업으로 삼으면 그 간격을 크게 좁힐 수 있다고 했다. 이런 삶이 취할 수 있는 형태들은 상당히 달랐고, 그런 이유에서 다양한 수도회들이 생겼지만, 어떤 형태를 취하든 그것은 종신적인 헌신이어야 했다. 그것에 못 미치는 것은 사실상 하나님께 완전히 헌신할 생각이 없는 것으로 간주되었다. 수도회들이 누렸던 특권들은 다 이런 완전한 헌신 때문에 가능했다. 그리고 8세기 이래로 서방에서 어떠한 종교 지도자도 헌신 서약을 철회하지 못하도록 만들 필요성에 대해 의문을 제기하지 않았다.

물론 그렇다고 해서 세상에 사는 평신도들이 수도회들에 의해 발전된 형태의 경건 생활을 할 수 없었다는 뜻은 아니다. 평신도들도 그런 생활을 할 수 있었고 또 그렇게 하도록 권장을 받았다. 하지만 남녀들이 반(半) 항구적이고 반(半) 조직적인 방식으로 집단 생활을 하면서 기존에 알려지지 않은 자기들 나름대로의 경건 생활을 했을 때 그것은 적대감을 일으켰다. 이 적대감은 사소한 상태에서부터 심각한 상태에 이르기까지 다양하게 존재했고, 사방에서 쏟아졌다.

수도회 당국자들은 경쟁 상대로 떠오른 비합법적인 집단들에 의해서 자신들의 사회적 지위와 더 나아가 생계 수단마저 위협을 당하는 것을 보고서 그들을 적대시했다. 제도와 형식을 좋아하여 색다른 유형의 신자들을 경원하게 마련인 평신도들도 그들을 적대시했다. 보다 심각하게 그들을 적대시한 계층은 이 반(半) 조직적 공동체들이 전통 질서의 기본 원칙들을 위협한다고 본 사려 깊은 사람들이었다. 그들은 이 공동체들이 분명하고 권위 있는 법을 가변적인 의지로 대체한다고 보았다. 이 공동체들이 교회법이든 세속법이든 사람의 신분을 확실하게 파악할 수 없게 만든다고 보았다. 그리고 마지막으로, 모든 것을 다 바쳐 하나님을 섬긴다는 명목으로 사람들을 유혹하여 잠정적인 순종으로도 하나님께 온전히 가납(嘉納)될 수 있다는 확신을 갖게 만든다고 보았다. 이것은 사회적으로 종교적으로 대단히 심각한 위험 요인을 지닌 문제들로 간주되었다.

호로테의 형제회를 비판한 많은 사람들이 그 새로운 운동 때문에 자기들의 영향력과 신분에 위협을 느낀 단견적이고 이기적인 사람들이었음을 확인하기란 어렵지 않다. 하지만 배후에 어떤 동기가 깔려 있었든 간에, 그들은 유서 깊고 존경할 만한 전통을 변호하고 있었다. 14세기 말의 상황에서 그들은 호로테와 그의 추종자들이 주장한 새로운 자유가 '교황의 통치를 받고 체계적으로 조직된 기독교 사회'라는 이미 난타를 당한 이상에 또 한 번의 타격을 가하는 것이라고 보았다. 만약 사람들이 승인을 받지 않고도 단체를 결정할 수 있고, 자기들 방식대로 대표자를 선출할 수 있고, 정규 수도회칙과 상관없는 수도 생활 규율을 채택할 수 있고, 한 목소리로 성경을 낭독할 수 있고, 서로에게 죄를 자백하고 아무에게도 훈계와 권징을 받지 않을 수 있다면, 교회의 질서는 완전히 무너지고 말 것이라고 보았다.

호로테 형제회의 공동체들을 둘러싼 논쟁들은 콘스탄스 공의회 때 정면으로 부각되었다. 호로닝겐에서 강사로 활동하던 마르틴 그라보(Martin Grabow)라는 탁발수사는 자신이 동원할 수 있는 모든 법적·철학적 논리를 다 동원하여 형제회를 비판하는 논문을 썼다.[47] 그는 논쟁을 법과 권위의 한계 밖으로 끌고 나가, 철저한 종교 생활을 실천하기 위해 수도회칙과

---

47) 그 논문의 내용은 그라보가 콘스탄스 공의회에서 행한 연설에 요약되어 있다. 참조. H. Keussen, op. cit.

종신 서약이 필요하다는 것을 입증하기 위해서 자연 질서의 근본적인 신성성에 호소했다. 공인된 수도회에 들어가지 않은 채 이 세상의 물건을 포기하는 것은 순리를 거스르는 것이요 사회에 해를 끼치는 것이라고 주장했다. 그렇게 행동하는 것은 하인들에게서 그들의 정당한 몫을 가로채는 것이요, 심지어 목숨 자체를 박탈하는 것이라고 했다. 그러므로 그것은 살인과 방불하며, 순리를 거스르는 방식으로 영생을 얻을 공로를 쌓을 수 있다고 믿는 것은 대죄라고 했다. 이성과 자연을 모욕하는 행위는 어떠한 권위자도, 심지어 교황도 용서할 수 없다고 했다.

이것은 극단적인 주장이긴 했으나 대대로 내려온 논지에 새로이 보편성과 철학적 위엄을 입혀 주었다. 1215년, 1274년, 1312년의 공의회들이 공인되지 않은 신설 종교 단체들을 규제하기 위해 공포한 법령들은 마르틴 그라보의 생각과 크게 다르지 않은 생각을 배경으로 깔고 있었다. 어떤 의미에서 철저한 종교 생활이란 자연 곧 삶의 보편 규율을 거스르게 마련이다. 그러므로 철저한 종교 생활이 합법성을 띠려면 자연의 권위보다 더 높은 체제의 권위에 의해 승인을 받아야 한다. 그렇지 않으면 혼란이 초래될 것이다. 바로 이것이 그 공의회 법령들의 배경에 깔린 생각이었다.

이 관점의 호소력과 연륜을 생각할 때, 형제회가 어떻게 그런 큰 확신을 가지고 원수들을 공격했는지 의아한 생각이 든다. 그들은 그라보의 논문을 읽자마자 일찌감치 승리의 냄새를 맡은 듯이 논쟁에 뛰어들었다. 그들은 데벤테르에서 철야 작업을 해가면서 그 논문을 적대적인 소책자들로 옮겨 적었다.[48] 그리고 그것을 노선의 참사회원들에게 배포했고, 그것을 읽어본 참사회원들은 그라보의 저자성에 대해 법적 증언을 확보하기 위해 즉각 공증인을 데리고 호로닝겐으로 갔다. 그들은 자기들의 원수 그라보를 위트레흐트의 주교에게 데려갔는데, 그라보는 콘스탄스 공의회에 항소함으로

---

48) 형제회가 얼마나 효율적이고도 신속하게 자신들을 방어했는가 하는 것은 다음 책에 잘 기술되어 있다: J. Busch, *Chronicon Windesheimense*, ed. K. Grube (Geschichtsquellen der Provinz Sachsen, 1886, xix); pp. 172-4.

써 겨우 단죄를 면했다. 하지만 단죄를 오래 면하지는 못했다. 몇 달에 걸친 조사와 논의 끝에, 그 논문은 "오류이고, 언어도단이고, 해롭고, 경솔하고, 주제넘고, 경건한 사람들에게 모욕을 끼치고, 이단적이고, 이단을 불러일으키는 것"으로 단죄를 받고 소각 처분을 받았다. 그 저자는 "철회하고 뉘우치고, 이단으로 타락한 자신의 처지를 혐오할 때까지" 감옥에서 빵과 물만 먹고 지내도록 처분을 받았다. 다시는 쾰른 관구에, 특히 위트레흐트 교구에 발을 디디지 못하도록 금지되었고, 어길 시에는 종신형에 처한다고 공고되었다. 그리고 철회하지 않을 경우 이단으로 낙인찍히고 세속 권력에 넘겨져 화형을 당하게 될 것이라고 공고되었다.[49]

이 판결의 어조는 서슬이 퍼렇지만 내용은 관대하기 그지없다. 이 두 가지 특징은 아마 서로 무관하지 않은 듯하다. 체제와 권위에 대한 신념이 약해지고 개인의 자유의 폭이 넓어지면서, 불복종 행위에 극형을 가할 필요가 다시 강력하게 대두되었다. 폭력과 자유는 함께 자라는 법이다. 그럼에도 불구하고 이 판결은 근소하게 자유에 승리를 안겨주었으며, 형제회가 거둔 승리는 13세기 이래로 교회 당국자들의 견해에 일어난 큰 변화를 목격하게 해주었다.

하지만 그들이 왜 승리를 거두었는지, 그보다 더 중요한 것으로서, 그들이 왜 그토록 승리를 자신했는지를 묻는다면 대답하기가 쉽지 않다. 우리는 다만 그들이 왜 구속력 있는 서약으로부터 해방되는 것을 그토록 중시했는지 그 이유만 지적할 수 있다. 그 대답을 하고 나면 왜 법률가들이 법을 그들의 취향에 맞게 해석했는지 이해할 수 있을 것이다.

모든 것의 뿌리에는 실험에 대한 욕구가, 자신의 경험에 맞는 생활 방식을 스스로 발견하려는 욕구가 집요하게 자리잡고 있었다. 과거에 거창한 명분을 내세우고 큰 기대를 불러일으키며 설립되었다가 환멸밖에 남긴 것이 없는(당시에는 그렇게 보였다) 대규모 수도회들에 대한 우려와 불신이

---

49) H. Keussen, op. cit., pp. 44-7.

팽배해 있었다. 형제회는 자기들이 정규 수도회들을 적대시하지 않는다고 주장했다. 실제로 그들 중 다수가 결국에는 아우구스티누스회 참사회원이 되었다. 하지만 많은 사람들이 구속력 있는 서약의 매력을 강하게 느끼면서도, 특히 함께 생활하던 형제가 공동체를 떠날 때 그런 느낌을 더욱 강하게 느끼면서도 공동체에 그대로 남았다. 형제가 떠날 때 남아 있는 사람들은 배신감을 느꼈고, 그렇게 공동체를 버리고 나가는 행위를 규제하는 법적 조치를 취할 수 있는 수도회들이 부러워 보였다. 놀라운 점은 그러면서도 그들이 법적 제재 조치를 도입하지 않고 계속해서 그런 조치를 거부했다는 점이다. 1490년에 힐데스하임의 형제회 수장이 이 곤란한 문제에 관해 어떻게 생각하느냐는 질문을 받았을 때 답변으로 쓴 편지에는 흐로테가 자기 추종자들을 위해 확보해 놓았던 자유가 여전히 강력한 힘을 가지고 남아 있다:

> [그는 이렇게 썼다] 우리는 수도회에 소속되어 있지 않고, 세상 안에서 살려고 노력하는 경건한 사람들입니다. 만약 우리가 교황에게 호소하여 우리를 떠난 사람들을 강제로 우리에게 돌아오게 하거나 다른 수도회에 들어가게 한다면, 수도회들의 범주에 들어가 그 규율에 복종하기 위한 쇠사슬과 감옥을 사기 위해 우리가 지켜온 자유, 즉 기독교 신앙에만 있는 그 아름다운 꽃을 팔아버리게 될 것입니다. 그러면 우리도 별수없이 형벌에 의해서만 고침을 받을 수 있는 노예들처럼 예속된 사람들이 될 것입니다. 저 자신도 한때는 우리가 수도회칙을 받아들이고 서약을 해야 한다고 생각했습니다. 하지만 스승 가브리엘 비엘(Gabriel Biel)이 수도회들에는 수사들의 수가 이미 충분하다는 말로 제 생각을 바로잡아 주셨습니다. 우리의 생활 방식은 경건의 속 알갱이에서 솟아나며 언제나 거기서 솟아났습니다. 그러므로 우리가 지켜온 선한 이름과 화평과 평정과 일치와 박애를 한순간에 파멸시키는 일을 하지 맙시다. 우리가 형제로서 수행하는 자발적인 생활은 수도회의 수도회칙과 법에 얽매여 어쩔 수 없이 끌려가는 생활과는 사뭇 다릅니다. 저들의 수도원들은 불안정하고 수양이 부족한 사람들이 들어가는 바람에 부패했습니다. 그럴진대 만약 그런 사람들을 강제로 우리의 공동체에 들어오게 한다면 우리의 삶은 얼마나 더 크게 부패하겠습니까?[50]

성 안셀무스(St. Anselm)나 성 베르나르(St. Bernard)였다면 이 말을 좀처럼 납득하지 못했을 것이다. 그들은 자유에 항상 노출되어 있는 게 얼마나 위험한 일인지를 입증하고 싶어했으며, 이렇게 사람들이 자유에 접촉하지 못하도록 힘쓰는 것이 초창기 종교 지도자들의 큰 목표였다. 초창기 종교 지도자들이 추종자들에게 확보해 주려고 그토록 힘썼던, 취소할 수 없는 결정의 확실성과 안전을 형제회는 어떻게든 피하려고 했다.

무엇보다도 형제회는 큰 성공을 거둔 대다수 수도회들이 자랑스럽게 내세웠던 자기들만의 독특한 표지를 내세우지 않으려고 힘썼다. 현대의 학자들은 습관적으로 흐로테의 추종자들을 '공동 생활 형제회'(the Brethren of the Common Life)라고 부르지만, 이것조차 너무 구체적인 표지이다. '공동 생활'이란 그들이 다른 모든 표지들을 제거해 버렸을 때 더 이상 제거하기가 불가능한 유일한 잔여물이었다. 그들은 보통 자신들을 '즈볼레에 함께 모여 사는 형제들'이나 그런 뜻이 담긴 칭호를 써서 불렀다. 만약 그들이 자신들의 내면적 목적을 묘시할 단어를 원했다면 그들은 데보티(devoti) 곧 '독실한'이란 단어를 붙였을 것이다. 그것이 전부였다. 애착이 가는 이 형용사에 관해서는 뒤에 가서 할 말이 있을 것이다.

여기서 눈여겨봐야 할 점은 침묵이 어떤 독설 못지 않게 효과적으로 비판을 전달할 수 있다는 것이다. 다시 말해서, 기존의 수도회들은 흐로테와 그 추종자들의 침묵을 보고서 '저 사람들이 우리를 배척하는구나' 하는 느낌을 받았다. 형제회가 수도회칙과 서약을 회피한 주된 목적은 직접적인 신앙을 원했기 때문이었다. 하지만 그 밖에도 이런 것들이 형식주의와 무관심으로 이끈다는 것을 보았기 때문이기도 했다. 그들이 온갖 공격과 유혹에도 굴하지 않고 그 태도를 견지했던 것은 그것이 논리적으로 견고했기 때문이 아니라, 많은 사람들이 스승 가브리엘 비엘과 마찬가지로 기존

---

50) *Annalen u. Akten der Bruüder des Gemeinsamen Lebens im Lüchtenhofe zu Hilesheim*, ed. R. Doebner (Qu*ellen u. Darstellungen zur Gesch. Niedersachsens*, 1903, ix), p. 113.

수도회들의 수사들이 지나치게 많은 것은 고사하고 이미 충분하다고 생각했기 때문이다.[51]

**사역 원칙.** 종교 공동체 생활에서 노동은 언제나 아주 곤란한 문제였다. 성 베네딕투스의 수도회칙은 노동을 분명하게 명했다. 하지만 노동이 갖는 목적에 대해서는 명시하지 않았다. 베네딕투스는 이렇게 썼다. "게으름은 영혼의 적이다. 그러므로 수사들은 매일 정해진 시간에 직접 노동을 해야 하며, 나머지 시간에는 거룩한 책들을 읽어야 한다."[52] 하지만 노동을 하는 목적이 오로지 게으름을 쫓는 것이었다면, 노동 말고도 혹은 노동보다 더 좋은 방법이 있었을 것이다. 또한 성 베네딕투스는 수사들에게 훈계하기를, 가난하거나 어쩔 수 없는 상황으로 불가피하다면 추수 밭에 나가 노동하는 것을 족히 여기라고 하면서, 그 이유를 설명하기를, 손으로 직접 일하는 것이 고대 교부들과 사도들의 본을 받는 것이기 때문이라고 했다.

하지만 성 베네딕투스도 그의 추종자들도 노동으로 생계를 유지하는 것에 그 밖의 특별한 덕이 있다고 생각한 것 같지는 않다. 노동은 어려울 때 인내로써 수행해야 할 일일 뿐이었던 것이다. 수사들과 참사회원들은 얼마 안 가서 노동하여 생계를 유지하는 것보다 시간을 더 낫게 쓰는 방법을 발견하게 되었다.

노동으로부터의 도피는 탁발수도회의 등장과 노동과 정반대되는 그들의 구걸 생활과 더불어 논리적 결론에 도달했다. 앞에서 살펴본 대로, 1240년 경에 이르면 주교 그로스테스테가 구걸로써 생계를 유지한 탁발수사들과 노동으로 생계를 유지한 베긴회 사람들을 대조할 수 있는 정도가 되었다. 그럼에도 불구하고 그 때로부터 불과 15년 전만 해도 성 프란체스코는 노

---

51) 전혀 다른 지역에서 제기된 비슷한 견해에 대해서는 다음을 참조하라: Thomas Gascoigne, *Loci e Libro Veritatum*, ed. J. E. Thorold Rogers, 1881, 107-13.

52) *Reg. Ben.*, c. 48.

동과 구걸을 대조하는 것을 부당하게 여겼을 것이다:

> [프란체스코는 1226년에 자신의 유언장에 이렇게 썼다] 나는 내 손으로 일했고, 앞으로도 계속 그렇게 하고 싶다. 그리고 나의 모든 형제들도 정직한 기술을 사용하여 일하기를 바란다. 기술이 없는 사람들은 기술을 배우되, 노동의 대가를 바라는 탐욕을 가지고 배우지 말고, 모범이 되기 위해서, 그리고 게으름을 버리기 위해서 배우기를 바란다. 만약 노동을 했는데도 대가가 돌아오지 않는다면 집집마다 다니면서 적선을 구하라. 이것이 주님이 형제들에게 베푸시는 식탁이다.[53]

이 글로 미루어 볼 때, 성 프란체스코의 구걸은 삶의 원칙이라기보다는 세상의 부당한 처사에 대한 대응으로서, 정당한 대가를 요구하는 대신에 다른 편 뺨을 돌려대는 태도였다. 하지만 구걸이 참회의 노동이나 생계 유지를 위한 노동보다 더 숭고한 행위로 워낙 신속히 자리를 잡았기 때문에, 불과 몇 년이 못 되어 그로스테스테는 프란체스코회의 가난을 구걸과 동일시할 수 있었고, 베긴회가 생계를 위해 노동하는 것이 그에게 새로운 사상으로 비쳤다.

이 사상이 새롭게 발전하기까지는 백년의 세월이 흘렀다. 그 기간 동안 탁발수사들은 노동을 시작하지도 않은 채 구걸을 그쳤다. 상황이 이쯤 되자 노동을 도로 수도 생활에 도입하려는 새로운 시도가 이루어졌다. 흐로테와 그의 추종자들은 이런 시도를 맨 앞장에 서서 수행한 사람들이었다.

흐로테는 회심한 뒤에 사상이 갖추어지자마자, 구걸을 수도 생활의 지지책으로 삼는 관행에 강한 혐오감을 느꼈다. 아울러 노동의 가치를 강하게 신봉하게 되었다. 그는 노동을 게으름을 피하기 위한 방법이나 어쩌다가 필요할 때 하는 일쯤으로 여기지 않고, 신앙 생활의 필수적인 도구로 여겼다:

---

53) *Opuscula S. Patris Francisci*, 1904, p. 79.

[그는 휘하의 여성들에 관해서 즈볼레 형제회의 수장에게 이렇게 편지했다] 전에도 몇 번 말씀드렸지만, 노동은 정신의 순결을 회복하기 위해 인류에게 꼭 필요한 것입니다. 저는 (바울이 디모데에게 쓴 말처럼) "게으름을 익혀 집집에 돌아다니고 게으를 뿐 아니라 망령된 폄론을 하며 일을 만들며 마땅히 아니할 말을" 하는 사람들을 겪어봤습니다. 여성들은 공짜로 밥을 먹고 적선을 받으면 일해서 먹고살아야 하는 부담에서 벗어나게 되고, 따라서 하나님께서 처음에 그들에게 주신 유용한 약을 거절합니다…… 하지만 그렇다고 해서 제가 남자들이나 여자들이 세상의 사업이나 복잡한 인간 관계에 얽매이기를 바라는 것은 아닙니다. 다만 그들에게 그 날 벌어 그 날 먹고 살 정도의 일거리를 주는 것이 좋습니다…… 노동은 신성하지만, 사업은 위험합니다.[54]

그러므로 호로테는 스스로 일해 생계를 유지하는 남자들과 여자들의 공동체들을 예견한 셈이다. 하지만 중세 말기 도시의 형편은 이런 이상을 성취하는 길에 상당한 장애를 놓았다. 그 장애는 초창기 수도회들이 겪었던 그런 장애와 사뭇 달랐지만 좌절을 안겨주기 쉬웠던 점에서는 마찬가지였다. 거의 모든 도시의 장인들과 공장들이 길드(gild)들에 의해 독점되었다. 길드들은 시 당국에 의해 설립 허가를 받았고, 많은 경우에는 이들이 자치정부를 장악했다. 길드들이 설립된 큰 목적은 자신들의 독점권을 저해하려는 비회원들의 시도를 좌절시키는 것이었으며, 따라서 어떠한 종교 집단이든 이런 일을 시도할 때는 즉시 공격의 표적이 되고 그 도시 안에서 평화롭게 살 수 없었다. 종교 집단이 스스로 노동해서 생계를 해결할 권리를 지키려고 아무리 힘들게 투쟁을 해도 결국에는 좌절할 수밖에 없었다.

이런 패배의 단계들을 힐데스하임에서 뚜렷이 볼 수 있다.[55] 이 도시에서 형제회는 구성원 중 한 사람을 거의 15세기가 끝날 때까지 구두 제조공으로 남겨놓으려고 안간힘을 썼다. 하지만 1476년에 구두 제조공 길드가 그 문제를 가지고 완강히 물고 늘어졌다. 그들은 형제회에 대표단을 보

---

54) *Gerardi Magni Epistolae*, ed. W. Mulder, Ep. 32.
55) 뒤에 이어지는 내용은 다음을 참조하라: R. Doebner, op. cit., pp. 71, 85-6, 112.

내 자신들의 특권이 침해당한 것에 대해 항의했다가 처음에는 아주 거만한 답변을 들었다: "만약 당신들이 시 당국으로부터 당신들의 특권을 받았다면, 우리는 교황으로부터 우리의 특권을 받았소. 당장 꺼지시오. 우린 당신들과 아무 상관이 없소."

이런 일이 있은 뒤 그들은 한동안 아무말도 못하고 지냈다. 하지만 몇 년 뒤에 그들은 좀더 사나운 태도로 찾아와서 보다 온건한 답변을 받았다: "우리는 아무에게도 해를 끼칠 생각이 없소. 우리 가운데 딱 한 사람이 구두 만드는 일에 관여하고 있는데, 그는 구두 제조공이라기보다 구두 수선공에 가깝소. 게다가 너무 연로해서 똑바로 서 있지도 못하오. 그가 죽을 때까지만 기다려 주시오. 그리 오래 가지 않을 거요. 그가 죽으면 꼭 당신들의 뜻대로 하리다." 대표단에 들어있던 가난한 조합원들은 형제회에게 즉각 자신들의 요구를 수락하기를 원했지만, 그들의 지도자들은 마침내 그 늙은 구두 제조공이 죽을 때까지 일을 계속하도록 허용하되, 그가 형제회에 쓸 구두만 만들고 절대로 판매해서는 안 된다는 단서를 붙였다. 이렇게 해서 가까스로 타협이 이루어졌다.

하지만 길드 회원들의 호전적인 성향에 큰 경각심을 느낀 형제회 대표는 연로한 구두 제조공에게 그가 만든 구두 속에다 작고 오래된 가죽을 집어넣어 앞으로 당할 곤란을 피하라고 일러주었다. 그리고는 귀엣말로 이렇게 덧붙여 말했다. "우리가 이 구두 제조공들에게 친절하게 말한다고 해서 그들의 무모하고 탐욕스럽고 저급한 책략에 굴복했다고, 혹은 굴복할 거라고 생각하지 마시오."

1480년 당시에도 언제 죽을지 모르던 그 노인은 1489년까지도 여전히 일을 하고 있었고, 따라서 길드 회원들이 항의하기 위해 다시 한 번 나타났다. 이번에는 빠져나갈 길이 없었다. 그 노인이 소환되어 일을 중단하라는 말을 들었던 것이다. 힐데스하임의 형제회는 노동의 자유를 유지하기 위해 길드와 오랫동안 싸움을 했다. 이 싸움의 과정에서 그들은 흐로테 추종자들의 공동체들에게 어울리는 그런 격렬함을 보여 주었다. 하지만 결국 그것은 상업적 이득을 추구하던 시 당국에 대항하는 것이었기에 승산 없는 싸움이었다. 노동이 신성하다는 흐로테의 가르침과 정신을 정화하던 그 가르침의 힘은 초창기 수도회들에서 노동을 그치게 했던 내부의 이완에 굴복하지 않았다. 하지만 그것은 다름 아닌 중세 말기 길드 조직의 힘 앞에서 굴복하고 말았다.

그러나 도시의 길드들이 손을 대지 않은 한 가지 생산 분야가 있었다. 서적 제작과 관련된 모든 업종은 네덜란드와 독일 북부의 도시들에서 이렇다 할 조직을 갖고 있지 않던 서적상들과 양피지 제조업자들과 사본 채식사(彩飾師)들과 제본업자들의 손아귀에 있었다. 이 분야에서 형제회는 모든 기술을 터득했다. 흐로테는 책에 대한 평생의 열정을 가지고 그 길을 가리켰고, 그의 제자들이 그 길을 열정적으로 갔다. 그들은 서책 필사(筆寫)를 위한 조합들을 결성했다. 자기들만의 필사 스타일과 자기들만의 독특한 제본법을 개발했다. 이런 기술을 바탕으로 필사된 책들을 빠른 속도로 보급했고, 이로써 장차 때가 오면 인쇄업의 제일인자가 될 준비가 되어 있었다.[56]

물론 서책 필사는 아주 오랜 옛날부터 수도원들에서 해오던 일이었다. 7-8세기에 영국 재로와 몽크웨어마우스에서, 11-12세기에 캔터베리에서, 그리고 13세기에 세인트 올번스에서 제작된 화려한 사본들은 수사들이 직접 필사하거나 감독한 것들이다. 하지만 어떠한 수도원도 흐로테의 형제회만큼 서책 제작에 총력을 기울이지는 않았다. 그 외에도 14세기에 이르면 대다수 수도원들의 도서관이 책으로 가득 차 있었으므로, 이 때부터는 더 수납할 책이 있으면 기증을 받거나 전문 필사자들의 손을 빌렸다. 다른 모든 종류의 노동과 마찬가지로 서책 필사도 수도회들에서는 이미 불필요한

---

56) 형제회가 개발한 다양한 서체들에 관한 기록은 다음을 참조하라: the articles of B. Kruitwagen in *Het Boek*, 1933-4, xxii, 209-30; 1935-6, xxiii, 1-54; also K. Löffler 'Das Schrift u. Buchwesen der Brüder vom gemeinsamen Leben', *Zeitschrift f. Bücherfreunde*, 1907-8, xi, 286-93. 이런 직업적 필사 행위에서 인쇄로 전환된 사례에 관해서는 다음을 참조하라: Jacobus Traiecti alias de Voecht, *Narratio de Inchoatione Domus Clericorum in Zwollis*, ed. M. Schoengen, 1908, pp. 163-5.

일이 되어 있었다. 형제회는 바로 이 분야에서 자신들의 기회를 발견했다. 그들은 세상이 갈수록 많은 양의 책을 필요로 한다는 것을 알았다. 그들은 자신들이 읽을 책을 필사하는 것 외에도, 교구 학교들과 대학들과 주교좌 성당들에 신속하고도 정확하게 제작한 경건 서적들과 전례 서적들을 보급했다. 따라서 형제회는 적어도 이 분야에서만큼은 다른 집단이 해내지 못한, 종교 생활과 직접 노동해서 먹고사는 의무와 덕목을 결합하는 데 성공했다.

서책 필사는 형제회의 생계와 그들의 신앙적 안정에 기여했을 뿐 아니라, 그들의 생활 방식을 지키는 데에도 중요하게 기여했다. 이 작업은 그들로 하여금 지식인들의 여론에 항상 귀를 기울이게 했고, 어떤 공격에도 신속히 대응할 수 있게 해주었다. 우리는 앞에서 데벤테르의 형제회가 매슈 그라보에게 공격을 당했을 때 자신들의 필사(筆寫) 능력을 어떻게 효과적으로 동원했는가 하는 것을 살펴보았다. 하지만 그들이 제작한 책들은 자기 방어 이상의 역할을 수행했다. 그들은 자신들이 실천하고 발전시킨 신앙 생활 방식을 멀리 널리 보급했고, 이것이 기독교 세계의 보편적 방식이 되도록 만들었다.

**성직자들과 평신도들의 혼합**. 성직자와 평신도를 엄격히 구분하는 것이 중세의 일관된 특징이었다. 이 구분은 법과 교육 체계에 의해 영속화했고, 성직자들에게 부여된 권리들과 특권들 때문에 심화되었다. 실제 사회 생활에서는 이런 노골적인 구분을 완화해 주는 요소들이 많이 있었지만, 보니파키우스 8세(Boniface VIII)가 "현대의 경험은 성직자들에 대한 평신도들의 적대감을 분명히 입증한다"고 천명했을 때, 그것은 폭넓은 자료로 뒷받침할 수 있는 사실이었다.

수도회들은 사회의 다른 집단들과 구별된 채 존재하면서 부와 특권을 누리던 성직자 집단에게 실질적인 힘을 실어줌으로써 사회의 이러한 구분에 나름대로 기여했다. 그럼에도 불구하고 여러 수도회들은 초창기에 그 장벽을 허물었고, 단일 공동체에 평신도들과 성직자들을 모두 받아들였었다. 이런 공존이 이루어졌던 가장 현저한 사례는 프란체스코회에서 볼 수 있다. 초창기 프란체스코회 공동체들은 평신도들을 대거 받아들였고, 심지어는 그들이 주축이 되었었다. 하지만 기존의 수도회들에서 평신도들이 사라졌던 것과 똑같은 이유로 프란체스코회 수도원들에서도 평신도들이 급속히 자취를 감추었다. 그 이유란 구성원들이 모두 성직자들이면 수도원을 조직하고 지원하기가 모든 면에서 수월하기 때문이라는 것이었다. 그밖에도 설교와 전도와 영적 지도라는 고도의 사역은 성직자밖에 수행할 수가 없었다.[57] 따라서 다른 수도회들과 마찬가지로 프란체스코회에서도 평신도들은 얼마 못 가서 부엌으로 쫓겨나거나 아예 사라졌다.

호로테는 다시 한 번 성직자들과 평신도들을 단일 공동체에서 생활하도록 만들려고 시도한 중세의 마지막 종교개혁자였다. 그가 전임자들에 비해 성공할 여건이 좋았을 수도 있다. 수도회에 따르는 서약과 특권이 사라짐에 따라 성직자와 평신도를 구분하던 가장 중요한 근거가 사라졌다. 게다가 노동이 생계 근원이 되는 한 평신도들은 공동체에 자연스럽게 터를 잡고 살 수 있었다. 하지만 이런 이점들이 있었는데도 불구하고, 형제회에서도 성직자들과 평신도들은 과거와 마찬가지로 하나의 공동체에서 공존하는 데 실패했다. 앞에서 보았듯이, 당시에 형제회가 시행할 수 있었던 유일한 노동은 서적 제작이었는데, 이것은 특히 성직자들에게 적합한 노동이었다. 따라서 평신도들이 수도원에서 추방되었다는 옛날 이야기가 다시 반복되었다. 초창기에는 성직자들과 평신도들이 힘을 합쳐서 건물을 짓고 내부 장식을 했다. 하지만 공동체가 정착을 하여 연구와 기도와 서책 필사의 꾸준한 일과를 수행할 수 있게 되었을 때, 평신도들에게는 요리밖에는 따로

---

57) 이러한 추이를 가장 명쾌하게 정당화해 놓은 견해에 관해서는 다음을 참조하라: Bonaventura, *Determinationes Questionum circa Regulam Fratum Minorum*, ii, 16: *Cur Fraters non Promovent Ordinem Poenitentium* (*Opera Omnia*, viii, 368-9). 그는 여기서 프란체스코회에게 가해진 비판, 즉 만약 그들이 진정으로 영혼 구원에 관심이 있다면 성 프란체스코가 설립한 평신도 참회자들의 수도회를 확장하려고 했을 것이라는 비판에 대해서 변호한다.

할 일이 남지 않았다.

　풍성하게 남아 있는 형제회의 전기들에서 평신도 구성원들은 절대 다수가 요리사로 등장한다. 이들은 때로는 애정과 존경으로 기억되지만, 힐데스하임에서는 요리사의 역할에 많은 제약이 있었던 것으로 나타난다. 그곳 공동체의 요리사는 "평신도처럼 온종일 노동하는 고생을 면하기 위해서" 학교로 도망치려고 했다. 그의 노력은 실패로 끝나고 그는 설득을 받고서 다시 공동체로 돌아온다. 형제들은 그를 동정했지만, 그가 얼마 못 가서 죽을 때 그를 위해 기뻐해 준 것 외에는 그를 위해서 해줄 수 있는 것이 아무 것도 없었다.[58]

　그러므로 평신도들은 자기들에게 중요한 역할이 없었기 때문에 방출되거나 열등한 지위로 밀려났다. 그들이 공동체에서 의미 있는 구성원들로 남기 위한 투쟁이 프란체스코회에서보다 오랫동안 지속되었지만, 결국에는 오랜 관습으로 굳어진 열등한 지위만 남았고, 평신도들은 공동체에서 자취를 감추었다.

### 새로운 신앙 정서

　우리는 방금 호로테의 형제회와 기존 수도회들 사이에 큰 차이점들을 살펴보았다. 그 과정에서 15세기의 현실에서 법적 단죄를 받거나 종교적 이상의 철저한 와해를 겪지 않은 채 전통적인 수도회 조직에서 이탈하는 것이 어느 정도나 가능했는지를 조사했다. 형제회가 살아남았다는 사실은 교회 법원들의 폭력이 성행하고 성직자들과 평신도들 사이에 뿌리깊은 반목이 존재하던 중세 말기의 현실에서 종교적 자유가 나름대로 발전하고 있었다는 유일한 증거이다. 형제회가 살아남을 수 있었던 큰 비결은 그들이 중도 노선을 취했기 때문이었다. 초창기에 성공을 거둔 대규모 수도회들은 자기들에게 성공을 안겨준 사회적 환경에 쉽게 동화하는 경향이 있

---

　58) R. Doebner, op. cit., p. 24. 평신도들을 갈수록 착취한 보다 구체적인 사례들에 관해서는 pp. 64, 260, 270을 참조하라.

었다. 이런 경향에 반발하여 많은 인원이 반대파를 형성했고, 이들은 새로운 조직을 결성하거나 개인적으로 계시와 묵시적 기대를 소중히 간직하고 살아가다가 곤란과 단죄를 받았다. 하지만 흐로테의 추종자들은 여러 가지 이유에서 이런 운명을 다 피했다. 그들은 철저히 현세에 동화할 만큼 재산이나 권력이 없었으며, 세상이 경멸하는 진리를 소중히 간직할 만큼 가난하거나 증오심이 크지 않았다.

세상을 등지고 조용히 살아가려던 그들의 정신은 그들에게서 볼 수 있는 가장 역설적인 특성의 하나이다. 그러면서도 그들은 대단히 실제적인 사람들이었다. 이런 사례들은 그들이 책을 제작하기 위해 구성한 조직과 그들이 자기 방어를 위해 취한 조치들에서 많이 찾아볼 수 있다. 그들의 조직은 호의적이지 않은 세상에서 살아남는 위대한 능력을 보여 주었다. 그들의 학교들은 북유럽에서 가장 유명하고 효율적인 학교들로 손꼽혔다. 하지만 형제회는 비록 상업적 활기가 넘치는 도시들에서 살았을지라도, 그리고 직업상 이 거칠면서도 풍성한 도시 생활과 늘 접촉할 수밖에 없었을지라도, 궁극적으로 그들이 중세 교회사에서 차지한 유일한 자리는 내면의 신앙 생활과 개인적 체험에 심취한 데서 마련되었다.

스승 흐로테를 존경심을 가지고 회상한, 빈데스하임의 제2대 형제회 참사회원은 「그리스도를 본받아」(Imitation of Christ)라는 불후의 명저에서 이 내면적 메시지를 표현했다. 이 책은 힘들이지 않고 중세 세계와 현대 세계의 장벽을 무너뜨린 몇 권 안 되는 책들 중 하나로서, 자기 공동체에서 지극히 작은 행정직조차 차지할 수 없었던 사람에 의해 집필되었다.

토마스 아 켐피스(Thomas à Kempis)는 흐로테가 일으킨 운동에서 가장 위대한 이름이지만, 그 운동에 역사에서 제자리를 부여하는 내용을 집필한 장본인이 그였다는 것은 거의 우발적인 일이었던 것 같다. 「그리스도를 본받아」를 제외한 그의 저서들을 살펴볼 때 그는 흐로테의 다른 모든 추종자들과 거의 구분되지 않는다. 이 운동에 참여한 저자들은 한결같이 개인이 일상적인 노동과 예배 생활에서 강렬한 깨달음에 이르는 데 목표를 두었다. 형제회는 일상의 과제들에 관해서 묵상을 했고, 지극히 소박한 행위에서 경건의 자료를 찾았다. 세상을 등지지도 않았고 세상에 몸을 던지지도 않았다. 다만 세상에서 벌어지는 치열한 투쟁들에서 피신했을 따름이다. 따라서 그들은 비록 일상 생활을 훌륭히 해나간 모범적인 사람들이었는데도 폭풍과 같은 도시 생활에서 물러나와 힘써 추구했던 삶을 세상에 소개할 만한 책은 한 권밖에 내놓지 못했다.

신앙이 단순히 형식적인 지지나 지적인 동의 문제에 지나지 않았던 사람들과 대조적으로, 흐로테의 추종자들은 효과적이고 개인적이고 체험적인 신앙을 추구했다. 그들은 형식에만 그치는 신앙을 극도로 혐오했다. 그들이 형식적인 신앙을 도려내고 그 자리에 채우고자 했던 것은 자신들이 몇 문장으로 정의할 수 없었던 것이었지만, 그것이 그들의 신앙 일기들과 주요 사건 모음들에 풍성히 계시되어 있다.

흐로테와 그의 추종자들은 이런 친밀하고 두서없는 문헌들을 남긴 위대한 저자들이었다. 흐로테가 회심한 뒤에 처음 취한 행동의 하나가 바로 자신의 결심을 기록으로 남기고 그것을 수시로 읽겠다고 결심한 것이었다. 그의 추종자들도 그렇게 했다. 그들도 앞날을 위해서 중요한 가르침과 명상을 늘 기록으로 남겼다.[59] 그들은 이러한 개인의 기록에 묵상의 보조 수단으로서 큰 중요성을 부과했다. 그들은 신앙의 장성에서 영적 자서전의 용도를 재발견했고, 11세기부터 감지되기 시작하는, 교회의 공동 성무일과를 축소하고 개인의 기도를 강조한 조치를 이전보다 한 단계 더 진척시켰다. 아래에 소개할 것은 15세기 중반에 형제회 일원의 하루 일과인데, 개인 기도의 필요를 충족시키기 위해서 기존의 공동 성무일과가 어떻게 개조되었는지 잘 보여준다:

> 오정부터 한 시까지 나는 노동을 한다. 노동을 하는 동안 지루함을 쫓거나 마음을 경건하게 모으기 위해서 때때로 찬송을 부른다. 그러다가 세 시에는 저녁

---

[59] 위대한 교사 John Cele 시대에 즈볼레의 학교에서 평범한 책들(*rapiaria*)이 차지했던 위치에 관해서는 J. Busch의 *Chron. Windesheimense*(pp. 206-7)를 참조하라.

기도를 낭송하고 그 날 성무일과의 내용을 읽는다. 그것을 마친 다음 공부를 하거나 양피지를 준비하다가 네 시가 되면 만찬 때까지 내게 할당된 과제[필사(筆寫)]를 수행한다. 저녁 식사 때는 오찬 때 했던 대로 행동하며[예를 들면 다른 사람에게 눈을 돌리지 않는 등] 만찬을 마치자마자 종과(終課)를 낭독한다. 그런 뒤에는 잠시 하루 일과에서 잘못된 점들과 범한 죄들을 살펴보고, 이 일을 마친 뒤에는 여덟 시까지 양피지에 줄을 긋거나 못쓰는 부분을 오려낸다.[60]

이것과 이와 유사한 기록들은 일과를 엄격히 정하는 수도원의 이상이 어떤 방식으로 형제회에 의해 받아들여져 개인의 경건 생활로 전환되었는지 잘 보여 준다. 꾸준한 예배적 일과가 그들의 개인 생활에 보조 수단이 되었으며, 이런 개인 위주의 생활이 그들이 수행한 모든 일에 매우 개인적이고 자의식적이고 청교도적인 인상을 남겼다.

그 공동체들은 한결같이 규모가 작았으므로 구성원들이 서로를 친숙히 알고 지냈다. 그들은 서로를 존경의 눈빛으로 바라보았으며, 형제회 내부의 무수한 연대기 자료들에 전통적인 방식으로는 결코 성인들도 영웅들도 아닌 자신들의 동료들에 관해 시기심 없는 존경의 심정으로 글을 써놓았다. 이 연대기들은 전기 자료와 공동체 내부의 세세한 자료를 풍부하고 생생하게 담고 있다는 점에서, 그리고 세상에서 벌어지던 큰 사건들을 철저히 외면했다는 점에서 방대한 수도원 역사 자료들 중에서도 단연 돋보인다. 이 연대기들에는 다음과 같은 인물 묘사들이 많이 실려 있다:

> 제임스 엔크휘센(James Enckhuysen)은 유복한 부모에게서 태어나서 즈볼레에 있는 학교에 입학했다가 우리 공동체에 들어왔다. 그는 대단히 정확한 필사자(筆寫者)였으며, 여러 권의 책들과 미사경본(Missals)들과 승계창(昇階唱, Graduals)들과 시편송(Psalters)들과 교회법전과 500프로린 금화를 호가한 성경 한 권을 필사했다. 이 성경은 위트레호트[오늘날 이곳에 그 성경이 소장되어 있다]의 수석사제 헤르만 드로엠(Herman Droem)의 경비 부담으로 필사되었

---

60) W. Jappe Alberts, *Consuetudines Fratrum Vitae Communis* (Fontes minores medii aevi, viii), 1959, p. 3.

다. 엔크휘센은 한동안 뫼즈 강변에서 살던 자매들의 공동체를 담당했으나, 그들을 보다 엄격하게 지도할 필요가 있는 데 비해 자신의 성격이 유약했기 때문에 그 임무를 면하게 해달라고 청원했다. 청원이 받아들여지자 필사(筆寫)에 몰두했으며, 한동안 사서(司書) 겸 시계 관리자로 일했다. 그는 이 두 가지 임무를 완벽하게 수행했다. 그가 필사한 책들은 언제나 정확했고 제 때에 완성되었으며, 그가 시계를 담당하는 동안에는 형제들이 잘못된 시보(時報)로 인해 늦게 일어나는 법이 없었다. 그는 좋은 목소리를 갖고 있었으나 약간 말을 더듬었기 때문에 공적 설교를 하기를 부끄러워했다. 하지만 성직자들과 평신도들 앞에서 책을 낭독할 때는 이런 결점을 극복하고서 맑고 낭랑한 음성으로 낭독했다. 그는 임종하기 나흘이나 닷새 전에 식욕을 잃었고, 기력이 쇠하여 지팡이 없이는 걷지 못했다. 우리가 그에게 "제임스 형제, 죽음을 원하십니까?" 하고 물으면 그는 "그렇습니다. 아주 적절한 시기입니다. 전 살 만큼 충분히 살았습니다" 하고 대답했다. 비록 아무도 그의 병명을 몰랐으나, 그는 갈수록 기력이 쇠해 갔다. 그가 죽기 전날에 형제들이 그에게 교회에 가서 성찬을 받겠느냐고 묻자, 그는 "언제든 여러분이 좋으실 때 그렇게 하겠습니다" 하고 대답했다. 그래서 그는 경건하게 성찬을 받고서 그 날 밤에 죽었다.[61]

형제회가 남긴 전기들이 한결같이 이런 분위기를 띠고 있다는 것은 대단히 인상적인 일이다. 그 전기들에는 한결같이 유익하고 만족스러운 봉사를 하면서, 공동체 내부의 일에 철저히 몰입했던 사람들의 이야기가 적혀 있다. 아마 이런 이유로 그들의 전기들은 다른 어떤 신앙 운동이 남긴 기록들에서 찾아볼 수 없는 철저한 조화와 온유의 인상을 주는지 모른다. 그들은 수도회들이 올라갔던 높이에 올라가지도, 그들이 들어갔던 깊이에 들어가지도 못했다.

그렇다면 우리가 왜 중세 교회적 사회에 대한 개관을 그다지 광범위하지도 않고 영웅적이지도 않은 이 영적·물질적 실험으로 마쳐야 하는지 묻는 것이 당연하다. 가장 큰 이유는 데벤테르의 형제회가 지난 몇 세기 동안의 체계적인 지적·조직적 실험이 무너져 가고 있던 시기에 일어난

---

61) M. Schoengen, op. cit., pp. 190-93.

종교 집단에서 가능했던 덕목들을 드러내기 때문이다. 14세기 말에 신앙인들은 자기들의 눈앞에서 납득하기 힘든 패러독스들과 실패들이 전개되는 것을 목격했다. 베네딕투스회는 세상을 등지고 떠났다가 통치의 중심지들이자 사회적 응집의 도구들이 되었다. 시토회는 광야로 나갔다가 독일의 푸거가(家)와 이탈리아의 메디치가(家)가 등장하기 전에 가장 큰 경제적 집단이 되었다. 프란체스코회는 생애를 가난에 헌신했다가 유럽의 모든 대도시에 편안하게 자리를 잡았다. 그 과정에서 실질적인 신앙이 피상적인 신앙에 함몰되었다.

이런 현실을 직접 목격한 호로테와 그의 추종자들은 기존의 이상과 본질적으로 다른 이상을 추구하기로 작정했다. 그 이상이란 중용과 무조직과 꾸준한 내적 조명 추구였다. 이들은 필사자와 교사로서 활동하여 생계를 유지했고, 공동 가옥을 소유했으며, 재정난에 허덕인 적이 없었던 것 같다. 물론 이들은 세상의 과도한 것들에서 물러났고 큰 세상사에 무관심했다. 하지만 그들이 진정으로 물러난 곳은 에크하르트(Eckhart)가 "그리스도의 탄생은 영원의 세계에서 아무런 차이도 없이 발생한다"고 말한 영혼의 내밀한 성소였다. 에크하르트는 덧붙여 말하기를, 영혼의 성소에 들어가는 이 진정한 영적 체험을 하는 사람은 외적인 서약을 할 필요가 없다고 했다.

이 두 가지 — 영혼 속으로 물러나는 것과 외적인 서약에서 물러나는 것 — 가 형제회의 생활 방식의 한복판에 놓여 있다. 중용이 그들의 관점에서 필수적인 부분이었다. 이것이 없었다면 그들은 살아남지 못했을 것이다. 그들은 어떤 면으로도 에크하르트의 제자들이 아니었지만, 그와 비슷한 환경에서 자라났고, 과거의 제도들에 대해 동일한 이질감을 느꼈다. 그들은 에크하르트보다 조심스럽게 활동했고, 그처럼 단죄를 받지 않았다. 그들은 신비적인 신앙을 평생의 경건 생활의 목표로서 숭고하게 평가했지만, 대체로 신비의 문턱을 넘지 않은 채 내면의 따뜻한 정서를 얻는 것으로 만족했다. 이러한 수준을 유지한 채 대단히 왕성한 활동을 벌였다. 그들은 서책을 필사하고 교육하는 일에 종사한 덕분에 논리 정연하게 심지어

유창하게 말하는 능력을 터득했다. 그들은 세상에서 큰 활동을 벌이지 못할 정도만큼만 세상을 등졌다. 따라서 한적한 곳이 필요 없었고, 완전한 은둔도 필요 없었고, 시내의 큰길조차 피할 이유가 없었다. 따라서 그들의 경건 방식은 중세 말에 이르면서 그 수가 급증한 바쁘고 명석한 사람들의 모델이 되기에 적합했다. 이 점을 알면 「그리스도를 본받아」가 왜 중세 후반에 가장 큰 성공을 거둔 책이 될 수 있었는지, 그리고 왜 영혼 속으로 물러간 것이 당시의 바쁜 사람들에게 적합한 신앙을 제공할 수 있었는지 그 이유를 이해하는 데 도움이 된다.

# 후기

지금까지 중세 교회를 구성했던 교회 조직의 큰 유형들을 개관했다. 우선 서방 기독교 세계 전체를 조망하는 것으로 시작해서, 지역의 규모를 넘어섰던 공동 종교 단체들 중 가장 규모가 작았던 베긴회와 경건 생활 형제회로 거슬러 내려왔다. 하지만 여기까지 내려왔어도 우리가 대하는 대상은 여전히 엘리트들이고, 여전히 기독교 세계의 큰 유기체들이다. 우리가 개관해온 굵직굵직한 대상 밑에는 소교구들과 지방의 길드들이 자리잡고 있고, 밖에는 자선 단체들과 이단의 집단들이 자리잡고 있다.

그러나 우리는 두 가지 이유로 여기서 멈춘다. 첫째는 우리의 연구가 주로 교회의 조직들(혹은 제도들)이 환경에 의해 형성된 과정을 추적하고, 사회적 동향과 경제적 변화가 중세의 종교적 에너지를 가장 큰 규모로 표출한 운동들에 끼친 영향을 파악하는 데 초점을 맞췄기 때문이다. 우리가 마지막으로 도달한 단계 밑에는 총체적인 그림이 각론의 구름에 가려져 있다. 하지만 총체적인 그림을 감지할 만한 징후들을 앞에서 이미 충분히 살펴보았으며, 여기서 더 진행하려면 또 다른 본격적인 연구가 필요할 것이다.

이 지점에서 멈춘 둘째 이유는 지금까지 조직들의 외적인 면들을 개관한 것이 그 내면에서 작용한 활력을 이해하기 위한 예비 단계에 지나지 않기 때문이다. 내면의 활력을 기술한다는 것은 대단히 복잡한 과제로서, 이 과제를 수행한다는 것은 필자의 역량을 넘어서는 일이다. 그럴지라도 이것이 전혀 불가능한 과제이지는 않다. 우리가 다뤄온 남자들과 여자들은 자기들의 사회에서 가장 명석한 사람들이었다. 만약 방향을 더 아래로 틀어 소교구와 길드로 내려가 보면 자기들의 생각과 체험을 기록으로 남기지 않은 무수히 많은 무학한 사람들을 만나게 된다. 그리고 방향을 바깥으로 틀어 이단 분파들로 나가 보면 무엇이든 명쾌한 것이 다 말살된 것을 발견하게 된다. 중세의 종교적 저항에 관한 기록들을 조사하고 분석하며, 중세 유럽의 하층민들이 영위했던 종교 생활을 이해하기 위해서는 아직도 해야 할 일이 많이 남아 있지만, 막상 그 일을 하려고 해도 단편들을 모아 놓는 수준을 넘지 못할 것이다.

그것은 우리가 개관한 조직들을 발전시키는 데 앞장섰던 사람들의 경험과 사뭇 다르다. 이들에 관해서는 자료가 풍부하며, 연구에 필요한 자료가 지금도 계속해서 늘어나고 있다. 중세 기독교를 형성한 사상을 연구하는 데 필요한 증거, 즉 학문적인 용도로 인쇄되고 편집되고 준비된 증거는 금세기를 지나면서 그 분량이 거의 배나 증가했다고 해도 과언이 아닐 것이다. 수세기 동안 사용되지 않고 또 사용할 수 없게 방치되어 온 종교 사상과 정조(情操)에 관한 방대한 분량의 증거가 이제 마침내 면밀한 조사에 사용될 수 있게 되었다.

이 책의 개관은 이 거대하게 축적된 기독교 사상과 경험의 증거를 연구하기 위한 서론에 지나지 않는다. 하지만 꼭 필요한 서론이다. 교회사와 세속사를 구분하는 해묵은 습관 때문에 교회와 관련된 모든 것을 실제 이상으로 순수하게 보도록 만드는 경향이 있었기 때문이다. 교회사를 세속사의 한 양상으로 삼아 연구할 때에야 비로소 중세 교회의 한계점들과 기회들, 그리고 중세 교회와 현대 교회 사이에 놓여 있는 방대한 간격을 이해하기 시작할 수 있다.

# 역대 교황들의 명단 (590-1513)

이 책에 언급되는 교황들의 이름은 고딕체로, 대립교황들과 그들의 재위 기간은 필기체로 표기했다. 첫번째 연대는 선출된 연대이고, 두번째 연대는 사(사임), 폐(폐위), 추(추방)가 표기되지 않은 경우에는 죽은 연대이다. 보다 구체적인 자료는 치니(C. R. Cheney)의 「영국사 학도들을 위한 연표 핸드북」(*Handbook of Dates for Students of English History*, Royal Historical Society, Guides and Hanbooks no. 4, 1st ed. 1948, 2nd ed. 1970) 가운데 교황 연대표를 참조하라. 아래의 내용은 그 연대표를 근거로 작성한 것이다.

| | | | |
|---|---|---|---|
| 그레고리우스 1세 | 590-604 | 베네딕투스 9세 | 1032-45(사) |
| 그레고리우스 2세 | 715-31 | | 1046(폐) |
| 자카리아스 | 741-52 | 실베스터 3세 | 1045(폐) |
| 스테파누스 2세 | 752-7 | 그레고리우스 6세 | 1045-6(폐) |
| 하드리아누스 1세 | 772-95 | 클레멘트 2세 | 1046-7 |
| 레오 3세 | 795-816 | 다마수스 2세 | 1047-8 |
| 니콜라스 1세 | 858-67 | 레오 9세 | 1048-54 |
| 요한 10세 | 914-28(폐) | 빅토르 2세 | 1054-7 |
| 실베스터 2세 | 999-1003 | 스테파누스 9세 | 1057-8 |
| 요한 17세 | 1003년 6-12월 | 베네딕투스 10세 | 1058-9(폐) |
| 요한 18세 | 1004-9 | 니콜라스 2세 | 1058-61 |
| 세르기우스 4세 | 1009-12 | 알렉산더 2세 | 1061-73 |
| 그레고리우스 | 1012(추) | 호노리우스 2세 | 1061-72 |
| 베네딕투스 8세 | 1012-24 | 그레고리우스 7세 | 1073-85 |
| 요한 19세 | 1024-32 | 클레멘트 3세 | 1080-1100 |

| | | | |
|---|---|---|---|
| 빅토르 3세 | 1086-7 | 우르바누스 4세 | 1261-4 |
| 우르바누스 2세 | 1088-99 | 클레멘트 4세 | 1265-8 |
| 파스칼리스 2세 | 1099-1118 | 그레고리우스 10세 | 1271-6 |
| 테오도리쿠스 | 1100(추) | 인노켄티우스 5세 | 1276년 1-6월 |
| 알베르투스 | 1102(폐) | 하드리아누스 5세 | 1276년 7-8월 |
| 실베스터 4세 | 1105-11(폐) | 요한 21세 | 1276-7 |
| 겔라시우스 2세 | 1118-19 | 니콜라스 3세 | 1277-80 |
| 그레고리우스 8세 | 1118-21(폐) | 마르티누스 4세 | 1281-5 |
| 칼릭스투스 2세 | 1119-24 | 호노리우스 4세 | 1285-7 |
| 호노리우스 2세 | 1124-30 | 니콜라스 4세 | 1288-92 |
| 인노켄티우스 2세 | 1130-43 | 켈레스티누스 5세 | 1294년 |
| 아나클레투스 2세 | 1130-38 | | 7-12월(사) |
| 빅토르 4세 | 1138(사) | 보니파키우스 8세 | 1294-1303 |
| 켈레스티누스 2세 | 1143-4 | 베네딕투스 9세 | 1303-4 |
| 루키우스 2세 | 1144-5 | 클레멘트 5세 | 1305-14 |
| 유게니우스 3세 | 1145-53 | 요한 22세 | 1316-34 |
| 아나스타시우스 4세 | 1153-4 | 니콜라스 5세 | 1328-30(사) |
| 하드리아누스 4세 | 1154-9 | 베네딕투스 12세 | 1334-42 |
| 알렉산더 3세 | 1159-81 | 클레멘트 6세 | 1342-52 |
| 빅토르 4세 | 1159-64 | 인노켄티우스 6세 | 1352-62 |
| 파스칼리스 3세 | 1164-8 | 우르바누스 5세 | 1362-70 |
| 칼릭스투스 3세 | 1168-78(사) | 그레고리우스 11세 | 1370-78 |
| 인노켄티우스 3세 | 1179-80(폐) | 우르바누스 6세 | 1378-89 |
| 루키우스 3세 | 1181-5 | 클레멘트 7세 | 1378-94 |
| 우르바누스 3세 | 1185-7 | 보니파키우스 9세 | 1389-1404 |
| 그레고리우스 8세 | 1187년 10-12월 | 베네딕투스 13세 | 1394-1409(폐)[1] |
| 클레멘트 3세 | 1187-91 | 인노켄티우스 7세 | 1404-6 |
| 켈레스티누스 3세 | 1191-8 | 그레고리우스 12세 | 1406-9(폐)[2] |
| 인노켄티우스 3세 | 1198-1216 | 알렉산더 5세 | 1409-10 |
| 호노리우스 3세 | 1216-27 | 요한 23세 | 1410-15(폐)[3] |
| 그레고리우스 9세 | 1227-41 | 마르티누스 5세 | 1417-31 |
| 켈레스티누스 4세 | 1241년 10-11월 | 클레멘트 8세 | 1423-9(사) |
| 인노켄티우스 4세 | 1243-54 | 유게니우스 4세 | 1431-9(폐)[4] |
| 알렉산더 4세 | 1254-61 | 펠릭스 5세 | 1439-49(사) |

| | | | |
|---|---|---|---|
| 니콜라스 5세 | 1447-55 | 인노켄티우스 8세 | 1484-92 |
| 칼릭스투스 3세 | 1455-8 | 알렉산더 6세 | 1492-1503 |
| 피우스 2세 | 1458-64 | 피우스 3세 | 1503년 9-10월 |
| 파울루스 2세 | 1464-71 | 율리우스 2세 | 1503-13 |
| 식스투스 4세 | 1471-84 | | |

1) 베네딕투스 13세는 1409년에 피사 공의회에 의해, 1417년에 콘스탄스 공의회에 의해 폐위되었다.
2) 그레고리우스 12세는 1409년 피사 공의회에 의해 폐위되고 1415년에 사임했다.
3) 요한 23세는 1415년에 콘스탄스 공의회에 의해 폐위되고 1419년에 죽었다.
4) 유게니우스 4세는 1439년에 바젤 공의회에 의해 폐위되고 1447년에 죽었다.

### 중세교회사

초판 발행  1999년 8월 20일
중쇄 발행  2012년 3월 25일

| | |
|---|---|
| 발행처 | 크리스챤다이제스트 |
| 발행인 | 박명곤 |
| 주소 | 경기도 고양시 일산동구 장항동 611-19 |
| 전화 | 031-911-9864, 070-7538-9864 |
| 팩스 | 031-911-9824 |
| 등록 | 제 396-1999-000038호 |
| 판권 | ⓒ 크리스챤다이제스트 1999 |
| 총판 | (주) 기독교출판유통 |
| | 전화 031-906-9191~4 |
| | 팩스 0505-365-9191 |